MEDIA

传媒的运营时代

——从媒体经营到经营媒体30讲

张建星 著

文匯出版社

目录

张建星：自己与自己交锋

（代序）

他站在集团大楼外，天津卫的阳光倾洒而下打在大楼的巨幕玻璃前庭，折射出通透晶莹的光线，近百米长的水晶长墙分隔着大沽南路、围堤道、尖山路上的车流，一时间，仿佛天津卫所有的光影人事都汇聚于广场对开的马路上。遥遥望去，天津的地标建筑，高耸的天津电视塔对峙而立。

“来看看，从这个角度看上去，像不像一艘巨舰？快来看，这块石头是上元古界地层剖面的叠层石。”对张建星来说，这栋大楼前的广场就像他一手布置的丁香满庭院般，每每向来访的客人介绍时，总洋溢着兴奋的自家自豪感。

他独踞一方，与此同时，他觉得自己和自己的报业集团还不够出名；他是前锋线上的杀手，与此同时，他在报社内紧抓不放的是财务大权，后卫心态；他是深得晋商精髓的传媒商人，与此同时，他是津门的舆论导向把手。他是此处的主人，天津日报报业集团的社长兼总编辑。

第一次交锋

与新闻的交锋 与现实的交锋

这是一张黑白照片：29岁的张建星，胡子拉碴，穿着已经皱巴巴的军装，脖子上随意搭条满是汗水的毛巾，疲惫地站在树林丛中，一手重重地拄着可能是用来扑火的木棍，另一只手却又是轻柔地扶着细弱的树枝。

这是1987年震惊国人的大兴安岭特大山火事件中的一张现场照片，照片中人是随军记者张建星。在拍照时，他戴上一副墨镜掩盖了在长时间与山火的搏斗和新闻的采写后的疲惫，他写道：“我们困倦或感到疲惫，我们希望超脱或希望喘息片刻的时候，我们的记者梦也许就完了。”那时，他是一个疯狂的记者，每日四个版上常常就有五篇稿子来自他，后来报社规定，每天张建星的稿件最多只能署名三篇，其他得用笔名。他还抱着氧气袋在西藏采访42项援藏工程，被报社领导认为有“作秀”之嫌，中途招回。

“一个不肯安静的灵魂，一支不肯停顿的笔，然后，才是一个优秀的记者。”这是张建星对“记者”天性的领悟。1994年的一天晚上，中央电视台《新闻联播》播发了他获得范长江新闻奖的消息，张建星兴奋得跳起来，一把抱住了他那白发苍苍而久病缠身的母亲。

“那是我刚当记者的一个寒冷的初冬，赶发完新闻稿，已是深夜两点。骑车回家，将至最后一个丁字路口的时候，我恍惚看到路灯下有一个人影。是母亲！没有想到母亲在深夜等我。我知道母亲的惦记，她不知道报社的电话，也不会打电话。她只有站在被寒风灌满的街口，耐着寒冷，也耐着焦灼，等着她的儿子平安回家。”（摘自张建星《写给母亲》）这是1983年寒冷的初冬，张建星的传媒事业才刚刚起步，这一幕在他眼前浮现时，或许亦是他投身这个事业永远的原动力。

他说：“我选择这个事业，正是因为我所从事的事业永远不会是平淡的，每个时代都有石破天惊的故事，一个记者怎么可能进入禅般的平淡和从容呢？我们必须追随这个时代，我们必须是参与者，而不是旁观者。”

“说来惭愧，我对文字最初的热爱是极功利的。”张建星所说的“功利”其实指的是：出生穷困家境的他，13岁便发现写字可以赚钱，“写一部书可以给50元钱。50元钱啊！妈妈该会多高兴！”于是，他用捡来的传单开始写长篇小说《风浪里的人们》。后来，他写的小诗被学校刊物发表，“我那几乎没有文化的父亲，背着我拿到他工作的小学，向那些根本看不起他这个（因‘文革’影响被迫成为）看门人的小学教师们展示。”张建星说他迷上新闻业，某种程度上是受到“一种难以拒绝的黑色诱惑”——那些生活中的不平！那些人群中的污浊！

张建星以写社会问题和揭露性报道起家，一部纪实文学《魔鬼市场》

则显示了他的新闻洞察力，更令其作品进入新闻教程，在《天津日报》开设的“今早相会”社会随笔专栏令他树立了一个敢写敢言的“名记者”形象。

作家蒋子龙有此评价：“张建星其实是在呼唤社会构建新的人格。他的这份真挚却建设在对社会生活充满现代主义的调侃上。这种披坚执锐的侃劲，是风格，也是他受欢迎的原因。现代世界似乎格外适应这种风格。张建星也似乎天生要和这个时代相会……”

“我们生逢一个幸运的时代。”张建星总在他的文章和言论中强调此点。在与这个幸运时代的交锋中，他与现实交锋，与新闻业交锋，早已锋芒毕露。

第二次交锋

商人的交锋 与媒体的交锋 绝处逢生

张建星正要从一层上他位于16层的办公室，电梯内的电梯小姐连忙向他问好，大楼六部电梯都设有专职电梯员，这是天津日报的独特一景。张建星倒是眼光敏锐，有次，他发现有个开电梯的女孩手里捧着一本《第一次亲密接触》，这样的景象令他触动，更写进了他为2001年8月8日创刊《假日100天》而写的创刊辞中。

1601室，门外竟然没有任何标识显示这是集团社长兼总编辑的办公室。惟一能联想的只是，此层位于整栋大楼的中间位置，显示着这间办公室的核心地位。一入办公室就能看到金庸为张建星的题词字幅“天上有颗天津星，天津有颗报业星”。

张建星经常会客的地方如今并不在这个办公室里面，而是转到他在大厦前厅隔层开设的咖啡厅中。在这个他为集团营造的私家咖啡厅里能俯瞰楼下的车水马龙、遥望天津电视塔，感觉斐然。张建星指着那条迎面而来的围堤道笑着说：“有风水大师跑过来看了指出这大楼的位置不好，迎面而来的路和车相冲，而且钱财都流到两边去了。”

张建星是山西忻州人。他直言有晋商底蕴，他崇尚“掌柜负责制”，高考数学仅得5分、非财务专业出身的他，竟然在分派集团核心人员的工作时，自己选择亲自管理财务；他崇尚“人身顶股制”，晋商那种通过人身股，把店员个人利益与商号利益、财东利益紧密联系在一起的做法被他应用于集团的“年终分红”上，集团刚刚赚钱那年，他立马就论功行赏，把大部分的利润都给分了。而后的几年换来了更大的活力和利润，仅广告额就增长了七倍。

“今晚报大楼辉煌，总编却一脸疲惫。因为在这个城市里有另外一栋大楼，其中有个传媒人叫张建星，布了三路人马，围追堵截。”这是一篇流传极广的正面报道今晚报的一个报道的开篇。对此，张建星不置可否，一直认为双方是关系很好的兄弟单位，今晚报的同仁都是张建星的老师。但据天津日报的多数人讲，张建星上任担纲天津日报社时，今晚报在天津已经把日报压得要借贷发工资。

张建星上任后的第一件事就是“举社发行”，利用整个报社的资源迅速扩大天津日报的发行量。比如在建设终端网点时，他的账便算得精明过人：天津市为改善人民生活要建500多个报亭，这需要1000多万元，在市委的支持下，张建星把这个项目拿到手上。他先把点位弄好，然后在报纸上连续刊登广告，接着进行经营权拍卖，3万元入门费。于是天津日报凭空以1500万建报亭，以终端与生活站的概念，再进行第二次融资，引来天津药业、天士力集团、上海复兴等大的上市公司投资，建成全国最大的媒体物流发行公司。

除了经营上的晋商血脉，张建星的新闻专业水准为他的传媒王国奠定了更为重要的基石。四年间，他创办了“异军突起”的《每日新报》、“感觉很酷”的《假日100天》和“快而且城市化”的《城市快报》，终于以合围之势形成对竞争对手的挤压。天津日报报业集团在张建星时代出现了中兴之势。2003年，集团广告收入比1999年增长了七倍。

“对本土信息的绝对控制，对非本土信息的本地化解读。首先要做好报纸，这个基本理念不会改变。”2002首届上海传媒高峰论坛上，张建星对来自全国的报社集团老总们提出了自己的观点。是的，全国大城市中也许只有在天津，惟独由一家媒体实现了“绝对控制”。

他以最传统的晋商方式，在天津卫的报业交锋中展露身手，绝处逢生，绝对控制。

第三次交锋

官与商抉择上的交锋　拓展品牌的交锋　与自己的交锋

“孤独就使你害怕，害怕就使你动摇，动摇就欺骗同伙，欺骗就使你出卖同伙。”这句来自“文革”期间放映的阿尔巴尼亚电影《宁死不屈》中的台词当年令少年的张建星在他看到“第一部有接吻、暴露镜头，又有暴力的电影”之外，更得到了一句影响人生的格言。

出离孤独、害怕、动摇、欺骗和出卖，这是属于“张建星”的十年：1994年，他获得范长江新闻奖——2004年，他出版个人专著《新闻的创意时代》赢取一片赞赏；十年间，他打造了天津卫最庞大最牢固的媒体王国；十年间，他对传媒产业的操作屡见精辟见解：“好报纸的最佳境界是一气呵成”、“建立工作室制”……十年的交锋，张建星如今试图在塑造一个叫“张建星”的品牌，他不认可所谓报社总编要低调要靠边站的传统形象，他出版《新闻的创意时代》用意是：“记录中国媒体产业化发展质变的过程，内容与经营并重。十年媒体的变化，同时也是历史。让人感觉到这是中国媒体走向清醒，走向对手，走向竞争！”

在张建星的指示下，天津日报大楼广场在2003年1月树立天津著名报人孙犁的塑像，工作人员说，张总喜欢在这个塑像前与客人合影留念，这也许正是他传承孙犁大师为人、为文的用意。但细心的人会发现塑像并非正正地处于大楼正中央，天津这艘传媒巨舰也许更要提醒自己要超越前人。

有人说，他在天津已经没有对手，于是他开始自己给自己找对手。创办《城市快报》便是这种思维下的产物。对于同城竞争已经意兴阑珊的张建星希望凭借这张有着都会新气息的报纸迅速占领天津那些城市白领读者市场，未雨绸缪地阻挡外来报刊的入侵。

跳出天津，接着便是北京。悬挂在张建星办公室醒目位置的惹琼巴活佛题字中，“利乐津京”似乎是张颇为看重的一句。他透露，很快就会进军北京报业。

如今他既是掌柜又是东家，“我算账最清，算的是大账。在经营中我最大的特点是只算乘除，不算加减。”他不断在购入新媒体，壮大整个党报集团。他精明无比地投资保险，登门卖报的同时可以卖保险；他联同天津地产龙头顺驰发展大型地产项目，走上更为宏伟快速的资本运作道路；他计划将报社核心资产整合包装上市。他说："事不是做不了，就怕不想。"还有更妙的一句是："我就善于制造游戏规则。我不怕危险。亏了不危险，赚了也不危险。"

他是集团内找不到第二人的张建星；他仿佛拥有《公民凯恩》里面那个传媒大亨的特质，轮廓分明的公众角色和私下里一个爱喝酒的汉子；他一直喜欢足球，是个老球迷。去年他已经迅速喜欢上以全新经营姿态打造的切尔西，他骨子里有着挑战者的因子。

企业家、新闻人、政府官员，如今的张建星是三种角色的混和体。联想集团的柳传志曾对张建星说："干事情一定要想明白，看到底。"但46岁的张建星仍然希望有更多的时间想上一想。资本运作的刺激他喜欢，抚摸报纸仍然有着生理的冲动，酒吧的气氛和文字的乐感依然使他迷恋。

这个双面张建星，如今正自己与自己交锋。

（原载于2004年第12期《新周刊》，作者令狐磊、刘刚、刘晋峰）

MEDIA

传媒的运营时代

全球化背景带来的是信息全球化,没有防火墙,带来的是共同的语境,带来的是世界正在走向融合。现在不是我要吃掉你,你要吃掉我,尤其从信息上讲是你要渗透我,我要渗透你,你拥有我,我拥有你;我们的纸还是不是权威纸,信息还是不是有效信息。现在的媒体已经发生从吸引力到控制力的巨变,大家要特别关注全球化问题。

保持报纸的先进性首先要保持的是内容的先进性,准确地描述社会生活变化,提供这些变化的背景分析,突出这些变化中具有历史意义的细节,倡导先进的公义理念,代言最大多数人的利益。

本土化的战略是最可取的起步区,区域品牌的覆盖和扩张将是我们与竞争对手短兵相接的主要战场。对境外媒体随着 WTO 的进入,区域化和本土化是我们的基础所在,是我们保持固有竞争优势的第一选择。

从"媒体经营"到"经营媒体"经历了三个阶段:跑马圈地阶段,硬件建设阶段,和在发行上从体制到终端形成突破的阶段。

新闻已经进入了完全的策划时代,在策划当中已经完成了重新的原创和包装,第一时间的新闻固然重要,但是背景、细节和全过程策划已经成为现在新闻的特点。

现在经营和以往有所不同,需要发挥想像力和创造力,重新组合资源,在新的资源配置和利益整合中,寻找更强大的运营能力和市场空间,实现利润最大化。

内容·市场·技术

——高速发展的中国传媒如何保持其先进性

1902年6月17日,《大公报》在天津创办出版。《大公报》在天津经历了半个世纪,成为天津人民引为自豪的重要文化品牌。她造就了一大批十分杰出的报人、新闻人、名记者、名编辑。大师金庸曾到天津日报讲学,报告之后欣然留墨:"我出身于大公报毕生受天津报业的教导",并写下"天上一颗天津星,地上一颗报业星"赠予作者。2002年6月,《大公报》创刊100周年纪念日前夕,由香港特区政府、《大公报》等主办的世界报业发展论坛在香港隆重举行,全球20多个国家和地区主要报章的负责人就"21世纪世界报业发展新趋势"这一专题进行探讨。作者与人民日报社社长许中田,著名新闻学家、中国人民大学教授方汉奇,新加坡《联合早报》总编辑林任君,道·琼斯国际集团副总裁等应邀就世界报业发展趋势等问题作了主题演讲。

《大公报》百年历史告诉我们,能领衔一个世纪的报纸一定是那些在本土文化、民族传统中汲取营养,并能与时俱进、保持先进性的媒体。他们准确概括并执着倡导时代最先进的价值公理和文化理念,他们鲜明表述最大多数人的利益并为其倾情代言,用大众听得懂、时代听得懂、世界也听得懂的语言,生动描述并传递了社会进步的每一个细节。100年后的今天,经济飞速发展,科技创造神话,植根于先进文化沃土的传媒有了更广阔的发展空间,中国传媒业也进入了自己成长最快的高速发展期。

我想大家一定注意到了,最近的20多年中,中国传媒业发生了诸多具有历史意义的变化。首先,众多优质

《大公报》创刊百年庆祝酒会上,作者与全国人大常委会副委员长成思危在一起。

作者在香港会展中心大会堂。

报纸扫却内容及形式上的陈旧面孔，在政策支持的前提下，规范自律，愈加成熟，坚持正确舆论导向，执掌公义和舆论，沟通民情和政情，成为社会不可或缺的信息沟通管道。其次，报种发展更加丰富，以城市性为代表的区域性报纸格外突出，它的增长势头快于全国性报纸，这也和大部分国家的报纸发展轨迹相类似。第三，一批大型报业集团全新登场，势头咄咄逼人，既在所覆盖区域形成舆论的强大影响力和公信力，也给自己打造了强劲的经济基础，广告发行激增，收入总量和赢利水平空前提高，资本运作也渐入佳境。媒体的高速良性发展，直接拉动了各方资金的投资热情和兴趣。时下最新的流行说法是，媒体是继网络之后的新一轮投资热流。这从一个角度说明，媒体的高速发展已经被人们认可，并思考能否侧身其中，获利其中，发展其中。

现在的问题是，已经在高速发展的中国传媒如何保持这种速度，如何能进一步提升发展的势头。更重要的是，在新世纪的背景下，在保持这种发展态势的前提下，如何保持自身的先进性，成为社会良心的载体，成为正确舆论导向的先锋，忠实记录历史，引领时代生活。

媒体繁荣仰赖因素很多，但此次中国大陆报纸高速成长的第一背景当和中国20余年的改革开放直接关联，没有这20余年的改革开放，就没有今天一路高歌、突飞猛进的传媒业。1996年9月26日，江泽民同志在视察人民日报时指出：报社的同志在集中精力办好报纸的同时，要努力搞好经营和管理。应该说这是一个十分重要的观点。在新中国三代领导人中，江泽民同志将报业经营管理摆到如此突出的位置，应该承认这种观点是报业高速发展的基石。同时，全球化的浪潮、中国社会在转型期的变化，都强化着读者的关注兴趣，经济高速增长则为报纸的发展提供了有力支持。可以说，报纸的高速成长是整个经济快速发展的一个分支。一般看来，未来中国经济仍然能保持快速增长，这为报纸保持这样的发展速度提供了可能的空间和极大的发展想像力。

我很欣赏香港董桥先生的一篇文章，题目叫《新闻是历史的初稿》。这句话直接指向了报纸最关键的一个位置——内容。在经过了几番沉浮后，我们正在重新检视“内容为王”这句话。**保持报纸的先进性首先要保持的是内容的先进性，准确地描述社会生活变化，提供这些变化的背景分析，突出这些变化中具有历史意义的细节，倡导先进的公义理念，代言最大多数人的利益。保持报纸的先进性首先需要坚守的就是上述概念。随着报纸市场化进程的加快，关于报纸内容的新课题也逐渐凸现，准确把握市场需求和报纸公信的关系，合理调节可读趣味和社会规则的轻重，真实、向上、客观、公正，这种适度的把握也不可稍有偏差。**

时下，读者的需求逐渐成为衡量报纸质量的重要指标，注重报纸的覆盖率，**注重直接的目标读者的原则被普遍接受**。近年来中国报纸的许多变化都与此相关。**以城市为中心形成的区域性报纸和报业集团之所以能迅速崛起，成为靓点，主要在于目标读者可以更容易地清晰划分，也在于满足各自的目标读者，形成鲜明的新闻个性上。新闻发掘的独特、新闻表现的个性、新闻触角的敏锐、承载形式的风格，都以其鲜明的个性风范成为读者追迎的标记。报业既要顺应时代发展，也要顺应市场需求，这样才能保持自己的成长性。**

对于区域性报纸而言，保持其先进性首先是保持其本土特色，本土的才能是全国的、是世界的。也正是对本土读者的信息满足，对本土文化的传承发扬上，报

左图：作者与“小超人”李泽楷。右图：作者与时任香港财政司司长梁锦松。

纸逐渐形成了自己的鲜明风格，这是报业整体繁荣后必然的分工要求。以天津日报社为例，我们拥有三张日报、三张周报。每一张报纸都有其历史和其特殊的背景，在漫长的发展过程中沉积了大量的成功经验与开拓艰辛。如《天津日报》自1949年创刊，已经历了半个世纪的洗礼，历经牛拓荒、龙抬头、马腾飞三个阶段。《天津日报》现今形成了以新闻纸、权威纸为特色的市场定位，成为国内一流大报，天津的媒体权威；《每日新报》顺应都市报风起之潮，两年发行突破50万份，以贴近市民为主要特征，提出"大众新闻、主流媒体"的概念，是中国成长最快的都市报；今年并购入天津日报旗下的新中国第一份青年报——《天津青年报》在马年腾空而出，力图依靠"新闻、新知、新生活"的内容方向和全新报相赢得市场，是时下天津报坛一匹真正的黑马；休闲周报《假日100天》半年突破20万份，完全是以一种新生活状态和需求为报纸定位和扩张；老品牌《球迷》、《采风报》也全新改版，深受欢迎。这三张日报配合三份周报和两份刊物，日销售量百余万份。以汲取内部文化和融合外来文化的精神气魄，形成集团优势，使我们感受到了巨轮出海，劈波斩浪，全速前行的快乐。

一个企业、一种行业的繁荣，需要多种必备因素支持其成长壮大，需要与时俱进的创新精神，需要准确大胆的市场判断力，但支撑其可持续发展则必须是行业制度和运行机制的完善。此轮报业高速发展的表征是报纸种类增多，报纸内容和形式创新，赢利水平提高，更加贴近读者，更加契合市场，但这些变化的背后则是在市场化进程中不断创新、不断完善的运行机制。今后报业发展要保持高质量的增长速度，仍然需要我们在机制体制的创新上更加深化。

在经济全球化的今天，报业保持先进性的关键之一是报业经营必须引入完全意义的市场意识、市场机制和市场手段，让报业在输入新的经济概念之后再度迸发活力。传媒的本分是传播功能，应当具有新闻的采集、整理、加工、播发，但传媒至少还要有客户服务、市场运作、广告代理等，应当是个综合性信息产业，与之贴近的行业还有物流、配送、品牌销售等等，不能单单是一张报纸。适应读者赢得市场，要精心搞好主业，还要以之带动和开拓其他事业发展，逐步走向多元化。多媒体、多元化肯定是报业发展方向。**今后我们的努力方向除了报业本分项目的深化，在盘活和调整报业结构，并使这种结构更适应市场，更宜于团队做大做强的同时，还要设法做出报业相关行业的宽度来，要能动地适应受众，赢得市场，致力于提高受众的满意度、忠诚度和多文化需求，制作出相应个性化增值服务。多向沟通、互动，用市场这只无形的手，针对现有资源做更合理的配置，调整结构，降低成本，增强活力、实力和竞争力。**

目前，有人提出了三次销售理论，即销售报纸(发行)、销售客户(广告)和销售品牌(增值)。品牌延伸走多元化经营之路，可以形成新的经济增长点，国内许多报社作者与《大公报》社长王国华。

都进行了有益的探索，取得了宝贵经验并收获了可喜的成果。举天津日报社一个资本运作、品牌创新的案例与大家交流。凭“苟日新，日日新，又日新”的精神，龙年伊始我们创办《每日新报》，一年一大步，当年发行量即突破40万份，转年达到50万份。《天津日报》、《每日新报》的发展不但使我们形成与市场直接对接的具有高度灵活性的发行队伍，同时也为我们首先在发行上通过大的整合率先突破市场。两支队伍形成的覆盖性发行网络，加上市委、市政府批准我们建立的550个报刊亭，为我们的发展注入了资本运作的激情，为《天津日报》和旗下的所有报纸销售发展提供了广大的平台。同时，这些零售终端也为天津日报扩张业务范围形成配送网络支起了空间，是报社进一步发展的新着力点、新增长点。现在行走在天津市区的大街上不长的时间总能看到一个天津日报新报亭，这种既是终端也是形象的景象令人振奋。

品牌延伸，品牌扩张，也就是达到品牌增值的目的，是报业的核心竞争力之一。2002年3月31日天津日报社买断中国新华航空公司一架客机冠名权，国内第一架除航空标志外以企业和媒体名称命名的飞机腾空而起。“天津日报号”是天津日报的品牌，是天津日报在新世纪的新起飞。此举想像大胆，寓意深刻，反响强烈。

在21世纪，除了内容、机制以外，保持媒体快速发展、保持其先进性的第三个绝对不能忽略的因素就是技术。这个世纪的最显著特征是科学技术的迅猛发展。我们其实已经进入了一个技术化的时代。报业、传媒业的集团化发展，也将通过一系列新的技术革命，完成真正规模化的整合，技术革命将是新世纪传媒业、报业革命的巨大推动力。其实，从大陆包括香港在内的许多媒体竞争案例看，除了内容上、人才上的竞争，很多时候胜负取决于技术手段，取决于技术投入。今后这种趋向会更加清晰。不仅媒体之间的竞争会越来越多地依赖于技术，媒体自身是否能够始终站在传播的潮头，也会越来越多地依靠技术。科技发展如此之快，谁也不能肯定三年

作者在澳门总督府拜会澳门特区行政长官何厚铧。

以后，报纸就是和现在一样的这些纸；同样，谁也不敢肯定，报纸就不是和现在一样的这些纸了。**技术的发展给我们的是一连串的问号，但同时，在这些问号背后，是一连串的重要机遇**。未来要求我们对技术手段的判断不仅要准确，更重要的还要及时，还要快。因为我们不光面对着一个技术的时代，更面对着一个速度的时代。

尽管有这样那样的担忧，比如新技术对报业的冲击，我仍然认为，技术是手段，虽然有的时候手段的取舍是致命的。在网络化、数字化的今天，报纸仍然有不可替代性。报纸依旧，生命之树常青，这之中主要是人们的阅读习惯和阅读快感具有不可替代性，因此，报纸的美学价值也是阅读的重要部分。我们需要重视技术，但我们更要重视技术的使用，更要重视报纸作为媒体的那些基本的核心概念。抓住核心，拥有手段，与时俱进，报业仍旧所向无敌。

《大公报》是中国历史上现存最老的一份中文报纸，自1902年6月17日由英敛之创办并在天津正式出版发行，至今已经100岁了，是中国报纸中的老寿星、常青树。《大公报》以“忘我之为大”的“大”字，和“无私之为公”的“公”字作为报名，这是一个响当当的报名。《大公报》提出“报之宗旨，在开风气，牖民智；挹彼欧西学术，启我同胞聪明”，在中国各个历史时期都发挥过巨大的影响力。毛泽东、周恩来曾多次会见《大公报》人，国家领导人邓小平、江泽民都曾经为《大公报》题词，这说明国家领导人对《大公报》的信任。二次世界大战时期惟一的一名常驻欧洲的中国战地记者，就是《大公报》的萧乾，第一个派记者（范长江）深入边区、发表系列通讯，向全国公众报道红军长征到达陕北后各方面情况的，也是《大公报》。中国大陆最高新闻综合成果奖——范长江奖，就是以《大公报》名记者的名字命名的。应该说在各个时期《大公报》都有中国报业的领军人物。祝《大公报》越办越好。

（2002年6月13日根据录音整理）

信息全球化下的传媒业

——在沈阳日报报业集团的演讲

东北是作者走上名记者之路的起点，是作者心目中成长的摇篮。怀着一份深厚的情谊，2002年在天津日报报业集团成立前夕，作者再次来到沈阳，与沈阳日报的同行们，就在科学技术高速发展、信息网络化使全球传播和信息全球化问题凸现的大背景下，《沈阳日报》、《天津日报》这类纯正的大报、党委机关报如何占据主动地位，进行了深入交流。

我的起步是从沈阳日报开始的。我1983年当记者，1984年编委会指派我沿东北一线采访，一直走到漠河。当时接待我的是沈阳日报，总编辑是王天祥同志。我在沈阳呆了三天，发回去九篇稿子，报道沈阳市的发展和改革，那时沈阳市长是李长春同志。许多线索是《沈阳日报》的同志为我提供的。那次东北之行使我个人的命运发生了变化，我以前不太喜欢这个行当，我喜欢当作家。分到报社一年之后派我出去采访，没出过远门，没坐过很长时间的火车，没住过这么多的饭店，出去45天发了90多篇稿子，并以普通记者的身份拜访了很多省长，受到了我们老市长李瑞环同志的表扬，因此报社很看重我。我回天津后不到一年的时间，也就是1985年5月份，就当上了记者部主任。沈阳日报和东北对我来讲是成长起步的摇篮，我对东北有很深的感情。东北已经形成了一种比较纯正的东北大文化，我喜欢吃东北菜，喜欢听东北歌，听雪村的歌、那英的歌。另外，沈阳日报无论在改革和办报上都是天津日报的老师，你们成立报业集团的时候，天津日报还在徘徊。天津日报1997年已经步入亏损，2000年严重亏损，在这种情况下我做了社长，我们学习了很多兄弟报社的经

2004年2月29日，国家新闻出版总署署长石宗源视察津报集团《假日100天》编辑部。

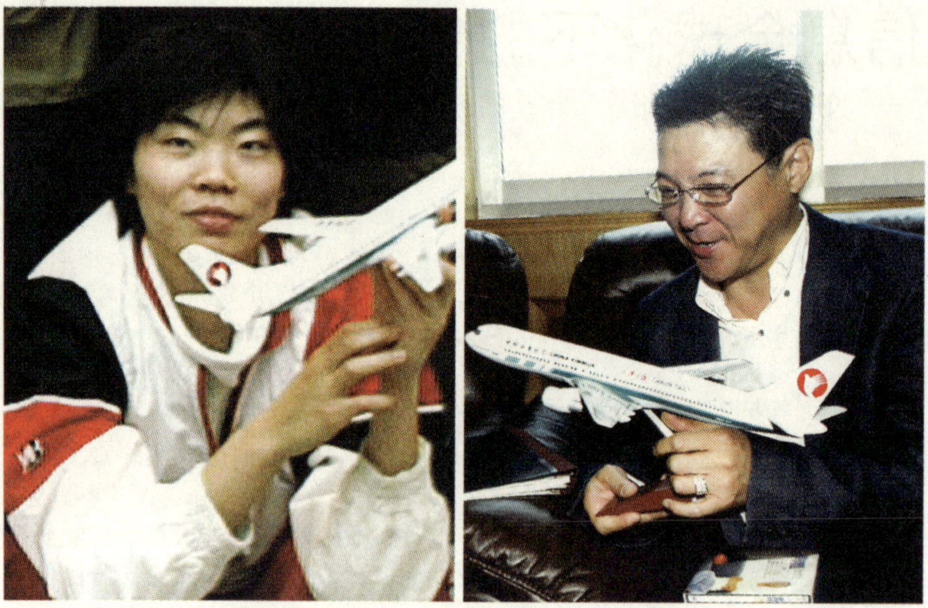

左图：中国女排队员、天津姑娘张萍夺取奥运冠军后开心地收到“天津日报号”飞机模型礼物。

右图：著名歌星姜育恒对“天津日报号”赞不绝口。

验，扭转了天津日报的劣势，最近刚刚有了一些发展。刚才看到《沈阳日报》，是一流的报纸，是非常好的城市报。

天津日报今年刚批下来成立报业集团，这与从去年开始的整体扭亏和报业发展是分不开的。我们现在拥有六报两刊一网，其中有三张日报，一个是1949年创刊的《天津日报》，那年正好是牛年，我们称之为牛拓荒；2000年是龙年，《每日新报》创刊叫龙抬头。今年是马腾飞，并购了《天津青年报》，包括它的1900万的债务，我们今年要投入4500~5000万改造《天津青年报》。媒体已经进入了大投入的时代。2001年我们停了《天津农民报》，办了一份周报《假日100天》，它是一份橙色报、瘦报，一份定位在白领的年轻人的都市休闲报，不到一年的时间发行量突破17万份，周报市场基本上拿下来了。同时我们还拥有老品牌《球迷》报和《采风报》，还拥有《新广角》和《蓝盾》两本杂志，现在看整体结构还是比较合理的。**我一直有一个不成熟的想法，过去报业的竞争是点对点的竞争，而现在报业的竞争是规模和结构的竞争，谁的规模和结构比较合理，在市场上就能占到比较好的位置，拿到大的份额**。这两年我们一直在结构上下功夫。

我们还进行了一些资本运作。2001年市委批给我们建550个报亭，这550个报亭我们做了一个概念，在选址的时候拍卖给下岗职工，点位拍卖了1500多万，在做到一半的时候，我们又融资了5500万，与天津药业、天士力公司、上海复星合作，成立了目前全国媒体最大的物流配送公司，使我们的报业又发生了新的变化。同时又拿了《假日100天》的刊号与一家企业合作，成立了假日传媒公司，这个公司负责经营，在我们零投入的时候，公司吸纳了1500万资金作为启动资金，报社正式职工900多人，再加上社聘人员，总共3000多人，目前人力资源也正在调整。从我们报社的发展证明一点，**中国的传媒业已经进入了快速发展时期，那么，在快速发展时期如何保持其先进性，如何保持其大的发展势头，尤其在"入世"之后，默多克这样的集团已经开始步入我们的市场，明年零售发行在八个城市要放开。在这种情况下，如何保持这种发展势头来与我们国家的经济发展相匹配，是一个很重要的问题。**

前几天在香港参加了《大公报》100周年庆典。由香港特区政府和香港《大公报》联合举办了一个世界报业发展论坛，我被邀请作了主题发言。当时只谈了观点，一些国外媒体对我提出的观点很关注，特别是中国媒体在进入快速发展的时候，什么才是中国媒体的先进性，以及投资的宽度和多元化问题。我想今天与大家谈得宽泛一点。**我们的报纸不再是过去的报纸了，不再是吃饭的报纸了，应该是一个有大收入的报纸，报业的发展应该与职工利益和市场发展、资源配置相一致。**昨天我看《经济观察报》，星空广播在珠江三角洲落地后，以与CCTV—9互为交换为条件又要落地。如果星空广播落地，默多克的赢利时代，我认为是可以在大陆传媒业开始，这个举动不是小举动。**现在市场变化很大，分割的可能性越来越大**。暂且不论国内媒体之间的竞争，国外媒体进来之后对我们的冲击是不可小视的。

我认为，中国的传媒业在改革开放20年来已经进入了高速发展期，那么高峰来到没有我不作断言。但就20年的情况来看，尤其是近几年以都市报为标志的发展情况来看，中国传媒业的发展速度和增幅远远高于国内GDP的增长幅度，高于其他行业的增幅。所有这些都证明，**中国传媒业走向开放性的时候，朝阳时代已经来临，已经走到了巅峰阶段，我不知道这个黄金期还有多长时间，但就"入世"而言，就默多克而言，就贝塔斯曼而言，也可能就我们的报纸而言，是机遇与挑战都非常大的时期**。我不知道我能不能表达清楚。我们目前面临的形势，不论是经济发展还是企业发展还是报业发展，发展总要有大的背景。而我们的大背景是什么呢？**我们面临的是经济全球化的大背景，这个背景带来的媒体变化就是信息全球化**。有一个传媒学家叫麦克·卢汉，他在几十年前提出了地球村的概念，当时并不被人认可。但是今天，当经济全球化不仅仅是一种姿态，而是实质性进入融合期的时候，他的观点被无数事实证实了。**数字化时代、网络的变化以及经济全球化带来的信息的壁垒已经没有了，至少在信息的管道上，环球同此凉热。**

世界上发生什么事情，比如煤矿爆炸，世界各地这儿打仗那儿打仗，一是现在的世界不太平，的确进入了多事之秋，但并不是以前没有这些事情，为什么现在这些事情特别多？其实是信息的壁垒没有了，防火墙没有了。"9·11"发生后，我的同学在美国新泽西州给我打电话，说五角大楼炸了，飞机撞了世贸中心。**给我的感觉是信息的速度超过我们感觉的速度，没有壁垒，是同步的。对我们的影响是，我们必须重新反省、重新考虑，我们这张报纸在信息全球化、经济全球化、完全技术化时代，应该采取什么动作才始终能够保持领先的位置。**

我们最近发了一条新闻很重要，法轮功头目李洪志利用卫星攻击新诺星，很多报纸都发了。李洪志非常可恶，违反了国际法，违反了很多管制的法律，证明了法轮功反人类、反社会。但有一点不可忽视，这就是在技术化时代如何解决这一问题，在技术、政策、条款、管制和信息渠道方面，到底谁说了算？印度的诺贝尔奖获得者阿玛蒂严在清华大学作了一个演讲，这个演讲对我们的观念和理论有很大冲击。其实我们现在能管制的东西很少，但是观念是无可阻挡的，这也是全球化。国外的经济学家与我们的价值观是不同的，他认为世界从古至今都是融合的潮流，现在批判亚洲政治，批判权威政治，批判新加坡和韩国政治，其实也影射我们的政治，认为世界经济一体化带来的是世界融合。文艺界和理论界都在说全球化语境，阿玛蒂严认为亚洲不行，民主化推进慢的原因是信息是封闭的，人们没有足够的信息和数据来分析世界变化到什么位置。现在国门打开了，我们到美国一看，至少物质文明高度发达，德国和日本也是这样。小平同志第一次到日本，对他后来的"三步走"战略起到重要作用。**现在又在变化了，世界经济一体化，融合的时代，共同的语境，大众传播和大众文化都相生相伴，美国发生的事情，欧洲发生的事情，阿富汗发生的事情，我们都同步得到了。**尤其不可否认的是，随着各种传播渠道的发展，不仅仅是媒体，不仅仅是网络，包括出版和讲坛，**首先面临的是全球化。全球化背景带来的是信息全球化，没有防火墙，带来的是共同的语境，带来的是世界正在走向融合。现在不是我要吃掉你，你要吃掉我，尤其从信息上讲是你要渗透我，我要渗透你，你拥有我，我拥有你。我们的纸还是不是权威纸，信息还是不是有效信息。现在的媒体已经发展到从吸引力到控制力的巨变，大家要特别关注全球化问题。**

我在香港讲这个观点的时候，国务院新闻办赵启正主任也讲了，我特别同意他的一个观点，**中国的外宣要用世界听得懂的语言来讲话。我加了一个：要用群众听得懂、时代听得懂、世界听得懂的语言。全球化带来的问题是，任何国家和媒体都不能与世界潮流格格不入，不能与发展势头格格不入。**

第二个变化的背景是真正进入了技术化的时代，也叫后工业化时代或信息化时代。这个时代的突出特征是科技的发展完全突破了人们的想像力，而与科技

发展相伴的是到了信息爆炸的时代。信息不是多与少的问题，而是纯度问题。我讲的不仅仅是技术手段，而是技术给传媒带来的冲击在哪里。比如南开大学前年聘我当客座教授，我专门作了一个网络批判的演讲。网络究竟是工具服务器还是作为第四媒体出现，现在下定论还为时过早。我们都上网，信息的海量性，暂且不管信息的纯度，可以享受它的互动性，

同时可以感觉它的开放性，还有一个非常重要的就是，BBS、网络的特点是将把关人角色淡化了，操作人是隐蔽的，这个影响太大了，**它是对我们传统媒体的把关人角色、传媒价值观和运作方式真正意义上的颠覆和解构**。我可以不看《沈阳日报》、《天津日报》，我可以上网，尽管有些信息是假的。我们现在的网络，实际上是用英语和美国模式讲美国的故事，这是什么？我用了“文化殖民主义”，但是你不能不承认它的存在。所以我觉得大家不要忽视技术手段对传统媒体理念的颠覆性的打击，如果防范不够、应对不够，就是摧毁性的打击。**有的东西可以抗拒，技术是不可抗拒的，就像不可抗拒火药一样**。当我们用长辫子、大刀长矛来对付洋枪洋炮的时候，就第一次证明了什么是发展的力量，什么是科技的力量。**我们必须坚持正确的舆论导向，这是我们的责任。但我们要研究的另外一个问题是，我们正确的舆论导向如何抗拒虽然是技术层面，但是是对我们整个价值观和传统模式具有冲击力的变化**。我刚才讲了“文化殖民主义”，吃麦当劳和喝可口可乐，我们的孩子基本上接受了美国文化。二十三四岁的新大学毕业生，看的是美国大片，吃的是美国薯条，是在这样一种价值观下成长起来的。年轻人看什么？我们看什么？**影响我们舆论的、传播教育的色彩在淡化，娱乐的价值在升值**。现在韩国电影《我的野蛮女友》正在流行，很火，比如《蜡笔小新》、《流星花园》都很流行。

邓小平同志说“科学技术是第一生产力”，我们不能忽视技术时代的特征，不能忽视科技的力量。“三个代表”重要思想第一个就是先进生产力，而先进生产力的核心是科技，而技术变化首先打击的是传媒，颠覆的是传媒，解构的是传媒。我们进入了一种技术化的时代，我不认为它是一个手段问题。我们的设备是不错的，尤尼赛特、法国罗兰、数码设备，武装得比美国人不差，但我们的设备是与我

2002 年 5 月举行的“首届(2001 年度)天津杰出广告日报集团奖”评选颁奖典礼。此次评选是天津第一次由媒体参与主办的评奖活动，也是近年来天津举办的规格最高的广告评奖活动。

们的价值观联系在一起的，将来的社会是否会被 5%的拥有技术能力、技术手段、政治理念又能操作这些技术设备的人所控制，这很难说。在经过了一个冬天之后，纳斯达克又在往上走，网络没有死，不能否认人们在网上点击的时候，除了娱乐外，还希望从里面得到有效的信息。**非常不幸的是，现在有相当一部分记者已经不写稿了，每天在网络上转，报纸已经开始重复网络上的东西，这不是媒体记者的悲哀，而是整个媒体传播功能的衰退和走下坡路的标志。如果我们忽视了这个技术性的变化，就会吃大亏。**

第三个面临的大背景是中国经济的发展。宏观上的经济调控是有力度的，比如实现经济软着陆、抗拒亚洲金融风险，这都是不争的事实，但有一个问题没有解决，就是类似通货紧缩问题。银行存款过大，不到 1%的利息都使老百姓抱着执著的信念和追求，信心不倒。这在美国人可能已开始购地、买房，会做很多事情。我们总在宣传不良贷款和不良资产，包括最近的中科创和银广夏事件。二是失业累积成巨大的社会压力。失业和就业问题，由于结构上的问题，已经变成尖锐的矛盾了，这个矛盾在短时期难以缓解。三是农民问题。粮食问题是很重大的问题，表面上是过剩，实际上结构性的矛盾非常突出。中国的经济在亚洲是一枝独秀，在世界上的发展也是以 7%~8%的速度增长。我几次带中国新闻代表团出访，前几次最多是外交部长出来接待，而这次去塞浦路斯和希腊，是议长和总统亲自接待，这不是我的本事大了，记者的地位高了，而是因为中国的位置起来了，他们认为中国的经济发展好了,中国是有实力的。

这里特别要讲,中国经济的高速发展将给中国传媒带来的也可能是最后一个机会,我们不要忽视江泽民同志在"5·31"讲话中提出的,我们已经进入了全面建设小康社会的时代,而且特别强调新世纪的头10年到20年对中国的经济发展非常重要,同时强调经济发展是执政兴国的第一要务。这里最重要的经济学可以量化的概念是全面进入建设建设小康社会的时代。这个概念对整个传媒的发展是至关重要的。对《沈阳日报》和《天津日报》这样比较纯正的大报,《天津日报》是张城市报,农村基本改成区了,全面进入建设小康社会对于我们这类报纸非常重要。

第四个变化是,由于改革开放,资源配置的渠道多了,必然形成多元经济的发展。党的十五大理论对于十四大的贡献是公有制为主多种所有制并存的理论,我相信党的十六大理论还会发展。多元经济的发展会带来价值的多元化、利益的多元化、群体的多元化和社会阶层的多元化。今年"两会"的关键词是弱势群体、中产阶层。天津市委决策的思路是想问题、办事情要着眼于大多数中低收入的群众。这也是对多元化的一种认定。我们要在办报的时候,在坚持导向不出问题的同时,适应形势的变化。在这里文化的问题十分重要,我说的文化不是文艺,不是纯文化,**是宽泛的哲学概念的文化,是全球语境下的文化**。我看《时尚》、《新周刊》,美国的《国家地理》,我过去看贾平凹,现在看石康的《晃晃悠悠》、《支离破碎》、《一塌糊涂》、《激情与迷惘》,闲暇的时候也看《蜡笔小新》、《我的野蛮女友》。我是机关报的总编辑,我们要覆盖性的真正的深入人心的影响力。《沈阳晚报》、《每日新报》、《天津青年报》、《假日100天》是卖报。我特别反对赠送,除了传单是赠送之外,哪有报纸要送的?!强化的是这个手段,弱化的是传播功能。**信息互动的核心是选择性,网络为什么受欢迎,能吸引眼球,就是它的选择性太强了!**

第五个变化大家不能忽视,报业集团的发展进入了实质性阶段,就是深入改革的阶段,报业竞争的壁垒、市场的壁垒越来越多。以前是跑马圈地,一个报号拿来后扩版,现在扩版的风险太大了,市场的壁垒越来越大,**报纸进入了贫富悬殊时代,门槛和投入越来越高**。《北京晨报》投入1500万,《京华时报》5000万,《每日新报》6000万,《天津青年报》稳定在5万份,到年底还要投入4700万,办报比办企业的投入大。

第六,江泽民同志"三个代表"重要思想的提出,对于办报非常重要。我们都是新闻界的同行,共产党是执政党,我们办的是执政党的机关报,这一点要始终清醒。"三个代表"重要思想是执政之基、力量之源、立党之本。这个理论是与时俱进的,创造性地发展了马克思主义、毛泽东思想和邓小平理论。先进生产力的发展要求和先进文化的前进方向、最广大人民群众的利益,两个先进放在前面,意义不一样。**报业发展也要代表先进生产力和先进文化。什么是先进文化？我们有句话是“老祖宗不能丢，新境界还要有”，党的十五大的精神状态就是“不能因循守旧，要开拓创新”**。江泽民同志到中国人民大学和中国社科院，都讲了理论创新，强调要用新的理论指导新的实践。1996年江总书记视察人民日报社，第一次把办报和经营一起谈，说报社的同志在办好报纸的同时要抓好经营管理，这在三代领导人中是第一次。党的十六大还会在理论上发展。在总结十四届三中全会以来的方针政策的基础上，重点要突出“三个代表”重要思想的阐述，这个重要思想将是我们党在新世纪执政的根本理论，也是报业发展可以遵循的旗帜，可以遵循的理论。理论是可以放大的，可以发展的，是可以指导我们工作的，与小平同志的“三个有利于”、“一个中心、两个基本点”的基本路线、1992年南巡讲话，是一脉相承，又有很大发展，对媒体有至关重要的影响和意义。

下面一个大问题是，新闻面对这些变化，应该如何做。刚才我讲了一个观点，**很长时间以来，办报讲吸引力，讲可读性，但是这两年新闻质的变化是成熟的舆论、发行好的报纸操纵的能力越来越强，舆论应该从吸引力向控制力过渡**。美国的报纸是讲究控制力的，是成熟媒体的标志，我们已经开始有这个迹象，而且迹象越来越明显。美国有一本书叫《操纵圈》，讲的是白宫操纵，其实不是那么回事。舆论的控制能力越来越强。这其实是一个很重要的课题。

第二是一个比较俗的问题，就是新闻趋同化。环球同此凉热，现在想找一条真正意义的独家新闻已经很难了。“9·11”事件、矿难、阿富汗战争等等，媒体在同一时间都会报出来，特别是电子媒体，几乎实现了新闻的同步性。**这种趋同告诉我们一个最简单的道理，要想拿到真正意义的独家新闻的时代基本没有了。新闻已经进入了完全的策划时代，在策划当中已经完成了重新的原创和包装，第一时间的新闻固然重要，但是背景、细节和全过程策划已经成为现在新闻的特点**。过去的策划是点对点，比如国庆50周年、沈阳党代会，而现在的策划是从头至尾全过程的。在面对趋同化的时候，我们必须强调的就是策划。**这种策划使本来同时发出的新闻增加原创性，原创的核心就是重新包装，重新策划**。比如孙犁去逝，我们的《天津日报》、《每日新报》、《天津青年报》同时策划，从7月11日到15日连续五天时间，滚动策划，全程追踪，发行量大幅度上升。孙犁是当代文学大师，他甘于寂寞，很少有人知道孙犁，对他的认识和了解远远不够，但是他是《天津日报》的顾问，是中国惟一一位从工作到去世都是在报社工作的大作家，我们当然要这么做。按照规格发一条消息就够了，结果是各媒体都跟着争，中央领导同志送花圈，市委领导全出来了，孙犁同志的吊唁活动成了大事了，络绎不绝，《天津日报》也很长脸。我们从人格、文格来宣传他，报纸都是十几个版十几个版出，我们正在与中国记协商量，范长江新闻奖，韬奋出版奖，再设一个孙犁文艺副刊奖，

呕心沥血千秋业
待整山河路八千
丰功伟绩日月悬

这就是全程策划。《天津日报》提出“坚持正确导向，投身市场竞争，带出一流队伍，办出大报风格”的总体办报思路，大报不能小报化，增加机关报的权威性。《每日新报》和《天津青年报》可以放开一点，为什么？因为《天津日报》做足了，做好了。天津市委书记说《天津日报》真正反映了市委的声音，《天津日报》登什么不登什么由总编辑说了算，《天津日报》要给典型让版面给群众让镜头，要给机关报加压减负。比如2001年12月31日我们在《天津日报》上做的《2002年市委工作意见解读》，在一版发菜单和导读，我们用图片解读了一本书，一天做了20个版的“市委工作意见解读”。《天津日报》已经做得很好了，《每日新报》和《天津青年报》还做吗？那两份报的发行量猛涨，《天津日报》发行量也稳定，领导表扬，读者也爱看。再比如我们报道“大无缝”。“大无缝”是中国钢管基地，江泽民总书记、李鹏、朱镕基、李瑞环题词后，我们连续做了16个版，发了“五论”，一次做足做够，全程策划，机关报的定位有了，市委满意，读者也满意。**机关报卖点就是政治纸、观点纸。大报不能小报化。把中央和市委的精神按新闻规律做，把权威性做足，突出言论和声音。**我们每年的言论是130~150篇，我每年要写二三十篇言论。《沈阳日报》和《天津日报》都是机关报，我和林总的第一任务就是寻中央负责，对市委负责，服务、服从于全党全市工作大局，这是我们的定位和职责要求，责任所在。我的做法就是把《天津日报》做出大报风格，要有权威性。**机关报不是无路可走，它有市场，就宽众和窄众而言，机关报的目标读者就是有权的、有文化的、想了解大政方针的人，我们就是要把大政方针做足了。**中央的精神中有很多新闻，中宣部

“杂交水稻之父”、中国工程院院士袁隆平正在津津有味地阅读《每日新报》。

领导表扬我们经济工作会议的报道，就是把江泽民同志重要讲话的核儿做出来了。国庆 50 周年，我们那天做了 30 个新闻版，版面得了中国新闻奖一等奖，而且被中国历史博物馆收藏。

我们目前的社会虽然已处在转型期，没有壁垒也好，地球村也好，价值多元化也好，但是一个不争的事实是这 20 年的实践证明，我们的党代表了先进的生产力，代表了先进文化发展的方向，代表了最广大人民群众的利益，在人民群众中享有其他政党不可享有的崇高威信。**我们作为机关报的总编辑不理亏，不是没有市场。传统的东西不能丢，言论、典型和舆论监督是传统的东西，再冠以全新的策划和包装。**《2002 年市委工作意见》我们用图把它解读出来，轻轨从什么地方走，这条河从哪儿过，工业发展要提高几个点，人民生活水平要提高多少，而且报纸也好看，读者也喜欢看。**机关报办好对于系列报办好非常重要，永远不要放弃机关报的权威优势，这个优势就是政治纸。杂文我不提倡，杂文应该是顶花带刺的黄瓜，而我们的杂文都是粉嘟嘟的西红柿，没什么可读的还占地方，干脆把它放在系列报上，机关报就代言中央和市委的声音，做足做透。**1998 年我们在市委指挥下开展的创新大讨论，受到总书记表扬。《天津日报》最重要最长的编者按 4900 多字，受到市委表扬。**言论的优势，典型的优势，加上全新的策划，而策划不再是点对点的策划。中宣部对我们的要求是“说充分、讲清楚”，这样机关报就卖**

出去了，定位也有了。大报就是形象，大报就是旗帜。我所关注的是夜班编辑如何处理版面，如何从题、文、图、线和文章区来体现出政治艺术权威性。

第三个问题是，我们的机关报没有识别系统，千篇一律。我在1999年当总编辑时提出“以图片带版面，以版面带新闻，以新闻带记者，以记者带队伍”的观点，这是在总体思路之下提出的操作手段。《天津日报》从1999年开始就是根据这个思路进行改版。**图片已经不是一般意义上的新闻图片，对于新闻的强化、版面的调度和激活，包括政治意图的体现，都是至关重要的。**《每日新报》创刊的时候我要求，如果眼睛好的话，放在报摊上，从五米之外一眼就能将它识别出来，报相要与其他报不一样，从报相上全部是图片，这非常重要。我说的“以图片带版面”，并不是说如何发图片，怎么发图片，怎么处理图片，那是另一回事。为什么强调识别系统？**我特别强调《天津日报》一版不能用小花线，不能咬文，要用好线，图片调度要把握有度，好的报纸让人看了要有想抚摸的感觉，要产生生理冲动。图片既能激活版面，抓住眼球，又是一个独立的新闻品种，它解决的不仅是冲击力，而是把我们整个报纸带入一个富有张扬个性的时代。**我觉得目前机关报识别系统的问题还没有解决好。还有我们的思维定势，也就是夜班编辑的习惯性思维，现在没有规定要求机关报必须如此面孔。**把编辑意识和新闻意识统一起来，报纸没有什么不好看，大报风格包括形象意识。**

第四，新闻要注意本土化。都市报发展锐不可当的重要原因，除了在重大新闻、趋同性新闻上包装策划之外，突出了本土特点。中国的报纸一定会发展成为一城一地的报纸。**为什么要一城一报？在大事预览的前提下，本土新闻是重要的，目标读者、本土新闻已经决定了报纸的命运。如何做好本土新闻，并在本土新闻上把我们的文化需求、价值理念、新闻取舍都体现出来。**我在香港专门就本土新闻、就区域性报纸讲了将近十分钟。《每日新报》的发行量第二年突破50万份，无疑是在本土新闻上下了功夫。《天津青年报》创刊之后，我加了一个“今日本埠”专栏，当然《天津青年报》的定位是“新闻、新知、新生活”。

第五，新概念报纸。《北京青年报》是一派，《南方周末》是一派，大家要关注财经类报纸。《北京现代商报》的定位是窄众，是拥有500平方米的住房、有富康以上轿车、有一定私人存款的这部分读者。但目前我不大同意窄众，就中国整个教育程度来讲，我赞成宽众。我不知道《北京现代商报》能走多远，看不清楚。但是大家要注意，**新概念报纸不仅是版式的变化，不仅是采访手段的变化，它还在分割我们的目标读者和定位读者。**《天津日报》调版后有个“理论创新”的专版，专门登权威人士的理论文章，卖得非常好。

第六，新闻的表现方式除了图片、版面、标题、瘦报之外，一定要注意文字。人们对纸质媒体的感情更多的是文字上的感情。新的记者、新的媒体、新的造句已

经出现了。新闻的表述如何摆脱传统，文学的革命往往就是文字的革命和造句的革命，包括言论的文字。不要以为新闻是易碎品。所有文化的发展最后都是文字的发展，语境的变化。为什么我们有的网站不行，主要是英语，好的网站用美国模式讲美国故事，这种颠覆是非常重要的渗透。我在报社非常强调文字，包括标题。大家可以看看《新周刊》、《三联生活周刊》，表述方式和表达方式不一样。**不要觉得方式是二次的，有时形式反作用于内容的力量更大。**《世界杯特刊》为什么卖不出去？除了电视滚动播出外，很重要的原因就是操作方式是陈旧的，罗纳尔多、巴蒂斯图塔永远都这样写。**语言和文字重新排列的时代到了，对于媒体的要求在将来会表现得更迫切。**

还想讲点网络。我在南开大学讲了两个小时网络，受到大学生的欢迎，掌声不断。我重视网络，它对我的压力太大了。网络不但可以创造媒体的价值，而且还可以圈钱上市，纳斯达克就是理想和目标。而几个月后纳斯达克应声落地，网络泡沫没有了，一个不争的事实是纸质媒体长驱直入，空前发展。**技术到底还是手段。**

在扫却形式上陈旧的东西后重新回归到内容为王。现在的报纸有一种倾向是重形式轻内容，从网络上倒过来的东西放在报纸上，这是对报纸的严重伤害。我要求我的报纸减少网络的东西，加强原创的东西。这里的重要原因是我们忽视了内容，内容包括的不仅仅是新闻事实，还包括道德、价值和对新闻的判断。新闻

作者与时任天津市委副书记刘峰岩(中)拜访凤凰卫视，并与总裁刘长乐(右)探讨传媒运营话题。

不再是客观的，从纯客观的角度来报道每一个事实是很难的。美国人报道“9·11”与其他国家报道“9·11”完全不同，我们开始没有考虑到文化价值，仅仅考虑到王伟被撞、使馆被炸，在感情难以控制的时候，过多感情上的东西倾注在版面上，宣传效果其实并不是很理想。

媒体已经从跑马圈地、扩版发展到以内容、市场、个性为抓手，要做出宽度的时代，这个宽度不是指读者，是指经营报业的宽度。现在有一种理论很时兴，叫三次销售，我很同意。一是产品销售，也就是发行；二是客户销售，也就是广告；三是品牌销售。**为什么要销售自己的品牌？就是希望在报业竞争进入壁垒越来越高、门槛越来越高、风险越来越大、成本越来越高的时候，报业经营仅仅靠广告不行，必须以完全的市场介入手段，做出报业发展应有的宽度，在这里品牌很重要。**“天津日报号”一飞冲天，3 月 31 日在北京起飞，当天中午在上海虹桥机场降落，这就是品牌销售。为什么要做这种销售？**这不是形象工程，不仅仅带来广告，而是天津日报意识和观念上的飞越和超越**。这是媒体发展的要求，是长远发展的要求。当然这是一件小事，我举这个例子就想说明，媒体进入了不只是单纯做报纸的时代。**办报重要还是卖报重要？这是循环的。没有钱，没有再投入，没有大投入，没有关键时刻的投入，报纸是办不好的。需要我们带出一流队伍，靠什么带出？第一是靠马克思主义、毛泽东思想、邓小平理论、“三个代表”重要思想来武装，第二是奉献精神和职业道德，第三是要武装到牙齿，设备要有，钱要够花，这很重要。**

不讲经营办不好报纸。一张报纸除了传播、宣传、教育功能外，还有分发、配送、物流、广告等多种功能，就是一个信息产业。报纸是企业，是国有资产，国有资产就不需要增值吗？就要流失吗？就不需要壮大吗？市委书记非常支持我们的观点，支持我们把精力除了放在办报上，还要放在经营上。我刚才讲了一个非常重要的观点，就是宽度。**报业在正常发展的同时要做出宽度，这与多种经营不一样，宽度有三个标志：**

第一，未来报纸的发展一定是多元化经营，多媒体交叉。报业集团已经落后，新闻集团和报业托拉斯将是我们不得不走的一步。**我们单纯的纸质媒体，不考虑其他发展，不考虑与多媒体结合，不考虑多媒体发展，这种思路将窒息报业发展，最终窒息报纸发展。报业需要航母，航母的配载不仅仅是《沈阳日报》、《沈阳晚报》、《天津日报》、《每日新报》。战术固然重要，但战略思考对新的报业竞争来说更重要。还要做品牌扩张，使品牌的含金量越来越大，要用得淋漓尽致。品牌扩张要有核心的文化价值理念。在品牌扩张上一定要攥起拳头，不搞低水平的东西。**谁说《天津日报》的牌子不响?! 系列报的宣传都得围着《天津日报》转，都要以宣传《天津日报》为中心，把品牌放大。

第二，要特别注重资本运作。报社的资本优势应该是最强的，比如《沈阳日报》

《新闻的创意时代》新书发布会上,《光明日报》总编辑袁志发与《北京青年报》社长张延平。

发行的留转额一年至少在一亿以上,如果与资本对接,可能会产生意想不到的效果。另外在资本运作的时候,也要发挥品牌的优势。天津解放以来,出版局和邮局建了270个报亭,我们本着扩大机关报发行的目的,向市委争取了550个报亭。把点位拿下之后,在报纸上公开登报拍卖经营权,每个报亭3万元,550个报亭1500多万,又与三家上市公司融资5500万,卖给他们49%的股份,我们占51%。这件事纳入天津市20件实事,是一号工程。我们不但圈来了钱,而且控制了天津70%的发行市场,安置了1300多名下岗职工。更重要的意义是:一、明年天津是八个放开零售发行城市之一,我们有了充分的准备和足够的竞争力。二、这550个报亭就是终端站、生活站。老百姓购买一般东西或登记什么东西,包括体育彩票、福利彩票。三、三家上市公司融资后,把我们的每日新传媒公司扔在任何一家公司里,它还可以捞出来重新上市,而且还不是借壳。还可以带动印务中心。现在有个观点叫零投入大回报,这个零可能在财务账面上是零,但在概念上不是零,是思路到资本的扩张。

第三,特别重视技术。技术进步将是拓展报业经营、报纸发展致命的手段。明天的报纸是什么样的纸很难说,从前我们都没有想到报纸会是橙色、绿色、瘦报,所以在技术上的投入和技术的领先是非常关键的。

报纸赚钱很重要,但我反对有偿新闻,特别在完全进入报业竞争阶段,就应该按照市场的规律去做。

(2002年7月根据录音整理)

竞争力从何而来

——关于WTO下传媒发展的思考

2002年12月，首届上海传媒高峰论坛在上海隆重举行。这是上海诞生第一张报纸的一个半世纪后，第一次召开如此高规格、高层次、高水平的传媒高峰论坛。40多位海内外知名传媒集团高层人士、国内部分新闻主管部门负责人、新闻院校教育和理论研究学者就“中国‘入世’与传媒经营创新”的主题，进行了一次思想交锋和智慧碰撞。作者作为惟一北方省级党报的被邀嘉宾，从拓展经营宽度、强化新闻深度、自身结构调整、打造优质品牌等方面，对“入世”后地方传媒如何保持竞争力在会上发表主题演讲，其新颖的探索角度和操作理念及津报集团近几年的快速发展受到与会各传媒老总的极大关注。上海东方电视台、上海日报(英文)等媒体对天津社会经济全面快速发展中的媒体创新进行了专访并于当日播出。津报集团的有关资料被竞相传阅，与会人士用热烈掌声向津报集团取得的成绩表示敬意。

WTO是中国传媒时下面临的前所未有的也是最为关键的课题，对这个课题的思考和把握将影响到我们今后几年甚至是几十年的走向与空间。我们准备得好，思考得深，把握得准，WTO之后的媒体是个强弱问题，是在新的空间内如何壮大自己、扩张自己的问题，但倘若把握不当、准备不足、定位不准、操作盲目，就有可能大大制约我们的发展。

随着社会主义市场经济体制的建立，这几年中国媒体的创新、变化与快速发展是显而易见的。在经济全球化和世界信息化的大背景下，媒体发展无疑是在快车道上。此时此刻，WTO的来临更为中国传媒发展带来了巨大机遇，当然这同时也是一个前所未有的挑战。**处在**

作者在2002首届上海传媒高峰论坛上进行主题演讲。

变革前台的传媒要把握机遇,迎接挑战,首先必须在纷纭的变化当中辨明,哪些变化是趋势性的、未来性的;哪些变化能深入骨髓,延续经久,改变格局,关系生存;哪些则仅仅是喧嚣一时,过眼烟云或细节末梢。

此时此刻,媒体的竞争力水平变得尤为重要。因为,是否拥有较强的竞争力,是否能保证持续拥有较强的竞争力,将是取胜未来的关键。**我们理解的竞争力包括:一、我们必须确立具有竞争优势的战略;二、媒体核心竞争力是内容;三、结构是保证拥有持续竞争力的基础;四、建立使竞争力不会衰落的有效机制。**简而言之,我们首先需要确立能取得竞争优势的可持续发展的战略,然后分析我们本身所具有的他人不可取代的长处,即核心竞争力究竟是什么,分析能达到战略目标的根本性因素是什么,同时考虑从机制上如何把总体目标分步操作到位。

一、战略

我们应确立具有竞争优势和可持续发展的远景目标:从本土化、区域化出发,走强势媒体发展的道路。

战略实际上是一种选择,这种选择需要以下必备条件:是我们能够拥有竞争优势的,是可持续发展的,无论现在或将来,具有广阔成长空间的。我们认为,从**本土化和区域化出发,展开媒体的运行宽度和深度,做大党报,做大主报,形成有强劲核心竞争力的集团结构,并由此走出强势媒体之路,是可行的、长远的媒体**

战略。

传媒，从根本上看是一种对信息的整理、加工、传递过程。在这个过程当中，面对目标客户时，我们是否拥有快捷的传播速度和信息覆盖能力？这些目标客户对哪些信息更为关注？我们是否拥有对这些信息的足够采集能力、梳理水平以及快速传播手段？这些问题都提示我们，**本土化的战略是最可取的起步区，区域品牌的覆盖和扩张将是我们与竞争对手短兵相接的主要战场。对境外媒体随着WTO的进入，区域化和本土化是我们的基础所在，是我们保持固有竞争优势的第一选择**。从另一个角度讲，对本土文化、本土个性的了解，使我们能够把握本土受众的接受习惯，阅读趣味，为他们量身定做符合其需求的报纸。在信息爆炸的情形下，控制超载信息，为他们筛选、组织、整理相关资讯，从而满足他们的阅读需求。既让受众了解世界，更让受众了解自己，了解自己所处的空间和位置，让受众从本土走向世界，再由世界回归本土。这一点对地方媒体来讲是长项和优势。

确立区域化和本土化战略的第三个理由是，我们与本土信息资源有着割不断的天然血肉联系，我们有义务把本土先进的价值观念、文化观念、生活文明，向外界做最准确、最贴切、最生动的解读和阐释，保持自己的特色，特别是民族的特色，抵御不良渗入和价值层面的颠覆。同时，只有本土的才能是全国的，才能是世界的，也正是基于对本土文化的传承发扬上，报纸才能形成自己的鲜明个性，这是报业整体繁荣后分工的要求，我们当仁不让应当扮演这样的角色。这是一个个性生存的年代，个性的必然是独一无二的，必然是最有价

中国前外交官们称赞《天津日报》有大报风格。

值的，也必然是他人无法取代的。这个个性的生存空间就是本土化、区域化。正是有了个性，我们才有自己固有的位置，有了这些他人无法取代的存在价值，我们和其他媒体才有可能形成互补格局。有了个性，你就能为人所用，你也就能使用他人的资源。信息全球化也罢，WTO的开放局面也罢，这些才能为你所用，商业风险由此可以转化为商业机会。

天津日报一直致力打造区域第一品牌。我们清醒地认识到，相对于在资本、市场操作经验、运行机制上我们都处于劣势。从本土起步，也就是从我们的现有优势起步，对于自己的区域市场，我们已经拥有了一定的保有量，拥有较强的影响力，以及直接的控制能力。品牌的投入是不能停步的。2002年3月31日“天津日报号”在首都机场昂势起飞，在上海虹桥机场落地，首航成功，在全国引起强烈反响。中央电视台，上海东方台，天津卫视等全国40多家媒体纷纷在要闻版块刊发消息，高度评价天津日报报业集团创新思路、做大品牌、树立媒体形象的做法。“天津日报号”已经成为品牌销售的成功案例。

二、内容

媒体的核心竞争力：保持媒体的公信力与适应读者的趣味变化是把握报纸内容的两翼，应当有效平衡，不可偏一废一。

媒体就根本而言是内容供应商，无论是以文字的形式，或以声音、图像的形式，媒体都是给大众提供信息的载体，这也是大众对媒体的定义。所有能够赢得市场的媒体无一不是以其鲜明、新颖、独特的信息供应在受众中确立自己地位，反之，任何有偏差或质量低劣的内容对媒体而言都将带来灾难性的后果。**就市场属性而言，媒体是经营内容的。其核心竞争力是内容，这种内容应当对读者有足够的吸引力，对舆论拥有足够的影响力，这就要求媒体能够自觉保持其社会公信**

度。即准确地描述周边生活变化，提供这些变化的背景分析，倡导先进的公义理念，代言最大多数人的利益。保持媒体的核心竞争力首先需要坚守上述理念，保证内容的真实性和有用性。随着报纸市场化进程加快，有关报纸内容的新课题也日益重要。准确把握市场需求和报纸公信的关系，合理调节可读趣味和社会规则的轻重，在调整不同报纸定位的时候，首先考虑内容的把握，在保证新闻性、可读性的同时，应把道德和公共利益放在至关重要的位置，这种把握也不可稍有偏差。

对本土信息的绝对控制，对非本土信息的本土化解释与分析，是我们衡量、开发内容的重要尺度。本土是我们的优势，对这部分信息资源应当有绝对的控制力，这一点上我们当仁不让，不能失误。同时随着信息全球化的发展态势，受众对非本土信息的关注度在逐渐加大，我们的优势则在于对本土受众特点的把握上，根据我们对区域内受众特点的分析来筛选、包装、解释、分析大量的非本土信息，使之适应受众口味，满足受众需求。

在信息海量的时代，内容需要深加工。尽最大可能开发信息的其他功能，同时控制信息超载，是我们的基本思路。受众对信息的吸收不是无限的，如何使内容变得易读、可读、耐读，是现实对信息供应商的质量要求。任何信息都不是简单的资讯，其深层的含义需要我们挖掘，从服务的角度，从筛选的角度，从观点的角度，这里实际是一个传播效率问题。盲目扩张，比拼信息的数量既不符合市场成本的要求，也不是读者所真正需要的。曾经有个厚报时代的说法，但更为准确的表述是：有效率的、精确针对目标受众需求的厚报扩张。从这个角度说，**内容为**

2003 年 8 月 4 日，作者与家世界连锁商业集团董事长杜厦剪彩签约，从此津报集团旗下报刊全部登陆天津家世界的 12 家“家乐”超市。

王，是指有效内容为王，是有效内容的充分表达、凸现，而不是把大量信息——有效信息和垃圾信息——一并推给受众。这也是有实力的传统媒体和现在大批网络媒体的分水岭。

天津日报有一个经久不变的理念，即首先做好报纸，指的就是内容，只有有了好的内容，才会有强大的忠诚的读者群，才会为媒体进一步开发读者群资源、开发广告市场潜力，延伸以内容为主的媒体产业链。新闻媒体作为一种舆论阵地，肩负重大政治责任和道德责任，这是不可否认的。**保持导向正确，引导社会舆论，传递主流声音，最大限度地扩张主报的影响力和竞争力，扩大主报在舆论上的覆盖和影响，坚定不移地控制主流话语权，强化权威性，是天津日报报业集团不二的战略选择**。《天津日报》为自己提出的内容方向是：权威媒体，大报风格。所谓大报风格就是树立报纸的权威性、公信力，树立忠诚的、长期的品牌形象。在各类小报挤占市场的时候，我们提出大报风格，并鲜明地提出大报不能小报化，这一点被后来《天津日报》的发展证明是正确的。**所谓大报风格，就是关注大事，照顾大局，报纸大气。以对新闻、对事件的权威判断作为吸引读者的第一要素，在权威性上下功夫，关注普通读者，服务高端读者，同时不排斥可读，不排斥有用和服务，尽最大可能做出机关报的独特发展模式**。在天津日报报业集团的系列报中，也都是本着内容为王的原则，形成不同的内容层次。《每日新报》以“主流媒体、大众新闻”作为内容指导方向，提出“新闻做碎、报纸做厚、广告做精、发行做大”；《天津青年报》以“新闻、新知、新生活”为内容取向，提出“深度新闻、全新概念、城市定位、青春阅读”；《假日 100 天》以引领时尚生活潮流的综合性报纸确立了自

在 2002 首届上海世界传媒高峰论坛上，作者与台湾传媒骄子金惟纯（左）、美国《国际日报》集团主席熊德龙（右）为与会嘉宾的精彩发言而鼓掌。

“天津日报号”飞机上，空姐们在分发津报集团的报纸。

己的市场定位，提出“目标读者、精确发行”的全新概念。这一系列定位使津报集团的报业形成了完整的内容阅读链，满足了区域读者绝大部分信息需求。

三、结构

结构性优势是竞争力的基础，打造合理结构就是开发媒体运行的深度和宽度。

现在商业竞争从来就不是单一兵种的作战。因此，结构性优势是竞争力的基础，结构优势不是几个产品的简单叠加，而是系列产品的有机组合，是这些产品优势的当量释放。拥有一个结构优势，远远胜出拥有十个单兵优势，这也是媒体集团与单一媒体的本质区别。**以往媒体发展滞后的矛盾，常常出自自身结构不合理，甚至说也和其他经济发展中的矛盾相类似，就是结构矛盾突出。**

在集团中考虑结构，首先考虑的是其覆盖性，同时还要考虑有当前的利润增长点和未来的发展后劲。天津日报报业集团的报种从原来比较单一的产品结构发展到今天有日报，有早报，有午报，还有周报，这就意味着首先从阅读时间上进行了第一次覆盖。时间覆盖实际上是读者阅读需求、阅读个性的覆盖，同时集团的报种结构也考虑了读者的年龄段和职业层分布，特别是定位读者的分布。**目标读者和精确发行这两个概念的产生就是源于报纸结构优化的结果。**新闻性并不排斥个性读者的阅读需求。我们必须承认有效发行所带动的广告跃升。还是以我们的实践为例，《天津日报》以中年读者，以管理层、决策层、企业界的高端读者为主，《每日新报》以最普通的市民为主，这二者主要保证当前读者群，而《天津青年报》和《假日 100 天》则以前卫、青春为个性取向，着眼于青春阅读，着眼于读者群的后劲。这样就形成了从 16 岁到 60 岁的读者年龄结构，保证集团的读者结构（也可以理解为目标客户结构）能长久固定，集团未来有足够的后劲。这也就是产品的有效组合，而非简单叠加。

结构性优势还意味着对媒体深度和宽度的有目的开发。所谓深度和宽度，是媒体产业链中已有的强势行业和项目的深入挖掘。比如内容产业：通过对内容产品的细分，通过内容产品的不同介质表现，通过集团内部的内容资源共享，来实现内容的二次或多次利用，进而实现低成本甚至零成本扩张。深度当然不仅仅是内容，还包括打包经营，包括读者资源的细分和多次利用等等，本质上说，深度强调的是集团的整合能力和统一调控能力。

考虑到“入世”后媒体行业放开的区域多数在报业上下游产业上，我们为了最大限度地寻找“入世”商机，在印务、发行上作了大量文章，也为集团形成完整的产业链打下了良好基础。我们的每日新传媒有限公司已经不仅仅是发行公司，从其一出世，我们就按照物流公司、配送公司和终端站、生活站的理念构架其运行系统，目前这家公司除了拥有 550 个报亭外，还整合了 2000 人的发行队伍，其覆盖网络已经完全达到天津市内的所有区域，这个网络保证了配送产品（不仅仅是报纸）能够迅速、及时、准确地到达用户指定的任何地方，这也是天津市人数最多、服务最好、时间最快捷的一套配送体系。

针对目前印刷行业巨大的市场空间，今年我们则大力推进印务中心的建设，在天津发展最快的西青开发区购置 100 亩工业用地，设备谈判基本完成，准备进一步融资，进行基建规划，未来的这个中心不仅可以满足天津日报报业集团报纸的印刷，还将对外承揽商业印刷业务，它应当是华北最大的印刷企业。

教育则是津报集团产业链中新的一环。2000 年我们与天津教育系统和这个系统百名优秀教师联合，创办了“名师家教”专版，将办报与

读者在“家乐”超市选购报纸。

教育结合起来，并适时提出了经营新闻的观点。基于《天津日报》出色的教育新闻内容，已经形成了具有权威性、影响力的教育新闻品牌，我们已经把这一品牌从报纸和简单讲座延伸出去，同市教委、企业等相关部门以股份制的形式合作办学，开发潜力巨大的教育市场，把教育新闻的影响力做出商业价值。这不仅是对我们的教育新闻品牌进行二度打造，而且盘活了我们5000多平方米的旧办公楼资源，同时从教育新闻这个优势资源做出了媒体的经营宽度。发展证明，媒体仅仅依靠广告，不但路子窄，而且风险大，肯定会出现难以为继的局面，必须通过结构调整，在产业链和经营宽度上作大文章，做活经营。

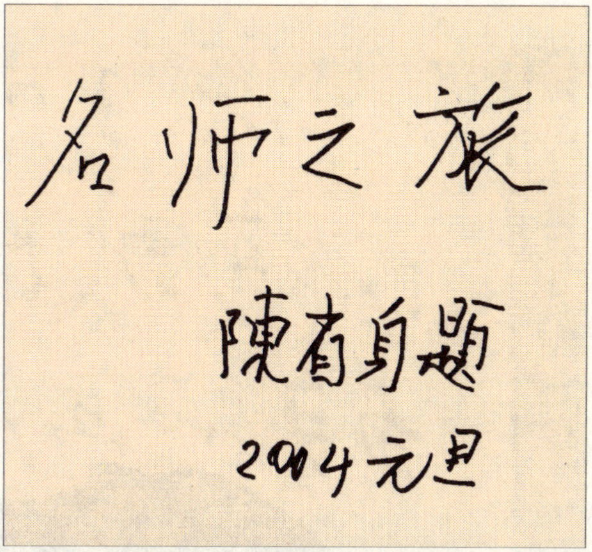

一代数学大师陈省身为津报集团经报进修学院“名师之旅”的题字。他嘱咐：“孩子们的事一定要办好。”

四、机制

媒体迫切需要有敏锐反应能力，有高效务实的操作系统的市场化机制。

一个企业的繁荣需要多种必备因素，支持其成长壮大的力量需要与时俱进的创新精神，需要准确大胆的市场判断力，但支撑其可持续发展的则必须是行业制度和运行机制的完善与有效。**这种机制包括敏锐的市场反应能力，高效务实的操作系统，包括准确得当的激励与平衡原则，包括把整个集团凝聚为一个利益共同体的合力打造能力**。这也正是以往单一媒体和当下新成立集团的不足，不是机制不活，就是整合不够，物理反应多，化学变化少。

所谓机制，是战略的操作方程，是把各种生产力因素组合成为一个系统，并为这个系统提供秩序规则，以此来保证战略执行的持续、准确、完整和到位；保证战略执行有源源不断的创新动力，保证执行是以最小的成本换取最大的效益，这种机制的建设是企业的长生之道。

在保证舆论导向的前提下，市场化是我们建立现代媒体机制的一个重要指标，特别是集团新办的《每日新报》、《假日100天》、《天津青年报》这三张报纸，围

绕着舆论安全和市场效果，我们建立了媒体评价、运行系统，在编辑部内部打造以编辑指挥为中心的采编流程，以保证产品的完整性和统一性，在报纸层面上，发行人拥有了越来越有分量的话语权。《每日新报》的编前会，每次都有报商参与，以沟通市场，让产品从制作的起始就有市场参与；《假日100天》则聘请社会科学院舆论调查所进行每期一次的市场评价调查，并且逐渐把调查结果同个人收入部分挂钩。这样的运行制度使集团新出版的三张报纸均能以最快速度占领市场，获得份额。

整合是天津日报今年使用频率最高的词汇。现在经营和以往有所不同，需要发挥想像力和创造力，重新组合资源，在新的资源配置和利益整合中，寻找更强大的运营能力和市场空间，实现利润最大化。天津日报今年，特别是报业集团成立后的三个多月里，迅速成立照排中心、财务中心、广告中心。**照排中心整合了集团的技术资源，财务中心提升了集团的资金总量，广告中心则凝聚了集团的销售能力，这三个中心的整合首先是节约了成本，避免资源重复和浪费，更重要的是收拢五指，握紧拳头，凸现了集团化的整体实力，迅速让集团竞争力提升至新的层次和新的水平。**这是集团运作的天然优势。下一步我们还将在采编业务和经营运行两个方面，在集团内部进行多层次、多角度的整合，以期发挥集团的竞争优势。

机制的另一个重要功能是凝聚企业，创造合力。现代经营已经走过了单纯依靠灵感、依靠个别强力人物的时代。当然我们绝不放弃对人才的渴求、培养、吸纳，但现在我们更注重建立一个能持续激发媒体活力的机制，只有有了这样一个机制，才能保持我们的竞争力源源不断，永不枯竭。这个机制给予领导者最大的挑战是寻找、发现、组织、打造利益共同体，让整个集团整合到一起。通过资源的重新组合配置，让人才资源最先活起来，然后是实现利润最大化。从现代经营的角度说，打造合力就是打造价值。

组建党报集团不是简单的"翻牌"，而是应该通过重新配置和调整报业资源，均衡和调整利益分配，以集团化经营为手段，以集团化管理为标志，以集团化意志为前提，实现资源的优化和重组，达到形成合力、规模化发展的目的。毋庸置疑，党报集团的经营和管理要比单一报纸的经营和管理更加复杂、更加艰难。如何快速完成体制和机制的转变，尽快使党报集团的经营管理走上程序化、制度化、规范化、科学化的轨迹，变得尤为重要。我们期望充分吸收国企改革经验，积极探索新的报业集团运行制度模式，加快实现管理的扁平化和集约化的有机统一进程，合理配置、整合资源，实现资源共享，完善管理，建章立制，向管理要效益。

最好的机制理所应当处在市场的最前沿，审时度势，我们把最好的机制放在了与WTO的接轨地带上。一方面是集团内部的机制理顺,另一方面则是在WTO的前沿地带建立新的运行机制。我们在去年先后组建两家股份制公司,一是每日新传媒发展有限公司,天津日报与天药集团、天士力集团、上海复兴集团三家上市公司共同组建;另一个是天津日报与天津最大的房地产集团顺驰集团合作组建的假日传媒发展有限公司。这两家公司都是纯粹意义上的法人治理结构,以公司制的运行模式投身市场竞争,走出自己的新路,经营看好,效益看好,前景看好。

现代市场一个重要的衡量指标是速度。面对WTO的挑战,面对日趋激烈的竞争局面,机遇稍纵即逝,成长必须加快,WTO不允许有学步期。时间应当是WTO背景下最为关键的一个因素,我们能用多长时间,发展到何种地步,意味着成败。在现代市场运行中,高速度大多创造奇迹,而低速度很可能是衰落的同义词。没有速度就没有发展。一要速度快,二要水平高。

面对新世纪的挑战,面对WTO的挑战,作为一种传统媒体,为求得自身的生存和发展,我们应该深具危机意识,进行迅速的、不断的变革,依靠自身的扎实苦干,利用新的理念、新的思维,开发出最一流的优势,借助各方力量,携手共创未来。

(2002年12月6日根据录音整理)

处在巨大变化中的主流传媒

——在天津财经大学 MBA 名人讲坛上的演讲

2003 年 3 月 31 日，是国内首架拥有企业和媒体标识的客机“天津日报号”冠名一周年纪念日。一年来，“天津日报号”累计安全飞行 3800 小时，航线遍及大江南北 42 个城市，成为天津日报品牌营销的经典案例。作者“天津日报号”的精彩创意和超强运作能力不仅引来同行赞叹，更受到社会各界的热烈好评。鉴于作者非凡的经营管理和企划创意才能，天津财经大学特聘作者为该校 MBA 客座教授，并力邀作者为“天财 MBA 名人讲堂”进行了首次讲座。

我是一个比较职业的编辑，我可以给大家披露一件事情，就是许多媒体在处理新闻尤其是处理照片时，有时会通过电脑调整图片。这就使新闻的真实性开始打了一些折扣。这里就出现了一个悖论：在人类社会的发展当中，以技术进步作为一种发展支撑，实现其跨越发展。**当一个媒体要想实现跨越发展的时候，它有一个非常重要的支撑点就是依靠技术进步**。我们已经进入了一个技术化的时代，媒体当然要随着技术进步来发展。但是这个悖论是什么？就是技术发展太快了，这种发展可以使新闻至少在图片上失掉了一般意义上的真实性。我说的意思就是，**人类总在悖论当中前进**。技术很重要，技术可以把我这样一个平庸的人变得如此色彩斑斓。我的同事们用了我一张 1999 年的照片，我也诚惶诚恐，因为岁月无情，当我一脸沧桑站在这里的时候，再看那张照片，我连说话的勇气也没有了。

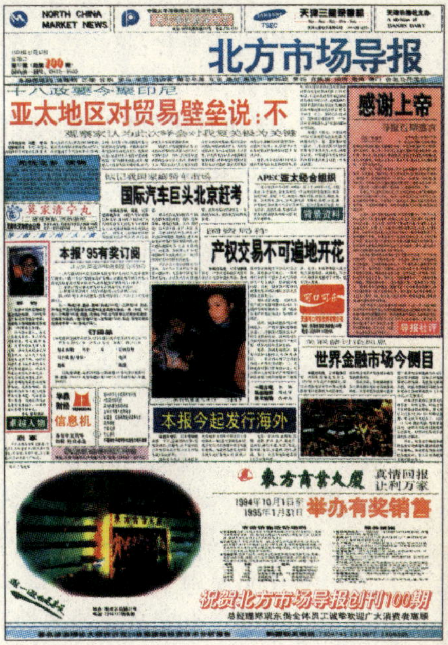
NORTH CHINA MARKET NEWS

北方市场导报

亚太地区对贸易壁垒说：不

感谢上帝

国际汽车巨头北京赶考

产权交易不可遍地开花

本报'95有奖订阅

世界金融市场今侧目

本报今起发行海外

东方商业大厦

举办有奖销售

祝贺北方市场导报创刊100期

我只能给大家讲一些和新闻有关的事情。今天讲的跟品牌有关系。**我感觉新闻已经从“媒体经营”时代跨越发展到“经营媒体”时代，这是一个质的变化，这两个“经营”有根本的不同，它既标志着一种时代的进步，也对一个新闻人在素质上提出了更高的要求**。那么我就特别想学 MBA，我就想到财经大学学习 MBA。在这个事情运作当中，我接到一个通知，受聘贵校 MBA 客座教授。这又是一个悖论，我今天双重身份，一种身份是将来我想跟大家建立一种关系，能从天津财经大学这个 MBA 学到一些东西；另外从新闻来讲，对在座的

作者在欧洲传媒集团考察。

来讲，我可能多了20多年的经历，和对整个媒体发展的一个从感性到理性的认识过程。我自己感觉我这个人干别的已经不行了，只能干传媒。**我热爱传媒。我是为传媒而生的人。我是天生为新闻而生的人，我对新闻有一种偏执的热爱和执著，所以对新闻一些极其细微的变化都会有一种切实的和深切的体会**。在我做总编辑和社长以后，在天津日报组建天津日报报业集团之后，由于位置所在，我对新闻可能比在座的各位多一点实际的观察和体会。

我是1983年到天津日报社工作的，到现在整整有20年时间。20年在一个单位工作，既证明他对事业的执著，同时也证明这人没出息、不会跳槽，总在这一个地方徘徊。**这20年，整个经历了我国改革开放的多半时间，我体会到新闻有三次大的变化：第一次大的变化是在党的十一届三中全会之后，在改革开放开始的时候，整个新闻重新进入新闻状态，标志就是广告的恢复。大概在三中全会之后，《天津日报》很荣幸，是第一家在全国恢复工商广告的报纸。我觉得这是新闻的第一次变化。**

那么在什么时间新闻开始产生第二次变化？我认为对新闻冲击最大的就是Internet的出现，信息时代的到来，即所谓第四媒体的出现、网络热潮的出现。这个技术革命比前者——改革和政治上的变化——对新闻的冲击，给我的感受更深。当然三中全会之后，粉碎“四人帮”后，随着伟大的思想解放运动，随着我们党确立了“解放思想、实事求是”的思想路线之后，新闻获得了第二个春天，这个时候确实是政治上发挥了很大的作用。但是我没有想到的是，要比第一次冲击更大的、影响更大的是技术的进步、技术的革命。“天上一颗星，地上一张网”，媒体这道防火墙被冲破了。在我们这个时代，最不能阻隔的，或者实现了毛主席生前所说的“环球同此凉热”这个理想的只有这个真正的信息时代。**我们无疑进入了一个信息时代，人们对信息的选择，和信息从定位到选择的变化，都证明这个技术时代带有它自然的属性，更具有革命意义，我办报纸，做机关报的总编辑，体会更**

深。这种变化、冲击使媒体本身发生一种变化，就我们机关报来讲是对我们过去新闻定位的一种异化。那么它是不是重新回归到媒体本来的一种属性上？信息本来应该是有属性的，这个问题现在还在讨论之中。网络媒体本身作为一种工具，它的意义还仅仅局限在技术这一层面上，但非常值得思考的是，它已经完全冲破了一种技术屏障。这是第二次对媒体的很重大的冲击。

第三次对媒体重大的冲击，我觉得就是我们加入WTO之后。当我们承诺在新闻出版和音像市场逐步放开，承诺对国外的资本放开我们新闻出版的分销领域和部分音像市场的时候，或者比较简单地说，随着美国大片和西方的一些东西，以一种法律形式进入或准入我们这个市场的时候，媒体的变化，就是已经进入了从"媒体经营"到"经营媒体"的一种时代。我希望大家跟我一起去体会媒体的这些重大的革命性变化。我们这一代新闻人，处在这样一种至少三次大的变化当中。党的十六大又提出来物质文明、政治文明、精神文明等一整套和政体改革有关的，特别是和文化产业发展有关的概念，相信"两会"之后，中国的民主化和社会化进程会在媒体方面有比较充分的表现。

我说这一层意思是什么意思呢？**就是随着刚才那三次大的变化，随着十六大**

作者在天津财经大学的演讲，受到了师生的热烈欢迎。

提出全面建设小康社会这么一个目标，随着我们党提出来物质文明、政治文明和精神文明这么一整套思路，随着我们两会开完之后，我们面对的一种新的发展形势，就中国媒体而言，不论怎样也会进入一种新的发展思路和发展境界。

今天我谈《天津日报》这几年的发展，谈一种品牌的东西。讲到这儿我想特别提示大家，就是欧共体和我们的台湾都同时出现了一个概念，就是“内容产业”的概念。欧共体把“内容产业”作为它重要的支柱型产业，已经确定下来、界定下来；台湾是把“创意产业”作为一个重要的产业来界定下来。我们大陆媒体这两年整个增幅速度，我听赵启正主任说的，在去年历史性地首次超过了烟草行业的增幅。**那么媒体除了三个变化和大的政治背景之外，它的产业化进程将是加速度发展的，而且这种进程的发展，除去技术革命和媒体本身的要求之外，就是政治上对它的要求也非常迫切。**

我首先是《天津日报》的总编辑，当然我还是《每日新报》的总编辑，还是报业集团的总编辑。我作为一个执政党机关报的总编辑，我就要考虑这样一件事：在目前这样一个大的背景下，即三个变化、政治变化、产业化进程加快、内容产业的出现，我就不能不考虑我这张**《天津日报》怎样才能保持一张报纸主流媒体的影响力，怎样才能保持一张主流媒体的权威性，怎样在读者当中或者在社会舆论方面发挥它应有的引导作用，怎样才使我的报纸立场和声音影响更多的受众，这是一个非常重要的问题。**

有一个非常简单的事情，就是大家更爱看我办的《每日新报》，年轻人更爱看我办的那份橙色的《假日100天》，还有一批更年轻的同志更愿意看我们刚刚并购的《天津青年报》。当然愿意看《天津日报》的也有，但是在座的我估计也就一半左右的读者。**我很承认这么一个观点，我们的主流媒体有一种边缘化的危险。就是当它**

球迷高举《球迷》报。

的发行量和影响力不断下降的时候，表面的意义、浅层的影响是对广告的影响，那么更大的影响就是我们的声音、我们的立场、我们所代表的我们党的那种主张到底能否真正深入人心。

作者与天津财经大学的师生亲切交流。

现在《天津日报》在全国的党委机关报当中，和《解放日报》一样是版数最多的，每天平均不低于16个版。我们保证彩色印刷。《天津日报》在全国的党委机关报当中，和《解放日报》、《北京日报》一样，是影响比较大的。反过来讲，如果《天津日报》不是16版，而是8版、12版，发行量不是现在这个发行量而是比现在要少，那么这张报纸还能是一张主流媒体吗？

我是先被任命为《天津日报》总编辑的。我这人很有职业感、责任感，**我认为作为一份党委机关报的总编辑，我有责任去把这份报纸办得更有影响力，更张扬，更有权威性。作为我个人性格来讲，我更愿意接受一种挑战；我更愿意去改变一些东西或创造一些东西，而不愿意只是去延续一些东西，承继一些东西；我更愿意干逆流而上的事，不愿意干顺势而上或顺坡而下的事。**

如何应对？1999年当时有些机关报向都市报靠拢，大报小报化和晚报化的倾向比较严重。**当时我提出来大报不能小报化，大报必须在权威性上下功夫，在大报风格上下功夫。**我们提出了一个整体的办报思路，现在成为我们集团的思路，四句话：坚持正确导向，投身市场竞争，带出一流队伍，办出大报风格。大家不要小看这四句话。天津日报这几年实现快速发展，无论从发行量，从我们的财力，从我们的实力，从我们的发展速度，在天津来讲我们都是NO.1。怎么做的？就是这四句话。根据形势发展，《天津日报》最近又要改版，我们又提出四句话就是：**权威媒体、大报风格、高端读者、国计民生。**

当时我们面对什么样的问题呢？就是全国的机关报都是一张表情。大家都是学MBA的，都知道商品作为一个商品销售，作为一个品牌销售，它很重要的一个东西，最表层的东西就是它需要有识别系统，需要有标识。比如说摩托罗拉和诺基亚的手机，无论是哪一款，都有很强的识别系统和标识系统。诺基亚就是很静，芬兰人那种静，一看就是北极附近这么一个以高科技为支撑的国家的，我去过芬兰，一看它就是芬兰出的；而摩托罗拉一看就是摩托罗拉出的，它有识别系

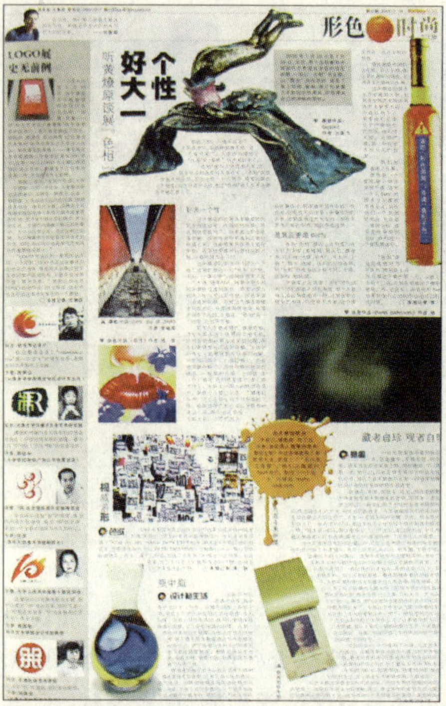

统和标识系统。而机关报没有,《天津日报》和《北京日报》,《北京日报》跟《内蒙古日报》、跟《山西日报》,版式风格上有时都没有任何区别,至少在一张版面上。**连版式风格都没有区别,一个很重要的原因,是没有把这张报纸当成新闻纸来做,也没有把这张报纸当成品牌来经营,把两头截断了,一头是报纸应有的个性,一头是市场的源头。**

我接手的时候,是我1998年从中央党校回来的时候,报纸还是千篇一律。我们就提出一个口号:以图片带版面,以版面带新闻,以新闻带记者,以记者带队伍。**我特别承认一个观点就是当时已经进入读图时代,视觉的冲击力和阅读快感对一张平面媒体来讲,是和网络媒体、电视媒体竞争的非常重要的一环。第二,非常重要的就是,改掉报纸千篇一律的状况,体现它的标识系统。识别系统从哪下手?从哲学观点上来讲,内容决定形式,但常常是形式反作用于内容,我们就从形式入手,从品牌入手。**

这里先插一段。现在《每日新报》的版面是我确定的。当时《每日新报》创刊的时候,我对它的第一个要求就是,在10米、20米之外,视力在1.5上下的人能一眼就拎出《每日新报》。大家是不是有这种感觉,在报摊上能一眼拎出它来。就和现在的《假日100天》一样,一眼就能把它拎出来,这就是识别系统。当时我对它还有三个要求:我特别爱吃煎饼馃子,我要求在我买煎饼馃子的那个摊儿的附近,在所有煎饼馃子摊儿的附近,看到《每日新报》;要在公共汽车和修车的摊儿上看见《每日新报》;要在公共厕所的地上看到践踏得非常肮脏的《每日新报》。为什么?大家可以注意一下,凡是极大众化、泛大众化、老百姓特别爱读的读物、报纸,在公共厕所的地上一定能看到。

《每日新报》的成功和后来《假日100天》的成功完全是一种品牌的成功。在我们这么一番改造后,《天津日报》以一张不同于全国机关报,或有点变化的机关报的这么一种形象出来了。我们改造了第一次,就打破了零的记录,那一天我们推出了30个以图片为主的新闻版,这在全国新闻史上是头一次。**结果这个版面得了中国新闻奖一等奖,同时我们的报纸被中国历史博物馆作为收藏的第一份**

报纸收藏。

现在新闻应该怎么做呢？我自己的理念，对集团的要求是12个字：**新闻深度、经营宽度、品牌亮度。**

第一，新闻深度。现在信息完全是爆炸式的，由于因特网海量信息的特点，由于媒体膨胀式的发展，人们对信息的需求还有，但信息垃圾给人们的阅读压力越来越大，人们与其说更需求信息的量，不如说读者和受众更需求信息的质。人们当然知道新闻是刚刚发生的事情，这个事情很快，“9·11”时这个楼撞了，那个楼还没有撞的时候，我们同步在凤凰卫视上、CNN上就看到了第二幢楼是怎么撞的，这就是同步，这就是零距离。**人们不仅关心新闻，同时更关心新闻的背景，关心政策的解析，对解读性新闻和背景性新闻的关心已经高于一般的新闻事实。**昨天温总理开记者招待会，开场白的五分钟有一段感人至深的讲话，“我是一个出身在农村教育世家的普通人，我是一个……的人。”这就是背景。现在我们在处理新闻时，读者对背景的要求、对其他信息的链接更加需要，同时还需要一种互动的东西。如果网络媒体比我们还有一点优势的话，这个优势不是海量信息，而是一种链接性和互动性，或者是在声音上的一种自由性，新闻把关人角色的一种退化，这是BBS。那么平面媒体怎么做？只有在新闻深度上下功夫。

第二，经营宽度。传统媒体主要依靠广告和发行，只是一种媒体经营，它的风险性和不确定性更大，本身的经营渠道更窄。现在就是要把内容产业做深，真正把内容当作产业来做，把产业链延伸。比如我们最近成立了个经报学院，做成了全国最大的以550个报亭为内容的、资本运作的这样一个很成功的范例，就是成立了每日新传媒发展有限公司。这就是经营宽度。

每日新报
2002年6月12日
28201828
“中科创业”案昨在京开审 案件涉及违规金额54亿元
中国股市第一大案
法国输了 巴黎哭了
不可思议的足彩
全国七注 396万元
吉利汽车
爸！我可找到您了
警方起获三吨火药
美国挫败脏弹袭击
高校今年普遍扩招增设新专业 新专业紧追热门尽是社会需要
考大学机会多选择多

第三句话就是品牌亮度。品牌亮度跟新闻的从“媒体经营”到“经营媒体”是有直接关系的。过去是媒体经营，内部管理，销售广告，发行报纸。现在我们是把整个媒体作为品牌，作为一个整体资源，把它作为一个整体财富系统、一个资本系统来经营，把它作为一个完整的内容产业来经营，于是它就是一个完整的品牌。前面讲品牌亮度，是为跟前面那三个“度”凑到一

春节健康 全市导诊
天津市一中心医院
天津市儿童医院
天津市口腔医院（整形外科医院）
天津胸科医院
天津医科大学第二附属医院
天津市公安医院
天津医科大学总医院
天津市肺科医院沙市道门诊
天津中医一附院
天津市第三中心医院
第四中心医院
天津南开医院
天津市肿瘤医院
安定医院
人民医院
传染病医院
中心妇产
一中心东院
第四医院
第三医院
天津眼科医院

起，其实概念不仅仅如此。我们回到品牌来讲，如果我们把我的报纸、我的集团作为一个品牌经营，怎么做？当然结果是非常重要的，带来的效益是非常重要的。我现在把结果告诉大家：我们的报纸过去一天是几十万对开张的印刷量，现在是400多万对开张；我们集团的报纸原来发行量是在20万份左右，现在是150万份。我们的报纸从早到晚，从15岁到60岁不同的年龄段，不同的报纸有不同的定位，完全覆盖。

《天津日报》的定位是高端读者，就是在座的各位，我做的报纸就是给你们看的。《每日新报》的定位是普通老百姓，这个定位我是坚持不变的，任何改变它定位的行为我都是绝不允许的。《天津青年报》的定位是**“深度报道，全新概念，城市定位，青春阅读”**。《假日100天》是**“目标读者、精确发行”，“关注精神变化，追踪物质感觉，放大生活细节”。大家有一种体会，就是现在我们这个时代已经完全物质化了，或大多数物质化了，**要不然《时尚》杂志、《瑞丽》杂志不会这么畅销。**我要求《假日100天》要极端地关注物质生活，要给人以凸起的物质感觉。**

我们重新回到品牌上来。它带给我们的结果是，广告收入也增加了将近6倍，我们今年的整个效益在去年的基础上还要大幅度增长，我们从一张不盈利的报纸变成十分盈利的报业集团。我们去年并购了《天津青年报》，今年又并购了《天津汽车报》，我们要办一份汽车报，这将会是一份非常好看的报纸。我觉得世界上有两种东西是永远青春、永远潮流不衰的东西，一种是汽车，一种是武器。这两种东西跟青春、跟激情是永远在一起的。“入世”后我们的民族工业最富活力的是汽车，天津市最富活力的是保税区的汽车，全国50%以上的进口汽车在保税区，我们的私家车拥有量全国领先，我们的出租车人均拥有量是全国第一，可以说我们办汽车报是非常正确的。我们并购这些东西，搞这么多企业，并有融资的能力。

这个时代已经进入资本化的时代，“资本”的概念不是简单“资金”的概念，拥有多少钱和变成多少钱不是一个概念，拥有多少钱和买多少钱的东西也不是一个概念。凭我们天津日报现在资金的实力，我买《天津青年报》，买它的债务，买它的品牌；买《天津汽车报》，也可能能买。但是仅仅凭资金是不够的，人家不跟你合作。比如我们的每日新传媒发展有限公司，550个报亭建了，这是网络资源，是终端概念，我没有把这个资源、概念抱在怀里，而是卖给了市场，与市场完美地结合起来。第一次融资1500万，经营点位融资；第二次融资5500万，天津药业、天士力、上海复兴，三家全国医药行业最大的上市公司投资。他们为什么要和天津日报合作？并不是我有多少资金，不是这个概念，最重要的是他们对我们这个品牌有信任度，当然他们可能觉得张建星这个人目前还能干点事。

媒体的觉醒在于它意识到它既是一种媒体、传媒，同时在产业化的竞争当中还必须是一个品牌。这个品牌必须具备商品的、市场的某些属性，或者必须和市场进行比较完美的对接，才能实现它的真正价值。

下面，再把我们具体操作的过程简单向大家汇报一下。**我在《总编辑评报》中，强调我的所有系列报要不断学习和研究，致力于形成媒体和受众的互动，品牌和市场的互动，并在这种互动中完成媒体在影响力和扩张力上的延伸**。比如说我们跟天士力联合举办了天津惟一一次国字号的中国首届中医药文化节，全国医药界的院士全来了。我们在这当中不仅仅获得了对方给我们的百万、上百万或几百万的资金支持，这很有限，几百万块钱对天津日报来说重要也不重要，重要的是我们参与了这件事，使我们《天津日报》这张报纸的影响力扩大了，特别是在医药行业，现在我们跟中医药集团，我们跟天士力的合作非常好，我们的健康版、医药版都有很大的影响力。

我们还搞了很多活动，比如去年的首届世界大学生滑水锦标赛，在跳台的位置有“天津日报”四个字，大家都看到了。我当时为什么要参加这个活动呢？有三条，一是为了体育事业；二是滑水赛很有观赏性，有水，色彩也很好看，我拍的一幅照片可以衍生出挂历、画册和其他一些东西；三是有一些大的房地产商和未来要开发的东丽湖项目，那么我们可以在这种互动当中加强合作。大家可以看到跳台上的“天津日报”四个字，所有表演的运动员谁也躲不开这四个字，就像亚运会时天磁花10万元买断张百发开幕式讲话的话筒一样，就是“我宣布开幕”的那个话筒。这是首届世界大学生滑水赛，我估计2008年这个滑水赛将进入奥运会，那时我们再合作将非常有前景。我们9月份还要搞亚洲男子排球锦标赛，比赛也很壮观。我们昨天又签约，跟LG一起搞马拉松越野赛，天津已经三年没有搞了。**我们搞了一系列的活动，就是我说的，希望在参与当中，在互动当中完成我们媒体和受众、品牌和市场这种对接。**

除此之外，我们还搞了很多演出活动，我们对演出活动的要求很苛刻，必须有影响力，必须还很前卫。比如说我们搞了"同一首歌"的大型演出，搞了张学友的演出，因为考虑到张学友、刘德华这样的天王级的歌手总有一批歌迷，永不褪色的、忠诚度很高的歌迷。最近我们《每日新报》和《假日100天》、《天津青年报》又搞了阿杜的演唱会等等。

我们比较经典的活动就是"天津日报号"。我们为什么要这么做，基于三种考虑：第一种考虑，当天津日报报业集团即将成立的时候，我们有一个什么样的形象标志，使天津日报能够在全国、在全市用一种直观的形式造成影响——飞机；第二，当天津日报和全世界一样进入新的世纪的时候，我们选择一个什么样的主诉口号，来表达天津日报人的一种世纪的感情——"新世纪新起飞"；第三，什么

瑞典IDG数据集团客人参观津报集团。

样的活动能够是长久性地和读者进行沟通，并易于炒作——飞机。500多个航班，4000多小时，十几万将近20几万的乘客，这就是选择的重要性。那么在津报集团，我们的品牌炒作进入了一种极致，就是完全市场化了。“天津日报号”在天津上空满天飞，到处都是。**天津市内的32块巨型广告牌，我们买断了，一夜之间天津主要路口大的广告牌全是这架“天津日报号”飞机**。现在很多读者误认为天津日报买了一架飞机，其实我们就买了这四个字，花了10万块钱喷涂费。

我们做了这30多块广告牌之外，还在2002年8月21日出了132版珍藏版，创全国媒体纪录，当天广告进账900万，就是一天赚了900万。上海《解放日报》新世纪那一天出了100版，赚了500万。这件事不仅仅是经济上的影响，在品牌上面的影响非常重要，是一件名利双收的事情。就是温总理昨天说的，只要一个人努力、执着，总能到达光辉的顶点。这句话非常重要，他说的时候很动感情，我觉得这和他的个人经历有关：一件事，全国2000多个县，他跑了1800多个县；再有一件事，他对中国的所有数字，从GDP到劳动力价格都熟记于心，就是电脑也有死机的时候啊，但他没有。我觉得温总理的性格是一种，有信念、有主见、敢负责任的性格。这是一种什么性格？这就是比较中国的性格，能够咬住牙的性格。

我现在把过程讲了，实际上操作的过程很细，没有一件事是拍拍脑瓜然后就做成了，必须是有很细的操作。我觉得重要的是三条：

第一，在这么一个市场竞争的阶段，在媒体竞争非常激烈的阶段，在非常市场化的阶段，人们任何时候都不能失去想像力和激情，这是非常重要的。我去过美国三次，我觉得美国人最可贵的是爱国主义、科学精神、足够的想像力和激情。大家可能看过《百万英镑》，美国梦支撑了美国从19世纪到20世纪、20世纪到21世纪跨越式的发展，这不能离开想像力和激情。**经营的天才和迂腐的、书本上的那种极单纯理论化的、不会实践的人的区别，就在于前者具有想像力，而后者就在故纸堆里面按教程走**。马谡和赵云的区别，就是马谡理论不联系实际，没有想像力，而赵云是有想像力的。

第二，一定要把品牌的操作放到市场的操作当中，包括媒体的平台操作，这是非常重要的。就是你有多少的政治资源和想像力，你有多少关系，你有多少人才，你都不要走捷径，都要放到市场里面操作。只有这样，当你不走这个捷径，它才是这么一个完整的操作系统，它才能最后回归到市场，才不会出现任何纰漏或者达不到你预先想法的那个理念的那样状态的东西。

第三，在品牌操作中，框架、模式固然重要，但更重要的是操作细节。你们可以观察一下张瑞敏，张瑞敏的经营理念有很多，但最有影响力的都是张瑞敏的细节，好多地方、好多经营实例，他都是把这个细节放大了。比如说我们报业集团成立大会，好多人可能请完领导就完了，我们不是。在领导前面坐的一排是《天津日报》宣传过的普通的劳动模范,包括高考状元张继涛。你想想当我们介绍领导时是一遍掌声,当把那些劳模介绍起来,把鲜花献给他们的时候是三遍掌声,这就是细节。我们把报业集团成立的这件事是按那个标准的,是希腊模式的那种,古典剧的那种,从背景到服装到每一句台词,到每一个场景做得都不能再细了,尤其在重要的细节方面,我们是放大了。

天津日报这几年,呈现出一种快速发展的势头。我们一天出的报纸量,与美国报纸的量差不多。当年我去美国看《今日美国》、《纽约时报》的时候,这么厚一摞报纸我很激动,那时候我们才办四个版的报纸。我当时年轻,特别能干,一天一版就发了我四条稿子,就四个版,没有地方写。现在天津当然不是一张报纸,但是我们一天出这么多报纸、这么多的版面,说明我们媒体在进步,在发展,说明它是个朝阳产业。

今天的大屏幕上给我选了一句话,是我1994年获范长江新闻奖时说的,“我非常热爱这个创造激情,也被激情创造的事业。”那么我现在再加一句话:“我特别热爱这个除了能创造激情,还能创造效益,需要挑战,有很好的未来的事业和职业。”

(2003年3月19日根据录音整理)

高度重视我们的品牌

—在中国报业协会“报业运营机制研讨会”上的即兴演讲

作者有一个享誉传媒界的观点——当今传媒的发展已经从“媒体经营”过渡到“经营媒体”。凭着对“经营媒体”的深刻理解，依托强大的报业集团平台，近年来津报集团相继策划组织了一系列大型活动，这些活动均以“社会效益高、经济效益高、品牌美誉度高”为诉求，不仅游刃有余地操盘文化体育产业运作，经营触角开始伸向“会展经济”，并且已经通过“住交会”等多种形式为天津进行城市营销。

这次有一个文件，不知大家注意没注意，此次文化体制改革，是建国55年以来政策最优惠，改革力度最大，扶持力度最大的，也是符合党的十六大精神，符合十六届三中全会精神，符合胡锦涛同志在政治局委员学习会议上提出的要把文化事业做好、把文化产业做大的精神。这个文件政策，包括合并缴纳税收，包括在增值税、关税和资产处置方面一系列优惠政策都非常非常重要，当我看到文件的时候有一种热泪盈眶的感觉，但心里也有不是滋味的地方，我们这39家报业集团并不是都纳入这个文件政策的范围。后来听王国庆司长说，党委机关报特别是党报集团也将享受这个文件的所有扶持和优惠条件。所以我在这里提议大家以掌声感谢各方领导对我们所有的关心、爱护和支持。

下面我谈谈目前出现在传媒市场的几个变化给我们提出的课题：**第一，不可否认，党委机关报是我们的主报，受到了越来越严峻的市场挑战**。机遇和挑战并存。它的征兆是一方面有一部分主流媒体边缘化，发行量下降，广告量下降。有的大报在减版。但好的大趋势是：在中宣部和新闻出版总署坚强的支持下，

2004年6月9日，津报集团承办了2006德国世界杯亚洲区预选赛中国队与马来西亚队的比赛。图为“中马大战”在天津泰达足球场举行。

津报集团200名青年编辑记者成为"中马大战"志愿者。这是深入开展"三项教育"活动的一次生动实践。

党报集团从这几年的改革中，特别是中办文件下来以后呈现出越来越大的强劲活力，多数党报集团已经做大。**第二，我感觉到传媒的发展已经从"媒体经营"质变到"经营媒体"，有了一个跨越的过程。过去我们是一种"媒体经营"，倾向于内部管理，现在我们已经进行到以资本运作、数字化改造、市场对接为主要标志的"经营媒体"阶段。第三，我觉得最重要的是党的十六大把文化产业的发展包括新闻的发展作为一个重要的问题提出来。**

我觉得这三点应该是我们面临的大背景。在这三点中我简单谈一谈我们集团的三个想法，也就是三点做法：

第一，应该高度重视我们党委机关报的资源优势，研究怎么把优势放大，怎么把资源优势与市场成功地对接，怎么能使资源优势资本化。我觉得这是我们要尝试的一件事。资源优势主要是政治优势。政治资源除了内容资源之外，比如中央的重要新闻，省委、市委、市政府的决策，这些重大的事情都掌控在我们的手里，从内容上无疑是个重要内容，政治资源是个重大的优势。包括还有其他的一些资源优势，比如说稳定的客户资源优势，因为《天津日报》有三份日报，大概平均期发量在150万份左右；有银行的支持，同时我们还有很好的现金流等等。我一直以为对媒体来讲，现金流比利润还要重要。我们还有很多资源，我们应该研究如何利用好在资源上非常好的优势。

举一个例子说明我们的资源优势。《天津日报》在天津市建立550个报亭，这就是我们以机关报的性质拿到的一笔政治资源。但是我们在操作的时候没有把这笔资源抱在怀里，我们把它与市场对接。建550个报亭我们测算了一下，大概要1000多万元。那么这钱从哪里来呢？有这么多下岗职工。我们先向市政局、公安交管局把点位拿下来。550个点位拿下来后，向全社会公开拍卖点位的经营权(不是所有)，3万元钱一个点位，然后根据不同的地段设置不同的租赁费。3万元一个，当时竞标是非常公开的。这一笔拍卖就有1500万元到手。现在是终端为王的时代。报亭不仅是发行的终端，还是配送的终端。我们把这个概念包装了一下，又进行了一次融资拍卖。我们和上海复星、天津天士力、天津药业三家上市公司做了个5500万的公司，组建了一个全国最大的媒体物流配送公司。那么5500万加1500万，用政治资源加市场运作有了个7000万的盘子，然后把这7000万元投入到发行队伍、终端改造、网络改造中。经过了两年，去年开始盈利。其实我们公司已经做到了一个亿。关键是一个问题，由于这种资源的对接，政治资源优势与市场资源优势的对接，它使我们从体制上获得了很大的支持。天津日报控制了天津80%的零售市场，同时它为我们在物流配送，特别是掌握客户资源方面发挥了作用。这是我想讲的第一个问题，就是**我们要抓住现有的资源，包括现金流资源，还有客户资源**。就这个客户资源，我们集团至少有几十万常年订户，这是保险公司都没有的客户资源。这个资源是谁都没有的。党委机关报为什么能够做大？党在研究执政规律，党委机关报也要研究在这种大背景下发展的规律。这是我针对三个背景说的第一个问题。

第二，我们应该高度重视党委机关报和党报集团的结构调整。去年我们又收购了三家报纸，形成十报两刊。那么我们的报纸除了规模上的考虑之外，还有结构上的考虑，我觉得党委机关报长期办不好有两个原因，一个至少是形式上千篇一律，《天津日报》和《北京日报》，和《人民日报》和《解放日报》，从面孔上没有什么不一样的，就失去了一个产品应该具有的识别性，因此我们就提出“以图片带

《经济观察报》何力、《21世纪经济报道》刘洲伟、《凤凰周刊》邓康延、《新民周刊》丁曦林、《三联生活周刊》朱伟、《中国国家地理》李栓科、《新周刊》封新城、新浪网陈彤、《南风窗》秦朔等国内著名期刊总编辑兴致勃勃地观看“中马大战”。

版面，以版面带新闻，以新闻带记者，以记者带队伍”的思路。从形式入手改造报纸，要求一定要有个性化的表情。

这几年我们的报纸除了日报之外，还办了晨报，办了午报，办了周报，这都是从宽众定位的。我们还从窄众定位办了《车天下》等另外两份报纸。另外我们还提出一个“新闻深度，经营宽度，品牌亮度”的经营思路。随着电视媒体、网络媒体的

发展，第一新闻和我们没有关系，我们永远是昨日新闻，比如打伊拉克，我们无法同电视、网络媒体相比，但是可以从新闻深度上取胜。**读者更需要背景、细节、写实性的东西。平面媒体在这一方面有电子媒体不可具备的优势。网络媒体信息含量和链接也很好，但是它的信息的质量和信息的攻击力有一定距离**。我讲的结构问题关键是经营宽度。我们怎么使经营做出应有的宽度来，这是能否真正做强党报集团的关键。这几年我们在股份制改造等方面进行了一些尝试，尝到了甜头。这就是要重视结构，让它更合理。解决结构性矛盾，规模是很重要的。

“中马大战”是国内首次由媒体主办的国际A级体育赛事。

第三，我们要高度重视党委机关报的品牌问题。它也是一个产品，它也有一个产品进入市场的规律和品牌营销的一系列的要素。我们总是注重宣传别人，不注重宣传自己。所以我们从2000年开始集中力量打造品牌。品牌打造不仅是要投入的，还是要盈利的。我们去年搞的中国龙之队和澳大利亚虎之队的“NBA全明星之夜”比赛，第一次突破150万的票房。这一场活动下来，除了宣传我们的品牌，现金盈利170万。我们搞了8月21日报业集团成立一周年“城市的微笑”大型文艺晚会，赚了200万。

我们要抓住一切机会宣传报纸，要品牌营销，所以我出了一本书叫《新闻的创意时代》。这本书把我五年总结的评报都放在里面。这本书是我们企划部当作一个产品来策划的，这里面有600幅版面照片，100多幅我个人的照片，有踢足球的，卖报的，活动的，还有金庸的，有谢霆锋的，我就说**难道总编辑不是报纸的一个品牌吗？作为一个企业的负责人来讲，作为一个媒体的负责人来讲，我觉得我们本身也应该有这样一个市场观念，把自己作为一个品牌**。凤凰卫视是以什么精彩啊？我觉得就是一个模式——打造它的名编辑、名记者的品牌。以名牌的效应来确定它的地位。还有很多网站，过去新浪的王志东，现在搜狐的张朝阳，网易的丁磊，他们也是媒体的一部分，他们也变成了一个品牌。当然作为党委机关报，在政治上要坚定跟中央、跟市委保持高度的一致，要保持政治上的坚定与警醒，要坚守政治家办报的原则，同时进入市场的时候还应该有品牌的意识，还要按市场规律办事。

(在“报业运营机制研讨会”上回答听众提问)

听众:你们物流集团的股份是怎样的?

张建星:包括三家公司加我们,我们51%的股份,他们共49%的股份。董事长、总经理都是我们。财务总监是他们。现在我们跟他们讲,你们一定要作为投资者而不是作为参与者,你们是拿收益的,你们不要参与。当然在一些发行方面可以放开。完全与别人互补都可以。包括《车天下》和专业报。这个原则是我谈判打出的第一张牌。这张牌你一定要认。事实可以证明,他们不参与只投资收益会更好。

今年我们利润不高,董事会确定的利润是600万。发行亏损了十年了,就是因为有了这个公司不亏损了。这个体制和我们的体制完全不一样,它是董事会下的总经理负责制,完全是法人治理结构,完全是公司化的模式。我们完全不干扰它。原来担心的关联交易也没有。我从来不从公司拿一分钱,也从不把请客的单子拿到公司去报销。**我这人对市场是行脱帽礼的,我是百分之百的市场的信徒。我们按市场的规律办,事情才能办好。市场确实是个好东西,好手段,公司确实是个好东西,法人治理结构确实是个好东西。**

听众:你们法人的总经理是谁呢?

张建星:总经理是我们。我们绝对不能让投资者作总经理。要不会打起架来的。战斗的堡垒就会变成堡垒里的战斗。

听众:你们收购很多报纸,那么你们内部的矛盾怎么解决呢?

张建星:我觉得矛盾随时都有。关键是不要把你的意志强加给公司。公司本身运作的矛盾,和报社的矛盾,比如费率问题,比如促销费问题,这都很明朗。我们报业集团和你们公司再谈。

听众:你的发行总经理来和你谈费率,很显然你是他上司,你是董事长也是

“中马大战”向国内外展示了天津的城市魅力,更让人们记住了一个媒体的名字。

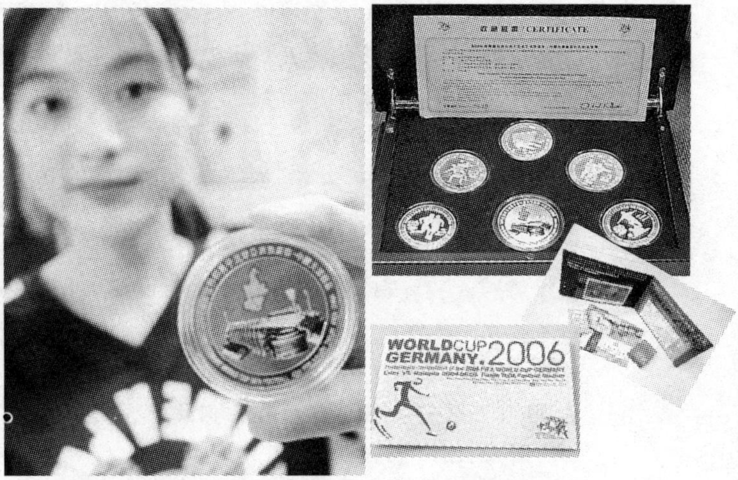

“中马大战”时津报集团专门设计的彩色纪念套币，“纪念张”邮折门票以及纪念扑克。纪念套币由南非全球铸币厂名师精心制作，澳大利亚联邦铸币局荣誉发行。

社长，那么你的总经理怎么和你谈呢？

张建星：你不觉得一个人说了算比两个人说了算更简单点吗?这事一商量不就很简单吗？再出了别人，这事不就麻烦了吗？摩擦成本太大。

听众：我是想问市政府有没有给你优惠政策？这是第一个问题。你既是董事长，又是总经理，那么你控股的下属发行公司的费率是怎么和你谈判的？你一句话可以让它死也可以让它活。

张建星：我觉得干一个企业总想找优惠政策，肯定做不大。政府给了我一块地，这就是最好的政策了。像我们《天津日报》接纳了1300多个下岗职工，也为政府做贡献。第二个，费率问题，我们都是技术性处理的。在处理的时候要考虑市场。我也算账，但是我是按市场规律来算账。

听众：我再问一个问题，你们天津日报的费率是比以前高了还是低了？

张建星：《天津日报》本身的费率没有变。都市报有高有低，平均没有变。但是我要说一下，我这个人做事还比较厚道，我把促销费拿出来了。这股东很愿意啊，一年大量的促销费不是从费率出。但这个对我也很有利。

听众：据我所知，天津日报报业集团曾经走过一段曲折的路。

张建星：我接手时，已亏损了9800万，外债将近三个亿。

听众：刚才听了以后很受启示，我觉得你们有几点比较突出。一个是机制比较活，再一个就是把产业链做长了。现在你在采取措施规避风险。像广告这一部分太大了，将来风险肯定会大。你们工业化经营创了一些路子，现在下边搞了若干企业。那么你们集团控制它是以出资人的方式呢？还是采取其他的什么方式呢?如果以出资人的方式来控制它，那么从现行的体制来看，你们怎么来处理它？

张建星：我们做了四个股份制公司。在解决这个问题的时候，我们首先控股51%，这个必须要保证。还有一个就是一切干部都是我们的，对方只是投资。我觉得这样比较简单，第一，离我们可能进入的政策雷区远；第二，容易把这个企业做好。关键是班子和我们派出去的人的公司化概念，市场化概念，他们的角色转换是非常重要的。比如我们办了一个周报，对方投资，他只获得这个公司的经营权，不仅是广告，还有其他产品的开发。你只要投入，然后他占49%。我们自己在控制上做得非常好，收益也很好。

比如我们最近还做了一件事。天津有一块最大的土地，国土资源部调整政策后天津拍卖的第一块土地。天津是北京奥运会的协办城市之一，要建立一个奥林匹克中心。那么这块土地拍卖17.55亿，得到的回报是120万平方米的商住开发权。这可是天津的黄金地段啊。我和顺驰集团等三家集团组成一个股份公司，我占2.7%。我们赢得了投资17.55亿，得到了这120万平方米地的经营权。现在已经开盘了。楼房的售楼均价是8500元一平方米，不是商业设施，是住宅。天津的奥林匹克中心是黄金地段，我们作为一个出资人，不管任何事，当然这里一年至少3000万的广告费全部投在我们集团，非常合算。

听众：刚才听张社长说，我有个印象，张社长很强调办党报。党报是党的机关报，但是张社长把这个概念用在利用党报的概念去赚钱，而不把党报的概念放在我是党的机关，我是行政官员这个上面。我觉得这是非常好的一个突破。那么刚才张社长说是要拓宽市场的经营范围，就是要多种经营。那么我想问一个小问题，就是你们融资……

张建星：融资一是因为我们现金流好，发行收入，广告收入，每年有大量现金流。另一个方面，我们是用纸大户，各种银行贷款合适。现在我们给企业的委放贷款两个多亿，收益8%。我把这两个多亿拿出去给了企业，我们还活得很好。**我认为对于现代企业来讲，现金流的重要性远远高于利润。因为利润永远是有限的。**复星集团做得好，买了南钢这么好的一个大企业，包括经营投资，解决了一个什么问题呢？一年200多亿的现金流。

其实我们言论办得是最好的，是与市委保持高度一致的。《天津日报》一年发表言论130多篇，中宣部、市委书记批示怎么也得70多次，我自己每年头版的重要评论都得写50多篇。全国第一个开“三个代表”评论专栏的是《天津日报》。如果党委机关报办不好，让市委书记有意见，你都坐不稳的时候你怎么让你的集团做大？所以还是首先要把党报办好。这一点是不容易的。我是坚决不放弃大报。

听众：我就在困惑，我们都在投资，哪来那么多钱呢？

张建星：真正的经营者有本事让钱挣钱。我们现在就是缺这种人才。天津顺驰集团，今年投资买地90个亿。所以我们把怎么做好资本运作作为集团今年16件大事之一。一定要研究资本运作这个大题目，因为我们有太好的现金流了。不能把它放在银行里，应该放在运作中，让冷钱变成热钱，让一分钱变成一元钱。这样，也是党报的经营宽度。

（2004年4月17日根据录音整理）

政治资源加市场运作再加团队精神就是核心竞争力

——在中国报业竞争力年会上的演讲

自2003年以来，国家新闻出版总署积极倡导传媒科学化发展，强调整顿与繁荣并举，实施分类指导，推出了一系列行之有效的措施。2004年6月，由国家新闻出版总署报刊司倡议并主办，旨在进一步提升中国报业经营管理水平，提升市场竞争力，以“创新改革，提升中国报业市场竞争力”为主题的首届中国报业竞争力年会在北京召开。作者受邀在会上发表了即兴主题演讲。

我个人有一个想法，就是报业一年要开两个会，一个是研究导向，一个是研究竞争力。**宏观上有一个大的发展背景，即整个传媒业都发生了一个很大的变化，从我们国家来讲，我们的社会主义市场经济已经进入了一个非常深入的阶段；第二个背景，是党的十六大决定全面建设小康社会；第三个背景，党的历届党代会没有像十六大那样把文化产业和传媒发展摆在这么一个重要的位置，成章成篇地论述**。十六大以后胡锦涛同志专门召开政治局集体学习会，研究文化产业的发展。期间恰逢我们集团成立一周年，我写了一篇文章《把事业做好，把产业做大》。**还有一个变化，现在讲经济全球化实际上一个很重要的问题，就是全球信息化，信息的防火墙和隔离带基本上没有了，特别是加入WTO以后；第四个大的背景变化是我们的媒体这五年或者是十年，特别是这五年有了突破性的发展，这个发展形成了一种质变，这个质变形象地表述是从“媒体经营”过渡到“经营媒体”。两者不是一个概念**。

TIANJIN DAILY NEWS GROUP
1
天津日報
1 纪念刊
2002.8.21－2003.8.21 报业集团成立1周年
亲切关怀 殷切希望
坚持两手抓 夺取双胜利
與時俱進 辦出大報風格
把事业做好 把产业做大

在这些背景下研究竞争力、研究社会责任已经到了一个非常重要的时候。我们天津日报报业集团1999年提出的“坚持正确导向，投身市场竞争，带出一流队伍，办出大报风格”这四句总体思路得到了中宣部刘云山部长的充分肯定。我们是把导向和社会责任摆在第一位。

前一段时间有的媒体上说李雪健因为患癌症已经去世了。媒体不能做这种事,应该有一点社会责任和社会良心。《北京青年报》为此发表了一条言论《假新闻不能欺人太甚》。我觉得**强调媒体的社会责任、强调媒体的导向是现在非常重要的一个问题,它是我们竞争力一个重要的组成部分,或者是核心部分**。天津日报这几年如果自己跟自己比还有一些发展的话,或者说有较大发展的话,就是在社会责任上,我们坚定不移地不放弃党委机关报。**我们这张报纸的社会责任和我们传媒优势应该放大和加强,不应该被忽视**。对于读者来说,对于消费者来说,互联网的出现,特别是全球信息化的趋势,信息多和信息少不是最重要的问题,而信息的质量、媒体所体现的一种社会责任是非常重要的。我们有一句话是"内容为王",这个"内容"首先应是代表社会责任的,能够体现我们媒体道德力量的导向和责任。天津日报报业集团这几年发展从三张报到十报两刊,发展到三张日报,跟我们坚定不移地办好大报、坚定不移地"大报不能小报化"、坚定不移地"坚持正确导向"是分不开的。**内容是社会责任竞争力的一个重要的不可忽视的部分**。**就我们目前来讲,除了强调社会责任、强调导向之外,我们也到了应该研究媒体如何突破自己,突破固有,全面提升自己竞争力的时候了**。

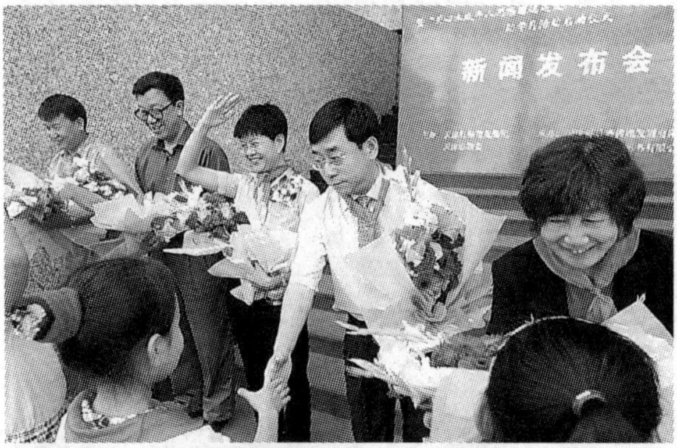

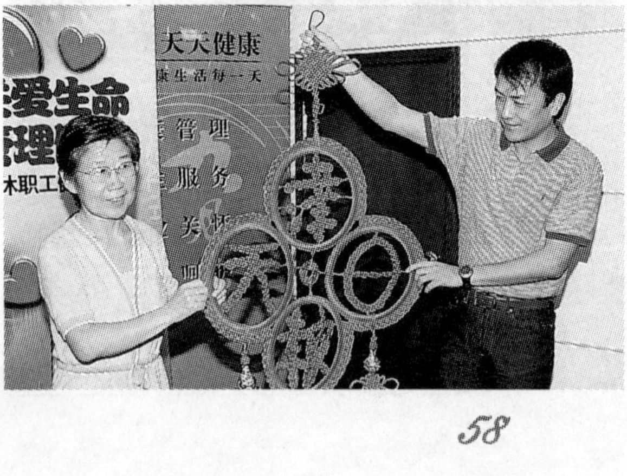

市场经济已经炒了那么长时间了,20 年的改革开放,特别是党的十三届四中全会以后这几年的发展,特别是党的十六大以后,**我们的媒体不能游离于市场之外,不能忽视市场的大好时机。最重要的一个是内容导向,另外一个就是任何时候都要抓住市场化,按市场的规律去做我们媒体的事情**。

上图:2004 年 5 月,每日新传媒发展有限公司与当当网举行隆重的合作签约仪式。图为作者与当当网联合总裁俞渝女士(左三)接受小学生献花。

下图:2004 年 9 月,津报集团主办的"免费为万名退休职工健康体检"大型公益活动启动。图为读者代表向津报集团赠送亲手编织的中国结。

津报集团是央视早间新闻节目《媒体广场》的亲密合作伙伴，也是与其合作最早、供稿量最大、被采用篇章最多、报道最密集的地方性媒体之一。

第一，要特别重视资本运作。我的题目是社会效益和经济效益相吻合，我讲的是社会责任和社会利益相结合的内容。2000年我们刚刚“入世”的时候，我们向市委汇报，如何使我们的主报不边缘化，如何不退出市场。我们向市委提出占领意识形态阵地，我们要建550个报亭，市委当初批准了我们这个请求，而且市委书记张立昌同志提出，最好搞多元投资。通过资本的市场运作，我们结束了党报发行十年的亏损。这个竞争力的后劲远远没有释放完。**我认为我们传媒20年的发展经历了三个阶段：第一个阶段是跑马圈地阶段，就是跑报号刊号阶段；第二个阶段是硬件的阶段，盖大楼，进设备。我们多次访问国外，我们的硬件不比国外差，甚至比他们还强；我认为我们现在进入了第三个阶段，就是发行阶段。发行阶段是以终端为手段，以数字化为平台，以客户个性化服务为目标的阶段。**

我们的媒体发展到了数字化，应该用数字化到达一个高平台，**对我们来说最重要的不是利润，也不仅仅表现在现金流，重要的是你控制的终端。比如你掌握150万的发行量，有67万的常年订户，我们应该把这种客户变为我们的价值**。这是对我最有利的。进入这个阶段是非常重要的。天津日报和瑞典的IDG公司签订了一个合同，用数字化改造，真正实现报亭终端硬件设施的数字化。**提高竞争力很重要的一点是不能游离于市场，在坚持正确导向的同时，一定要研究新闻的一般发展规律和市场规律**。电视和网络新闻事件可以完全同步运作，而我们的平面媒体关键是要做深度报道，**我们是内容经营商，还是观点经营商**。

第二个是经营宽度。**我们竞争很重要的一个是市场规律，我们仅仅依靠于广告肯定是不能最终做大的。发行的外延不大，我们本身的竞争力和竞争边界就会比较窄**。我们讲的经营宽度是非常重要的。我们办一个学院，一个学院也开始盈利，成立了三家好的股份公司，包括现在我们成立了一家保险经纪公司，利用我们3000人的发行队伍敲开别人的门，我们比保险公司多了六七十万的订户，这是一个经营宽度。

我们特别重视我们党报的品牌，我们做这些事大家可能知道，比如做中国队与马来西亚队世界杯外围赛的比赛，中国足协交给我们了，我们的活动搞得很好，衍生的产品搞得很好，宣传搞得很好，一场比赛我们挣了570多万，这既宣传了品牌又有经济效益。

我非常喜欢两个诗人，一个是海子，一个是顾城。顾城有首诗写道，“我们走

了很远的路，就是为了寻找一盏灯。”中央高度重视文化产业的发展，以新文件为代表的文化政策的扶持都证明，这盏灯终于亮了。希望我们媒体内的每一个同行能乘势而上，越做越大。

（2004 年 6 月 12 日根据搜狐网现场直播整理）

中国传媒发展的第三个阶段

——在全国报纸自办发行协会第四届会员大会上的讲话

全国报纸自办发行协会成立于1991年，为隶属于中国记协的国家一级法人社团，目前拥有186家会员单位。伴随着我国传媒业的飞速发展，协会在报纸发行交流工作中日益活跃，为我国报纸发行业的发展做出了突出贡献，在国内传媒界享有极高的声誉。在全国报纸自办发行协会第四届会员大会上，作者当选为协会会长。《天津日报》早在1988年率先突破邮发体制，成为全国首家自办发行的省级机关党报；2001年又创建了全国最大的媒体物流配送网络——每日新传媒发展有限公司。本文即为作者结合津报集团经验在任选后发表的讲话。

1985年1月1日，《洛阳日报》开始自办发行，从此界定了“邮发合一”发行模式到多渠道发行模式的分水岭。1988年，天津日报社在鲁思同志的带领下，锐意改革，以极大的改革魄力和勇气冲破体制及各个方面的束缚，成为国内第一家自办发行的省级党委机关报。我当时是编委会成员，也是天津日报自办发行的参与者。

从《洛阳日报》开始冲破邮发体制到今天已近20年时间，这是极不平凡的20年。今天我们应该全新认识《洛阳日报》，认识《天津日报》老总编鲁思同志，认识新闻出版总署老署长王强华同志，重新认识这些同志当年创立自办发行，冲破

全国报纸自办发行协会2005年上海年会。(2005.3.26 于天益宾馆)

2003年6月2日，中共中央政治局委员、书记处书记、中宣部部长刘云山，中共中央政治局委员、中共天津市委书记张立昌等视察津报集团每日新传媒发展有限公司。

邮发做出的重大贡献！对这个历史性的突破我们有足够的理由向他们致以崇高的敬意！

自办发行首先是在发行体制上撕开一个口子，有了大突破。今天我们对内讲自办发行，对外谈每日新传媒包括《北京青年报》的小红帽，谈起来很容易，但是在当时，整个报纸发行市场凝聚着建国以来苏联模式邮发合一的坚冰，突破这个体制是非常不容易的。**第二是找到了一个市场，是报业第一次真正与市场接轨**。报业20年来发展很快，近五年来情况变得越来越好。上个月在北京举行的中国报业竞争力年会上，我对媒体发展有一个概括就是“从媒体经营质变到经营媒体”。这个过程是从哪里找到突破的？我认为随着时间推移真正被传媒界所认可的就是《洛阳日报》、《天津日报》的破冰之举，所开辟的自办发行之路。**第三是控制了现金流，给我们树立了一种信心，对资本有了最初的认识**。许多同志作为传媒人经历过计划经济时代，当时是邮局要把所有的长期报款控制在手里，1月的报款5月给你。自从我们搞自办发行后掌握了长期报款，逐步了解了什么叫现金流，然后是货币、资本……推动我们今天媒体的各项经营活动飞速发展。从这个方面，我们可以看到当年的创举是一种什么样的改革勇气，是一种什么样的创新精神。

1985年到现在20年所走过的历程，我们这个协会做了大量工作，我很坦率地说，成立协会是一个创举，把这个协会维持到现在则是一种韧性。但是恕我直言，这个协会从创办到现在的发展很曲折，在起步的时候她是领风气之先，领潮流之先，但是发展到今天，她和我们国家发展的进程与改革发展的步伐，特别是和我们传媒业快速发展的步伐不相一致。我们的协会至少与我们自己的发展不相适应。我们必须承认我们存在弱点。李长春同志到天津考察，谈到发行工作，说要把天津作为一个试点。这些年在市场突破上，还没有由于协会给我们的发行模式带来质的突破。在座的好多都是卓有成效的发行人，《北京青年报》刘涵组建的小红帽公司在全国都很有影响，但是随着“入世”，在新的游戏规则当中，发行作为一个领域已经放开，**可是我们第二个问题并没有解决，我们已经冲破邮发体制，但我们本身的体制问题没有得到解决，体制上的改革，体制上的重建，体制上的复制都没有大的质上的变化**。

《天津日报》这几年发展比较快，跟集团社委会一心一意抓发行是分不开的。2000年市委书记张立昌同志来天津日报视察，当时正值“入世”，由我向领导汇报，我当时提出党委机关报任何时候都不能走到市场边缘。那么天津作为开放分销领域的试点城市怎么办呢？我们提出建立550个新报亭，把党报发行紧紧抓在手里。成立550个新报亭还能解决下岗职工的问题，事实上光报亭就解决了1300多名下岗工人。建设550个天津日报新报亭最后被列入当年天津市改善全市人民生活的20件实事之一。**可以说我们是凭借一种政治优势拿到了一种政治资源**。

如果按传统的观念，按老机关报的观念，我们可能把这个资源抱在怀里，坐等利润了，报亭也仅仅是发行报纸。**可当时我们就意识到：第一，它有一种资本的潜力；第二，它是一种终端的概念；第三，它是我们集团最好的一个提升机会，可以不仅仅是发行，我们当时就想把政治**

2003年7月21日，每日新传媒发展有限公司96260客服中心正式成立并投入运营。

国家新闻出版总署署长石宗源等视察每日新传媒发展有限公司。

资源和市场资源对接。我这次去北京参加报业竞争力年会时讲到什么是党委机关报的核心竞争力，**政治资源加市场运作再加团队状态就等于核心竞争力！**那么怎么体现这个核心竞争力？我们在《天津日报》公开登报拍卖550个报亭点位，公开公正，谁走后门都不行，结果总共1500万入账！当这个报亭初建的时候，我们的蓝图就是把它作为将来的终端站和生活站，不仅仅局限在报刊零售里面，然后和多家大的上市公司融资，其中上海复星都是很有知名度的，还有天士力集团、天津药业集团，三家上市企业融资5500万，成立了一个法人治理结构非常标准的每日新传媒发展有限公司。目前成为全国最大的媒体物流和配送公司。谁能有550个报亭？谁能有这么充沛的资本金？我可以这么说，任何一个发行公司不可能有7000万的资本金，不可能有550个报亭。

我们还准备在体制上再走一步——与瑞典的IDG集团合作。我想我们搞自办发行20年了，在体制本身，包括多元投资方面，有多少民营资本？有没有职工股？有多少外资？有多少上市公司的资本？**刘云山同志到天津调研时提出"发行是完全可以股份制化的，包括非意识形态的报纸，例如《天津汽车报》和一些消费类报纸"**。云山部长讲得非常清楚，**但是我们并没有像20年前突破邮发体制那样对自身的体制进行突破**。

我们的协会目前有180多家会员、200多家最多到400多家会员单位，这些会员单位并没有形成一个声音、一面旗帜、一个平台、一个网络，甚至我可以说我们协会基本上没有为会员单位做任何一件真正有意义的实事。而我们现在面临的是一个什么时代呢？我个人认为中国媒体发行经过20年的发展，特别是近几年的发展，包括胡锦涛同志组织中央政治局常委学习、研究文化产业时提出把事业做好，把产业做大，特别是中央文件以不同寻常的政策支持力度来支持媒体产业的发展，我体会大力发展发行的机会到了。

我们从"媒体经营到经营媒体"经历过三个阶段：一、跑马圈地阶段。大家都在跑报号，有报号就行；办都市报，办晚报，办周报，报号就是重要资源。天津日报报业集团现在是十报两刊。报号已经不像当年那么值钱了，这个阶段目前已经过去了。**二、硬件建设阶段。**广州日报社投资十几个亿建印务中心，我们天津日报目前有全国最先进的印刷设备、采编系统、照排设备等。中国记协的领导考察过许多国外的媒体单位，说我们的硬件设施不比国外差。**第三个阶段就是发行阶段。应该是在发行上从体制到终端形成突破的时候了！**中央从去年开始治理报刊散乱，从市场上打破了行政区划对报刊的控制。报纸发行渠道市场化的标志是什么？我作为发行人，作为报业集团的社长，我认为最重要的优势有三点：一、三年前我参加上海媒体高峰论坛时赵启正主任跟我说传媒业第一次历史性超过了烟草行业，正处于发展上升阶段。二、进一步表现在利润上，我们控制着其他企业不能和我们相比的充沛的正现金流。例如广州日报一年有20多个亿的资金收入。

人民日报社社长王晨在每日新传媒发展有限公司成立三周年庆典上致辞。

作者在瑞典IDG集团考察。

三、我们控制的市场。比如我们天津日报报业集团日发行量150万份、常年订户67万。这些客户资源是我们天津日报，是我们媒体最大的优势。比如说我最近成立一家保险公司，那么所有的保险公司和我都没法比，因为我们有67万的订户和3000人的发行队伍。**这个客户资源从本质上是一种终端资源，是市场资源，是我们营销的最终目的和到达点。**

我总结一下：就是以客户为中心，以数字为平台，以终端为控制。大家想想，如果我们180多家报社利用这个平台形成一个网络，**用我们数字终端的优势，面向市场，向有个性的、有背景的、有不同消费需求的读者提供个性化服务。如果进一步把这个网络利用起来，读者交钱给我们，我们还可以给他利息，然后给他提供个性化服务，除了买报纸，还可以买别的东西，甚至可以透支。同志们，我们不就是合理合法地办了一个"银行"吗?**

我刚才说的很重要的一点就是我们这个媒体发展很快，而滞后的步伐是发行。新闻出版总署在廊坊搞了个报业运行机制会，在会上我讲过这个问题。在报业竞争力年会上搜狐网专门来采访我，我再次重申中国的媒体即将经历的第三个阶段就是发行阶段。今天我还听说北京成立了一个民营发行公司，报纸发行的经销完全放开了。**发行将是大市场、大流通的格局，**对这个情况我们的协会怎么面对呢?新闻出版总署柳斌杰署长讲过，"未来报业市场是个混合的市场，包含各种资本，它的发展将会落在流通这个环节上，是大市场，大流通的概念。"

尹涛是天津日报每日新传媒发展有限公司总经理兼集团技术处处长。为什么当初她当技术处处长时我们天津日报让她担任发行公司经理？让她处这个位置，就是因为她所处的两端需要一个链接，需要一个提升，这就是技术。

我对协会有三点想法：

第一，我们要高度重视我们这个组织。我现在的职务已经不少了，天津市委宣传部副部长、天津日报报业集团社长总编辑，增加一点不嫌多，减少一点不嫌少，要干就要把这个协会做好，把协会做实，把协会做出影响力。我觉得志同道合的人肯定有，我们都愿意干这个事业。**发行是个利润空间、发展空间很大的一个领域，我们不光要投入激情还要投入资本**。希望真正把我们协会变成有意义、有实效、有扩张力、有影响的组织。

第二，在协会建设上，我觉得目前 180 家会员单位并不多，我说的是扩张不光是会员的扩张，更是协会影响力的扩张。根据天津日报这几年的快速发展经验，我提到要高度重视影响力，我认为影响力已经不仅仅是一种产业，还是一种品牌。我们承办了中国国家足球队对马来西亚国家足球队的世界杯亚洲小组外围赛的比赛。通过这场比赛我们不但打造了一个品牌，我们还衍生出了许多包括 T 恤衫、扑克牌、邮折门票等产品，一场比赛净赚利润 570 万。中国足协掌门人阎世铎说中国足球自上届世界杯惨淡失败之后惟一的一场进四个球的就是在天津这次。我们把泰达三万人的体育场装得满满的，每个角落都是涌动的人，你想，进了球满天都是焰火那是什么感觉！我们应该重视协会这个品牌，这次回去后要好好宣传一下，我们的自办发行协会会员大会召开了，协会要以新的姿态实现新腾飞。

第三，**任何工作一定要做实**。**做任何事都要有时间表，什么时间达到什么进程**。协会将来能为会员单位做点什么实事，为会员单位承担什么责任，下面是我

2004 年 6 月，每日新传媒发展有限公司、瑞典卡诺尔计算机有限公司、北京凯普计算机工程公司、瑞典 IDG 集团、上海天呈商务咨询有限公司共同出资创建天津每日新传媒网络技术有限公司。图为作者在瑞典签约。

的三条建议：一、**协会会员要多元化**。**我觉得这个多元化和多元资本和多元投资很可能是一致的，反过来说这个协会不做任何事情，没有任何感觉，就没有任何意义**。哪怕只有18家单位，要是联合起来产生的效果和影响，比180家不做实事、只有摩擦要好得多！二、**确定我们协会的个性化**。目标非常明确，今后要做成什么，交流经验是应该的。打发行协会的牌，选中国十大发行人，搞主客场的足球比赛……总之，大家搞到一块儿到底想达到什么目标，需要有一个明确的方针。三、**我建议先从数字化平台的打造入手，实现数字化联网，资源共享**。各会员单位首先从发行的客户订户开始，资料输入协会的大数据库。我们以小博大、以点带面、由浅入深来提升整个协会的品牌。

《手机》电影里有一句经典台词，就是"这个世界就怕结盟"。**我们结盟了，我们结盟后手里攥着资源，第一是报纸，第二是客户，第三是现金，加上我们足够的政治智慧**。我们这种联盟做实了，将会打开一个好的局面。所以作为本届新当选的会长，我本人一定会竭尽全力，为这个协会尽我的责任，尽我的义务，天津日报报业集团也可以不计代价。我希望大家重视自己，重视发行，重视我们这个协会。

(2004年6月26日根据录音整理)

我相信决定市场的一定会是需求

——在搜狐焦点天津房地产网发布会暨签约仪式上的致辞

2004年7月9日，全球著名门户网站搜狐公司“网络时代地产新营销峰会——搜狐焦点天津房地产网发布会暨集体签约仪式”在津举行。作者与搜狐公司CEO张朝阳、COO古永锵、副总裁龚宇，SOHO中国董事长潘石屹及天津众多地产界人士、媒体记者共同出席了发布仪式。近年来，天津日报一直致力于开创媒体与地产互动共赢的良好局面。2003年8月，津报集团与顺驰集团、天津信托等组成投标联合体，在多家竞争者中胜出，以17.515亿元的价格成功获得竞标地块，成为天津土地交易史上有偿转让最大一单。中标地块作为天津奥林匹克中心规划配套区开发用地，由投标三方组成的融创奥城公司开发。这标志着津报集团开国内媒体之先河，不断拓宽经营宽度，介入了地产行业、体育行业。2003年11月深圳举行的第五届中国“住交会”，津报集团应邀作为天津地区主流媒体独家承办，除全力做好宣传报道工作外，更成为天津政府商务代表团组成以及“天津日”系列活动的重要发起和策划者，以出色表现赢得一片喝彩。

我们天津日报报业集团在信息、网络建设当中，应该说速度比较快，因为能够跟瑞典IDG合作，这在全国机关报也是很难的。我的女儿到芬兰读书，在北纬79度的村庄里面生活了一年，北纬79度是欧洲最北的村子，我们每天都交流，我们在一秒钟内可以实现父女感情交流，我觉得网络非常重要。最近我写了一本书《新闻的创意时代》，前期销售一般，但是新浪网为我在主页上做了半个月的宣传。我当时率领新闻代表团访问瑞典，瑞典工业大臣告诉我，你的书在新浪网上登出来了。这本书由于新浪网的宣

作者与SOHO中国有限公司董事长兼联席总裁潘石屹亲密交谈。

作者与搜狐董事局主席兼 CEO 张朝阳合影。

传,卖得非常好。这件事让我对网络的重要意义有了更为深刻的认识。

就房地产来讲，所有天津的房地产商都是我们天津日报重要的客户，都是我们最好的朋友。其中有两家跟我们有直接的关系，融创是我们合股公司，投资 17.55 亿,这次投资我占股份不多，但是给我带来的影响和未来可实现的效益是非常多的。第二家就是宁发集团，在海南有大的投资，由于三亚市支持,我也想拿出资金投入进去。

那么大家会问,在房地产这么不景气的时候,银行主要表现在银根抽紧的状态下,为什么做焦点网?天津日报为什么跟顺驰集团合作?刚才张朝阳先生谈了房地产是最活跃的,是 20 年来发展最快的。那么,我想讲我们这个时代有几个特点是非常显著的,特点之一就是我们房地产界涌现出一批杰出的人物,包括像潘石屹先生等的地产商,他们出现不是偶然的,不是因为赚了很多钱。**我觉得我们整个国家的发展步伐和城市化步伐是一致的。大家知道,20 年的改革开放给我们带来的最大变化就是城市化的趋势是不可阻挡的**。那么,我想说城市化的步伐一定对房地产有一种呼唤,比如在座的潘石屹先生创建 SOHO,创造现代城的概念,我想意义不仅仅是房地产,不仅仅是一个项目,而是创造了一种价值观,一种更新的生活和人文的理念,一种城市的概念,一种生活方式。**我总是这么想,一个国家、一个民族的进步可能留下痕迹最多的就是城市发展**。正是这个原因,我们天津日报报业集团把我们剩余的利润、资金投向房地产。这不仅需要勇气,更需要智慧!大家知道最近房地产不太景气,这个可以理解,因为这是整个宏观调控的政策。**但是,我相信决定市场的一定会是需求**。在这个意义上,党的十六大确定的奔向小康社会的目标,我们老百姓、我们消费者对房子的消费、对地产的需求更大。也就是从这么一个理解和层面上,我参加焦点网的会,而且我也特别希望我们天津地产界朋友给大家带来信心,我相信 10 月份会是一片艳阳天。

(2004 年 7 月 9 日根据搜狐网现场直播整理)

全球化背景下的媒体

——在第二届中国与东盟媒体合作高层研讨会上的演讲

中国与东南亚国家的交往源远流长。自2002年9月“首届中国与东盟媒体合作高层研讨会”成功举行以来，中国与东盟之间的互信合作以更快的步伐向前发展。在中国与东盟发展全面合作的进程中，双方媒体加强合作显得更加重要和迫切。作者作为主讲嘉宾之一，就津报集团作为环渤海地区中心和北方最大的港口城市——天津的主流媒体，如何与东盟各国间的媒体进一步加强实质性的交流，并通过媒体间的合作与交流，加大10+1区域经济合作的信息传播，为中国与东盟进一步加大合作作出贡献，发表了自己的见解。

这次研讨会是拓展中国与东盟各国多层面交流与合作、增进了解、增进友谊的一次盛会。能有这样一个平台与东盟各国传媒沟通和交流，必将对加强中国与东盟各国媒体的合作产生积极而深远的影响。远亲不如近邻，这种合作非常必要。

在经济全球化的大背景下，中国与东盟各国加强区域经济合作，实现区域经济一体化有着独特的优势和极大的空间。双方地理位置毗邻，有悠久的民间交往和良好的政治互信。资源构成、产业结构、文化背景等各具优势，互补性强，一致性也强，这使10+1的经济合作得以迅速发展。特别是中国与东盟领导人达成共

作者在中国与东盟媒体合作高层研讨会上发言。

识，在 2010 年内建立中国与东盟自由贸易区，并把农业、信息、通信、人力资源开发和湄公河开发确定为双方在新世纪开展合作的五大领域，这已经成为全球化进程中加强区域合作的范例。可以说，中国经济的持续发展，特别是中国加入世贸组织，更为双方开展深层次合作注入了新的活力。

我们知道，从 1993 年起东盟已连续 11 年保持中国第五大贸易伙伴的地位，而中国则成为东盟第六大贸易伙伴。双方交换的主要商品也实现了由初级产品向工业制成品的转变，机电产品和高科技产品在进出口贸易中所占比重不断增长，越来越大。在贸易往来的同时，相互投资也不断增加，新加坡、马来西亚直接投资额占来华投资的国家和地区的前 20 位，中国企业对东盟的投资也在逐年增加。

东盟已经成为中国工程和劳务合作的重要伙伴。环渤海地区作为继泛珠三角、长三角之后的经济活跃区，与东盟的经济往来与合作也有迅速扩大，**以天津为环渤海经济中心的“海三角”架构和吸引力正在形成。天津作为环渤海地区中心和北方最大的港口城市与东盟的经济往来日趋深入，将为“海三角”这一概念注入更扎实的内容。**

据天津海关统计，2004 年上半年天津口岸与东盟累计进出口总值达 16.4 亿美元，占口岸进出口总值的 7.8%，比上年同期增长 32.3%，这个增长幅度无疑昭示着更美好、更充实的合作和未来。天津口岸在与东盟进出口贸易中，进口以电子类及工业原材料居多，出口以机电产品居多，中国与东盟的经济往来给天津带来了贸易和物流等巨大的商机。

另外，随着关税逐步降低，中国商品会更多地进入国际市场，尤其是在温带水果方面，天津企业有一定优势，譬如鸭梨、枣等北方水果。同时，中医药领域也是天津与东盟合作的契合点。东盟是海外华人最集中地区，是我国最大的中医药海外市场，天津有良好的现代中药制造基础和产业基地。

除了对东盟直接出口外，中国的物流也使天津的区域优势和中心城市的优势凸显出来，这种物流功能的提升必将带动商业和贸易的巨大发展。因此，天津在中国与东盟的合作中占有非常重要的位置。

在全球化的大背景下，随着经济合作的扩大与深入，必将带动媒体的交流与合作。经济合作对于信息越来越大的需求，必将使媒体在不断的合作交流中寻找到都能听得懂的共同语境，进而促进经济发展和社会进步。

天津日报报业集团作为环渤海地区中心城市的主流媒体，拥有十报两刊一网，其中每天出版的三张日报，期发量达约150万份。天津日报报业集团有自己完备的发行网络和零售终端。**在终端为王的时代，这种发行实力已成为天津日报报业集团快速发展的助推器**。天津日报报业集团近几年的发展实践，证明了中国传媒业已经进入了快速发展的时期。对此我有三点判断：

第一，中国媒体进入了快速发展时期。报业的发展应该也必须和市场的发展和资源的配置相一致。现在市场变化很大，分割与合作的可能也越来越大。中国改革开放以来，尤其是近五年，以都市报为标志的传媒快速发展引人注目，中国传媒业的发展速度和增幅远远高于其他行业的增长幅度。不论是经济发展还是报业发展，发展总要有大的背景，而我们的大背景是什么呢？我们面临的经济全球化大背景，这个大背景带来的媒体变化就是信息全球化。有一个传媒学家叫麦克·卢汉，他在几十年前就提出了地球村的概念，当时这个观点至少并不被人认可，但是当今天经济全球化，不仅仅是种姿态，而是实质性进入的时候，麦克·卢汉的观点被无数事实证明了。**数字化时代互联网的风行，首先打破了信息的壁垒，在信息的管道里环球同此凉热。信息的播散速度甚至超过了我们感觉的速度。这使中国传媒业在信息全球化的大背景下也进入了高速发展期。**

第二，经济全球化、信息全球化，也使我们进入了一个完全技术化的时代。技术进步对媒体的快速发展有时起着决定性的作用。我们时时都要考虑和面对的问题就是，应该采取什么样的动作才能始终保持领先，始终保持其先进性，我想重要的一点就是学习与借鉴，交流与合作，包括技术层面的交流与合作。因此在全球化的背景下，在经济合作不断加强的背景下，我们不但要用世界听得懂的语言来讲话，而且要用世界需要的速度来传播。在区域经济合作中，文化的交流、信息的传播都应该是同步的，甚至是更广泛的、更超前的，这是时代发展的要求。因此中国的传媒业在走向开放的时候，已经进入了新的发展阶段，包括技术的发展阶段。所有这些都为媒体交流与合作提供了广阔的前景和开放的舞台。

第三，媒体已经由媒体经营转向了经营媒体的时代。这是个质变。现代传媒业的发展一定是多元化经营，多媒体交叉。竞争与发展已经从一维变为三维。报纸不考虑产业发展，不考虑与多媒体结合，这种思路将窒息报业的发展。报业的发展规模和结构优势将在未来的竞争中显示出它的重要性。报纸不单是吸引眼球，也要吸引资本，资本运作是媒体快速发展的重要驱动力。市场份额，资本运作，品牌营销，这些都是经营媒体的核心部分。总之，媒体不再仅仅是扮演一个传播的角色了。在这个舞台，传媒间合作的领域更为广阔。

最后我想说一点，**当今时代任何信息都不是简单的资讯，其深层的含义需要我们去挖掘，从服务的角度，从筛选的角度，从观点的角度，这实际是一个传播效率问题。经济新闻的报道就更是如此。经济信息关联度最大，是适应现代读者需求的信息"三原色"。单纯的数量追求既不符合市场成本要求，也不是读者所需要的。因此，筛选与精做，始终是天津日报报业集团做经济新闻的追求。加大经济资讯比重必须突出有用性的原则，体现全球化目光。**

我们集团三张日报经济新闻都占有相当比重，此外我们还有一份财经周报，一份财经月刊，**在每日出现的大量经济新闻中精挑细选，深耕细做，并始终以一种全球化视野把握我们的报道方向。**比如去年12月根据今年东盟600种商品逐步降低关税，到2006年关税降到零的信息，《每日新报》组织了有针对性的"专家解读"深度报道——天津商家如何把握东盟商机。这组报道通过天津口岸进出数字分析，细分了对东盟贸易中出口与进口的货物种类、数量、比例，有很强的实用价值，深受天津企业家欢迎。

总之，中国与东盟的合作，环渤海地区与东盟的贸易发展，天津对东盟的口岸吞吐，都在迅猛增长，这种区域合作的强劲势头，也一直是我们媒体关注的热点。我相信，这里既有信息，更有商机，这种内容优势对我们的目标读者有着很强的吸引力。东盟的活力，东盟各国的文化特色，中国与东盟合作的不断深入，已经吸引了广大读者和众多企业家的关注，我们必须尽快适应这种需求，努力探索加强这方面沟通与合作新途径。我们希望能够与东盟各国间的媒体进一步加强实质性的交流，通过媒体间的合作与交流，加大10+1区域经济合作的信息传播，并共享信息，共享合作的成果，为中国与东盟进一步加大合作作出传媒界应有的贡献。

（2004年8月27日根据人民网现场直播整理）

内容上三贴近 发行上市场化

——在《中国经营报》20年改革之路暨报业改革研讨会上的讲话

2005年1月5日，由新闻出版总署报刊司主办的“20年改革之路暨报业改革研讨会”在京召开。会间以《中国经营报》20年发展历程为案例加以剖析，近百位政府官员、学者、报人、企业家齐聚一堂，对中国报业产业化发展、市场化改革提出了各自的见解。在本次会上，作者对清华大学国际传播研究中心主任李希光所提到的“部分媒体为了赚钱，不择手段地追求轰动丑闻和明星绯闻”的见解提出了不同意见，认为李教授所批评的现象并不是媒体的主流，中国媒体的市场化改革取得了巨大的成绩。

我今天发言大概有几个主题，一个是“怀念”，一个是“感谢”，还有三个观点。

第一，“怀念”。1995年我在天津日报创办了一张报纸，就是《北方市场导报》，跟今天的《中国经营报》报相差不多。1995年春天，丁望同志，就是《中国经营报》前任总编辑，他是开了媒体先河、报纸先河的一位老报人，他到天津日报找我“学习”，学习《北方市场导报》，这是一个事实。我特别怀念丁望先生，我之所以想说“怀念”，就是因为正是由于这20年有这么多老前辈，这么多敢摸石头过河的人才有今天报业的发展。

第二，我想说“感谢”。当时《北方市场导报》创办的时候，办得也不错，为什么没有办下去，跟当时的环境有关。我已经参加了两次新闻出版总署报刊司这样的研讨会，我想作为一个主管单位，一个领导部门，以一种这样开放的形式，允许讨论这样一些涉及报业发展、甚至体制改革这样敏感的问题，我们不得不承认这种勇气为

《每日新报》五周年516版纪念专刊荣获“大世界基尼斯之最”。图为基尼斯总部代表向编辑记者代表颁发证书。

津报集团专为波兰电影周设计的四款海报，全球限量绝版发行 9000 幅。

报业今后发展提供了一个很好的契机。我也建议借这个机会,大家为新闻出版总署报刊司这么长时间来,特别是这两年来为报业发展提供的政策支持、真诚理解和宽容给予掌声。

我接下来就说这个环境和这个背景引发我三个观点。我特别同意刚才一位同志讲的观点,就是实际上**我们在讨论责任的时候,我们应该首先讨论我们凭什么力量来担起这个责任,我们有没有这个能力担起这个责任,或者说有没有这个条件担起这个责任。我的第一个观点是:我们当前面临两个背景,一个背景就是经济全球化、全球信息化、信息技术化。你什么管道、什么管制的措施都可以有,但是技术这个东西你控制不了,经济全球化的背景你控制不了,信息全球化的背景你控制不了。“入世”之后分销已经放开,实质性的进入不可阻挡,我们谈论这一点要考虑这个背景,就是有多少能够阻挡。第二个背景我觉得非常重要,就是现在不断讨论的以胡锦涛同志为核心的党中央提出的科学发展观。我觉得这是非常重要的指针,是一个信号,我们传媒业一定要高度重视这个观点。**小平同志解决了“以经济建设为中心”,江泽民同志解决了“发展是第一要务”,但是怎么发展,从哪里发展,怎么发展更好,是胡锦涛同志这一届中央领导集体探讨的非常重大的问题。

正是在科学发展观的指导下,从党的十六大以来到十六届四中全会,我们党从来没有这么重视整体的文化体制改革和文化产业发展。党的十六大整整用一章研究文化产业,这在党的历史上是没有的。十六届四中全会之前政治局开了一次会议,我把胡锦涛总书记的话总结成“把事业做好,把产业做大”。十六届四中全会一个短短公报里面有五句话谈到文化产业,谈到媒体发展。

前一个背景是挑战,后一个背景是我们党、我们整个的思路是有利于媒体发展的。从这个角度我想谈第二个观点。正是因为如此,我们应该解决什么问题?在解决责任问题之前要解决什么问题?我认为还有一个很大的契机,就是两句话:**内容上**

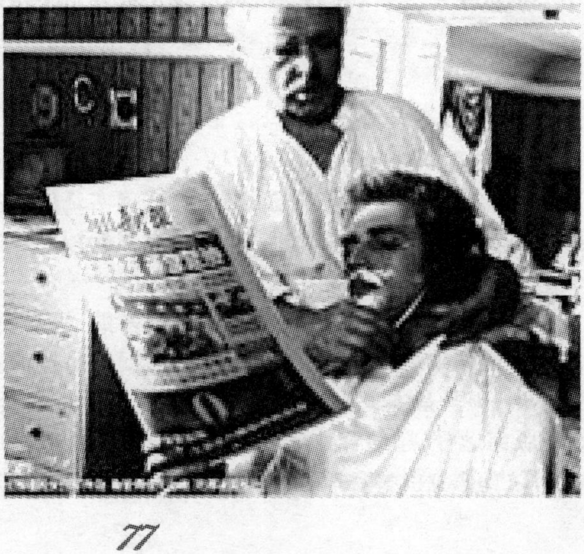

在波兰电影周报纸广告中,电影剧照与《每日新报》形象完美地结合在一起。肖邦手中拿的正是《每日新报》。

清华大学国际传播研究中心主任李希光在津报集团讲学。

“三贴近”，发展上市场化。这两句话可能不是很大的题目，但是非常重要。最近《人民日报》刊登了一篇很长的文章，就是论“三贴近”。“三贴近”是中央提出来的，我觉得这是带有指导性的观点。这种贴近不是一种虚的，而是实的。另外最近李长春同志讲党报的发行，讲存量靠行政、靠政策的东西来，增量靠市场。**这可以说给了我们一个信号，至少市场化的路子、市场化的发展、市场化的模式中央是认可的，是同意的**。而且特别赞同党报可以进入市场。**我想内容上的“三贴近”和发展上的市场化，这可能是我们报业发展或者是传媒业发展的突破口**。《人民日报》天津地区今年交由我们发行，我们从邮局手里拿过来，完全搞市场化，再就是我们开展了“党报党刊进高校”行动，将一批报纸无偿赠给大学，包括《人民日报》、《中国经营报》，许多档次非常高的报纸卖得非常好，**至少我们感觉到所谓的目标读者在市场上能找到很好的道路**。这两个例子对于我们来讲也是一个契机。

最后一个观点，我想说我们报业经历的第一个阶段是跑马圈地的阶段，第二个阶段是硬件建设的阶段，第三个阶段我个人认为是发行阶段。要高度重视发行。我想说就是**在这样一种准备，这样一种市场条件，这样一个最后的机会下，如果我们把握住发行，紧紧把发行向市场化、数字化发展，真正打造以客户为中心的数字化平台，我们党报的边缘化或者是主报的边缘化问题就解决了**。

我最后想留五分钟时间对李希光教授的观点提出不同的意见。李希光教授是《天津日报》最高顾问，我们最近合作成立了国际传媒实验室。新闻是没有国界的，新闻工作者是有祖国的，这是李肇星部长为我们这个实验室的题词，我很感动。**我非常同意李希光教授的一个观点，就是在商业化的背景下有一些报纸责任感的缺失或者是责任感的丧失，这确实是值得我们注意的。可能也是我们谈责任感特别切合的问题，就是确实存在李教授批评的问题。但是我不同的观点就是：**

第一，李教授批评的现象绝不是大多数，我们要非常实事求是地估计我们现在整个媒体发展，我的感觉是整个的发展还是好的。我们十报两刊不能说一点问题不出，但是基本上没有出问题。我们 12 月 31 日为《每日新报》创办五周年出了 516 版纪念号，总的营业额是 1300 多万，总成本 900 多万，如果在这里面挑出一个问题我愿意引咎辞职，所以我觉得大多数报纸还是很好的。

第二，刚才李教授谈到中东报道的问题，谈到乌克兰选举的问题等等。我这里面有两个观点，**一个观点我认为中国发展到现在，改革开放20年，其实解决了一个非常重要的问题，就是我们国家不再跟世界格格不入，特别是我们的媒体**。一条新闻，世界各国都发头版头条文章，我们各个报纸都像没有发生这个事情一样，不是我们报纸不正常，不是报业不正常，而是我们国家不正常。而现在我们是适应世界全球化等等的趋势，我认为这样是现实的，比如说乌克兰的选举不登是不可能的，但是怎么样选材应多注意。另外我觉得这也不是和老百姓的生活格格不入，比如说中东的战争石油问题，比如说中美撞机，如果过度反应就会影响中美贸易，实实在在就会影响到李教授谈到的就业问题，因为贸易顺差带给我们非常大的就业机会。

第三，就是我们观点太少。不应说我们报纸的评论太少。一个报纸应该有评

作者在《每日新报》创刊五周年纪念活动的启动篇——波兰电影周开幕式上，与波兰电影家协会主席共同为电影周揭幕。

央视采访津报集团。

论，毛泽东同志延安时期就为《解放日报》等写一些脍炙人口的评论文章，我觉得这种声音和观点正是媒体进步发展的一个标志，成熟的一个标志。

再有一点我就是特别希望我们的专家、管理部门对媒体的发展，特别是这些年的发展有一个更深刻的调查和了解。李教授跟我们接触比较多，**他今天的观点可能不是指整个媒体发展，**而是就局部问题讨论。

（2005 年 1 月 5 日根据搜狐网现场直播整理）

坚持正确导向，投身市场竞争，带出一流队伍，办出大报风格，这是一个总的目标，或叫总体思路。近期的目标是以图片带版面，以版面带新闻，以新闻带记者，以记者带队伍。那么对中层干部、主任、编委会成员，包括我在内、副总编辑在内，也有三句话的目标：指挥前移、作风深入、工作艰苦。

《天津日报》是机关报，时政新闻当然要摆在第一位。任何时候，时政新闻权威优势、特色优势都不能失去，其实这也是我们最大的优势和卖点。我总讲要把优良的政治资源和市场资源对接起来，天津日报的权威优势怎样表达呢？要从要闻开始。

言论体现我们的态度和声音，不能越过市委的思路，另来一套思路不行，但写法、语境、形式是可以创新的。

一定要突出人物，强化人物。整个报纸有态度，有声音，有表情。这个表情除了形式以外，版式风格以外，就是突出人物，就是人物命运、人物心声、人物动态构筑的那种表情。

平面媒体的最大优势是新闻深读，新闻进入了一种深读时代。就是你提供新闻，提供新闻的同时还着重提供新闻的背景，提供细节，提供分析，提供权威的声音，提供本报的立场。这是我们平面媒体和电子媒体可以竞争的一个方面。

要关注新世纪整个报业的变化

——在《天津日报》第一次总编辑恳谈会上的讲话

1999年3月，作者被任命为《天津日报》总编辑。在当时全国党委机关报“大报小报化、主报边缘化”的风潮下，作者坚定地提出“坚持正确导向、投身市场竞争、带出一流队伍、办出大报风格”的总体办报思路。短短两个月时间、《天津日报》从内容和形式上都发生了巨大的变化，形成领导认可、读者喜爱、上下都满意的喜人局面。时任天津市委书记张立昌同志多次对《天津日报》批示，充分肯定了“大报风格”的办报思路。同时，在作者倡导下，该届编委会确定了一个新的举措，即不定期举行总编辑恳谈会，旨在加强沟通，增进交流，彼此互动，共同进步，从而增强编辑部进而是整个报社的凝聚力和战斗力。本文即为作者在第一次总编辑恳谈会上的讲话。

我用了将近一天的时间来思考今天的会，我想尽量把我心里想说的一些事情和大家谈谈。这个会为什么选择这个时间开，政治上的契机是：最近市委书记张立昌同志对报纸的版面做了一个非常重要的批示，这个批示是：“版面设计看出了新水平，具有大报风格，确实是深思后的最佳设计。两张今昔对比照片发人深思。”立昌同志批示的时候，国家新闻出版总署副署长梁衡同志正在天津。我看到这个批示很兴奋，我非常理解它的分量，它不是就一篇稿子或者就一组报道来批示，它是就整个版面来批示，而且是肯定我们办出了大报风格。我跟编委会同志讲，这句话与其说是肯定，不如说是对我们的期望。梁衡同志是长期负责报纸管理工作的领导，他看到这个批示之后对我讲，作为省、市委书记就版面做出批示，他看到的这还是第一次。

这个会原来叫动员会，

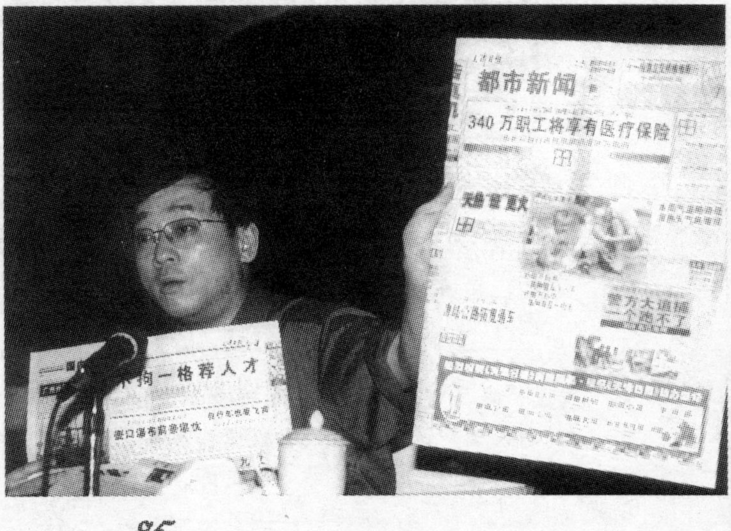

作者在第一次总编辑恳谈会上讲话。

天津日报
TIANJIN DAILY
23

全国人大常委会举办第三次法制讲座

纪念响应中共"五一"口号50周年

秋高气爽看津城

广厦福万家

向国庆献礼

百姓话房

南市旧城改造继续招商

天津日报
TIANJIN DAILY
24

切实把依靠科技进步的发展路子落到实处

秋高气爽看津城

大道走四方

认真搞好乡镇换届选举工作 整体推进农村基层组织建设

和平路变"窄"了

赴黑医疗队凯旋

拓宽思路更重要

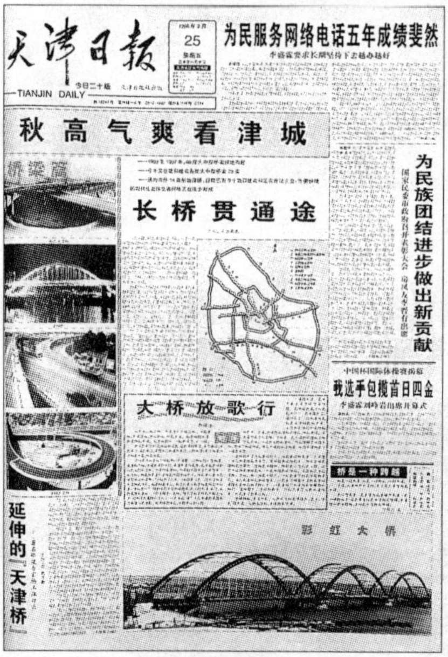

天津日报
TIANJIN DAILY
25

为民服务网络电话五年成绩斐然

秋高气爽看津城

长桥贯通途

为民族团结进步做出新贡献

大桥放歌行

延伸的"天津桥"

彩虹大桥

天津日报
TIANJIN DAILY
26

朱镕基主持召开国务院常务会议

秋高气爽看津城

繁荣冬令和节日市场 安排好冬季人民生活

绿意染津沽

生命的色彩

装点城市大园林

万户园丁

城市底色

我觉得这个有点不好，后来编委会提出来叫恳谈会。我觉得叫恳谈会是很准确的，恳谈就是诚实、诚恳、有感情。现在我们天津日报社这个新楼有很多优点，但是跟老楼比起来，我觉得老楼更好，它没有电梯，就一趟楼梯，大家上下楼都能见面，就在那四层楼里面混在一起，彼此都很熟悉、很亲切。现在分割得有点太厉害了，领导脱离群众，群众脱离领导，群众也脱离群众，领导也脱离领导。反正我在16楼的那个办公室里头，我要不出来的话，连编委会的同志在干什么都不知道，也很难见面。我觉得恳谈会这种形式应该经常、不定期地举行。现在有个词儿很时髦，叫“直击”，**我觉得将来总编辑和编辑记者应该有一种“直击”，编辑记者也可以“直击”总编辑。我们应该多一点面对面的交流，面对面的沟通，我想把这种恳谈会的形式，作为一个制度长期坚持下去**。而且我也希望从今天开始，**编委会的同志和大家真正打成一片，在全编辑部营造一种研究业务、积极向上、宽松和谐、彼此互动、共同进步的良好氛围和人气。只有这样，我们的报纸才能人气鼎盛，才能形成凝聚力和强大的竞争力**。我觉得一个家庭，一个单位，良好的氛围是非常重要的，不但有益于工作，而且有益于心情。

我从1983年到报社工作到现在，一直感觉在一个很好的集体里工作，感受到天津日报社这种感情的氛围。大家彼此之间的感情是很深的，我不希望大家彼此很隔、很冷，我不希望各自为政，我希望大家很抱团儿。今天这个会我有这么一个意思，就是从现在开始，至少我们在座的这些同志，彼此既是一起共事的同事，又是相知很深的朋友，一起把这张报纸干好。

这两个月，大家一起奋斗，无论是报纸的内容还是形式，都发生了领导和读者公认的较大变化，上下都满意。原来我说办报要达到上下都满意，两个承受力。梁衡同志说我这个观点还是对的，**既要让上满意又要让下满意，既要让领导能承受又要让读者能承受**。这八周的时间，市委领导同志为我们批示九次，平均一周要有一次。我并不是说领导表扬了，我就很激动，我也不是很唯上的人。但是我有一句很简单的话，各位有很多是部主任，都是编委会成员，我们当领导的都希望我们的部下

按照我们的意图去工作，让我们满意。那么我上面的市委领导把我放在这个位置，他们同样希望我做的工作让他们满意。这一点我十分清楚。

如果说我们做出一些成绩，我们取得了一些变化，如果确实像市委书记张立昌同志讲的，我们确实办出了大报风格，那么我首先要讲，取得这一切，绝不是哪个人的智慧和力量，绝不是张建星多聪明多高明，取得这一切我心里感触很深，就是和在座的每一位同志都分不开，和我们全体编辑和记者分不开，和报社的全体职工的支持分不开。

这两个月来，我一直在思考一个问题，就是如何真正地挑起总编辑这副担子，就是如何在这个位置上和大家一起办出一份好的报纸，如何不辜负市委、不辜负读者。**我这个人做人的准则、工作的准则有三条——三个不耽误：首先不能耽误事业，第二不能耽误同志，第三不能耽误自己**。我到报社工作之后，一直本着这三个准则来工作。

我 1983 年进入报社工作，一年以后，鲁思同志那一届编委会把我提到财贸部主任这个位置，当时我 26 岁。30 岁的时候，我进入编委会，这后来就是副高职称、正高职称、范长江新闻奖，包括政府津贴。我在报社工作这 15 年，天津日报社该给我的全给我了，说句心里话就是把所有的好处都给我了，而且这么早。我觉得报社足以对得起我了。我是这些老同志手把手带起来的，我是在座的许多同志把我托起来的。我只有回报于报社，把我的一切奉献给报社，才能对得起这张报纸，对得起这个事业，对得起大家，这样才能对得起我。

江泽民同志在邓小平同志的追悼会上流着眼泪复述了邓小平同志的一句话，就是小平同志在粉碎“四人帮”之后出来讲的，他说他出来之后有两种选择，一个是做官，一个是做事。他说他可以选择做官，轻轻松松；也可以选择干点事业。但是他说，他还是要选择干点事业。我们任何一个人跟小平同志都无法相比，但是我觉得这个道理是相通的，尤其是对一个共产党员来说。如果我要想当官，仅仅是为了这么一顶帽子，我张建星可以不在这儿干，我也可以不像这两个月这么拼命干。1989 年我进编委会的时候，编委会就跟社委会一样，是个党组形式。**我太爱新闻事业了，天生就热爱报纸，如果拿起笔写东西，浑身上下都兴奋，如果看见报纸，看见我的名字变成铅字，我就有一种说不出来的痛快，我就想干这个行当。我获得范长江新闻奖的时候，在《中国记者》上发表了一篇文章，里头有一句话：我特别热爱这个创造激情，也被激情创造着的事业。我这个选择是正确的，我只想干报纸，我只想干一张好的报纸，而且就性格优势而言，我也比较适合干报纸。在政治上，我应该说是比较坚定的，这跟我的出身、经历、阅历都有关系。**

所以我就想，我既然上来，就跟大家横下一条心，同舟共济，荣辱与共，把《天津日报》办成省市党报中最拔尖的报纸，一流的报纸，办成在天津市具有全方位绝对优势的报纸。我希望我们的报纸综合实力是最强的，同志们口袋里应该是最鼓的，编辑记者应该是最顺气的。我定了这么几句话，是跟编委会商量的，**坚持正确导向，投身市场竞争，带出一流队伍，办出大报风格，这是一个总的目标，或叫总体思路**。近期目标就是两个月前我上任后在第一次例会上说的，**以图片带版面，以版面带新闻，以新闻带记者，以记者带队伍**。那么对中层干部、主任、编委会成员，包括我、副总编辑在内，也有三句话的目标：**指挥前移、作风深入、工作艰苦**。远期的目标和近期的目标必须有一个强有力的保证，就是我们这个干部队伍，必须朝这三句话来做。指挥前移，要靠前指挥，天津日报社这个地方包括我在内，没有当官的，都是干活的，《天津日报》没有规定总编辑、副总编辑、部主任、编委会成员不写稿子，不画版。**干新闻，当新闻官就要指挥前移。作风深入，要一起策划，一起干，工作要艰苦**。我们报纸创刊了 50 年，我们报纸在天津这个地方是第一报，这 50 年非常辉煌。鲁思同志当总编辑的时候，在全国有几件事是领先的：率先扩八版，全国第一个自办发行。但是随着市场竞争尤其是报业竞争的激烈，我们在许多方面确实落在了同行后面。于是我想，如何在尽量短的时间内，从根本上转变我们计划经济的观念，转变我们的办报思路，不但在概念上要变，在思路上也要变。我上来之

13 诚信地产特刊
Credit real estate
托起诚信的天空
——本市首批房地产开发 AAA 级信誉企业产生
诚信企业怎样出炉
天津市房地产开发信誉度 AAA 企业名单

5 城市·社区
Community
执法路上 血染风采
我的炫铃 非同凡响

后，有几天确实睡不着觉，我在想，怎么解决这个难题。市委要求全市以一种创新的精神搞好各项工作，发起创新大讨论，我们《天津日报》是立了功的，这个创新大家不要小看，这是一个很深刻的理论问题。随着现在国际形势的变化，我觉着这个问题太重要了，证明市委抓创新是符合时代发展特点和要求的。那么我们也应该以创新的精神办好我们的报纸，我们总不能写了那么多评论去要求别人创新，而我们自己不创新。

过去我一直坚持一个观点，在给《北方市场导报》的创刊词里我就写道，报纸已经进入了图片时代，关于现在报业的变化，实在是太大了。认真思索的话，就会感到1998年媒体的变化是根本性的变化，那么到1999年，通过科索沃事件，媒体的变化对我们来讲也是大军压境，我们再不变就不行了。我去年8月份从中央党校回来以后，我们搞了国庆成就报道——《秋高气爽看津城》，搞了《三中全会20年新闻与旧闻》的报道。我们这两组报道，加强了、强化了图片和视觉的强势，在版面上力争推陈出新。《中国新闻出版报》为本报三中全会20年报道编发了一个画刊，编者按写得非常精彩，我也不知道这个编者按是谁写的，非常内行。他有

2004年11月10日，为庆祝第五届记者节，津报集团组织了“山高我为峰”登高远眺活动，近300名记者、编辑参加了这一活动。

作者获得“勇往直前奖”，记者代表为其献上美丽的花环。

一句话给我印象特别深，大体的意思是，报纸已经进入视觉新闻时代，媒体对图片的需求就像中东国家争夺水和石油一样。

两个多月的版面变化，使记者兴奋起来了，使部主任兴奋起来了，使我也兴奋起来了。**我们的记者开始全攻全守，开始可以从本土起飞，再飞回本土了。开始无球跑动了，也学会抢点插上了。**我们的记者写出了大量的好新闻，为版面的变化提供了最充足的、最好的、最新鲜的新闻。两个月来我们实际是在三条线上作战，第一条线围绕市委的中心工作；第二条线围绕科索沃危机的专门报道；第三条线是与其他媒体展开了短兵相接的新闻竞争。

围绕市委中心工作的创新报道，我们成立了精兵强将组成的创新报道组。这么短的时间，我们的记者出击一线深入采访，拿出了大量的好稿。创新的报道受到了市委领导的表扬。**我觉得党报有几个优势是别人没有的。第一，机关报的优势，尤其一版的优势是别人没有的，是我们绝对占有制空权的。第二个，时间段的优势，中午12点到夜里12点，这么长一个信息量最充分的时间段在我们手里。从中午12点到晚上12点，我在中层会几次强调，谁也不能漏，吃干榨净，一条也不能漏。什么叫新闻道德，当仁不让就叫新闻的职业道德。第三个优势就是我们拥有一支素质很高的编辑记者队伍，这是最大的优势和潜力。**

这里我想特别总结一下我们对我国驻南联盟大使馆被袭击这一突发事件的报道。这是一件大事。正因为我们有了一个月来报纸改革和变化的基础，所以说遇到使馆被炸这一突发事件，我们有备而来，从容应付，成熟冷静，大气从容。第二天，罗保铭同志（时任中共天津市委宣传部部长）传达，市委常委会表扬《天津日报》，说报纸把握得很好，报道得很好。邓小平同志在1992年南巡的时候讲过一句话，他说当今世界和平和发展的问题一个也没有解决好。江泽民同志在党的十五大报告中也谈了冷战思维和霸权主义问题。现在看起来，和平的问题要超过发展的问题，因为和平的问题没有解决，发展的问题就无从谈起，无从解决。我为

什么讲这句话，**我觉得我们要学习，要念书，而且学习要系统全面完整，思维不能单一，因为我们将来面临的形势变化太多了**。我驻南联盟使馆被袭击后，十天十夜我们出了九张报，我们的编辑、记者、编委会经历了一场十分重大的政治事件，而且经受住了考验，总的看，市委满意，读者满意。

这十天的报道有三个突出特点，第一，事件有极强的突发性。中央政府、老百姓、我们在座的诸位，谁都没想到。江泽民同志和美国总统克林顿通电话的时候，有一句话太准确了，他说对中国人民来说是一场飞来的横祸。事件有极强的突发性，所以这个报道对我们是一个突然的考验，对我这个新任总编辑也是一个突然的考验。当时我就意识到炸大使馆这个事件首先是二战以来外交史上十分重大的事件，和香港回归、小平逝世、党的十五大这些重大报道比较起来，它是罕见的、没有先例的、没有心理准备的、没有任何东西可以借鉴的。这件事对度的把握要求很高。这里不仅是报道艺术，也不单是内容怎么报道，就是怎么把握住报道的分寸。这件事既是我们国家尊严和民族感情的事，也是与霸权主义的一场较量。

关于尊严问题。老百姓讲是感情也是面子，这是对外。对内引导是个大问题，引导好了同仇敌忾，就是现在这种效果，引导不好就影响稳定。那么我们报道既要抨击美国和北约的暴行，揭露假人权假人道，表明我们政府的严正立场，还要保证改革开放的方针不变，保证我们业已取得的大好形势巩固；我们既要注意全国的气氛，又不可忽略我们天津的特点，这非常难。对这次报道的政治性、口径、火候都提出了比以往其他报道高得多的要求，如何与中央保持一致，如何在保证导向正确的前提下，又真实地反映大学生的情绪、老百姓的情绪。中央电视台滚动播出，催人泪下，《北京青年报》等其他媒体对我们压力很大，我们要把这个报道处理淡了，明天挨骂；我们处理得太浓了，刺激起情绪，再有一帮大学生跑到北京，也交待不过去。

所以说，**我们当时在最初的报道决策中提出，整个事件报道既准确反映中央**

精神、我国政府的立场，又反映群众心声，特别是正确引导大学生的爱国热情；既要和全国的舆论氛围大体一致，又要注意我们自己的地域特点；既注意保持我们大局稳定，又要让天津的老百姓出出气。

我觉得，**将来我们组织任何重大报道，面对任何重大报道的时候，必须思路在前，必须有一个正确的决策，必须有一套完整的指导思想，必须用理论和思路来驱动它，这就是编委会定的一个决策。**

经过十个不眠之夜，按照市委的精神，编委会的主要领导盯岗，出版部的三个主任盯岗，十天都没回家。《天津日报》办出了自己的风格和个性，有独家新闻，受到了上上下下的好评和市委的表扬。这次事件的准确报道，体现了我们编辑记者政治上的成熟冷静和从容。我们的报纸9日、13日、14日受到市委的表扬。17日的报纸发了朱颖父母接受本报独家采访的新闻，把握有度，感情处理得非常到位。我们及时反映了本市群众贯彻中央精神、学习江主席讲话的情况，市里非常满意。朱颖的父亲给报社打电话说，看了你们的报纸，这是出事以来报道最全面的，特点是实事求是，感情深，党报办出了水平，表示对报社深深的谢意。他还说翻阅了所有《天津日报》的报道，认为《天津日报》的水平很高，决定接受《天津日报》的采访是对的。

这是非同小可的十天，是不平凡的十天，是我们经受考验的十天，这是值得我们全体编辑记者和编委会认真总结的十天。有这么几点值得总结，第一，体现了全体编辑记者强烈的政治意识、大局意识、责任意识。事情发生的当天晚上，许多编辑记者在没有任何通知的情况下主动来到报社。出版部的三位主任下午就来了，调集了大量的背景资料和图片，显示了我们敏锐的政治意识和责任感。我那天晚上特别感动，大家都在楼道里，都在这儿盯着，我实在是感到有一种依托，有这么多人在这儿托着，这个事还能办不成吗?！这张报纸还能办不好吗?！那天我实在很感动，一个是看了三位烈士，我心里非常难过，心情压抑，从下午开始，非常难过。夜里接到他们的照片后，我确实要流泪。但是我看到我们的编辑记者在那儿，我更感动，我觉得这是拿事当回事，拿我们的报纸当报纸，这是把我们国家的事当成自己的事，我非常非常感动。那天，那一夜，第二天签付印到早晨快7点了，夜里的编辑调版面调了七八次，改来改去没有任何怨言。那一夜的情景在我的记忆中太深了。那一夜是我们整个报道取得决定性胜利的

5全会解读

天津日报 TIANJIN DAILY

天津新时期跨越发展蓝图

新世纪初三大历史性任务

总要求

根本途径

指导思想

指导方针

"十五"国民经济社会发展

目标

实现跨越式发展必须研究解决好宏观战略和政策性问题

九五成就

成片危陋平房改造任务基本完成

滨海新区成全市最大经济增长点

跨越式发展

总要求

决定性因素

三件大事

新三件事

实现新世纪宏伟目标的关键和保证

"九五"天津长高了

关键的一夜。我做记者做了这么多年,在编委会做了十年,我体会很深,我谢谢大家。

第二条,**我们坚决与中央保持一致,与市委保持一致,始终站在政治的高度通盘考虑问题,力求处理稿件的第一判断准确无误**。整个十天报道,不但没出任何政治问题,而且该突出的都突出了,该淡化的也淡化了,政治上把握准,读者最后也给予好评,烈士亲属也给予高度评价,报纸的零售也涨了不少。这里最重要的原因,就是我们始终与中央与市委保持一致。第一天的报纸,我们突出了我国政府的立场和我牺牲人员的情况,力求一版、国际版做足,三版既发大学生动向也发社会各界动向,二版用综合新闻隔了一下,把这件事该集中报道的集中了,感情也有了但又不过,这一天的报纸受到了市委表扬。胡锦涛副主席讲话、江泽民主席和叶利钦通电话、追悼活动,我们都发挥了自己的优势,把气氛造浓,处理独特。

我们不但突出了中央也突出了地方,把本市的悼念活动、本报的悼念活动,都在一版突出地发了。中央的几个重要的事我们处理得都很好,江泽民同志的讲话"一个始终不渝"、"四个不移",我们的编辑就做在摘要题上,跟《人民日报》不一样,《人民日报》是"世界潮流浩浩荡荡,逆之者亡,顺之者昌",我们这个题没做,为什么没做,因为我们是地方报,《人民日报》是面向世界的,我们是面向天津的。当时就感到江泽民主席这个讲话非同小可,大家现在可以反过来看这个讲话,"四个不移"、"一个始终不渝",对全党、全国的工作具有十分重大的指导意义。我们夜班处理得非常透,非常充分,理解得非常深。在那天,在处理好中央的稿子的同时,我们把市委常

天津日报
北方市场导报
NORTH CHINA MARKET NEWS
今天,我们在这里划上圆满的句号
保护孩子从哪做起
往事越千年
——为导报千期告别而作

委会的稿子做了特殊的加圈处理。我们这一方面的报道，显示了我们成熟和准确的政治判断力。办这张报纸，没有成熟和准确的政治判断力肯定办不好。

第三点，**作为地方报纸，在保证准确反映中央声音的同时，要及时迅速地传达市委精神和天津人民的感情**。我们抓了很多独家新闻，北约暴行激起了本市各界的反响，我们注意引导，**但版面处理、新闻处理和操作的时候要冷静**。我们发了朱颖家采访的独家新闻，是因为中央对三位烈士给予了高度评价。江泽民热泪盈眶，李鹏热泪盈眶，朱镕基热泪盈眶，胡锦涛热泪盈眶，那我们也应该热泪盈眶呀！什么叫跟中央保持一致？这就叫保持一致。我们就把这个独家新闻大版面、大幅度、超常规三个版推出。

我们在处理朱颖她们家照片时，得到很多朱颖珍贵的照片，连《光明日报》都没有。她小时候挎照相机的照片看了很感动，我们处理时把创新那一组典型报道发在上面，我们的版面还不是一头沉，结果立昌书记批示了：好，这个版面处理不错。这就是创新。

那天我听了李永昌那个《不屈的尊严》，听完了以后，正好敬一丹给我打电话，说曾庆红同志表扬了中央电视台播发的《不屈的尊严》。转天我们就抢发了这个报道，歌片发了，歌词发了。我们是全国第一家采访作者的，敬一丹打电话说我们比中央电视台采访作者早了三天。我们的歌片也是全国第一个发的。如果我们多发几个第一，发行再搞好了，我们《天津日报》就有戏了。

朱颖父母这一组独家采访，是报社魏大姐提供的线索，报社派专人上门看望，并且买了最好的景泰蓝花瓶，当晚制作了朱颖的照片，代表了全报社记者的感情。朱颖父母看了以后是什么感情！而且我们是独家的。那天发追悼会消息的时候，我们在一版发了讣告，有的读者打电话来，说张建星你怎么不发言论呀?这就是我的言论啊，忠魂归来，那个讣告是痛悼的言论啊。

以少少许，胜多多许。**所以我说一张报纸有没有风格，能不能争取更多的读者，关键是看有没有自己的声音，有没有独家新闻**。在这个事件的处理当中，我们从一开始就注意了这一点。在天津的媒体里我们是第一个给新华社、《光明日报》发慰问电的，发讣告的，而且发了自己独家的图片和独家采访。我们的年轻记者显示了自己能够奔跑、不怕辛苦、非常敏感的优势。再有，版面处理得非常大气，经得起内行外行的推敲，可圈可点。大家可以看，包括我们示意图的发表，切尔诺·梅尔金来时的版面处理，包括高潮的处理，包括我们天津市降半旗消息的处理。这一切的处理，显示了我们编辑的水平和能力。

发行部4月21~27日一周征订了220份报纸，其中个人订户119份。北辰站站长讲，近一个月来，本报出现了显著变化，读者反映《天津日报》确实好看了。4月26日，在老报人座谈会上，大家认为26日《天津日报》新闻版每版都有看头，

作者胜利冲过终点。

包括《暗访警务公开》。发行部的站长们讲,这样的报纸,我们卖着、发行着也带劲。我们要感谢全体编辑记者,把产品包装得那么有声有色,这样我们就可以抢回零售市场。天津人寿保险公司的经理说,我们6月1日知识竞赛的广告原来想在其他媒体上发,现在我们改在《天津日报》上发,这版广告的保险知识面对老百姓,《天津日报》办得不错,肯定看的人多。爱迪尔广告公司、双星技术服务公司、天神广告公司,这些公司都认为《天津日报》不错。天津记协与中国记协联系工作时,中国记协国内部主任说,有时拿着《天津日报》好像拿着南方报纸,他认为,北方报纸近来变化最大的是《天津日报》,图文并茂,可读性强,党报这么办还怕竞争不过晚报吗?《北京日报》总编室的同志也说,《天津日报》近日变化太大了,好看可读有趣,当他得知天津市委领导也满意时,说要到我们这儿来学习。

印刷厂的同志说,这样的报纸我们印着都带劲。另外,我们一月份的好稿 54 条,二月份 58 条,三月份 40 条,四月份 114 条,五月份到现在 135 条,领导表扬 10 次。我们的照片,一月份 110 张,二月份 122 张,三月份 108 张,四月份 122 张,五月份到现在 352 张,除了政教部之外,都涨了一点儿。

所以我就想,两个多月的实践证明,我们完全可以通过办好报纸,把广告和发行促上去。《天津日报》的经济形势十分严峻,不是"到处莺歌燕舞,更有潺潺流水",不是"红雨随心翻作浪,青山着意化为桥",我们编辑部的同志对报纸的这份责任,就在办好这张报纸。我们把报纸办好了,就是对发行对广告最有力的支持!

我也想讲一些我们现在存在的问题。我们要有强烈的忧患意识和危机感。**报业的竞争十分激烈,1999年已经到了白热化的程度,可以说在天津这个市场上,我们可能遇到的是最后一个机遇**。如果我们这个机遇不抓住,如果等北京的报纸长驱直入,等南方的报纸打进来,包括其他媒体的变化,那我们的发展就会遇到严峻的挑战。**1999年的报纸变化、报业变化非常大,我们一定要注意研究这种变化。媒介作为产业来经营是大势所趋**。江泽民同志1996年到人民日报社的讲话中说我们的报纸包括广播电视在抓好宣传的同时,必须搞好经营。把经营和宣传相提并论,这是国家领导人第一次把媒体经营提出来了,什么叫与中央保持一致,这就是一致。

从去年开始,各种报纸和节目的包装热加剧,而且全国都市报的热潮已经分

走了机关报大部分的利润。节目的样式、报刊的样式在观念和概念上已经发生了革命。原来我们报道的是新近发生的重要事实，但是电子媒体出现以后，第一渠道的第一时间段的报道多了。比如说，中央电视台香港回归72小时连续滚动直播，海湾战争、克林顿访华、新闻联播、小浪底工程等都是直播的，**原来的新闻概念，就是新近发生的事情、昨天发生的事情，现在已经不行了，而且电子媒体的发展，已经给我们带来了空前的压力，知识经济时代的到来，我们最先感觉到的就是，天上一颗星，地上一张网**。在咱们这个上空有270多颗卫星，中文频道占了一半，包括互联网。

1998年9月11日是互联网值得纪念的节日，这一天克林顿和莱温斯基的调查全本上网了，人们争相上网，当时我看一个材料，网站整个堵塞。我们报纸面对电视、面对互联网，面对这一切时，我们的压力太大了，这个变化、这个压力，我们不能不正视。比如说，北约这个事，中央电视台的报道淋漓尽致，《北京青年报》也是第一时间段的东西，并且是滚动的，《羊城晚报》号外之后连续报道。

现在马上就到新千年了，新千年的变化，我记了三条：一个就是人口结构一定会发生变化，这个变化是历史性的根本性的。第二个，以科技革命为标志的科技的变化，将改变人们的价值观，社会的很多东西都会被改变。第三个大的变化就是**传媒的变化，它更多的要直接介入政治、经济、文化、人的感情。这种变化不是你能阻挡得住的，我们看这种变化不能单纯从技术上、从操作的层面去看，而是一种很深的哲学的变化，这是一种根本性的人的思维价值的变化，跟人口的结构变化是一致的。我们不能小看生活方式的变化，这种变化蕴含的革命太大了**。贺岁片《不见不散》、《甲方乙方》，中央电视台的《生活空间》，这些东西出现是什么原因？**它是表现出对人的关怀的需要**，这种变化是以前没有的。为什么《生活空间》让人爱看？为什么有贺岁片？不要小看这种情况，我们要研究这种情况，我们要办好报纸，没有这种研究办不好这张报纸，考虑不好我们的定位，报业集团兴起无从谈起。

作者与编辑记者合影。

天津日报 人文 每周活页 5

百年南开

沿着老校长的足迹

生与死：

《城市快报》清洁风暴席卷津城

让你的呼吸更顺畅 让你的居室更绿色

呼吸与驾驶

不可兼得？

城市快报

南方报业集团、上海的报业集团等等，以《华西都市报》为代表，掀起了整个都市报的热潮，摆在我们面前的压力不是晚报，是现在已经在全国的报业市场上形成的四种报纸的文化风格，这四种文化风格把我们排除在外了：**一个是以成都《华西都市报》为代表的小报炒作风格；二是广东与市场紧密结合的商业化风格；三是上海区域的文化风格，它是传统意识、商业模式、海风吹来的有机结合**。中国办报的精英在华东，这是鲁思说的。上海这种变化对我们压力更大了，它很传统，但商业化的运作有，文化底蕴比我们深；**第四就是我们的近邻北京，多层次的办报风格和办报群体已经形成**，《人民日报》、《北京日报》、各种中央大报，加上《北京青年报》、《精品购物指南》、《为您服务报》，多种层次的报纸的压力，它会大军压境，压到天津来。**报纸留下来的不只是一条新闻，而是文化的模式，一个是文风，一个是文化，我觉得更重要的是文化**。

而且报业的地方特色已经受到严重的挑战，全国报纸炒作新闻趋同化。报道桑兰就报道桑兰，报道重庆的桥就报道重庆的桥。**新闻趋同化必须引起关注。环球同此凉热，冷眼向洋看世界，热风吹雨洒江天，毛主席当年写的诗词今天实现了。这就叫趋同化**。我为什么说**要研究“大社会新闻”概念**，什么叫“大社会新闻”？桑兰回来了，比我们哪个菜店开业重要得多，桑兰带着民族的微笑，在鲜花和全国人民的目光注视下回来了。这种报道是趋同的，你不报人家要报，你不报你就掉份儿。

另外舆论监督也发生变化了，**舆论监督出现了建设性立场**。什么叫建设性立场？它和政府的心思越来越一致了。朱镕基总理表扬《焦点访谈》。他为什么表扬？因为《焦点访谈》报的那些东西，批评的那些东西，正是总理想解决的问题。它和总理的想法是一致的。舆论监督的建设性立场已经体现出来了。

我们要从整个大的方面考虑报纸的变化,我们不能再站在一个低的层次上,搞那种低水平的重复。张立昌同志讲的,不能那样了。整个报业发生了一场根本性的革命,而这根本性的革命随着新千年的到来越趋激烈,它所带来的变化是不可想像的。我们毫无准备,我们还是那样一种作风,我们还觉得我们的报纸办得不错,下次张建星讲话还总结这样的经验。完了,准落后!整个报业的变化和世纪的变化是一致的。美国人和安南都提出来人权高于主权,这个概念为什么提出来?北约东扩仅仅是一种战略上的势力要求吗?这种价值判断是一种什么关系?它对我们未来世界、未来生活的负面影响是什么?我们不能不考虑这些事情,因为我们办的是天津市的第一报。现在资源的变化,人的资源变化,资源配置的变化,尤其是自然资源的变化,环境问题的提出,跟我们整个社会是什么关系?

我们应该有强烈的危机意识,我们必须迎接挑战,不许失败。我特别记着黄胄老头儿的一句话,**他的人生格言是必攻不守。世界上本来就没有退路。这个世界上有千条万条路,就是没有退路**。必攻不守,只能成功不能失败。所以我觉得我们还有很多不适应的地方。

我们的记者,我听说还有在外面做自己的事情的。有的记者经常一个月在报纸上见不到一次名字,还能完成任务,这怎么回事?听说还有在外面做生意的,开一个什么狗食馆小店,开个新闻发布会拿个100元钱200元钱。《天津日报》不能出这个,《天津日报》要的是真正的职业记者,要的是正气,我不要那些一身邪气的人!我希望我们的记者不要有小家子气,不能有商人气,我们要出污泥而不染,要洁身自好,要有一个格儿,要对自己这张报纸,对从事的这个职业负责任。当然你说你的才华不在这儿,你擅长搞经营,卖点萝卜白菜,干点那个,我没意见。

我想天津日报社应该建立竞争机制,优胜劣汰,能者上庸者下,必须改革。当然,老实人、好人就是能力不太强,我们要给他一个充分发挥的机会。我觉得人和人都差不多,我张建星能比别人强多少?人家比我差多少?不是,关键是他的心思在哪儿,关键是他有没有这种正气。我那天在报社全体中层会上讲,天津日报社不是机关,是24小时运作。台湾一份大的报纸出来,问那个房地产老板为什么投资报纸?他说他就喜欢当报纸老板,因为24小时灯都是亮的,都有人干活。我为什么说领导带头、指挥前移、作风深入、工作艰苦,而且我说只看结果不看过程,我刚才说了,我希望大家凛然一身正气,我也不怕一身邪气的人。我也当过工人,我觉得我是出于公心,我没有别的意思,我和谁都没过节,我跟谁都不错,我说的是理。这次对事不对人,下次一定要对人不对事!有反映的,真是要做那些对不起报社的事,还长期不工作的,谁打电话说情,我也不会客气。

再讲一点学习的事情。我觉得我们的学习不够。我们的编辑记者人不错,素质也都挺高,但至少知识陈旧。**赢得市场竞争的重要支撑点是学习**。我们的学习不够,因为现在的知识变化太快了。大家要看点书比如哲学的东西。我们做一个记者,做一个编辑,邓小平的书,马克思的书,毛泽东的书要看。除此之外,现在比较畅销的福柯的书,海德格尔的老了,要看包括很早的韦伯的《新教与资本主义伦理》,包括最近谈市场经济、道德问题的德国理论家的一些哲学著作,我们应该看一点儿。

现在知识在变化,我们上大学的时候,读北岛、舒婷的诗,"卑鄙是卑鄙者的通行证,高尚是高尚者的墓志铭。""第一次被你的才华打动,是在一个迷迷茫茫的秋雨中,今夜相别难再相逢,桑枝间呜咽的已是深秋迟滞的风。"上中学时读贺敬之的诗,"在九曲黄河的上游,在西去列车的窗口。"但现在是海子的诗,"铁锹空空的连灰尘也没有,大雪一直纷纷扬扬,远方就是这样,就是我站立的地方。"整个变了,**由于生活方式的变化,整个语言方式、语言所涵盖的东西都变了,语境变了**。

大家一定要多看点书,一定要加强学习。为什么花那么多钱请专家来讲课,就是为了让大家加强学习。不要满足我们现在这种知识,不要满足我们现在写的这些东西。说句不客气的话,包括我在内,差远了。你看看现在《北京青年报》的变化,中央电视台的变化,你看中央电视台提出问题所站的高度、角度,他切入的东西。立昌书记表扬我们大报风格,我说,与其说是表扬不如说是期待。现在就是大报风格了? 我们不能昏昏然,也不能飘飘然。

我觉得每遇大事心先静,我们要有静气,静气就是要知道自己不足,怎么知道自己不足?这就要念书。天津日报社很长一段时间学习的风气很淡,满嘴计划经济的话。我们不可忽视技术革命带来的这种变化,它对哲学的冲击,对我们原来理论的冲击太大了。我们一直觉得马克思主义作为遗产留下来了,那么法轮功出现以后,我们觉得马克思主义可以作为武器重新拿起来了。办机关报不读马克思主义的书行吗?这几年有些人一直觉得它作为遗产封存起来了,它不是。有人从根子上跟我们斗,而且又出现那么多哲学的前沿问题。我们不研究这些东西,不学习,怎么能办好这张报纸?! 所以大家一定要虚下心来,静下心来,利用一切时间多读一点儿、多看一点儿,将来资料室这边要提供,编委会这边也要提供一些书籍给大家。在这方面编委会舍得投入。要多组织学习,我也希望大家共同切磋,共同学习,取长补短。

(1999年7月根据录音整理)

以图片带版面 以版面带新闻 以新闻带记者 以记者带队伍

——在《天津日报》第二次总编辑恳谈会上的讲话

本文为1999年8月,《天津日报》按照作者提出的"坚持正确导向、投身市场竞争、带出一流队伍、办出大报风格"的总体办报思路,和"以图片带版面、以版面带新闻、以新闻带记者、以记者带队伍"的操作思路全新改版后,作者与全体编辑记者第二次总编辑恳谈会上的讲话。

上次开完恳谈会之后,近期就不打算再开了,后来编委会的同志在研究报纸的时候,希望再和编辑部的同志开第二次恳谈会。这次恳谈会的契机是大家今天看到的这张报纸。昨晚干了一夜,6点多钟才睡,早上9点就醒,一直处于很兴奋的状态。中午收到市委书记张立昌同志今天在一版上的批示:"借机会讲大道理,启发群众坚定社会主义信念,看社会发展变化是非常好的方法。版面设计得生动活泼,很有意义,也有很强的创新意识。"这是市委书记张立昌同志今天上午看到我们全新推出十块新闻版之后批示的。

今天也接到了许多读者的电话,包括一些传真,总编室可能整理了很多。总编室给了我一份新华社朱玉泉同志传来的稿子,他讲:贵报8月2日改版是成功的,主要表现在大标题、大图片、大栏框,具有强烈的视觉冲击力;大策划、大主题、大信息量,有浓郁的大都市早报特色。总体风格融北京、羊城于一炉,大气中见细腻,如头版的三级跳坑回访的对比报道,粗犷中见温馨,如十一经路立交桥维修预告及地图示意报告。

天津日报
TIANJIN DAILY
2
价格违法行为行政处罚规定实施
张立昌主持召开市委常委扩大会议强调
坚决贯彻落实中央关于经济工作部署
争主动上水平确保全面完成全年任务
不断提高建管水平 增强城市综合功能
改善城市交通状况 提高城市载体功能
十路十桥工程进展顺利
三大绿地广场国庆前完成
昨天本报记者兵分七路冒雨看津城
重访危改户 雨夜很安详
雨夜平安
"危陋平房表"消失了
市区雨后无积水
雨下三天也不怕
本报今起调整版面
10块新闻版全新推出
敬请读者关注

我今天发现广告处的版面上,提前拼了一些祝贺广告,祝贺本报调版,我很感动。我感觉到整个报社有一种氛围,希望把我们这张报纸办好,希望我们这张报纸是全市、全国最好的。我有信心。从7月22日到现在,我几乎是八天八夜在报社,很少回家,有的同志说我是铁打的，很多同志说我精力充沛，我觉得如果这么说，开句玩笑，我是铁人王进喜，你们就是大寨铁姑娘。

昨天的版面，新华社没有什么稿，国内新闻和国际新闻都很少。昨天晚上下了一场雨，大家说我这个人是水命，“三中全会二十年”的时候，拼第一块版出来，外面大雪纷飞，大雪把路都铺得白白的。昨晚我从家里不到8点就出来了，我在家里还没有感觉到下雨，一出来就赶上这场大雨。我昨天打电话时是8点多，整体安排完七路记者，包括摄影部记者，不到20分钟时间，到11点多钟稿子和照片陆续就回来了，而且采访得非常准。

我觉得我们这支队伍，确实是一支非常好的队伍。昨天拼的这几块版，有的版就一个编辑，比如国内版经济新闻版，这种状况要持续一段时间，但这些版拼得很好。“9+1”这个方案，从编委会定下来到今天这个样子，不到半个月时间。当时跟出版部的同志研究这块版的时候，他们都感觉半个月的时间怕不够，我当时就谈一个观点，就跟看电影一样，早走，提前去五分钟，还可以买个冰淇淋，还可以在电影院门口抽根烟，然后还可以找到座，还可以买份报纸坐在那儿看两三分钟，等着开演。这是一个办法，前面紧后面松。还有一种办法，前面松一点后面紧跑慢跑，也可能没晚，但是气喘吁吁，伴着开幕词和进行曲进去。我们还用头一种方法，就是我们一切往前看，我们这四个月或五个月调整版面，是整体推进几条战线作战的办法。

这件事更重要的意义，它不在于证明我们做成功了什么事，不在于“9+1”成功了，近期思路成功了，出了很多好的新闻，市委市政府的领导表扬多，不在于这儿，最重要的是，增加了我们编辑部全体同志的自信，就是我们这支队伍是其他媒体，至少在天津这个地方是不能比的。我们的记者队伍，我们的编辑队伍，我们的智慧，我们的精力，我们的能量，我们获得的是这种自信，我觉得比任何成功都重要。大家可以回忆一下，我们确实是整体推进，我们在前边做的事还没有完成的时候，同时推进了几件事：我们推进了“9+1”，我们推进了前几个版的版面变化，我们推进了制片人制，我们推进了国庆50周年的报道，同时有科索沃的、法轮功的等等。就是在这种情况下，在这么大的压力下，我们走得挺好。

今天是我们全体编辑部的第二次恳谈会，上一次恳谈会编委会提出，**作为本届编委会一个新的举措，定期举行编辑部恳谈会是为了加强沟通，增进交流，彼此互动，共同进步，从而形成编辑部进而是整个报社的凝聚力和战斗力，办好我们的报纸，办出大报风格**。如果说上一次恳谈会的契机是市委书记张立昌同志对我们版面作了重要批示，肯定了我们的报纸办出了大报风格，并对我们办报提出了具体要求和目标，那么这一次的契机就是我们按照**“以图片带版面，以版面带新闻，以新闻带记者，以记者带队伍”的近期操作思路**，在版面改革初见成效的基

1999年9月，由人民日报社和天津日报社联合召开的“跨世纪党报改革与发展研讨会”在津开幕。图为天津市委书记张立昌、市委宣传部部长刘峰岩、罗保铭等会见《人民日报》总编辑许中田等与会13家党报总编辑。

础上，进行积极改革的进一步深入。

今天是我们调整版面、扩充新闻版的第一天，8月2日应该是我们编辑部或者说是我们天津日报历史上值得纪念的日子。我这句话说得不过，不信我把这句话撂在这儿，大家往回看，再往后看。我觉得，腾飞的基础有，但版面调整的空间、样式就这么大，希望再怎么样，可能性不大。当然它会发展它会变化，就像今天，包括报眉，包括我们每一个小的处理。去年我提出要精雕细刻我们的事业，邓小平在三卷里有一句话，他跟政治局的许多同志谈事业的时候讲的一句话：要精雕细刻我们的事业。这周六我看了一场电影，国产的大片《宝莲灯》，就是精雕细刻出来的，从演员到配音，到动画，到整个场面、画面，到音乐，到台词，都不次于迪斯尼拍的《花木兰》，非常成功，我看得非常感动，将来文化部可以拿出一个版来炒作《宝莲灯》。我看了《宝莲灯》后，**有一个强烈的意识，任何事情要干成，就要精雕细刻，就要没有任何一点纰漏，把这个事做好做足了**。新调整的这些新闻版可以说尽管还没有达到那个位置，但是它是全新运作、全新包装、全新登场。

我在这里要特别强调一点，正是有了我们前一阶段初见成效的改革，正是在座的诸位,《天津日报》编辑部的同志们,从编委会到每个记者,有了强烈的竞争意识和跑动意识,对这张报纸有了强烈的责任感和自觉性,主观能动性才发挥出来,从而为我们今天的调整版面打下了坚实的基础。不要小看我们前两个月的变化,前两个月的变化打下了很坚实的基础,积蓄了很强的后劲,为我们未来的发展注入了动力。不要以为天津日报任何事情都要讨论很长时间,要做几年的基础才可能往前进一步。不是那样。天津日报可以十天、半个月、两个月就把这件事做成了,因为我们有这支队伍。而且现在市场的发展、报业的竞争和整个形势的变化,根本不允许你再讨论什么,不允许你再反复探讨什么。整天开会,整天研究,整天去争论这些事情,做不成事儿。做就行了。做,不外乎两种结果,一个不好,一个好;一个失败,一个成功。我们的目标就是成功,根本不给自己留退路,根本没留失败这条路。何必要想那么多,人就是要付出一点,关键时刻就要拼一下。

李肇星与作者。李肇星曾在《天津日报》"文艺周刊"开辟了个人专栏"云游心迹"。

我们不要小看这两个月的基础。从上次恳谈会到今天,时间不长,但就在那么短的时间里,我们实际上还是在两条战线上作战。一条线是围绕党的大政方针和市委的中心工作进行报道,配合市委市政府,很成功;一条是我们和其他媒体展开了比较具体的,不是抽象的,比较明白的,线路也比较清楚的竞争。我们这两条线都做得不错。

我最近写的《总编辑评报》,跟夜班同志也谈,《天津日报》如果讲新闻判断的话,第一判断是政治判断,我们这个判断力不错。科索沃事

时任我国驻美特命全权大使的李肇星来天津日报做报告。

件发生后，我在这里讲过一句话，就是小平同志南巡的时候讲的一句话：当今世界，和平和发展两个问题一个也没有解决，后来科索沃事件就是证明。美国目前的所作所为，所有世界形势的变化，都证明了小平这句话是千真万确的。后来法轮功事件，再结合科索沃的事，邓小平同志还有一句话：关键是把我们自己的事情做好，关键是把我们的党建设好。这句话现在想起来，小平同志很是有预见性的。另外一个，关键是把我们的党建设好。我现在比较认真地重读、倒着读小平同志的三卷，从三卷开始往回读。我希望同志们，咱们做报纸工作，别的书可以不看，大家看看小平同志的书，太有益了，你不能不说他是一位伟大的无产阶级革命家，是位卓越的政治领袖，他的预见性，他对问题的看法是非常准的。他说的两句话，一个"和平和发展一个没解决好"，我们一直觉得解决得很好，已经进入了和平发展时代，我们就忘记了两个"关键"，"关键是把我们自己的事情做好，关键是把我们的党建设好"。那么我现在又想，我们天津日报也面临这个问题，关键是把我们自己的事情办好，关键是把我们的队伍建设好。

我们围绕市委中心工作，打好了三个战役：一个是创新报道，我们发了十篇言论，明天的《社内通讯》会登出来，中宣部给予肯定；中宣部肯定之后，市委书记、副书记、宣传部长都批示；一个是这一段时间搞的"看津城"报道，我们的"看津城"报道，当然是配合行动，我们无条件地配合好市委的工作，但是我们有我们自己的角度，和其他媒体都不一样，我们希望"看津城"活动是能够设身处地地以群众的眼光去看。比如今天的报道，点子不错，从标题到整个文字，让人感觉到一种人与人之间的关怀和理解。我们的"看津城"报道，从出来到现在就讲角度，我们不搞其他的，我们做得是很成功的。

特别是最近关于国有企业改革的报道，编委会认真对待这一组报道，根据市委的要求，也根据总书记连续四个大区的谈话，进行了专题研究。编委会主要成员带头写言论。国企问题目前在我们中国不是一件小事，国企问题解决不了，所有的改革不可能推进。我们对这个问题认识是清醒的，编委会是非常重视的。现在已经发了六论，我们这六论也受到了上下的好评。大家可以看看，这六篇国企评论，谈的是比较地道的经济，而且是天津话，谈的是天津经济，无论是谈到调整，后面谈资金效益，还是利用外资，谈的是经济问题。我觉得头一条线，十论创新，十论国企，不仅仅是配合了市委的中心工作，关键是我们不累，我们的套数出来了，有章有法地在推进。推进这个为什么？把它搞好为什么？就是为了"9+1"，就是为了能更好地推进新闻版版面变化。

我们首先要把市委的工作配合好，正是有了这十论创新，十论国企，再加上"看津城"的报道，还有前面四篇言论及照片，立昌同志对我们那天版面作了批示。我觉得政治上我们做得不错，这是成功的前提。现在"9+1"成功了，将来再把后四个版弄好了，ABCD 四组版出来以后，我就干一版，**我的职责就在一版，把市委的意图体现得充分，你们可以在后面把版面做得一片斑斓，可以做得更大一点，甚至可以走得远一点，当然不是政治上走得远一点，在新闻上可以走得远一点，可以快一点。**

另一条战线就是我们的记者、编辑全线逼进，屡有斩获。中考和高考这两件大事，牵动千家万户的大事，被政教部的同志稳稳地操在手里。我每天都在对，没漏一条新闻，没漏一个数字，对《天津日报》来讲，今年夏天的这两次考试是大事。人无压力轻飘飘，井无压力不出油，你要相信有的人你一压他就出油，就出智慧，就出感情；可是有的人你一压他就压出两个屁来，都是牢骚，一堆废话。他可以告诉你照片找不到，可以告诉你种种客观理由。我最讨厌的就是跟我讲一大堆理由，最后告诉我没成。我就说这两个分数线，我们的报纸要是不断地把这个独家的重要新闻拿到手的话，我们的发行、广告怎么就上不去呢？报纸怎么会没人看呢？

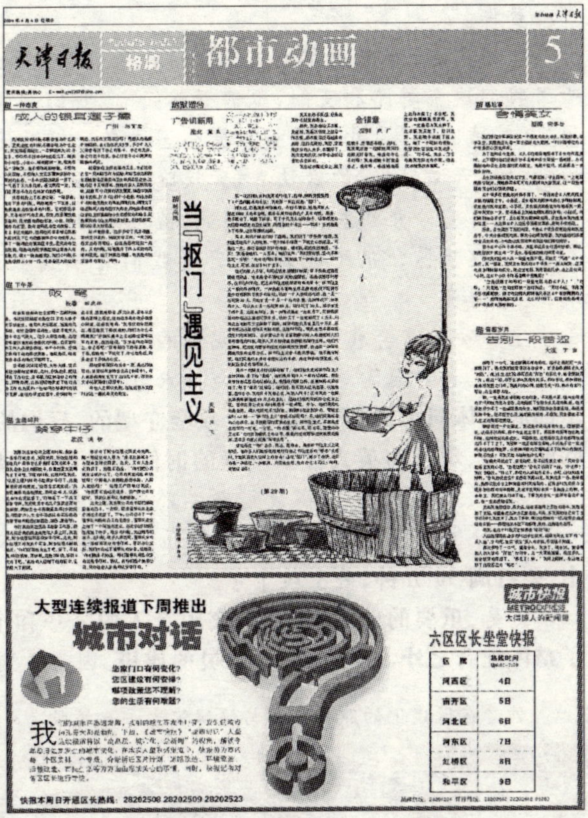
天津日报

都市动画

5

成人的银耳莲子羹

广告机新用

当"抠门"遇见主义

告别一段苦恋

大型连续报道下周推出

城市对话

六区区长坐堂快报

区属	热线时间
河西区	4日
南开区	5日
河北区	6日
河东区	7日
红桥区	8日
和平区	9日

快报本周日开题区长热线：28282508 28282509 28282523

《北方市场导报》最近变化很大，登了一个分数线，登了高考的事，自己到学校门口卖，一天卖出3000多份。精神的力量不可忽视，精神的作用不可忽视。另外，我们这一段时间发了另外两个稿子挺有意思，是可以说明问题的。一个是水上公园在某两个春深夏浅的日子，母老虎生了四只小老虎，母狮子生了三只小狮子，母豹子生了两只小豹子，前后隔了一天。这对于天津来讲，叫喜从天降。这条新闻，夜班在一版报肚的位置用四栏50行把它处理出来。另外桑兰过18岁生日，摄影部的同志提早策划了"今天是你的生日"这个题目，把这个搞出来以后，发在一版。

中宣部新闻局局长刘祖禹同志带了20多位老同志，让我接待，让天津日报接待。这些老同志是专门审读报纸的，挑毛病的。到天津日报参观的时候，我在会议室拿出我们前两个月的报纸，我介绍了15分钟。从哪儿介绍？我没有介绍科索沃，也没有介绍怎么发江泽民的讲话，我就从四只小老虎、三只小狮子、两只小豹子，从桑兰介绍，我把报纸拿过来站在那儿给他们看，讲为什么要发这个。

这些老同志听了一刻钟，鸦雀无声，最后掌声热烈，他们最后得出一个结论，这样办机关报办党报大有希望。他们不但在这儿肯定了，回去还向中宣部的领导汇报；还让我们整理材料，说要专门向丁关根同志汇报；还专门拿走报纸交给一位老同志去研究我们最近版面的变化；最后找到人民日报定下来，在天津找10个大区的报社总编辑开研讨会，探讨如何办好跨世纪的机关报。我震动很大，这就叫时代在发展，我没有想到15分钟，远远比在这个会上要放得开的东西，介绍的是狮子老虎的报道，而且在一版，得到了这些长期为我党审读报纸的老同志的衷心赞许。

前不久，梁衡同志在山东淄博召开了全国党报老总恳谈会，许多现任的老总听了我们这个思路和实践，也都很感兴趣。我们发了桑兰这个报道之后，《新民晚报》、《羊城晚报》、《武汉晚报》等全国许多家报纸让我们把图片传过去，重点推出，介绍《天津日报》的做法。《武汉晚报》的老总对摄影部主任说，《天津日报》的做法，这种竞争意识和图片的感觉，值得学习。报纸的变化，带来了我们这支队伍的变化；这支队伍的变化，又提升了我们的报纸。我觉得，一个人办事要落地凿坑，要夯得实。

上一次恳谈会我专门讲了我们的记者，我们现在面对的市场，就跟踢足球一样，一个记者要会无球跑动，要会抢点包抄。**那么今天报社这个形势，要求我们编辑部的全体同志，这支队伍是全攻全守型的，我们的打法要采取本赛季三冠王曼联的打法，现代的英式打法。干的时候拼的时候，要全线压上，同时讲究整体配合**。昨天《重访危改户，雨夜很安详》，摄影、文字记者同时出动，我打了三次电话总共20分钟之内安排妥当，全部到位。**就要讲整体配合，要讲协调，要讲全线压上，要打满90分钟，要全攻全守**。

但是，**重要的一点，特别要突出个人的才华和个人的能力，将来天津日报除了整体配合之外，要发挥明星球员的作用**。因为说到体育，就想到桑兰的报道，桑

作者在现代化的照排中心与编辑记者一起排版。

兰吹蜡烛那个片子，你只要看两分钟就会掉下眼泪来，我现在想起来就要掉眼泪。一个花季的女孩子，突然失去了重新站起来的能力，她的未来不是一片光明，而是一片黑暗。在这个黑暗的时候她能闭着眼睛，为我们这些健全的人去点亮那一支生命的蜡烛。那样的照片拍出来登在《天津日报》上，能不让人感动吗？我到现在看到那张照片，想到那张照片，都非常感动，因为照片拍得好，文字写得好，我们的记者是那么富有感情的记者，能写出这么有感情的文字！

技术改造前的天津日报排字车间。

为什么说除了全线压上、整体配合以外，要讲究明星的效应，讲究个人的才华？取胜之道在于用人之道，人变了报纸就变。《采风报》连春去了就变了，《北方市场导报》牛一兵去了，就比我当时办得要好。我们这支队伍就要有像曼联的约克和科尔那样的得分手，那天约克出来五分钟，就五分钟时间，但他神采飞扬，控制全场，全身上下纤尘不染，还进了两个球，明星的作用。除了像约克和科尔这样的队员，我们还应该有部主任、制片人这样的中场核心，就像贝克汉姆、吉格斯，只要大家共同努力，完全有希望、有可能把我们这支编辑部队伍铸塑成为“新闻梦之队”、“报纸梦之队”。我特别相信这一点。但是要现代打法，要全线压上，要讲整体配合，还要突出个人的作用。

总编室给我整理了几个数字，4、5、6月份编辑部的好稿数是406条，是去年同期的2倍；4、5、6月份的见报条数为6037条，是去年同期的1.5倍；4、5、6月份的见报字数为414.3万字，是去年同期的1.3倍。报纸没大，还是12版，周六周日还是8版，但是数字变了，报纸的风格变了，人的精神状态变了，人和人之间的感情也变了。

报社老领导方放同志给我写了八页的长信，我在这儿就不念了，准备登在《社内通讯》上。他说年纪大了，不太愿意看《社内通讯》这样的小字，但看了上次我的讲话，一口气就读下来了。他说《天津日报》这一段时间的变化，确实是大报风格，而且特别赞同《天津日报》强调思路。他说看了我们关于科索沃的报道、朱颖的报道，他自己激动得流下了眼泪。我给方放同志回电话，我说：“方顾问，收到

5
天津日报
TIANJIN DAILY

城市·社区
Community

关注未成年人思想道德建设 本报与天津青少年活动中心联手寻人

津门首届故事大王 你们在哪儿？

88岁老"华工" 向日本索赔

公布招生计划

公开叫卖 偷水磁铁

A4

你的信很感动。"他跟我说了一句话："我方放在天津从来不捧人，我从来不客气，我是发自内心的。"我说这封信能不能在《社内通讯》上登一下，他说："我给你写这封信，尤其介绍了瑞环同志的思路，肯定了你们报纸，我就不怕你们登出来。"这封信将来要登在《社内通讯》上。方放同志文字确实漂亮，一封信写得像一篇文章一样，写了八页，包括介绍了毛主席1942年给新华社题字，就两个字"多思"。正是我们前一段的工作，才决定了为我们今天的"9+1"打下了很好的基础。

前面第一个问题算是谈政治，第二个问题算是谈业务，就是这次调整版面的思路和指导思想。

第一，这次调整版面是报纸生存发展的需要，是报纸以全新面貌走近读者的重要举措。我措词还是非常认真的，既是发展的需要，但我第一个用词是生存。天津日报的经济形势处在一个比较困难或者很困难的状态下。

关于电子媒体、信息爆炸、网络，我不讲了，这些东西大家都知道。但是我想，**报纸确实面对着一种巨大的压力，如果我们不研究市场的变化，尤其不研究现代读者的心理，不去适应买方市场的需要，总是以不变应万变，希望寄托在别的方面，希望寄托在给你的政策方面，等等，你就死定了，发行只能一点点往下掉，广告只能萎缩，最后整个经济状况会越来越差**。我们这次实行"9+1"版的改革调整，砍掉了部分专刊，将新闻版调整到十块，**从加大信息数量和质量两个方面入手，是为了满足不同层次的读者对现代信息的需求，是希望我们这张报纸能够以领先的位置、领先的状态，把最新最快最好的新闻奉献给读者。因此，这次调整不仅仅是新闻量的扩张，更重要的是新闻质的飞跃**。同时，编委会也希望通过这次新闻版的扩充和调整，使我们办报的思路更加清晰条理，使编辑记者有更广阔的舞台来发挥潜能，使我们这张报纸更加好看、有用，更前卫。

这次调整的十块版加上两块经济专刊，总共12块新闻版。编委会的想法是，四块版为一个组合，或一个单元，既在信息上保持连贯，又产生相对的个性。前三组的版，1至4版、5至8版、9至12版是个什么概念呢？**头一组是重点，第二组都市新闻组是卖点，第三组经济新闻组是亮点**，简单地概括为这六个字。我来解释:1至4版为第一组,第一个单元,当然是重点,以一版领衔。一版、二版同时为要闻版,宣传党的方针政策、中央精神、市委精神,讲政治、讲大局,配合市委,我把市委常委、副市长、区长、书记都放在第二块要闻版上,而且把这块版做大,精心地去做一版和二版。第三版是国际版,这个国际版是国际政治、国际军事、国际经济,第八版国际版是国际文化、国际科技、国际社会,是软的。头一个国际版枪炮如林,第二个国际版美女如云。头一个国际版和第四版国内版,这四个版集中在一块,很有分量,是《天津日报》的重点,无论从政治的角度、阅读的角度,囊括四面八方信息源的角度,它是重点。我主要负责一版,我就做一版的编辑。

5至8版是第二组,是卖点。这一组领衔的是“都市新闻”。美国人看报纸和中国人不一样,我去了三次美国,特别注意它的报纸。中国人看报纸从头看到尾,看完之后放在皮包里带回家还看。美国人是这样,爱看体育的把H版拿出来,看完之后这一叠就扔在地铁的箱子里,绝不带回家。将来中国报纸的发展就是这样,读者爱看“都市新闻”就拿出来了。这块版将来是一块很可读的版,所有都市新闻,都市色彩的东西,带有文化品位的东西都要发在这块版上。

8版“国际社会”,大家可以看看这个版,我希望体育部的同志不要再用小花线和咬文了,版式上要废掉的。再加上文化和体育,文娱新闻,既要讲文化,又要讲娱乐,中国人已经基本上不太惦着文化了,已基本上进入娱乐状态。《安娜·卡列尼娜》和《宝莲灯》比起来,我更爱看《宝莲灯》,这说明我也进入了一种低档次的趣味里,我在家里只要有时间也愿意看《还珠格格》,我觉得很陶醉。这不是简单的概念上的错位,这是整个市场变化之后给人们意识形态、行为方式的引导。人们没有时间再看沉重的东西了,除非炸大使馆那样的事一下把人们激怒了,人们不太想沉重的事了。这给我们提供很重要的机会就是,沉重的片没人看了,长篇小说和中篇小说的时代过去了,文学刊物进入了最后的枯萎阶段,要不就变成蛹,不会化成蝶,中国目前没有机会培育长篇小说的作家。看什么?小燕子、《宝莲灯》,还看什么?各种游戏。除此之外,人们还要看报纸。报纸的时代到了,人们要看新闻纸了,要从里面得到最快的信息、最好的信息、最简洁的文化和精神快餐。现在是报纸时代了,是给我们的机会。1979年蒋子龙火的时候、王蒙火的时候,这些作家火的时候,有我们报纸什么事?我们是在炒他们嘛!《天津日报》炒《乔厂长上任记》

好车
高档车 原装 组装 选哪个?

作者与毛新宇、邢燕子在一起。

把蒋子龙炒起来了，报纸也很有名。现在没有了，于华、格非好多作家写的东西，自言自语。看什么？看报纸，看"都市新闻"。《美一冷血杀手亏空15万》，读者看不看这个，他保证看这个。**所以说文化新闻，既要有文化，又要有娱乐，而且要给读者足够的娱乐。**

前八块版有两块国际新闻，增加了国际新闻的报道力度。**当今世界大事多、怪事多、新事多、战事多，外面的世界很精彩，现代人的目光越来越关注外面的世界。而国际上的变化，包括经济变化，随着全球经济一体化的趋势不可阻挡，必然影响到我们生活的各个方面。我们中国不能跟世界格格不入，我们的报纸更不能跟世界格格不入，所以我们要增加国际版。**当这份报纸要办到36版的时候，我一定要拿出六个版来办国际新闻，事太多了。国际新闻随便发一个女奇童的事，就比发早点部改善供应添桌子添凳子重要多了，这个新闻能比吗？这是第二单元。

第三组9至12版，这个版是亮点。这个亮点稍微有点牵强，但我想，经济新闻包括股市版，应该是我们现在大多数读者看了之后眼睛为之一亮的新闻。因为**我们现在进入这么一个状态，经济和市场已经跟我们每个人不可分割了，有千丝万缕的联系，经济新闻应该是我们这个城市、我们这张报纸开掘不完的富矿。**现在经济新闻的问题在哪儿?工作性的新闻太多，伪信息太多、研究的都是问题，研究的都是拖拉机部件、杀虫药。我觉得应该办好这块版，一个是工业部，一个是财贸部，主要精力在这块版上。《中华工商时报》办了那么多块经济版，它要求每块版都是纯金的，我们就办一块经济新闻版，扩的量也不大，我们有能力把它办好。而且《天津日报》具有优势，我们搞经济新闻的能人比搞社会新闻的能人多。

关于重点、卖点和亮点我就简单说到这儿，我要说的第二个问题是比前一个问题重要的，**就是"9+1"版面调整，是《天津日报》坚持版面改革、办出大报风格的重要标志，是对报纸新闻质量的全面提升。这次调整版面，不仅是报业竞争的需要，也是全面提升报纸新闻质量、确立大报风格的重要标志。大报风格不单有形式上的界定，更重要的是要有新闻样式和新闻质量的"品格"，这和人的品格是一致的。**从这个意义上说，我们还有相当的差距，还有诸多的不适应。比如，我们新闻版里纯的新闻少，活鱼少，新闻的重量差，含量低，版面的语言还远远不够丰富，图片语言还远远不够生动，等等，都反映出我们与真正意义上的大报风格有不小的距离。这种不适应，不单单是我们这支队伍的问题，也有我们长期形成的观念问题。因此，编委会确定的“9+1”调版思路，推出10块新闻版，通过新闻样式的丰富、版面的增加、版面功能的细化、新闻质量的提高，全面提升报纸质量，从形式到内容，从版面到新闻，真正办出大报风格、现代风格。

为此，这10块新闻版编委会确定了**“三个追求”的办版方针：加大信息含量，追求新闻丰富性；突出图片语言，追求视觉冲击力；注重版式风格，追求阅读新感觉**。这三句话挺帅的，这三句话不是简简单单说出来的，大家一定要认真领会，按这三句话去做。**办任何一件事，没有思路不行，思路不明确也不行，思路明确了之后不能操作也不行**。

第一，加大信息含量，追求新闻丰富性。**所谓信息含量是新闻要做大、做广、做深，丰富不是我们过去的概念**。我刚来报社的时候，鲁思同志讲了一个概念，要条数多。当然条数多是新闻纸一个很重要的条件，但是那天我在夜班讲，信息量和信息质量是有根本区别的，为什么《北京青年报》有时一版发一条东西，就有很丰富的信息，这就是信息质量。我们光在表层上丰富，光增加条数，我们有的版20多条，真正可读的有几条？《北京青年报》就一条东西，拿起来让你爱不释手。所以**我们要强调内在质量的多元丰富，才能真正吸引读者的目光**。

第二，突出图片语言，追求视觉冲击力。**图片是使版面丰富有动感的最活的新闻。我们不能忽视图片，它是文字绝对不能代替的新闻表现形式，是一种更为现代的表现形式**。没有照片，就像一个公园没有树木只有河流一样，它不会有生气。版面上照片不好看，那么我追求大报风格，追求视觉冲击力，根本谈不上。**现代报纸已经完全进入视觉时代。照片、图片怎么运用，已经成为报纸操作的一个焦点**。实际上我晚上来跟夜班同志谈，更多的时间是在操作一张图片，就为了一张小片，一张两栏的小片，两栏十几行不到20行。**具有视觉冲击力的版面，往往是通过照片的形象价值，营造出视觉**

作者与毛新宇交谈。

Q.M. Since 1985
球迷
SOCCER FAN NEWS
2004年 8月13日 星期五 第1114期
玫瑰祭
天津女足力新加盟 带着合同旺奔雅典
玫瑰谢不欲生
中国女足0:8德国女足
让雨丁香陪你一同走过
让毛发无处藏身

冲击力的效果，新闻版面有没有震撼力，需要有多种因素构成，但是图片的作用不可忽视，图片语言是新闻价值和形象表现力的完美结合。突出图片语言，就是要在版面上准确充分地把照片所包含的信息全部表达给读者。

我们过去的照片除了配片以外，拿来一张照片，希望记者给它配写冗长的说明文，这根本不是照片，连连环画都不是。我要提一个要求：**照片的采用应以其自身形象价值为基础**。你本身这张片有新闻价值，这是第一。然后你有新闻价值了，送到版面上，你要求夜班给你发了，但是也可能不发。第二，**以版面整体需要为前提**。照片是主角，但不是主人，不是主宰，不是说你拿来就怎么样。第三，**以照片的形象表现力为尺度**。

摄影部的同志一定要多多研究美联社、路透社、法新社的照片，看看这种照片怎么发的。以自身的新闻价值为基础，具有新闻性，哪怕是配片，你的新闻价值表现在那儿了，要以版面整体需求为前提，以照片的形象表现力为尺度。这次公开打出两句话是新的，**第一句话是新闻的丰富性，第二句话是视觉冲击力，第三句话是阅读新感觉**。每天三张皮，第一版、第五版和第九版，每天至少要给我提供三张好照片，这个压力不轻。而且有我那三条在那儿管着，你还不能跟我商量，跟夜班商量，我发的片为什么没发。当然，夜班编辑不能随便不发，最终的裁决在我这儿。夜班编辑有一点让我很感动，有两个编辑说以前还参加新闻发布会，拿100块钱回来，现在自己都不去了，为什么？自己都不好意思在版上发这条稿。我们把千钧重担交给了摄影部的同志，你得既让我有冲击还要有力。

其次，视觉冲击力还表现在标题的处理上，比如厚题薄文，其实不仅仅是这样，关于标题还有很多，还有就是黑白灰三种颜色的搭配。但是视觉冲击力的总体形成，还是应以新闻内容为主，这种视觉冲击力是时代的，这就要求我们的记者要提供最好的新闻。最有冲击力的是明天人民币升值这条新闻。尼克松下台有视觉冲击力，莱温斯基这个案子有视觉冲击力，最重要的还是新闻内容，当然这里包括照片内容。我现在就想，我开了这几块版，都是要吃的，张着血盆大口，记者部要提供稿子。为什么要把国庆50周年报道的事交给三个专刊部呢？记者这支队伍要全部带到一线上去，这是最重要的。当然，我们的编辑应该善于用有限的手段，把记者的新闻处理好、标题处理好、图片处理好，营造出丰富的版面语言，善于让好新闻抓住读者的视线，引导阅读。

第三，注重版式风格，追求阅读新感觉。这是我 1994 年的理想，今天实现了。大家可以翻一翻 1994 年的《北方市场导报》，就是现在的《广州日报》，全部是横题，而且所有题不着色。版式风格不可小看，它是版面编辑能力、内在素质、文化品位、个性张扬的综合体现。我不能表扬夜班了，虽然夜班编辑很出色，我要提出更高的要求了，原来没干到这份上，干一点很高兴，欣喜若狂，等干到这份上，什么叫鞭打快牛啊，只有层层上楼。所以说，**版式风格是报纸风格的外在表现形式，是搞好发行、促进广告的第一感觉**。**富有个性的版式风格就是一张报纸最为独特的识别系统**。拿出《北京青年报》一看就是《北京青年报》，拿出《为您服务报》一看就是陈锡林的报，拿出《中国经营报》、《中华工商时报》一看就是丁望的报。要有识别系统，是独特的。

人都在自己的位置上干自己的事，你可以发挥你的东西。**富有个性的版式风格，它是通过标题、图片、线、字区等版面基本要素的组合**。这里一会儿我要专门讲用线。我们这次报纸其实没什么变化，那天我跟书记汇报，我们就是换了换报眉。报眉怎么换的？换什么了？就是用了一条线，现在好看的报纸，关键在用线。我们以前不考虑这个，为什么这次我坚决地要求一版把小花线废掉，太难看了！我们现在还有一个版在用，就是体育新闻版，而且昨天用了三条。我昨天累到极致一句话没说，你看现在一版有吗？这三个月有一条花线吗？而且在版面上还废掉了两个，**一个是花线不能用，第二个是咬文**。**那是四个版、八个版的时候，版面很紧张，标题很小，你也咬、我也咬**，现在读者不这么看，谁有时间看转过来的东西，梁衡说转到第二版的东西出错都没看见。一版最后一个角落的新闻，都是主要的新闻。你们看《天津日报》一版有不好看的新闻吗？最后角上的新闻跟头条是一个待遇，这样新闻版的含金量才上去了。**大报风格必须以迎合读者的阅读心理，尤其是现代的阅读感觉为前提**。现在所有做得好的报纸都这样。我对美术部将来会有一些要求，我希望美术、漫画，**我们所有的东西都以现代的阅读感觉为前提，以体现报纸的现代气息为目标，简洁、明快、舒展、大方，使每条新闻在其应有的位置上都能跳入读者的视线**。

一份更适合成年人阅读的报纸
采风报
CAI FENG BAO
义乌惊曝"小姐"批发市场
火车上卖凳子　一年净赚 16 万
一个打工嫂的致富传奇
冲动消费　北京"负婆"痛并快乐着
北京"负婆"负债消费首选买房
中国女性独立意识世界领先
吴佩孚的复杂人生
特殊年代的特殊产物——
"革命委员会"
珍妮弗·洛佩兹

大家回去可以看看一版，《天津日报》这一段时间的一版，最下角的新闻通过线的处理、通过题的处理，跟头条没什么区别。你说这一个版的新闻哪条不是重要的?！这样，既方便了阅读，又有阅读的快感，比如这次全是横题，没有立题不也是张报吗?！《北方市场导报》坚持了两年半横题，现在《广州日报》和《羊城晚报》全部是横题，美国《洛杉矶时报》、《纽约时报》全部是横题，当时有一个同志跟我讲，那是因为英文立不起来，中文能立起来。实际上是一种阅读感觉，而且横题可以使题目更短，不能太长了，都是六栏题就坏了，不可能，横题可以使题目更醒目。我们尝试了两个版，可能还有，都是横题，坚持下去。干这种活的老同志经验很丰富，横题的这种错落、醒目、处理方法非常符合现代人的阅读习惯，这种整齐化编排还有一点很现代的味道，让人看着很简洁。现在《羊城晚报》和《广州日报》95%的版面，往往是以横题和图片营造出自己版面的个性，所以我特别强调版式风格，突出阅读的新感觉。

我希望我们在这方面做出更多的尝试。《天津日报》别的方面走不到前面，在版式上，我们要往前走，我们这几步推得很快，我们没停，我们大踏步地往前走，而且没有任何障碍。所以**我们追求的阅读新感觉，这里有一个重要的方面，就是为了方便阅读**。将来所有《天津日报》的版，没有特殊情况，坚决不许随意咬合，要成区成块，有线有题，就得这么定。将来我不当总编辑了，再换别人，可以再咬回来，还可以用花线。当然除了废这两个以外，我心里还有东西现在不说，别太急，废完这两个，大伙都习惯了，再废两个。

我们必须强调版面的美感，版面作为报纸直接的外在表现形式，已远远超出一般意义的形式，已成为阅读的一部分。拿出这张报纸来一看，不仅是内容，版面已成为阅读的一部分。之所以现在，电子媒体、图像信息不能取而代之，很多报纸都在蓬勃发展，一个重要原因就是人们长期形成了一种阅读习惯，并不断形成新的阅读要求。只有大方、舒展、活泼漂亮的版面，才能给人以阅读新感觉。标题强化、照片点缀、题与图的结合、线条的处理都能给我们的版面提神，给读者以新鲜感觉。

我最后谈一个比较重要的问题，要进一步改进编辑部工作，适应版面调整和新时期办报要求。版面调整以后，我们会出现许多不适应，大家千万不要急，可能出现好多摩擦，很正常。部门和部门之间不要打架，要互相协调，多商量，多沟通。

今年是个大事年，大事多，喜事多，突发的事多，坏事也不少。建国50年马上到了，体操世锦赛、澳门回归、2000年，这是我们还没干的事。干过了一个科索沃，又来了一个法轮功，还没完。江泽民总书记在党的十五大报告结束时讲的，“前途是无限光明的，但道路是曲折的，在我们前进的道路上还会出现各种可以预料的、不可预料的，来自国际的、国内的，来自政治的、来自经济的困难。”事实证明，总书记的判断是正确的，可以预料的是洪水，昨天发的《子弟兵再战九江》，潜台词告诉我们九江又决口了，不可预料的五枚导弹炸大使馆、法轮功。预料到一点，没预料到那么严重。还会不会给我们的报纸和新闻提一些新的考题，这都很难估计。

所以我觉得，大家要有一种准备，要确实地转变观念，加强学习，转变工作作风，提高政治素质、业务素质，要看到我们这支队伍虽然不错，但和现在这些要求、新时期的要求还有很大很大的差距，不要自以为是。编委会提出的总体思路还远远没有实现，近期思路也没有实现，打一个持久仗，也就是吃长劲。

我们的报纸80年代最高发行量达到45万份多，现在多少？我们的广告也面临着非常严峻的困难。但是我们整体的效益，不止广告，在同样的市场环境下，如果我们比其他媒体落差10%，这是偶然的，可以理解的，能够容忍的，也是可以接受的；如果我们落差20%，就是我们的经营手段出了问题；如果我们再落差到30%，就是我们的思路和机制有问题；如果落差40%和50%，就是其他问题。广州日报说用今天的工作赌广州日报的未来，广州日报提出这个口号的时候，广告收入已经17个亿了，我们不到2个亿。今年我不知道怎么样，如果我们还这么干，我就得辞职了，挺没劲儿的，也没面子，一出去坐在一起，都是总编辑，不一样，家里有还是没有，兜里装的是中华烟还是云烟，是绿叶还是烟斗，不一样。

我们的出路没别的，编辑部就是要办好报纸。自古华山一条路，而且《天津日

16

新闻摄影

每日新报

造化于心 天机在手

——邵华泽海外摄影展览在津举办

报》根本没有退路了，还讨论什么？还争论什么？还找什么理由？现在的经济状况是什么状况？上半年国内的GDP7.6%，这个概念，就是我们下半年三篇《人民日报》扩大内需的评论员文章发生作用之后，国务院文件发生作用之后，可能能到8%，到8%的概念是什么？到8%的概念是今年的洪水不算太大，旱情的情况还不是特别，比去年7.8%多了0.2%。技术改造按惯例，这个资金就是中央决定把30%投入技改。股市，惟一的股市，但是股市抵消的是什么？股市抵消的可能是最有效最需要投资的东西，因为我们现在上市的企业，未必都是很好的企业。中央认为通货紧缩出现了迹象，通货紧缩是三个条件决定，这次咱们发消息了，物价持续走低24个月，咱们已持续走低20个月，去年我参加天津政协会议的时候，他们说8%，大家都说8%能实现，我说8%的实现必须有一条决定，最关键的一条，就是物价必须高于两位数，不能在3%之下，因为这8%是靠物价拉动的，没有这个不行。

办报要研究思路，一切都要有思路，我们这一步该往哪儿走，要想透。为什么一直强调支持广告、支持发行，选择8月2日就是为了发行。为什么？我们大家的饭在这儿了，别弄得奖金工资都紧张，别人的奖金工资比我们高30%，那太没面子了。编委会、总编室要研究一些适应发展的小环境，把大家的日子照顾好了。"9+1"完了以后，我要集中精力考虑一下这个问题，但是有一个前提，就是保证报纸没有问题，保证报纸搞得好。比如怎么用好版头，怎么通过活动、征文，能增加我们必要的开支、投入和收入。至少编委会也是个系统，编委会正在认真研究报纸，编委会这个班子是好的，一定会带着大家把报纸弄好，把日子过好，然后再把广告和发行搞好。

所以我要讲这么几点：**第一，要想方设法鼓励能干的，让能干的名利双收。为了办好这张报纸，编委会就要逐步研究建立一种激励机制、奖励机制，为更多的人成为名编辑名记者创造条件，这是我本人坚定不移的观点。现在我们正在尝试建立一种新的机制，比如要搞工作室，采用影视运作的办法，制片人制，使能干的记者在一种新的机制下运作，出更多的好新闻。**编委会准备定下来，专门就教育报道成立一个工作室，奖金拿平均奖，再发再记分，但是也有量的要求和质的要求。我们最近定了一个五个人的国庆50周年工作室，五个人由接到活儿到现在，我每天7点多8点钟回家的时候，空调不制冷，空气很差，持续高温，五个人还在那儿干，给编委会拿出了一份非常好的方案。**这种制片人制或者叫准制片人制，就是让名记者发挥作用，让优秀的记者、能干的记者发挥作用，给他行动、策划的权力，包括资金支配的权力。**因为编委会很紧张，做这50个版必须采用那么一种机制，大家可以看看他们。50年这个专版一定要在8月15日推出，现在已经进入了完全的操作阶段。编委会已经决定，在这个策划小组的领导下，涉及哪些部，哪些部的主任和编辑记者要全力支持，而且我要说一句话，你们可以出主意可以商量可以出点子，最后由他们定，编委会来审，在这个事情上不要争论。也可能你的主意好，也可能你的点子好，但是已经有了这种机制，就按这种机制办。中国就怕争吵不休，鸡吵鹅斗，责任不到人，责任不到位，最后事儿都荒了。那天我说文艺部、理论部、专刊部三个部主任要负起责任来，用你的人种你的田，干得好花我的钱，干不好扣你们的钱。这个事必须大家同时运作，支持他们，这是一种新鲜事物，我们总说改革，到了这个时候，我们要真支持他们。50块版不是个小事，我们现在总体推进“9+1”、50个版，还有2000年，今天已经把2000年的版打出来了，还有很多事要做，还有世锦赛，不这么做不行，所以涉及哪个部，哪个部要特别支持，按已经策划好的方案来运作，按已经定下的机制来运作。8月15日推出第一块版，8月15日之前一定搞出10个版。

我曾提出部主任首先应是首席记者、首席编辑、首席评论员，是名记者、名编辑、名评论员。《天津日报》从

部主任到总编辑没有官，都是干活的，我也是。我最近很忙，现在市里的会也多，包括常委会、调研会都是让天津日报去，一个星期占三个半天，回来还要干很多事，都仰仗各位部主任了。首先得是自己特别能干，你得让人服气，你连好的评论员文章都写不出来，好的新闻都写不出来，好的点子都出不来，别人怎么能服你，背后怎么能不议论你，你就会出席新闻发布会，那哪行。而且你得善于把握大局，《华西都市报》提出总编辑就是总策划，我希望部主任就是这个部门总策划，不能到4点半记者把稿子交上来，你一签字就碰头去了，那不行。你得策划，你得跟记者商量。

再一个就说混日子的不能再混下去。我这里有个统计表，有几位同志不但没有好稿，而且没有稿，干什么去了？钓鱼你也没送给我鱼，干小买卖我也没看你赚什么钱。今年新分来11个大学生，除了两个分给《北方市场导报》以外，其余的全在我这儿，我亲自带，我当部主任。他们每天积极性很高，每天写三四篇稿子，我得有时间给人家看。我从22日到现在一天没休息，我要亲自带，我下决心，绝对不交到下面口，一上来就到某某局，跟局长打得火热，然后只会写八股文，不行。**也不给口也不给题，瞎跑，晚上上夜班，白天去采访，苦其心志，劳其筋骨，出来准是好记者**。

我还想办一个班，就是让总编室召集五六个既没有好稿也不发稿，工作量完不成的同志，我亲自办班。社会上不是说吗，这些人没法分流，人事处没法管，我管！我再办一个班，咱们哥几个都不错，老熟人，咱们一起跑新闻，我想能写出好稿来。最后你告诉我，我不在你这儿干了，此处不留爷，自有留爷处，大道青天各走一边。有的同志该自觉了，大家都在这儿拼命干，你有什么权利、资格、本事凌驾于我们的汗水和感情之上。我有个统计表，让总编室量化了，再看三个月。我把这些大学生带完了之后，就办这么个班。

（1999年8月2日根据录音整理）

经典报道的策划和魅力

——在《天津日报》第三次总编辑恳谈会上的讲话

从1999年3月出任《天津日报》总编辑开始，至当年10月份，作者带领《天津日报》经历了十余件重大新闻事件的报道：南联盟事件、法轮功事件、台海事件、“五四”运动80周年、50年国庆大典、世界体操锦标赛等等。面对众多的重大突发新闻，《天津日报》不仅没有出现任何差错，还多次受到中宣部、天津市委的表扬和读者的欢迎。在这次总结性质的恳谈会上，作者阐明观点：“政治判断永远是办好党报的第一判断。”“重大的突发性的新闻是报人千载难逢的机会。”

今天这个会主要是总结8月2日改版以来的一些情况，总结一下50年50版和30块新闻版。从8月16日到10月2日，我们编辑部全体编辑记者，更准确地说投入了100多名编辑记者，做了一件载入《天津日报》历史、天津新闻史的大事。昨天收到了中宣部最新一期的阅评，说我们的30版在全国国庆报道是第一的，至少在全国省委机关报里做了一件大事。

从10月2日之后，我们的报纸不断地产生影响。通过一年多的时间，从去年8月份到现在，从今年3月份到现在，从8月2日改版到现在，证明我们编辑部这支队伍确实是一支政治强、业务精、纪律严、作风正，特别能打大仗、打硬仗的队伍，是一支政治素质高、业务水平高、有人气、讲感情的队伍。对于这50版和30版，对于8月2日的调版，编委会将特别认真地研究奖励措施，不能让大家白干。小平同志讲得好，就是讲奉献、讲觉悟，也要讲分配、讲回报。

天津日报

邓小平故居陈列馆开馆

江泽民题写馆名

义勇军进行曲响彻马可波罗射击场

中国神枪手雅典掀狂飙首日射两金

美哉小杜丽 壮哉王义夫

女子10米气步枪 杜丽摘奥运首金

男子10米气手枪 王义夫老枪夺魁

伟人家中的追忆

邓小平与“牛仔帽”——图片背后的故事

女子双人3米板 郭晶晶 吴敏霞

男子双人10米台 田亮 杨景辉

水上双燕再添双金

以人为本看天铁

美将从欧亚撤军7万

飓风肆虐美国造成惨重伤亡

国际油价再创新高

今天，我主要是对50版和30版进行总结。我主要总结这次战役的经验和得与失，也为我们2000年、澳门回归，还有后面一系列大的战役报道梳理一下思路。我讲第一个问题是，为什么要出国庆50版和30个新闻珍藏版。这里我谈我一直说的观点，**政治的判断永远是我们党报的第一判断。如果想把党报办好，把这张机关报办好，办出大报风格，没有一个正确的政治判断，没有这个第一判断，一切都无从谈起。**

今年3月市委调整报社班子，这一段时间我们至

10 海河之声

信息不实　说了不算　操作违规

点击房产中介三大"恶习"

同一房号俩房主
七旬老人过户难

出售房屋刚上岗

"拆迁户"竟是"房虫子"

拍照送门票　交钱不认账

人险岂能做"实验田"

通气点火要拆热水器？

"非法拆旧"何时休？

少经历了10件大事：5月8日南联盟事件，7月22日法轮功事件，这之间台海事件，"五四"80周年，以及后来10月1日50年国庆大典，世界体操锦标赛。除此之外还有四件大事，一个是市委今年开了两次全会，七届三次全会和七届四次全会，一次是加强和改进思想政治工作，还有一次四次全会是关于贯彻党的十五届四中全会精神，做出天津国有企业改革重大决定的会。这之后江泽民总书记到天津，朱镕基总理到天津，这两位领导人到天津，市委都把《天津日报》摆在了重要位置，不但要求我们报道好，日常报道不出问题，而且要求我每天把报纸送到江总书记和朱总理的住地，这实际上是给我们出了一张政治考卷。

我们经历的后面两件事，跟以前的事虽然不是一个性质，但它的重要性、政治性、严肃性，甚至对天津的发展，尽管不是直接的作用，但做不好会产生很坏的影响。我们做得很好。我们做的这十件大事，证明我们这支队伍确实政治性很强，我们办报一直是把政治的判断作为第一判断。

我们还召开了十大区13家报社总编辑跨世纪党报改革与发展研讨会，这个会非常成功，给报社长了点儿。市委书记张立昌同志、副书记刘峰岩同志、市委宣传部保铭部长都说这个会开得好，中宣部很满意，人民日报社的领导也很满意。**我们是新闻纸，是党报，要把规定动作做好，这不能有任何含糊。但我们又是新闻纸，不能总抄别人，我们还要有自选动作，还要考虑发行**。中宣部的肯定很中肯，很符合新闻规律。对于国庆报道，中宣部三次肯定，认为我们不但规模大，声势大，而且办得出色，办得漂亮。我这里要特别说一句，编委会确定"坚持正确导向，投身市场竞争，带出一流队伍，办出大报风格"这个总体目标，得到了市委书记的肯定，立昌同志五次批示都说《天津日报》有大报风格，昨天又对江泽民总书记来那两天的报道批示："体现了天津的新面貌，鼓舞了士气，长了人的志气，显示了大报风格。"中宣部三次发文肯定《天津日报》是大报风格，这很不容易。郑梦熊同志把我们的大报风格做了认真的解释。我们现在实现的这个思路，就是大报风格。国庆50版，立昌同志给我们写的批示是："用凝炼激昂的文字，真切感人的照片，恢宏大气的版面，把天津50年的沧桑、50年的奋斗、50年的成就浓缩在这张富有创新精神的报刊上。"

至少有一点是可以肯定的，我们的队伍在政治上是经得起考验和推敲的，经得起政治上的风风雨雨，在政治上是成熟的，而且也是从容的。昨天保铭同志跟我谈，说中宣部搞了一个对国庆报道的综合评比，《天津日报》是第一的，特别高兴。中宣部新闻阅评出来了，认为《天津日报》的版面编排很精心，非常有特色，既反映了国庆的盛况，也反映了天津的盛况。大概是这个意思。中宣部连续对一张报纸进行肯定，而且肯定你的思路，肯定你的风格，肯定你在大事上的处理，我觉得这张报纸就没得说了。

《中国新闻出版报》说我们创了三个之最。《解放日报》那天出了12个新闻版，赵凯看了《天津日报》说真是不敢想像。印刷厂的同志能印得这么好。广告处的同志把30个版的报缝全部写上庆祝口号，这也是我没想到的。《南方日报》是8个新闻版，《北京日报》8个版，中央报纸包括《人民日报》、《经济日报》、《光明日报》也是4到8个版，《广州日报》、《羊城晚报》、《北京青年报》都没有超过12个新闻版。

转天印完报回到家里兴奋得睡不着觉，吃了两粒安眠药睡了整整九个小时，梦里还在拼版，还在签付印，确实不敢想。那天我跟赵凯通电话，他和我最后概括了几句话：**第一句党报姓党；第二句党报是报；第三句党报是大报；第四句党报也是报业；第五句党报靠党也靠人。靠党就不用说了，靠人就靠我们在座的这支队伍！**

我刚才说召开了各大区党报总编辑会，得到了全国新闻界的高度评价，认为是一次高层次、高水平的会议。《人民日报》总编辑许中田同志在会上说，这是在重要时刻召开的一个重要会议，探讨的是重大的课题，得出的是一个重大的结论。市委非常满意。那天夜班处理得很好，上面是总书记看京城，下面是总编辑看津城，非常漂亮，点子确实好。人民日报《新闻战线》第9期长篇介绍《天津日报》创新、调整十个新闻版。我们这些思路都得到了肯定。

我们为什么能一口气做成这些大事？重要的是有一支好队伍。在天津新闻界，能跟《天津日报》这支队伍比的，没有。这次和我们的记者去采访总书记，虽然不和他们在一块儿，我看我们的记者比其他的记者强多了，采访的精神状态确实不一样。立昌书记最后定下来，以后全市新闻单位，只用《天津日报》的稿，《天津日报》的稿和片是天津通稿。第二个原因**我们有很重要的思路，政治意识和大局意识。办报讲点子，点子多报纸就能高出一节，就能领先一步，但我们更强调金点子是政治家办报**。我很清醒的一个思想是，我们是市委机关报，政治判断永远是办报的第一判断，没有这样一个明确的指导思想，我们不仅办不好报纸，而且会惹出很多麻烦。

政治上的问题没商量。我们在操作这件事的时候，编委会确定了一个正确的思路：**大事大办，喜事喜办**。这八个字很重要。首先是大事，建国50周年非同小可，既是共和国的胜利，社会主义的胜利，同时又要展示第三代领导集体。为什么

要展示江主席登上天安门的6栏80行的片？这件大事大在哪儿？共和国的胜利，社会主义的胜利。江主席登上天安门，新华社那天晚上发了一张4栏的片，就是当年毛主席开国大典站的位置，角度和位置一模一样。所以编委会决定大事大办，而且是办大事难得的机会，现在看来出50年50版、出30个新闻版包括10月1日出20个版的思路完全是正确的。再有，国庆大典虽然我们事先没有特别的准备，但也是在编委会的明确思路下干成这件大事的。上午直播，阅兵场面十分感人，我从上午开始就和其他编委联系，拿着电话看阅兵，中午12点决定出30个新闻版。

办大事、办喜事并没有限制，完全看能力，没有能力就可以简单一点儿。当时算了一笔账，编委会最早决定50年国庆搞50个版同一天出，后来一想我们是机关报，10月1日放假，肯定影响发行和零售，再考虑报社的经济状况，如果一天增加50个新闻版，得用140吨纸，增加80多万元钱，不行，所以我们确定从8月16日开始每天出一版。从10月3日至7日我们计划每天出8版，但是我们事先收了读者的钱，有几天应该出12版或16版，怎样才能让读者不失望？出30版既满足了读者，又办了大事。

下午2点通知有关编委、记者部、出版部主任和工作室开会，研究30个新闻版，中午12点就先做29、30版，封死后路。与其说是研究，不如说是战前动员；与其说动员，不如说是拍板。不到一小时散会，解决所有问题。最终的决策是，一定以30版的新闻版面，全方位、大角度、多侧面报道好这次世纪大典。编辑记者很兴奋，总编室、出版部、导报负责人20分钟就把30个版的报眉确定下来，一版发总书记在天安门的大片；二版发总书记讲话，叫“时代强音”；三版发人民欢腾的场面，叫“欢腾时刻”；四版发七常委和总书记阅兵，栏版叫“继往开来”；5~8版突出天津，叫“海河欢歌”；九版报道三代伟人和升旗，叫“庄严时刻”；10~12版是群众游行，叫“金水桥畔”；13~16版报道各大兵种，叫“钢铁长城”；17~20版报道武器装备，叫“世纪之剑”；21~24版报道全国各地，叫“普天同庆”；25~28版报道国际反响，叫“五洲同庆”；29~30版报道建国以来12次阅兵，叫“精彩回放”。

这是忙而不乱的一夜，紧张兴奋的一夜，团结协作的一夜，兵贵神速的一夜，也是我终生难忘的一夜。创了一个全国第一。我们不是预拼了20个副刊，而是拼了30个新闻版。印刷厂说，工人虽然很累，但再累我们也认了。发行部的同志告诉我,好几个报亭零售增长了一倍多,10月1日的报纸也是零售大幅度增加。

因为我们有大事大办的决心,在策划上充满了活力,在行动上更充满了力量。30个新闻版,50个专版,看出了我们的大报风格,政治上的坚定成熟,显示了我们这支队伍能干大事,能干成大事的威风。很有面子!非常开心!

第二,唱响主旋律,打好主动仗。这句话是总书记今年说的,不一般。唱响主旋律是老话,打好主动仗是新话,以前只讲唱响主旋律,今年强调了打好主动仗,所以我们今年主要在打好主动仗这个角度上做文章。

9月中旬我们召开的全国大区党报总编辑研讨会,主题就是党报在跨世纪发展中的地位与出路。这次会议给我相当大的刺激,尽管我们的办报思路和大报风格被承认、被肯定、被推崇,但和其他兄弟单位相比,《广州日报》现在的发行量是120万份,广告收入17个亿;《解放日报》50多万份,广告收入达到2亿,利税1亿多,纯利润6000~7000万;《北京日报》改版后,广告发行大幅度上升,今年广告收入确保4.5亿;《云南日报》今年的广告收入1.3亿,利润4000万;《哈尔滨日报》也在1.2亿以上。我觉得我们未来的发展确实面对非常激烈的竞争和挑战。

党的十五大之后确定了两个根本性转变,两个根本性转变说白了就两个字:效益。我们的国家我们的企业进入了全面追求效益的时代,没有钱,没有实力,就不可能在这个变化的时代站住脚,更不要说发展。**什么机会都可以错过,发展的机会不能错过;什么都可以不追求,效益不能不追求**。《天津日报》现在已经有了一个好的势头,这里有三条:第一条大家正以一种对报社高度的责任心,非常真诚的感情在拼搏、在改变我们的面貌,而且用半年的时间使报纸发生了根本性的变化。如果不是大家这么拼搏,这种变化推迟两三年都是可能的。第二,我们每一位同志都已经意识到了危机感,有一种忧患意识,我觉得这是最为难得的,大家不再觉得高枕无忧了。第三,进入21世纪,报业的竞争进入了白热化,所以大家一定要有全员发行意识,全员广告意识,我那天在发行会上说,**报纸是中心**,我再加五个字:**效益是第一**。

在雅典奥运会上载誉而归的天津姑娘张萍、张娜、李珊、谭雪回家的第一站就来到津报集团,与编辑记者共度美好时光。图为作者向姑娘们介绍中国女排夺冠时《天津日报》发表的时评。

奥运健儿凯旋还乡，津报集团不仅在广场搭建了“凯旋门”，水晶前厅也挂满了“五环”形状的汽球。

大家很关心改革，社委会也积极地想搞改革，为什么不能进行下去?没钱。改革是需要成本投入的，经济基础决定上层建筑，物质决定意识，这是很简单的事，不是做的方案不行，也不是社委会没想法，需要的是成本。

我们的主动仗打得不错，尤其是竞争意识。报社老领导朱其华在我当记者时告诉我，新闻道德就八个字:业务保密，当仁不让。我们8月2日调版，中间我们又推出深度报道、新闻镜头，最近又有解释语言、背景资料、50年50版。**打主动仗就能使我们的报纸每天出新颖的独家报道，出提升报纸品位扩大影响的报道，这样不但报纸的面貌变化了，队伍的精神状态也发生了变化**。这次搞四个版深度报道，文艺和专刊两个部都搞得非常好，内勤的编辑搞得都很好。

所以我现在说一个思路，将来《天津日报》无论16版还是20版，主打新闻，大家都在一线。原来我说指挥前移，现在战线前移。8月2日调版之后，很多人对都市新闻、经济新闻很感兴趣。那天我们搞了一篇北京京郊出没东北虎，北京同志争阅。国庆30版，很多新闻我们吃干榨净，新华社的片都用了，文也吃净了。我们占绝对的优势，从中午12点到晚上12点都是我们的天下。国庆30版可以说是用报纸的形式、用图片的文字来表现国庆庆典的浓烈，《天津日报》对国庆庆典这一确定的新闻素材而言，已经做到彻底吃净榨干，不留遗憾。这是一次非常成功的构思，一次非常成功的策划，是一次非常成功的组织和行动，是《天津日报》历史上一次意义深远、值得回味的经典性战役。每一个参与其中的人都有理由骄傲和自豪，我们有了这样一流的队伍，就可以投入市场竞争。

总结这次50版和30版，尤其是30版，主要有三个特点:第一，**以全新的运作方式和管理程序，应对和处理突发性事件，反映了一种临阵不乱、举重若轻的队伍素质，也反映了编委会驾驭全局的决策能力**。出版部平时4~8块新闻版，这一天突然增加到20块，人手不变，工作量增加几倍，怎么分工?如何排组?如何做到多而不杂、急而不乱?出版部采取的是主题分类，每四版为一单元，分组包干，全员上阵，滚动推进，既考虑了新闻的主题分类，又考虑了交版的时间差，同时也考虑到机器印刷的承受能力。

这里我还要表扬出版部的三位主任，他们根据多年的经验和政治上的判断，在大多数新华社片还没有到的情况下，已经确定了版块的大体安排，从重大新闻到现场场景，从首都盛况到地方反响，从天津的活动到国际回音，从庄严时刻到阅兵回放，每一版都很快地确定主题，做到有点有面、图文并茂、周到细致、绝不重复、没有遗漏，而且赢得了出版时间。出版部现有的编辑几乎是每人一版，分块包干。根据不同主题，出版部设专人对稿件分类保管，照片分为江主席、要闻类、群众类、港澳台、老同志、阅兵类、武器类，所有相关稿件和图片由责任编辑统一协调组版。整个编辑工作有条不紊，衔接紧凑，各条线单兵作战，但又齐头并进。

这次国庆报道，事情重大，任务繁重，版多内容多，政治上的要求高于任何时候，但总的感觉是秩序井然，工作紧凑，忙而不乱，前后有序。通过这十件大事，特别是30版，证明我们的编辑是能够驾驭重大新闻事件的，具有很强的协调和出版能力。

而另一条战线——采访战线反应也很迅速，几路同时行动，任务到人，责任明确。虽然时间很紧，采访困难很大，但没有任何人跟我提困难，到晚上准时将预定稿件交到编辑手里，而且还有独家新闻，反映很好。“海河欢歌”四个版处理很好，把天津处理得很好。

广告、发行、印刷厂、照排、校对，召之即来，来之能战。特别要表扬校对，我一直想把校对解散，让编辑选人，分到各部，但这次确实做得不错，使我把这个念头收回了。资料室的同志也做出了贡献。但我们资料还很困难，那天我写《论思路作风和感情》，让资料室同志夜里查资料查了四五个小时，资料室没有上夜班的习惯，那天干到那么晚，让我很感动。资料室要具有足够的资料，要有历史资料。另外，工厂、广告处的同志，那天确实做了大量的工作，照片不多，还要用广告堵，而且把报缝都弄得很好。**统一调动，集中编辑部的整体优势，是我们**

天津日报大厦内优雅别致的“咖啡假日”。

今后各大战役可以探索的可行性经验，打破编辑部的界限，形成合力打大仗，每个人都是预备役。

这次国庆30版，调度了《北方市场导报》编辑一起参加大报编辑工作，算是练了一次兵。《北方市场导报》自创刊以来，一直在探索一套符合自身特点的办报运作机制，这套运作机制随着报龄的增长越来越成系统。我想总结一下导报的运作：第一，导报新闻运作中一直存在一个新闻策划人的角色，跟《天津日报》不同。但现在《天津日报》也有了，至少我就是。导报新闻策划人的角色是基于面对报业市场竞争和自身实力不强的现实而设立的，是导报这几年新闻运作成功的方面。**新闻策划人既不同于部主任的角色，也不同于版面编辑的角色，新闻策划人对于新闻的前期策划、组织采访、撰写稿件、版面安排，加以通盘考虑，尤其适合组织较大规模的报道、专题新闻报道，以及记者不够成熟时期的报道**。30版恰恰属于较大规模的报道、专题新闻报道，《北方市场导报》对此不陌生，完成八个版。

第二，《北方市场导报》的新闻策划一直有一个思路，大家要学习。尤其在最近，对做细、做透、选取最佳角度和切入点上跟《天津日报》不同，是从市场来的。这次30版，导报是在三四条短稿，七八张照片的基础上编辑成八个版，没有一个好的思路是不行的。第一追求全面，第二追求细致，第三找准找巧角度。“世纪之剑”对核武器的报道、25个兵种的报道都很成功，每张照片都加上说明词，阅兵的武器都加以重点报道，变换角度对各式冲锋枪进行报道，罗列我军使用过的各种步枪，反映了兵器的巨大变化，对头盔的报道都很成功。以上这几项都看出了策划的结果，从版面上看效果很好，翻阅了全国各类媒体对阅兵的报道，其一没有媒体能够拿出如此规模的版面对方队、对武器有如此详细的报道，其二没有这么短的时间自己组织出对现代武器的详细报道。

NORTH CHINA MARKET NEWS
ENGLISH GUIDANCE
北方市场导报
香港联交所主席李业广在京接受本报独家采访称
国际投资看好中国
就H股表现、国际接轨、B股低迷等问题发表看法
关注韩国
香港联交所
导报总汇
天津兴建北方人才市场
郑州粮情急 绿豆泻千里
秦越统一售米步调
韩国拒降汽车进口税
世界机电巨头在华下注
东北华北首选目标
老牌英资撤港
恒指表现坚强
南向苏湾？西进大陆？
台商投资选择两难

第三，老同志的政治责任感、骨干编辑高度的责任感，年轻同志强烈的参战意识，反映了编辑部整体精神状态和真实的水平。

新闻是一次性的，重大的和突发性的新闻是办报人千载难逢的机会！这次我们做得很圆满，对国庆50周年的报道，也许我们可能也有遗憾，但可以肯定地说，我们做了最大的努力，把这30块版叠在一起是有重量的。这个重量是特殊的重量，是心血、汗水和对这张报纸的责任感的重量，从这个意义上说我们做了一件对得起自己、对得起历史、也对得起《天津日报》的大奥运健儿们把金牌为天津日报的女儿——孤儿秋云和作者戴上，并在孙犁塑像前留念。

事。有的编辑跟我说，国庆大典在天安门广场是海陆空三军接受检阅，在《天津日报》是编辑、记者、校对、印刷厂、照排、发行、广告各路人马同时接受检验，我们经受住了考验。

我再说一下50年50版的运作。启动工作室机制是编委会审慎考虑和多次认真研究决定的。**工作室制是党报特别是机关报业务运作中采用的新方式，在其他报社已有先例。在完成日常报道的同时，能够起到保障作用。随着报道内容的不断深化，涉及面不断扩展，特别是大事、突发事件越来越多，靠传统的方式运作，一是难于形成强势，力量分散；二是各部压力加大，疲于应付；三是不便统一策划，统一指挥，缺乏完整的特色，因此，一种符合现代新闻业务实际的新的运作机制产生了。**

50年大庆非同一般，有深远的政治、历史和现实意义。50年50版就是在这种背景下，编委会考虑引进制片人的方式，不要一个部主任，只有五名记者，各部都非常支持。工作室制虽然有先例，但我们做成功了，有几点可以总结。第一，强化最优策划。当时有很多建议，一个是编年体制，按时间顺序展现建国以来的情况，有很多事情不好运作，陷入了自然主义的泥坑；后来提出以行业展开，各区县局分别组稿，操作方便得力，问题是这种操作办法难于展示真正恢宏的大报风格，也不可能有深度，也不可能有可读性，读者也不会认同，我们就可能把这件事做俗了；三是触及全国，在广泛背景下记录共和国发展脚步，优点是背景资料充足，可选性强，缺点是缺乏天津特色。这三个思路研究完之后编委会决定：(1)以成就为主，政治导向准确；(2)在全国大的背景下着眼于天津；(3)以话题作为各版的主题；(4)在这些主题下要关注个人的命运和生活变迁，以小见大，表现共和国和天津市50年的历程和成就。这就是我们确定的50年50版的思路。现在证明编委会的思路和工作室的思路，保证了50版的顺利进行，后来被许多同行采用。第二是速度和时间的压力。7月11日工作室接到通知开始组建；7月15日开始进入；7月21日拿出工作室策划的预案和前10个版的主题，供编委会讨论；7月21

奥运圆梦后作者与国际奥委会委员、中国台北奥委会主席吴经国在一起。

日编委会讨论确定50版主题,开始细化;7月26日决定第一版8月16日刊出,8月10日前五期稿件开始汇集;8月15日晚10:30第一期《站起来了》经过六次修改签付印……此后50天就像一个巨大的车轮,向前滚动不能休息。50多天来工作室同志和有关编辑记者不分昼夜工作在1310房间,他们经常是饿着肚子工作,空调很差,屋内闷热,空气更差,而且报社现有的财力物力都不能给他们创造一个好的工作环境,他们的工作干劲太让人感动了。

这也探索了一条便于操作、便于修正、便于最佳体现主题的策划加一条龙运作规则,为今后重大主题的报道提供了有益经验。将来还要成立工作室,工作室直接受编委会领导,受总编辑指导和监督,根据意图同时策划,可提供几个预案。即使这些方案在运作中需要改进和调整,工作室也可以迅速出击、迅速改变、迅速调整,不影响运行。在50年50版的运作中,我们多次进行大调、中调、微调,没有出现任何问题。其次,工作室可突出策划功能。50年工作室是在研究了全国所有有影响的报纸关于国庆报道的实情之后,拿出报道的预案,集中数量不多的精兵强将,广泛收集资料和信息,深入研究,选择方案,并且广泛地征求意见,行动特别快,最大限度地整合资料,得到出版部、总编室以及各部的支持,最后搞了四个通版。张立昌同志写的文章《50春秋50人物》,很漂亮。而且在运作一个月的时候,已把半数历史照片掌握在手中。

第四,50版运行成功是全报社各部门通力协作的结果。各部门承担了撰稿任务,工业部、专刊部、文艺部、政教部、理论部、文化部、《北方市场导报》、《天津农民报》、财贸部、群工部、摄影美术部,有的部承担两块版以上,其中专刊部、工业部超过四块版。各部领导和编辑记者在提供高质量稿件的同时,还帮助小组出点子,使版面更加丰富,许多宝贵的历史镜头和历史回忆都为50版增色不少。摄影部同志不怕辛苦,想方设法提供了许多宝贵的命题片,许多同志都是夜里随叫随到,随时提供资料。出版部在改版之后,人员已到非常紧张的状态,为了出国庆版和50版,他们派出了最强的阵容。

编委会非常感谢50年工作室的同志和报社的同志，他们不但出了50个版，而且确立了一种改革的机制，并且使这种机制正常运作。由国庆报道引发出三点思考：

第一，**做任何事情都必须有一个好的和正确的思路。没有一个正确的思路，不可能把工作做好；有了一个正确的思路，没有扎实、拼搏、苦干的作风，不能保证好的思路去运作。好的思路和好的作风都来源于一点，就是对事业的感情**。好的思路加上超前的意识和创新精神，我们就能干成大事，干成我们想干的事。

第二，**要进一步关心、爱护、培养好采编队伍，这是办好报纸的重要保证**。这半年我们坚定不移地贯彻近期操作思路，版面变化有目共睹，可以说是发生了质的根本性的变化，所有的新闻几乎被我们一网打尽，更主要的是通过新闻改革和报纸创新的尝试，带出了一批全方位跑动、具有政治敏感和创新意识的编辑记者。形成了一批政治强、业务精、纪律严、作风正的能打大仗的队伍，这是报社实现跨世纪发展的最宝贵的财富。如果说这半年的努力是我们办报精彩一跳的话，那么这100版是在一个较高的层面上对报纸整体实力的证明，是我们队伍素质的证明。

第三，**在目前报社的状况下，要提倡全局观念和互相谅解的作风**。报社的发展是大家的事情，大家都要关心报纸，与报社命运连在一起，报社办不好，事业发展不了，受到损失的除了这张报纸之外，是在座的每一个人。我们的利益和报纸的利益是一致的，是一个命运共同体。要有全局意识，编辑部的每一位同志都要为报社的发行、广告和经营管理作出贡献，办报是中心，效益是第一，大家都做对报社有利的事情。**我们和北京、上海以及南方市场不一样，天津的报业市场很不发达，非常单纯，但也是我们的机会，如果我们现在不实现报纸整体上水平，可能就历史性地失去这次机会了**。报社事业发展不好，报纸广告少，发行不好，不是哪个人没面子，也不是总编辑没面子，是大家都没面子。将来的政策，社会主义市场经济发展推进两个转变之后，以效益为原则，就是一种实力政策。

NORTH CHINA MARKET NEWS

北方市场导报

朱镕基在津强调

粮食是百价之基

粮食市场主动权要始终掌握在国家手中

磨练心灵

这里将为世界瞩目

中国外汇交易中心开市

邮电主业目前不会放开

企业

你有汇率风险了

北方投资者看好三峡

深圳外商信心有增

海关一纸令下 车市骤起波澜

纽约股市下挫 白宫要求镇静

国酒茅台两幅面孔

导报总汇

河北储蓄突破千亿

国内油价南低北高

黄金珠宝汇萃北京

广州企业登记"不设防"

德汽车将安装电子眼

日越将开直航

我饮料生产攻克世界性难题

小平同志说“关键要把我们自己的事情办好，关键是把我们的队伍建设好”，国家是这样，《天津日报》也是这样，关键是把我们的事情干好，报纸发生变化之后，怎样才能让效益上去是每一个在座的人的事情。有的同志我不反对也管不了你做生意，但你不能吃里扒外，占天津日报社的便宜，绝对不允许。有的同志给报纸代理广告赚《天津日报》的钱，赚《天津日报》的钱，说《天津日报》坏话都是一流的，问问自己的良心，对得起这张报纸还是对得起大家？别拿报社的利益去做，报社富的时候不允许，困难的时候更不允许。大家一定要有全局观念，一定要考虑报社的发展，这两个月不可再失去。要以报社的利益为重，以事业发展的利益为重，以大家的利益为重，要讲纪律讲党性，还要讲人格。

另外我还强调编辑内部互相协作和谅解精神。特别是3月份以来，大事多，又进行了大幅度改版和调整，工作量和任务压力都比以前增加，夜班的同志根本不能休息，编辑部同志也是这样，但是我们的工作只能这样做，只能往前推，要讲奉献精神，我以身作则。大家对得起这张报纸，我也会对得起大家。大家要有艰苦的准备，尤其夜班同志不能厌战，多累也要咬着牙，把这段时间渡过去，我们共渡难关，总会好起来的。改革需要时机，不能失去机遇，要付出成本代价，要报社整体操作，眼前还得这么干，不能停下来，没有退路。专刊、副刊怎么改？也可能暂缓，原因多方面，一是人力，二是设备，但是一定要变，年底不变龙年之前也要变；年底不整体变也要局部变。不断地变化版面，把报纸丰富起来，专副刊的同志要做好思想准备。

许多问题不能从战术上考虑，要从战略上考虑，金点子和银点子的区别就在于金点子是从战略上考虑，着眼长远，银点子在战术上总在乎一城一地的得失。此外我们要继续发扬相互协作、相互谅解的精神，这是完成下一步工作的保障。现在各部之间交叉多了，就有摩擦，这个时候大家要记住一句话：谁都不容易，千万多谅解多宽容，少些指责。有矛盾有意见了，坐在一起喝一杯就化解了，都是为了把报纸办好。任何事情要换位，多替对方考虑，摩擦就没了。

后两个月到明年春节前，天津日报社要有**三个观念：全局观念、拼搏观念、效益观念；要发扬两种精神：协作精神、互谅精神。编辑部整个工作要从报社全局出发，一切服从社委会和编委会的整体工作思路，有问题要解决问题，不可回避矛盾，但出发点必须正确，要出于公心，立党为公，从大局和事业的发展出发，从这张报纸的整体出发，个人服从整体，局部服从全局。我们没有别的出路，只有把报纸办好了，我们才会有发展、有利益、有长远。**

最后两个月是很关键的两个月，有澳门回归、有2000年的大事，大家又处在非常疲劳的状态，越在这个时候越要冷静，越要显示我们的从容，要自己协调好。希望编委会和各部主任保证今年圆满地完成报道任务，以崭新的姿态跨入新世纪！

(1999年10月根据录音整理)

如何打造权威媒体

——在《天津日报》改版会上的谈话

2003 年底，作者针对当时《天津日报》“从总体风格上还是计划经济的风格”、“因人设事”、“队伍观念相对陈旧、缺乏活力”的问题，将 1999 年的改版思路提升为“主打新闻、深度报道、精做副刊、提高品质”，提出要进行再次改版，从大事、人物、观点、社区、经济几方面着手打造权威媒体，真正办出大报风格。

今天开会主要是请大家对《天津日报》总体改版谈谈自己的看法，是一次沟通和交流。今年事情特别多，这个会早就应该开了。今年经历了八次党代会和党的十六大，这两件事基本上使我们一年的报道都处在紧张的状态，再加上《天津青年报》创刊。报社这两年的发展到了今天，各种矛盾都显现出来了，管理当中的漏洞，发展当中的矛盾，甚至人和人之间那种主要是利益、分配造成的一种不平衡都出现了。所以这一年用很多的精力来考虑管理，成立财务中心、广告中心，整合发行。**整合资源，这是天津日报发展的一个必然过程，是缺不了的一课。**

再一个原因就是，我们发展很快，很多情况是我们以前没有预料到的，比如说财务问题、广告问题、发行问题。比如发行，我们成立了报亭公司，属股份制公司，其中我们 51%的股份里面就有这支两千人的发行队伍。这要整合。财务也是，不能不整合了，包括资金运用、资金调动、制度管理、防止问题出现等等。广告也是这样。很多精力都花在这儿了，再加上很多地方要理顺，比如大报和系列报、系列报和系列报之间。

5 特别报道
大手笔打造世界名河
——海河两岸综合开发改造·规划篇
6个
4个

《天津日报》从 1999 年改版，应该说总体很成功。但是我想，我们这个报纸至少还存在这样三个问题：

第一，**从总体风格上说还是计划经济的风格，一看就是省委机关报。我们这几年变，不断地求变，实际上也没有完全跳出这个圈子，尤其在后面版的版面上。尽管我们在版式上、新闻资源的配置上都想了很多办法，但是我们基本上没有跳出这个圈子，不太新，很旧**。总的感觉还是老的。报纸还老，但是时代年轻了。昨天一兵跟我说，《文汇报》登了半版上海传媒高峰论坛的广告，演讲者名单里有我，还有默多克集团、《联合早报》等一系列国外的媒体，国内的机关报请了几家，但大多是搜狐、《经济观察报》这些比较新的媒体。赵启正、王晨、赵化勇也去讲。我在弄这个稿子的时候突然发现，我们的一套观念基本都是陈旧的。

第二，由于我们长时期的人事机制、分配机制造成的因人设事的现状，使版面的配置主要考虑怎么安排人、怎么分配奖金，而很少像《每日新报》、《天津青年报》、《假日100天》那样首先从报纸的角度、首先从新闻资源配置的角度、首先从怎么更好看这个角度来安排人力。**这次改版我提出一个观点，要因事设人，不能因人设事。我们这次要坚定一条：报纸是第一的，新闻是第一的。因为大家的利益和报纸是一致的，报纸好了大家都好。因事设人，从分配、利益、责任、权利、人事安排等各方面向新闻资源倾斜。可以探讨新的机制，可以按照这种版面的设置推出首席记者、策划人制，在重新布置版面的同时，打碎部门界限，重新布置人力。**

第三，《天津日报》这支队伍是优秀的团队，他们对事业负责，坚守着《天津日报》，无怨无悔。说实在的，《天津日报》为什么改版？这支队伍太好了。如果我张建星有什么靠山的话，我靠的就是在座的这支队伍，这支经受了考验的团队。我首先是《天津日报》总编，咱们是一起滚过来的。但是你又不能不承认，我们这支队伍缺乏应有的活力。和系列报比起来，观念相对陈旧，缺乏新闻冲动，可能原因很多，也不都是大家的原因。我还是担心这张报纸很快就老下去了；第二个就是担心大家，咱们都是一块拼过来的，我担心咱们很快老下去了。趁咱们还能干的时候，把这张报纸办成全国一流的大报。咱们有的部门，恕我直言，年轻记者进来时候是二十一二岁，没两年就像35岁、40多岁那种情绪和状态。有的部门太疲塌了，同样来的大学生，分到《每日新报》、《天津青年报》和《假日100天》，同样的同学，一年之后状态就大不一样。你说这是年轻人的事还是我们体制机制的事？而且我跟大家说一句心里话，我们这个时代发展得太快了，“入世”一年，大家体会体会这一年的变化，还有党的十六大的报告，大家认真学习一下，我相信三五年后，中国变化更大，变化更快，我们真的老不起！事业老不起！我们的报纸更是老不起！所以我想到了改版和改制并举的时候了。今天财务、人事、广告、发行等相关的部门都来了，大家畅所欲言。

（在《天津日报》改版会上的谈话片断）

插话一：内容为王。我在上海传媒高峰论坛演讲的时候说，**我们是内容供应商，所有的产业链、经营活动都和这个内容有关**。我们的“名师家教”不就是内容出来以后，产业链延伸把学校做成了嘛。

插话二：有的同志说，我们现在头条主要是被要闻部给占了。我们是要研究究竟需要什么头条。我们现在至少头条品种单一，只有一种头条。采访札记、好的调查报告，新的新闻样式太少了。

插话三：因事设人，这是我的想法，反正现在奖金也不动了，就这个意思了，就算改革成本了。定岗定编，如果这个版，这几个版交给这一个人或这几个人干，可以先算账再干活。还有一个想法我不知道对不对，官啊就这么当着，**选官得慎重，换人也得慎重，这是有组织原则的，但活儿可以谁能干谁干，用活机制，淡化地位，不拘一格**。

我原来说过一句话，我说过把某些版卖给某些人，卖给一个人，我按质论价，你把版面办好。这大家都好了，版好了，报纸好了，广告上来了。

插话四：我这次到上海讲了八个字“目标读者，精确发行”。这次改版我一直想做一个“天天健康”。现在健康问题、公共卫生问题越来越严重，能不能针对我们现在的社会人群、社会环境，针对我们的健康问题，每天做一版“天天健康”。这次改版也是为了在零售市场有所突破，就是让读者愿意买这份报纸，更重要的是要真正地锁定目标读者。比如创业环保的总裁告诉我，她看三种东西，第一要看《天津日报》，第二要看《财经》杂志，第三要看《新财富》。不是说《天津日报》周六周日版不行吗？她看。她说我们的国际新闻她特别爱看。这就是我

作者与著名歌星姜育恒是好朋友。

16 编读有约

中馬备戰进行时

网络购票 应接不暇

旅游新品 产业合作

志愿服务中马战 中旅职校送精兵

扑克近售空 现象急加印

泰达球场 量身打造

足球宝宝 新鲜出炉

央视媒体广场 主编点评

天津市工商行政管理局 公告

天津联同工贸有限公司

天津市亚天钢铁有限公司

天津市百利海川电气成套设备有限公司

天津市佳利宝商贸有限公司

天津市吉美得家具制造有限公司

天津市多家乐工贸有限公司

们要锁定的目标读者。

插话五：我想这么几个字，大家可以讨论。**第一个两个字——大事。政治政策大事，包括中央、市委市政府政策，重大国际新闻，重大国内新闻。要发好重大新闻，还要学会拆析重大新闻和政策，类似我们原来搞的“解读”**。包括今天尼日利亚这个新闻是大事，《南方日报》一做就做开了。**第二个两个字——观点。我历来认为一张报纸要有自己个性化的声音。有观点，有声音，才能真有权威性**。我这里讲的观点包括“理论创新”版。**第三个两个字——人物**。我出国注意研究国外的报纸，美国的报纸，西方的报纸究竟好看在哪儿？就是人。**所有版面不仅是靠事顶着，还要靠人顶着，关注的是人物，关注的是人物命运**。大事、观点、人物，或者是**大事、声音、人物。还有最后两个字——社区**。我们要特别关注“社区”这个概念。我认为我们中国开始进入了社区时代。**然后是经济，或者叫“企业”，或者叫“经济”**。

怎么想这个事？我觉得“权威媒体、大报风格”，首先要区别于《每日新报》，《每日新报》的读者是普通老百姓，是最普通的市民。然后《天津青年报》就定位“青春阅读”，还有《假日100天》。当然你说服务、健康这些内容要不要？内容上如何区分？怎么去细分？包括在写法上。比如说今天这条新闻，《艾滋女闪电完婚》，我估计《每日新报》、《天津青年报》都在抢这条新闻，《天津日报》保证没人去，也保证没人管，哪个部门也不会负这个责任，这就是《天津日报》。这也没错，你说是“政教”该管，还是属于哪个口？条块分割把它限制死了。为什么说“因事设人”？我们有些部门设置完全是过去计划经济的条块设置，上边有什么委，我们就有什么部，与新闻无关。

我们有18个区县，主要的委办局有多少？八大局，五个委，加一起正好31个，每月一天一个版，我送给他们。从一号开始，按市委排的名单做版，把工作新闻集中一天，按新闻去包装，把最好看的图片和新闻都用上，把工作做成新闻，这样既完成了机关报的一部分任务，读者也关心。比如每月一日有一个专版是和平区的，除了正常新闻以外，和平区这个月工作重要新闻在哪？人的重要新闻在哪？旅游、经济卖点在哪？版面设计像《北方市场导报》一样，很漂亮。想个好报眉啊，区县委办30版，一天一个，我还不要钱，能不能带动广告和发行呢？刊登某个区的专版，所在区注意这个版，其他区也注意这个版，区属企业是不是要在这儿做广告宣传自己?如果弄好了,我和区里联合投资,这个版收两万块钱,你一万我一万,这一万块钱我贴给编辑部,只要纸钱、油墨钱、采编成本都包了,这个版我就出。可以加厚报纸,我们每天这么厚一摞,这也是实力和影响力。

内容第一,但我们还要认识到版面是很决定性的一个形式性的东西。我历来觉得形式反作用于内容的力量很大。此外,就是报纸的厚度,报纸厚一点是好看的。我看有的省委机关报,12版,八个版,还有四个版,这样的报纸没法看。所以我想大家考虑考虑,除了我刚才说的那几个字以外,可以从经营新闻的角度放开一点考虑。比如说"城乡报道",我刚才说区县委办30版,一天一块,专门有人做这个。比如和平区,这一期专门做万达、沃尔玛,做金耀广场,体现区里的思路,又符合市委精神,区里注意,市里注意,区里老百姓注意,再用好的新闻内容、好的新闻图片,包装工作性的东西。我估计这样做短期效果有,长期会带动发展,比如西青区就有许多东西,人文的,地理的,古运河的。这要有专人研究,因为每个区都有自己的小报,收编了不就成了。要考虑版面,版面就按《中国经营报》做上海、北京、广州的地方版那样做,做得非常漂亮,比正版新闻还要好看。做这样的版我们有充足的时间来把版面考虑好,我相信最后一定能带动发行和广告。做这个版就要因事设人了,有一帮人专门干这个。报社有很多老记者老编辑非常勤奋,兢兢业业一辈子,但是我们不能否认到岁数了。这些老同志,我再加一个好编辑,版面处理得很漂亮,或者交给出版中心,版面卖给出版中心,你给我设计,办成一张报中报。

2004年津报集团十杰员工合影。

2004年元旦和7月份，津报集团和上海文汇新民联合报业集团先后两次共同主办了精品越剧在天津演出。《家》、《红楼梦》、《梅龙镇》等名剧让天津越剧爱好者大饱耳福。

插话六：滨海新区越来越重要。它对天津国民经济贡献率越来越大，已经超过40%。所以按发行市场、广告市场来讲，滨海新区很重要。而且它是一个保税区，一个开发区，加上天津战略东移，加上轻轨完成，加上它巨大的开放性，加上在环渤海的地域优势，滨海新区地位更重要。但也有个问题，究竟怎么搞，谁来搞，搞成什么样？如滨海新区一周也像"城乡报道"一样也加4个版，但钱从哪里来？滨海新区潜力很大，要作为一件大事来做。可以成立工作室，也可以把滨海记者站做大。只要能给职工带来利益，给报社带来效益，只要真正能办好报纸，谁干都成。

插话七：我真是想做一份一流的新机关报，从内容到形式上都体现一种新意，从版面、图片运用到内容，到报纸的厚度，报纸的影响力，都是一份一流大报。版少是事实，只有16个版，但怎样把这几个版做好、做精是我们要研究的。全国机关报我们版最多。空间是个问题，但关键是我们怎样做精每一版，怎样做出新闻内容的含金量来。16版也是有这个空间的。

现在我们写的评论员文章都是市委思路，但都不是领导明确要求的命题作文。**言论体现我们的态度和声音，不能越过市委的思路，另来一套思路不行，但写法、语境、形式是可以创新的**。

经济新闻要改造，要增加。《天津日报》要往经济新闻上靠。经济是执政兴国第一要务，经济建设是中心，天津的经济建设要进入发展的新阶段，这些都对我们这份机关报提出了新的要求。**需要培养专家型记者，了解情况还应是个真正的内行**，像《财经》杂志的胡舒立那样。比如经济新闻到底搞什么东西，需不需要深度的经济专访、经济评论，我们采访经济人物时能不能与之真正对上话。**我们应该重视培养我们自己的专家型记者**。如《假日100天》的宠物版，我为什么爱看，因为办这个版的编辑自己买猫买狗养，钻进去了，是个内行。培养专家型记者是必须的，如果没有足够的智慧去采访，没有足够的知识支撑，人家根本就不理你。《天津日报》是权威媒体，就该有权威记者。我们需要一批这样的权威记者。

插话八：办好报纸是没说的，挣钱也是硬道理。我觉得这不是个人的事情，是整个报社的事情。大家干了半天，没有利益可讲没什么意思。奖金原地不动，现在通过机制倾斜，因为我始终坚信一条，要以办报为中心。现在做的事情，包括整合，包括财务中心、广告中心，大家以后会感觉到，这件事做对了，既是为了报社事业，也为了大家的利益。我这个人是从事业出发，咱们拧成一股绳，把《天津日报》办好了，整体利益上去了，大家的利益也就上去了。三年所办的报纸，是结构性调整，日报、晨报、午报、周报、假日传媒公司、每日新传媒公司，这个结构对天津日报是有好处的。大家一鼓作气，既不会影响大家的利益，也不会影响大家情绪，咱们咬紧牙关，把《天津日报》办好了，让它发生大的变化。**《每日新报》的定位，是"主流媒体，大众新闻"，"新闻做碎，报纸做厚，广告做精，发行做大。"《天津青年报》的意思也到了，"新闻新知新生活"，"深度新闻，城市定位，全新概念，青春阅读。"《假日100天》是"关注精神变化、追踪物质感觉、放大生活细节。"**

插话九：有的兄弟报纸的照片用得非常精巧，报纸整体看起来非常前卫，**在内容做新做深的前提下，调动图片和标题**。国际新闻自己的稿子非常多，地方新闻非常多，不像我们的都市新闻那么碎，不婆婆妈妈。**理论版非常简单，在片和题之间寻找空间，整个版非常舒朗、宽阔**，而我们的版显得有些紧张局促。我们有时发片也不少，但调动不起来，主要还是新闻显得很臃肿乏力。

最近《文汇报》做了一条新闻非常重要，在胡锦涛总书记会见芬兰总统上做了一个主题：中央新领导集体正有条不紊工作。而我们没有

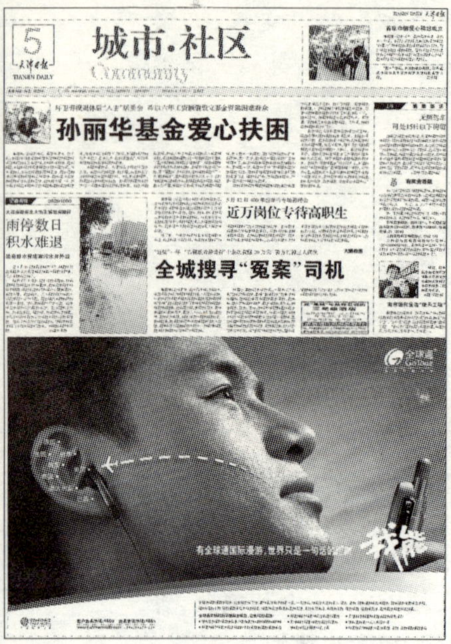
5
天津日报
城市·社区
孙丽华基金爱心扶困
雨停数日
积水难退
近万岗位专待高职生
全城搜寻“冤案”司机

做出这个题，这就是编辑的眼力。怎么把权威新闻真正的权威性做出来？这是个需要水平的事。

我们的国际新闻，总的感觉是碎，总想面面俱到，不突出，首先是图片不突出。**我们要把报纸做得很前卫，还要把内容做深了，不能题挺大没有内容。《天津日报》在杜绝工作新闻的同时，也要杜绝工作题。有时的确广告挤压版面多，但是空间越小越要精耕细作。**

在经济全球化背景下把《天津日报》做成一份经济报，人物、特区、观点都往经济上靠。经济问题是大问题，党的十六大报告中谈的都是经济，高端人物都谈经济，教育也围绕经济市场越做越大。《天津日报》的所有发展也围绕着经济，我每天想得最多的除了报纸，就是怎样把集团的经济撬动起来，所以我们要高度重视经济新闻，并要创新。

插话十：我想改造《采风报》。因为《采风报》和《每日新报》、《天津青年报》有重复的地方，最近好多刊物介绍图片报道，要不要办一份以图片为主的文摘报？我们过剩的图片很多，而且从阅读的需求看，**人们越来越关注表情和细节**，我想编委会要商量改造《采风报》。

“文艺副刊”能不能请天津外语学院、北京外语学院发一些好的最前卫最新的译作，比如说当代的美国的德国的法国的前卫作家的作品。《译林》的几篇小说我看得热泪盈眶，是那种前卫的小说前卫的散文，我们的副刊可以每月发一次，就叫“当代译作”，要让大家知道现在文学走在哪个位置上了，时代的文学感觉是什么。**《天津日报》是权威媒体，也要有点世界眼光、世界感情。刊登一些好的译作很重要。**

版式很重要，互联网没版式，怎么设计也达不到平面媒体的感觉和层次感，报纸的优势在于版式，好的版式是有一种审美渗透在里面的，暗藏着阅读的层次感，现在各报越来越注重版式。副刊更要讲究版式。

（2002年11月29日根据录音整理）

内容时代的新闻已发生了重大变化

——在《天津日报》第四次总编辑恳谈会上的讲话

继1999年7月《天津日报》历史上最大的一次改版之后，2002年底，在政治、经济形势发生巨大变化，报业市场竞争越来越激烈，"内容时代"、"内容为王"的背景下，《天津日报》的发展又面临着一个上台阶、上水平的关键时期。作者再次着手酝酿《天津日报》改版事宜，主要解决内容、体制和活力的问题，提出"内容是寻找新闻，体制是寻找责任，而活力则是寻找未来"。

今天我看会标上写的是"第四次总编辑恳谈会"，前三次恳谈会都是1999年。那三次总编辑恳谈会，尤其是第一次，1999年7月份的总编辑恳谈会之后，《天津日报》进行了历史上最大的一次改版。在那次改版中，我们提出了**"坚持正确导向，投身市场竞争，带出一流队伍，办出大报风格"这样一个总体办报思路。实践证明，这个总体办报思路是正确的，正因为它是正确的，它又在2001年被社**

委会确定为整体思路。1999年总编辑恳谈会之后的改版，对天津日报整个的发展带有根本性、决定性的作用。那次提出的四句话，**特别是“投身市场竞争”和“办出大报风格”这两句话，强调了竞争意识，强调了创新意识，强调了突破意识**。

报社的事情太多了，年底的工作压力很大，我为什么把一切工作放下来开这个会？我感到天津日报发展到今天，又面临着一个上台阶、上水平的关键时期。党的十六大之后，政治形势、经济形势都发生了很大变化，报业市场的竞争越来越激烈。天津日报的形势这几年确实很不错，但是骄兵必败，我们有很长一段时间，特别是报业集团成立前后，特别是这一年，特别是去年扭亏为盈之后，效益大幅度增长之后，整个报社的同志都沉浸在一种轻松、喜悦和满足之中。**我们对市场也在研究，但研究得不够；我们原来常常提出来要对对手进行研究，但现在基本上放弃了这种研究；我们常常满足于总结自己的成绩，而忽视了存在的问题**。就我本人来讲，这两年更多的注意力放在了经营方面，而对报纸考虑的相对以前确实少一些。

这次我在上海参加传媒高峰论坛，有两个信息给我很大触动。一个信息就是：整个中国传媒业的发展速度去年首次超过了烟草业，这预示着传媒业大发展的时机到了，这种时机要求我们不能等。第二个触动就是：欧共体在前年非常明确地规定出一种产业，叫“内容产业”。**“内容产业”是什么？抛去经营上的一些问题之外，我想就是我们的新闻，就是我们的报纸，就是媒体本身固有属性的一些东西**。

我今天来讲，没有带稿子，就带了一本党的十六大报告。为什么？两个原因：一个原因就是我想我今天讲的应该和前三次一样，是不加雕琢，不加修饰，完全出自内心的；第二就是我希望大家高度地重视党的十六大报告所阐述的主题、灵魂和许多重要的东西。星期天下午开的是改版的会，编委会成立了改版操作工作室，开了一下午会，我讲了改版的事。这以前编委会认真研究，定下了要对《天津日报》进行1999年以来再一次大的改版的决策。这之前，在天津药业公司，《天津日报》编辑部的中层用一天时间进行了充分的讨论。

改版传出之后，大多数同志或者说90%以上的同志非常热心，认为《天津日报》应该改版，但是也有各种各样的议论、担心，这些都可以理解。有些同志还专门给我打电话劝我，说："建星，天津日报整个形势很好，大家发展得很好，也很尽力，相安无事，你已经干到这个位置，应该求稳了。"这话不无道理，可以这么过，你说《天津日报》不改版，就这样，系列报就这么发展，我完全可以交待过去，也完全可以了。《天津日报》市委满意、读者满意，已经形成了我们提出的大报风格，在全国省委机关报当中，我们的报纸是走在前列的，是受到好评的。我要接受这种意见的话有道理，我应该求稳。大家都挺好，奖金也翻番了，一切都到这个位置上了，去年整体扭亏为盈，今年在去年的基础上增加44.7%，形势非常好，我为什么要动呢？还有一些同志劝我，说这些同志跟你打江山打下来了，如果你动劲儿太大了，恐怕伤及这些同志的感情。还有其他一些担心。我非常理解，也反复在想，周六晚上也在想，还改不改这个版？最后的结论就是要开今天这个会。

或者这个会叫做恳谈会，也可以叫做一次《天津日报》改版的动员会。立昌书

记在报业集团成立的时候给我们题词“与时俱进、办出大报风格”。**什么叫与时俱进？与时俱进就是改革，就是创新，就是不停顿，就是大发展**。总书记的十六大报告，将近300次提到一个“新”字。1998年我们搞了“创新大讨论”，这是一个“新”，1998年的“创新大讨论”确定了《天津日报》在天津市，在天津市读者当中报纸龙头老大的地位、舆论导向的地位、领头的地位。2000年创办了《每日新报》，又是一个“新”字，我挺高兴。那么这个报告里面，总书记究竟讲的是什么？我跟大家讲，“三个代表”很重要。“三个代表”把**“坚持先进的文化方向”作为三个代表之一，这实际上从整体的战略高度，确定了包括我们这个产业在内的方向和位置。就是我们在中央的总盘子里，在我们国家全面建设小康社会的宏伟蓝图中，不是过去那样轻轻的一笔，而是一种方向，一种先进的前进的方向**。

除此之外，这个本子还谈什么？谈发展，通篇谈的都是发展。我们党的总书记讲，把发展作为执政兴国的第一要务。怎么加快发展？总书记讲了三条：第一，加快发展必须以经济建设为中心；第二，加快发展必须深化改革；第三，加快发展必须要做到三个“一切”，就是要破除一切不适合加快发展的旧观念，要破除一切不适合加快发展的障碍，要破除一切不适合发展的体制的障碍。

三个“一切”，一个“中心”，同时还有一个深化改革。**天津日报有今天这个好的局面，得益于深化改革，得益于三个“一切”，得益于以经济建设为中心**。1999年之前，《天津日报》的发行量，《天津日报》的基本样子，新来的同志可能不知道，像我们这些在天津日报工作这么长时间的同志都知道，如果不改革，《天津日报》不是这个样子，我说的是内容，是版面，是内容到形式。1999年改版后，2000年中宣部领导就在全国宣传工作会议上，表扬《天津日报》、《新华日报》、《北京日报》是全国党委机关报改革一道靓丽的风景线。兄弟省市的许多报纸都到天津日报来学习。我们那时候提出来“以图片带版面，以版面带新闻，以新闻带记者，以记者带队伍”的整体操作思路和“指挥前移”这一系列工作的要求。正是这些改革使《天津日报》发生了历史性的变化，真正向大报风格迈进，使《天津日报》形成了权威优势，形成了立场优势，形成了影响优势。

这之后创办《每日新报》、《假日100天》，今年并购《天津青年报》，所有这一切如果没有1999年的改革，没有1999年的思路都不可能实现。**正是1999年的报纸改革，使我们天津日报人，使我本人，认识到创新是一种什么样巨大的动力，认识到改革对我们这张报纸的意义；正是1999年的报纸改革，才使我们在思路上有所突破，才使我们在观念上有所变化，才使我们走出了千篇一律的机关报的老样子；同时，也正是1999年的改革，成长起一批人才**。成长起来的人，包括我在内，虽然我早一点，但是我也是在1999年那次改革中形成了很多新的思路。可以毫不隐瞒地说，1999年我们一起改版的那些人，现在张颖、王宏、牛一兵，全部是副总编辑。1999年改版，后来又有一批人起来，包括现在在中层位置上的。锻炼了一支队伍，这也是最大的收获！队伍、人才、报纸！

我记得非常清楚，改革开放20年、50年50版，到后来国庆30版，建党80年，也正是1999年的改版，我们才让我们的兄弟单位、我们的友邦，在没有《每日新报》这一系列子报的时候，感到《天津日报》的存在不能忽视。很多年轻的同志不知道，从1995年、1996年开始，在报业市场的竞争上，我们是先失去的报纸，后失去市场；先失去影响，后失去权威，失去效益。很惨痛！《天津日报》发行一路往下滑，滑到没有影响力。首先报纸不赢人，形不成《天津日报》的权威性，也没有可读性，所以其他报纸一路领先。我1997年在中央党校念书，1998年回来以后发现整个情况变了。大家还记得，在那个楼上，搞了一次研讨会，有的同志在会上讲，某报做大了，怎么怎么回事，我们束手无策。我提了个问题：某报凭什么做大的？怎么做大的？什么时候做大的？我提了这个问题立刻批回去了。那么好吧，做小可以，先失去报纸，后失去市场。按现在时髦的话，先失去内容，后失去份额。就是这样。

那么我们改版了。那时候失去市场是什么概念？发行先不行，广告有多少？到2000年现金收入不足6000万，这还是都垒在一块儿。我们今年多少？我可以跟大家实打实地说，怎么也翻了数十倍以上！这就是报纸变化带来的。而我们那次报纸改革后带出一支队伍，带出一些人才，正是这支队伍现在办《每日新报》，办《假日100天》，办《天津青年报》，而且办一份成一份！

实际上我讲了半天，就两个话题，一个话题是要**高度地重视内容，高度地重视报纸。我们的核心竞争力是品牌，品牌的核心是产品，产品就是内容，就是报纸，这是我们的产品**。大家要重视这个事。为什么《天津日报》还要改版？这是第一。第二，我跟大家讲心里话，不改革没有出路，天津日报已经到了进行深层次改革的时候。本人特点就是决心一下，势

2004年《新周刊》新锐榜颁奖典礼上，作者与中新社常务副社长、《中国新闻周刊》社长刘北宪共同开奖。

天津日报 报业集团1周年

TIANJIN DAILY NEWS GROUP

纪念刊 26

打造强势媒体

打造1支过硬队伍

抗非典报道优秀记者

报业集团荣誉录

市宣传系统优秀党员

如破竹,不可阻挡。历史的人要干历史的事,到这个时候,我要是再不改版,再不进行一些改革的探索,我张建星那真是求稳保官。我这次改版,可以和大家讲句心里话,第一,我是出于公心,是为了让天津日报的事业加快发展;第二,只有深化改革,才能在天津市场上,乃至全国市场上,永远立于不败之地。不改革没有出路,总书记为什么说三个"一切"都是要破除啊?为什么把"深化改革"作为一句话,作为一个完整的思路搁在里面啊?这是13年经验当中的核心之核心,灵魂之灵魂。

那么怎么发展到今天?效益整体翻番,翻的不是一番两番啊。三年办了三份报,《每日新报》2000年决策,头一年、第二年、第三年,广告额不断翻番,发行量遥遥领先,所以我说《每日新报》是与时俱进的旗帜,是天津报业市场的旗帜,是中国都市报的奇迹。《假日100天》牢牢控制周报市场,我刚才在上电梯的时候跟《假日100天》的同志说,《假日100天》将来用三句话定位——"关注精神变化、追踪物质感觉、放大生活细节"。《天津青年报》5月8日在一个非常不利的形势下,非常烂的一个牌子和摊子下复刊。不到一年时间发展也不错,至少从样式上、从内容上、从定位上完全改变了过去的样子。

假日传媒,实践了《假日100天》零投入、零扩张、零成本、正盈利。今天登报的经报进修学院又是股份制。大家还记得我在这个台子上原来讲过"经营新闻"的概念吗?这个概念讲的就是我们的"名师家教"的效应。我们成立了天津日报报业集团,我们"天津日报号"昂势起飞,我们参与了世界大学生滑水赛,我们主办了中国首届中医药文化节……所有这些,形成了出成果、出人才、出效益的局面,得益于什么?**得益于一切坚持以发展为硬道理;得益于我们不断地改革,破除**

旧的观念；得益于全体同志齐心协力，团结一致；得益于我们这支团队，天津日报人心思变、人心思快、人心思进，心往一块儿想，劲儿往一处使，才有了今天。不改革，能有《天津日报》今天这张报纸和这个报纸系列？能有我们今天结构上的巨大变化吗？

今天上午社委会开会，正式决定同意《天津汽车报》并入天津日报。经过将近半年多的竞争才把这张报拿过来。什么叫这张报的分量？今天社委会有个共识，“入世”之后，我们有一个非常意外的收获，原来以为“入世”后对我们汽车工业是一个致命的打击，但是没有想到成为支柱型产业的就是汽车。外资进资金、进技术不进车，威驰合作丰田，上海的POLO，还有许多汽车公司，这是大背景。具体的，天津市私人购车全国第四，出租车拥有量在全国前列，保税区占有全国进口量一半以上。这张报进来了，使我们的**结构更加合理。合理有三条标准：适合整体事业推进，抗御市场竞争风险，有利未来发展。**这就是天津日报的结构。这些得益于什么？改革！

天津日报 报业集团1周年
TIANJIN DAILY NEWS GROUP
纪念刊 22
打造强势媒体

打造1个品牌群体

激情所至 满城“新”动

花样年华 成长献礼

引领时尚 橙色奇迹

改版扩容 走红津门

目标读者 精彩内容

开拓思路 性格刊物

成熟期刊 全新打造

天下新车 动感时代

今天这个局面，包括我们奖金翻番，同志们不要小看啊，我们翻这一番是八年没翻一番。八年在全国是什么概念？这八年中我们国家创造了多少奇迹啊！同志们，倒算八年是1992年邓小平同志讲话的三年之后，是十四届三中全会之后，以江泽民同志为核心的第三代领导集体领导全国人民昂扬向上、奋勇向前的时候。而天津日报一路走低，和大形势、整体发展的大背景不相一致。什么原因？我们八年没涨奖金，这八年是全国最好的形势，是深化改革的形势啊，香港收回来了，澳门收回来了，就天津日报不涨奖金，为什么？不改革，思路陈旧，加上士气、责任心！

我讲了半天这些事，实际上就是跟大家讲，天津日报的发展得益于改革。天津日报的落后也曾经是因为不深入改革，不与时俱进，因循守旧，抱守残缺，不思进取。而天津日报的未来、同志们的未来、我们整体事业的未来、每个人的未来都在于我们的改革步伐如何，我们的改革决心怎么样，我们的改革力度怎么样。我相信党的十六大之后，以胡锦涛同志为总书记的党中央，在一心一意谋发展、聚精会神搞建设的氛围内，高举的旗帜将是四个字：深化改革。什么是深化改革？破除三个"一切"——不适合发展的观念、不适合发展的作风、不适合发展的体制。什么是深化改革？完善不足的地方，调整不均衡的利益。一定要坚定这条心，要坚持改革，要不停步，要真正把天津日报做大做强做实。

当然我要讲，天津日报这几年的发展确实太快了。我们一年做的事是过去几年做的事，我们今年做了多少件大事啊！收购《天津青年报》、"天津日报号"起飞、成立报业集团，还举办了那么多活动，那么多事，容易吗？不容易。怎么取得的？靠我们这支队伍。

正是有了我们在座的这些同志，有了这支队伍，我才有了这种坚定改革的决

2004年6月7日，经津报集团邀请，由《中国新闻周刊》、《北京青年报》、新浪网等14家发行量、点击率名列前茅的国内著名媒体总编辑组成的采访团来津采访。图为中共中央政治局委员、天津市委书记张立昌、市委副书记刘胜玉等会见总编辑们。

总编辑们参观津报集团。

心。在座的特别是《天津日报》的这些同志，不是看着我成长起来的，就是跟着我一起干起来的，我们情同手足、心心相印、长相知不相疑。在每一个重要的时候，关键的时候，《天津日报》的同志们，这些中层，这些编辑记者，都是我、社委会、编委会最强有力的支持者。我从来都认为，上阵父子兵，打仗亲兄弟，竞争证明了一条：我们这支队伍是过得硬的，是高水平的，是有纯度的。《天津日报》这支队伍，整体队伍，我根本没有认为不行，社委会、编委会也没有。我们很多事，《每日新报》、《假日 100 天》、《天津青年报》不用说了，带着这些报干起来的也是《天津日报》这支队伍，一将顶三军。我们《天津日报》本身这支队伍，经得住考验，耐得住寂寞，守得住清贫，忠心耿耿于党的机关报事业，默默无闻地奉献着自己，在重大的事情、重大的战役上从没有掉过链子。

天津日报这几年做什么事？我觉得三件事。第一件事就是形成党报的权威性和深度新闻；第二件事是打出品牌的效益；第三件事是调整结构，做出经营宽度。如果这几年就做了这三件事，第一件事就是《天津日报》的同志做的。"三五八十"的报道、"危改"的报道、2002 年市委工作意见解读、三中全会 20 年、建党 80 周年、建国 50 周年，都是我们《天津日报》的同志在这儿做。懂政治懂大局，拉得起来干得出来。

我可以跟大家讲，我要改版，把改版和改制结合起来，要深化改革，不是不相

4 国际新闻

委内瑞拉反对派征集反查韦斯签名达法定人数

全民公决定总统去留

无法自辩

韩朝协议防止冲突

俄一市场发生爆炸

11人丧生 36人受伤 基本确认为意外事故

布什断臂自救

韩国市长涉嫌腐败畏罪自杀

China city-land operation exposition committee

2004中国城市土地运营博览会

2004中国地博会

天津地区推介活动即将开锣

天津地区主办媒体 天津日报

8 收藏

昨养蟋蟀今成藏品 老蛐蛐罐市场走红

靓画尽显大师风采

赶对白寿山

安庆市博物馆收藏夏明远百余幅画作

天津德润斋办"津门八友"书画收藏展

我收藏的《青铜时代》

夜光杯借光生辉

天津市工商行政管理局 公告

天津市金方利商贸有限公司

天津市凯诚商贸发展有限公司

天津通广集团振海科技有限公司

天津金涤科技有限公司

天津市起点实业有限公司

天津市龙盛房地产经营有限公司

9 新闻镜头

中阿大战 激情泰达

津报集团承办国际A级赛事 彰显品牌影响力

12 编读有约

镜头人生

信大家，不是觉得大家老了，更不是觉得这支队伍不行，没有你们谁来给我守这个家？谁来给我办大报？谁关键时刻站出来支持张建星啊？我脑子里没有进水啊。从1999年到现在，风风雨雨、坎坎坷坷，一路走过来，是你们这些同志跟着我。1998年我从中央党校回来，我是一个副总编辑，我是不忍《天津日报》被人践踏在脚下。冒着这种巨大的压力，带着这些当时连编委都不是的同志，搞“创新大讨论”。

1998年我还是副总编辑，我是1999年3月份任命为总编辑的，我一无人权二无财权，不是大家跟着我干的吗？我有时想到这些，就想起苏芮唱的一首歌，一首老歌，是我这个年龄听的歌——《酒干倘卖无》。有一些同志当了领导，当了模范，有一些同志、大多数同志还是在那个位置上，默默地奉献啊！我怎么可能觉得这支队伍不可信，我怎么可能觉得这支队伍怎么怎么样？说句良心话，没有大家，没有这支队伍，就没有《天津日报》的今天，更没有张建星的今天。我再说句实在话，没有这支队伍，不但没有《天津日报》的现在，更没有《天津日报》的未来！你们是《天津日报》的中流砥柱，是《天津日报》的赤胆忠心！

回想起这几年，历历在目，常常为这些年过来的路程彻夜难眠。我是个讲义气、懂感情、靠得住、守得住的人。大家都知道，一起过来多么难，1999年改版的

2004年7月，受津报集团之邀，中国前外交官联谊会访问天津。这些曾经叱咤国际外交舞台的老外交官们面对天津各方面的巨大变化赞叹不已。

时候,一没钱二没权,也改了。2000年我当社长时合闸整顿改革,大家那么低的奖金,连打的费都报销不了,不也干过来了吗?我当副总编辑的时候,先停的,不是我停的,就是一没钱了,编辑部这边的打的费就不能报销。那时有怨言,有意见。可是2000年我当社长的时候,合闸整顿,全部卡死,连大家和我一起辛辛苦苦赚的版头费都不能动了,不是我不让动,是给花完了啊。大家没有怨言。那天林树文说,到北京去采访,都算计算计这个稿发得了发不了,发不了值当不值当花这些钱?从天津到北京采访能花多少钱呢?!这就是《天津日报》人,讲感情讲义气,我怎么能跟在座的这些同志离心离德,不考虑你们的利益?

这几年天津日报整个的发展,包括《每日新报》的发展,包括《天津青年报》的发展、《假日100天》的发展,是《天津日报》这支队伍强有力的支持,是举社之为,是举社之举,是众志成城!大家倾其全力支持《每日新报》,倾其全力支持《假日100天》,倾其全力支持《天津青年报》。我为什么要把今年作为整合年?我为什么强调集团必须要有集团意识、集团形象、集团精神?就是我从来不想让这个家庭出现任何离心力,我更不想让《天津日报》这支队伍在整体的发展当中受到任何的委屈和损害!我为什么这次要强调深化改革?也是这么考虑的,使我们在这个整体团队当中不落伍,不掉队,不因为个人的利益影响整体的事业,也不能在加快改革加快发展当中不顾及我们每一个同志。我酷爱哲学,哲学讲究平衡,讲究对立统一,讲究一分为二。这里有一个问题,我要和大家讲清楚,不改革不发展,就不可能有稳定平衡的利益。我们不发展,兄弟报纸就发展过来了,我们不能不承认我们在竞争中虽然占有绝对的优势,但是我们还没有最后完成竞争的胜利,按足球的行话叫还没有完胜。

我有时讲,我们一个报社有工、农、财、政这么多部,当然不是说绝对不能漏新闻,但是有时候漏新闻,漏给其他新闻单位。我当记者时,鲁思、朱其华他们跟我讲,什么叫新闻道德?职业道德?八个字——当仁不让,业务保密。当仁不让,跟我说这句话是一九八几年啊,现在马上到2003年了,同志们,现在不是当仁不让了,现在是赢家通吃、强者为王。拿过来多少市场,竞争过多少新闻就是我们的利益,就是我们的市场,就是我们的现金,就是我们的效益。

我们不能不承认,我们的体制和机制从整体上讲,还很不协调;从《天津日报》讲,有陈旧的地方、落后的地方。我要听编委会和整个改版工作室的。昨天工作室开会我只讲概念不讲具体,只讲宏观不讲操作,只讲形势不讲背景。为什么?我不想先入为主。但是我今天要讲一个感想,我们不能不承认我们有些东西是老的,当然我说这句话不是说要调整我们工、农、财、政这样的部。我们部门的设置,我们的分配机制,很多都是老化的,是不适应竞争的。我们的版面资源、内容资源和人力资源就《天津日报》而言还没有有力地协调好,还不适合市场竞争。比如说，有些大的活动，这责任是谁的责任？你算在工业也没道理，算在我这儿也说不清，算在主管的编委、副总编辑也很难说，这些弊端合起来形成了三个问题：活力不够、竞争力不足、责任无法落实。

所以这次改版，我想要解决六个字：内容、体制和活力。内容，内容为王，内容产业，我们1999年是“以图片带版面”，那是从形式入手，也适应眼球时代。体制或者机制是寻找责任。内容是寻找新闻，漏了新闻，这个版办不好，这件事出了，板子打在谁屁股上清清爽爽。现在是拿着板子，总编辑、副总编辑找不着屁股，只有自己打自己，自己跟自己着急，自己睡不着觉，很没出息的一个人，丁点小事彻夜未眠。体制是寻找责任，内容是寻找新闻，而活力则是寻找未来。就达到这六个字，我相信编委会会同意我这个思路，《天津日报》所有问题归根结底就是这六个字。

目前就办报来讲，你不能不承认我们整个新闻进入了一种内容时代。1999年“以图片带版面”是一种形式时代，要改变千篇一律的无识别系统的状态，适应图片时代、因特网时代、电视传媒时代，把图片摆到一个非常重要的位置，形式占先，从形式下手，我们做对了。我们因为形式得了中国新闻奖一等奖，零的突破，结束了十年的沉寂。

现在已经进入了内容时代，新闻已经发生了重大变化，新闻已经和1999年、2000年大不相同了。这种变化是在2001年下半年到今年一年，在渐变中发生突变。这里有几个重要的点，一是以深度报道为特征的原创新闻变得越来越重要。大家可以看看杨澜的访谈、阳光卫视的报道、凤凰卫视的鲁豫有约和深度采访，包括新出版的《经济观察报》、《21世纪经济报道》，包括《南方日报》的重大报道，都是以深度报道为标志的原创新闻，突出策划，突出立场，突出预测，这是第一。

天津日报
经报学院
13
“名师之旅”铺就帮困之路
几何开放性习题
阔步迈进21世纪的百年学府
《城市快报》4月1日满月了!
爱心活动回报读者

第二种变化，由于经济全球化和信息化的到来，经济新闻特别是产经、财经类的政经新闻，已经成为各大媒体竞相竞争的热点和卖点。

第三种重大变化就是，从一般的明星报道，回归人性关怀，关注人的权利，以人为本，注重生存问题。

第四，**关注精神的变化，追踪物质的生活**。**所有的精神的东西，所有的行为的东西，所有的方式的东西越来越从物质的角度凸现出来**。大家看《时尚》杂志、《创意》杂志……所有这些杂志为什么流行？小平同志讲

9
天津日报
TIANJIN DAILY
日报产经
Industry
中小企业板昨启动
当当网上书店简介
在模仿中重建新规则 在创新中完成嫁接
“当当”诠释
网络书店神话
汽车交易博览会昨开幕
名车靓车
齐聚津门
结合现实环境
总结四点商业创新
不耻于当学生
以开阔心态去模仿
联手津报集团
网上购物明天会更好
津报集团超低价再推国际A级大赛
天津球迷 先热身!
CHINA VS HUNGARY
中国VS匈牙利
2004.06.01
Arie Haan
阿里·汉
Lothar Matthaus
马特乌斯
单场票价 180元
中马票+20元
35000

“解放思想、实事求是”，大家想是精神解放还是什么解放？不是，这两天学十六大报告我想通了，是物质解放。先从农民的土地开始，小平同志说，先让一部分人富起来，不是说先让一部分人学马列、学毛泽东思想、学雷锋，精神先富起来，不是，是物质富起来。大家想是不是这么个道理。执政之源、立党之本是什么？“三个代表”。“三个代表”第一个就是先进生产力，是物质化了的。精神固然重要，我看现在有点精神更回归哲学了，这是好事。我们过去让哲学从哲学家的课堂里解放出来，我看现在这些精神的东西重新回到哲学家的课堂。物质生活越来越重要，凸现出来了。

第五种变化，在法制环境下，在物质文明、精神文明两个文明共同建设的同时，政治文明已经成为媒体关注的热点。

这五点媒体的变化，都是在和内容使劲儿。如果再以过去那种报道形式，再以那种浅层次的、不注重策划、不注重包装、不注重个性和声音，形不成权威性和独立的媒体立场，在内容上没有应有的深度，缺乏预测的眼光，给读者的背景非常模糊，预测的未来也是一片朦胧，这样的新闻，这样的新闻纸能产生它应有的竞争力吗？我想不会。我们是干报纸的，要研究这些东西。所有这些媒体的变化都是和我们整个形势的变化、全局性的变化、经济的变化连在一起的。它和世界经济全球化、政治多极化、信息全球化，跟因特网技术的实现，特别是技术和媒体之间的这种互动的变化是分不开的；它和全党工作重心的转移是分不开的；

它和全面建设小康社会的水平、目标是分不开的;它和我们承认个人存在、个人发展、个人利益这个空间氛围是分不开的;它同时和我们经过民主建设、法制建设之后广大人民群众广大读者越来越迫切、越来越明确的知情权是分不开的。

我们现在已经冲破很多了,灾难报道突破了,重大事件包括政治事件背景的东西越来越清晰。"慕马案"没完没了啊,背景越来越清楚,大家看看《南方周末》对于张丕林的报道和这次的言论,"3000万买官",这种背景的东西越来越多,重大事件也不能隐瞒,还包括观点新闻、深度调查,所有这些都形成了一种新的媒体格局,所有这些归于两个字,就是内容。

我们这次的改版小组基本上没让部主任参加,因为每个部主任都是带着各部门同志的利益,是屁股管脑袋的,编委会研究的这个小组是比较中立的。我跟他们讲,你们什么也不要想,什么关系也不要顾及,就是研究报纸的内容。先从新闻资源配置开始,你配置新闻资源,然后编委会、社委会根据你们配置的新闻资源来配置人力资源。内容产业,主要是内容啊,默多克新闻集团,星空卫视,维旺迪集团,在上海的主题公园,还有一系列外资进来,卖的也是内容,包括你们大家爱看的《时尚先生》、《时尚伊人》、《时尚健康》、《时尚旅游》,也卖的是内容啊!而且我相信,将来的趋势是,媒体的内容和编辑、和制作是分开的。你不信,将来一定会是这样!

这次《每日新报》和天津广播局合作是,我就看到一种倾向,《每日新报》记者为广播局提供内容,广播局宣传《每日新报》,《每日新报》像内容供应商一样。

内容的重要性在于,它是领跑者,是灵魂,是真正的核心竞争力。《天津日报》在内容上有优势,我们的深度报道,比如说市委的重大新闻、我们的言论、我们的权威评论,这些都是。我们这次研究解决的主要是内容问题,不是形式问题。我承认形式好解决,我也相信我们的编辑能做出一种突破性的变化。我这次说内容,不是忽视形式,我要求《天津日报》这次就版面而言,从内容到形式,要发生大的变化,根本性的变化,要感觉到"忽如一夜春风来"。没有别的要求:倾城上下、男女老少,一片喝彩。那么就需要内容和形式统一,这次首先领跑的、解决的根本问题是内容,当然《每日新报》、《假日100天》和《天津青年报》都需要内容。

我再谈机制或体制。说体制太大,说机制比较合适,但机制不解恨,就说"体机制"吧。机制是竞争力、活力,是分配上的事情;体制是解决根本性的问题。现在从集团来讲,我们整合了,我又提出来强化总编室,强化办公室,还有一些东西必须在今年加以解决。我觉得这个**体制问题要解决三个问题:第一,就是这个体制是能够刺激新闻的,能够刺激内容,是能形成生产力的;第二,这个体制是一种激励机制,不是大锅饭,不是平均主义,是把利益放到一个非常重要、突出的位置上,不能干多干少一个样**。我想解决这个问题,在基本保证大家利益的同时要体

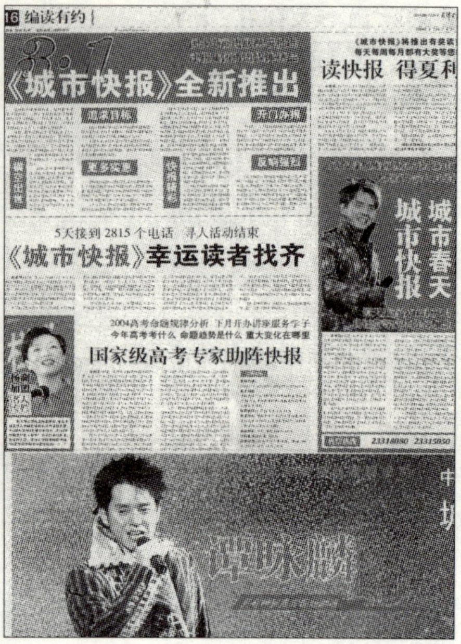
16 编读有约

《城市快报》全新推出

读快报 得夏利

5天接到2815个电话 寻人活动结束

《城市快报》幸运读者找齐

2004高考命题规律分析 下月开办讲座服务学子

今年高考考什么 命题趋势是什么 重大变化在哪里

国家级高考专家助阵快报

城市快报 城市春天

现这种利益调整。要形成流动，要吸取《每日新报》、《天津青年报》、《假日100天》的策划人制、主编制这些采编上比较新的一种有效机制，将责任、工作、资金比较完美地统一起来。**第三件事，要解决责任问题**。《天津日报》现在有一个问题出现了，就是有时候这事完了找不到责任，除了边界不清之外还有其他种种原因，要解决这个。有的时候是采访中心的责任、采访部门的责任，有的时候是编辑部门的责任，有的时候是这个部的责任，有的时候是那个部的责任，这个责任问题要弄清楚了。

所以我这里插一句话，《天津日报》搞一个总体监测小组，要24小时监控新闻。美国这么富，实力这么强还有导弹防御系统呢，我们是毫无防御啊，漏新闻跟没漏一样。你说我在报纸上批一段吧，挺没劲的。监控，这个事咱们作为一个定下来的事，组织出版中心、编辑部和总编室结合起来，吸收《每日新报》、《天津青年报》和《假日100天》的人，要中立的、实事求是的、没有个人利益，一就是一，二就是二，没有个人感情，漏了就是漏了，没漏就是没漏，长就是长，短就是短。寻找责任，要解决这种体机制的问题。这件事一定要下功夫做好。

解决到哪一步？就是最后这两个字，活力。要使这次版面改革和机制改革同时进行，产生一种活力。这非常重要，对大家都有好处。也可能产生一些部门的调整，调整后也可能产生一些富余人员，也可能不产生，大家不要怕。同志们，咱们实事求是，我们不能不承认竞争的激烈，我们要以报社利益为最重利益、最高利益。

今天我想，经报学院、每日新传媒公司，马上这个汽车报，包括广告那边，各种资源上的配置，包括人力资源配置，说句不好听的话，在这方面我们沉淀的时间太长了。同时我们也有很大的潜力，总在一起，总是这样，总是这个劲儿，总是这个轨道，这很难产生活力，惯了就皮了，就沉淀了。**沉淀的是什么？沉淀的是我们的勇气、活力、积极性、竞争力，是那种快乐的奉献感觉、奋斗感觉**。联想到有篇小说，我中学看的——大概是陈学昭的《工作着是美丽的》。这次怎么办？我**想以新闻资源、版面资源来调整人力资源，这种调整符合生产力标准。什么是生产力？生产力就是我们的产品，向产品靠拢，我们的产品就是新闻，向新闻靠拢。让优势人力合理调配，向这个靠拢。各得其所，人尽其才，版尽其用。**

大家放心，不会伤害大家的利益。如果有的同志说，我真的不适合在一线了，

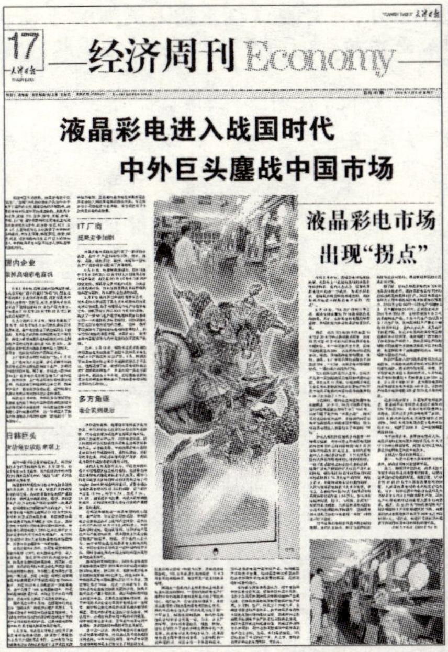

17 经济周刊 Economy

液晶彩电进入战国时代

中外巨头鏖战中国市场

液晶彩电市场出现“拐点”

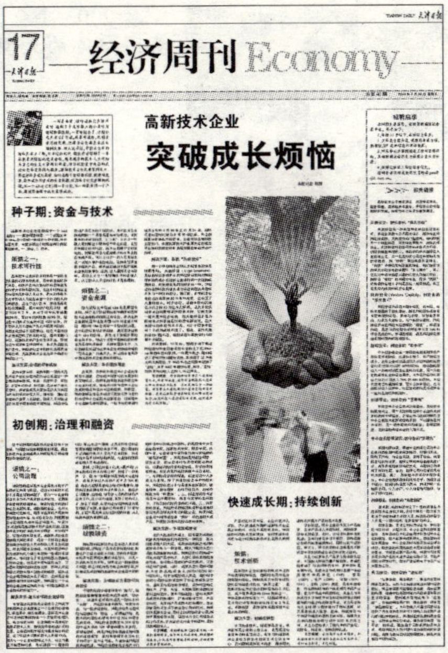

17 经济周刊 Economy

高新技术企业

突破成长烦恼

种子期：资金与技术

初创期：治理和融资

快速成长期：持续创新

我希望到经报进修学院去，咱们可以商量。你这边的工资保留，到那边去。当教授也行，当什么也行，适合你呀。**你不能不承认，当下的新闻竞争，拼智力也拼体力，拼经验也拼创新的东西**。如果可能，可以试点性的，形成集团内部主报和系列报的良性交流。大家不是看着《每日新报》、《天津青年报》、《假日100天》好，可以交流，试试，我觉得可能有好处。《每日新报》、《天津青年报》、《假日100天》的优秀同志也可以到大报来干，因为大报更要求建设一支政治精、业务强、纪律严、作风正的优秀队伍。这些话是对整体说的，更是对机关报的同志说的。这是改革方面我的一个基本的想法。

但是我想，任何改革不可能都是轻松的，任何改革都要触及一些利益，部门利益、个人利益，但是部门利益、个人利益要坚决地服从报社的整体利益。为什么？可能你这个利益保住了，你舒坦了，但是我们被其他报纸打败了，我们整体没饭吃了，我们整体的利益失去了。我跟大家讲，得睡不着觉啊，这个竞争是有你没我。利益是牵扯到大家的利益，咱们多一份利益大家都多一份利益，你觉得你不合适了，你合适了整体利益怎么办？你稳当了，整体就没有稳当可言。那天有位副总编辑跟我说，不发展没稳定。**稳定、平衡最终都靠发展，而且是加快发展**。我是一个竞争性很强的性格，对方过年可以吃饺子，但是馅不能一样，顿数也不能一样，大小也不能一样，这是利益，这就是竞争。大家特别要注意，一定要以报社的利益、事业的利益、整体的利益为最高的利益。谁的利益都要服从这个最高利益。

2003年2月12日，作者在津报集团与天津儿童福利院共同举办的大型公益活动“生日，与孤儿共庆”上捐款。

但是我反过来要说，我可以承诺，编委会也可以承诺，社委会也可以承诺，不会伤害大家的利益，或者太大的利益。我不是说人尽其才嘛！说实在的，我刚才说这个地方需要那个地方需要，都是最关键的地方需要。还有一句话，我天津日报培养出这支队伍不容易，《天津日报》好多编辑是优秀的编辑。

基本上《天津日报》这支队伍是有活力、有竞争力，是适应媒体发展的，关键是如何通过调整，通过交流，通过改革，把这种活力激发起来。谁也不愿意老啊！谁都希望自己青春永在，谁都希望自己活力迸射！从这个角度上，我们不能沉寂下去，我们不能就这么憋着。当然有很多问题，版面少，有些新闻发不了，怎么解决？我想可以解决。我今天讲这些话，就是希望大家支持编委会，支持这次改版，我相信这次改革会有好的效果，我相信这次飞跃将是一次质的飞跃。

有些同志还给我写了好多提示，非常好的提示，比如说加大宣传力度，就是加大对报纸的宣传，对《天津日报》、《每日新报》、《天津青年报》、《假日100天》的宣传，包括根据我们的竞争力拿出一些实招，我们出招快，出手高，心齐气盛，点子多。但是同志们，骄兵必败、哀兵必胜啊，我们不能骄傲，我们还得继续二过一、三打一啊。在这个市场上，就得我们说了算。

我们《每日新报》的零售量、发行量、影响力应该说是完全超过了其他报纸，特别是零售量。我们的《假日100天》已经控制了天津周报市场，我们的《天津日报》得到市委的认可，我们的版面，我们的评论，我们的重大报道，都非常出色。《天津青年报》在那么困难的情况下，印刷时间不行，出版时间不行，多多不利的情况下也在一点点往上涨，蚕食了午报的市场。我们一直在一种优势的状态下，如何保持这种优势是要硬功夫的！我跟同志们说，这就是上甘岭，这就是郭建光同志说的，胜利就是在坚持一下的努力之中。我们是竞争的，是讲究领先的，而且我们这几年取得这个成绩不容易，机遇稍纵即逝，城池有时一秒之中、瞬间就毁于一旦啊，防线往往是在你最得意的时候被突破的。大家看看历史，看看解放战争史，就是这样。

保持我们的竞争优势，保持我们的活力，当仁不让。再顶一下，再坚持一会儿，再拼一次就成了。我们积攒的后劲和实力，远远不是几年前。为什么我说要改革、可以改革、敢改革，这和1999年不一样，我们有这个实力，我们拿得出这个成本。我刚才说了，我们有那么多地盘，那么多地方可以安排，我们盈利，我们有资金，我们有这个实力，我们可以做出投入，包括人力投入。关键就是我们这支队伍要强，要有危机感，要有竞争意识。就办报而言，绝不能漏新闻。《天津日报》、《每日新报》、《天津青年报》这三张报纸绝不能漏，我说的考察是综合考察，不是只考察《天津日报》，三张报纸哪张都不能漏！在这个问题上我不听任何解释。

除了新闻问题之外，我们还要解决三个问题，这三张报纸要解决，要注重互动新闻。注重这种互动，《天津青年报》、《每日新报》，包括《天津日报》，有的该集团做集团做，该系列报做系列报做，一定要做大，这是我们的长项。**高度地重视互动，让它产生一石三鸟、一石二鸟的作用，既能提升报纸的影响力，还能推动发行，还能带来广告，还能给大家带来分配**。要高度重视。

对于重大新闻，要超前想一步，超前策划一步。这里我特别强调一点，在市委这边，《天津日报》这边一点不能漏。《每日新报》和《天津青年报》，包括《假日100天》在内，在群众新闻、读者关注的普通社会新闻、大众新闻、重要的经济新闻上不能漏。要三路兵马、铁臂合围、全线压上，一点不能漏。

第三，在改版之前这一段时间，谁要是漏了重要的新闻，一定要重罚，要追究责任。1999年开始我们参与市场竞争，一路冲上，毫不怠慢，毫不懈怠，打到今天。从新闻深度到报纸版面，到经

天津日报
权威媒体 大报风格
新者恒新
中共中央关于印发《中国共产党纪律处分条例》的通知
中国共产党纪律处分条例
第一编 总则
第一章 指导思想、原则和适用范围
第二章 违纪与纪律处分
第三章 纪律处分运用规则
国务院办公厅发出紧急通知要求
开展全国安全大检查
努力防止重特大事故发生
刘胜玉在市广播电视网络整合工作领导小组会上要求
整合广电网络 发展文化产业
黄兴国在本市经济协作工作会议上强调
集中力量抓好对内招商引资
整体推进 协调发展
追求高水平 实现新跨越
本市确定
今年固定资产投资1250亿元
重点建设项目42项
今年城建投资400亿
兴建45万平方米社保住房
两年内解决双困户住房问题
世界杯外围赛开门红
中国队1：0战胜科威特
全国媒体热评
津报集团办大赛
携中科之战获胜喜悦媒体兴奋点
投向世界杯外围赛中马天津之战

营宽度,我们一路领先,这是第一仗。第二个回合来了,第二个回合只要我们顶住了,只要我们城池不失、寸土必争,只要我们有强烈的竞争意识,办好我们自己的报纸,研究新闻的媒体动向,不断地创新,我们就能决战决胜。

1999年是改版年,2000年是整顿年,2001年是发展年,2002年是整合年,2003年是升华年。升华,跨越式发展啊。明年的12个字,社委会还没有讨论,还要调整,但是我想基本上是12个字:**深化改革、团队精神、跨越发展**。**深化改革就是把深层次的矛盾一项一项地解决,让机制和体制同时和人一样焕发出活力、竞争力,把管理真正做到位**。**团结协作,一定要讲团结讲大局,讲团队精神,讲集团利益**。有的部门不团结,互射点球,天津日报以前是这样,现在不允许外战外行、内战内行,必须讲团结,讲大局,讲立场,讲风度。只有集团利益和大家利益是第一利益,任何个人利益都要服从这个利益,团结就是力量,团结出生产力,团结出发展力,团结出干部,团结出人才。

成本问题我再多说一句,明年还应该是成本年,要真正地研究成本。省下来的钱就是挣的钱,要艰苦奋斗,降低成本,开源节流。升华年要考虑成本,今天不讨论这个问题。

跨越发展根本的带动力是什么?是报纸。办好我们的报纸,这是我们的核心竞争力。那么办好我们的报纸,一个核心的问题是办好《天津日报》。日报办好了,就对系列报形成了带动力,我们是"天津日报号"啊,昂势起飞,隆隆掠过,下面是战车滚滚。办好《天津日报》,办好系列报,通过内容的提升,通过版面的调整,通过我们整个新闻资源的盘活,形成我们无比强大的竞争力。

我希望每个同志都理解今天我说的这些,我也相信尤其是在座的中层同志、老同志,跟我一起干过来的同志,我的兄弟姐妹,理解我的一番苦心。在这个问题上,我们大家没有私怨;在这个问题上,我没有个人利益;在这个问题上,我们根本的利益是一致的。我相信,《天津日报》这次改版和改制结合将会产生良好的效果;我也相信,我们一起努力,就会使集团在改革和发展中形成一种新的平衡和稳定;我相信,天津日报2003年确实是升华年,确实是顽强的领跑者,确实能再创奇迹!

(2002年12月23日根据录音整理)

关于新传媒理念的对话

——在《天津日报》改版会上的对话

2003年9月《天津日报》第三次全新改版前夕,作者以对话会的形式与各版面负责人针对每一个版面进行显微剖析。这次改版是按照中共中央政治局委员、市委书记张立昌提出的“与时俱进,办出大报风格”的要求,以“权威媒体、大报风格、高端互动、国计民生”的报纸定位为切入点,在操作取向上突出权威,强化深读;突出经济,强化人物;突出形式,强化风格,进一步体现党报新闻宣传的感染力和说服力,进一步增强新闻宣传的时效性和针对性。在凝聚整个团队力量的又一次“专家查体”之后,使《天津日报》的办报思路得到再提升。一张定位准确、功能优化、亮点鲜明,强调创意、突出策划、表情丰富的极富表现力的全新党报呈现在读者面前。

张建星:今天编委会在这里开的《天津日报》全体编辑记者会,既是一个情况通报会,也是一个全面改版前的对接会、对话会。改版运作已经有多半年到一年的时间,总而言之一句话,大家看看现在媒体的变化,包括期刊的变化,连《世界博览》、《传媒》杂志这些原来坚定不移不改的期刊、报纸,都在十分深刻的调整中。开始我也不想多说,反正是必须要改了,好赖这一段时间在人事调整、人事变动当中,大家都抱着对报社事业负责的精神,一种好的状态,一种顾全大局的风格,服从、支持编委会的各项决策,不论我们的编辑、记者,还是我们的中层,在这次人事调整中都体现出了天津日报人长期形成的好的传统和好的风格。

16 编读有约

经营媒体的策划高手

没有效果的策划,再好也是纸上谈兵

努力将国际最先进的策划营销理念融入到每一个细节当中

链接

天津市工商行政管理局 公告

天津市合瀛通达商贸有限公司

天津国贸国际货运代理有限公司

我觉得这次改版是一个重新打造报纸、重新打造个人的机会。我们今天在座的这支队伍,不比任何一张报纸的队伍差,无论是政治素质,还是业务水平,无论是事业心,还是境界,都是一流的。这支队伍是我们《天津日报》的原班人马,所以我们也想通过这次改版显示一下我们的能力和水平。这张50多年的机关报,这张培养了我们几代人的报纸,这张天津日报报业集团的母报,真正在天津、在全国,打出自己的风格和水平。

从战略上讲,今年其实有两件事是有决定意义的。

2004年10月，德国慕尼黑市市长克里斯蒂安·乌德成为津报集团特约撰稿人。

一件事就是，我们的广告一定要按社委会的既定目标、确定的数字全面完成。现在我们《每日新报》广告已经遥遥领先对手3000万到4000万，如果我们日报按既定目标完成计划，《天津青年报》、《假日100天》按计划完成，那么经济这场仗，这场决战决胜的仗，我们就打赢了。

第二件对《天津日报》具有战略意义的大事就是《天津日报》改版。这次改版将形成天津日报整体优势、后发优势，将形成天津日报整个集团在天津媒体，在天津传媒界的绝对垄断地位和优势。和前者广告比较起来，我认为天津日报这次改版更具有重大意义。这次编委会，包括社委会，包括我个人，下了决心，如果不下大的决心的话，没有这么大的干部调整、人员调整，这在天津日报历史上，至少近20年历史上，是最大的一次调整和交流，而且这次调整和交流平稳地过渡，为整个天津日报报业集团的整体交流打下一个好的基础。**公平竞争，竞聘上岗，能上能下，内部交流。这就是机制做活的标准**。那么在这个平稳交流之后，如果《天津日报》改版再获得成功，有一篇小说叫《西线无战事》，那么明年肯定是北线无战事，明年无战事就比较平静了，这样我们就可以调整我们自己的一些事情，做一些我们自己想做的事情。所以我想这次改版要改就大改，要改就要有突破性的变化。

还是1999年的思路，从形式入手，从风格入手，从变化入手，然后切进内容。而这次切进内容的变化是一次深度切进。今天有一个安排，这个安排就是想听大家的意见。包括咱们编辑、记者的意见，大家有什么问题也可以向改版小组，包括我本人提出来，咱们今天是关上门，知无不言，言无不尽，有什么想法，可以在这个会上交流。有的问题比如改版当中的一些问题，不会一次性解决的，会在逐渐的改版调整当中去磨合。那么现在先请林楠讲一下改版整体设想吧。

林楠(《天津日报》出版中心主任):《天津日报》2003 年改版方案:**在报纸定位上,是权威媒体,大报风格,高端互动,国计民生。操作取向:突出权威,强化深读;突出经济,强化人物;突出形式,强化风格**。

张建星:有两点我想跟大家说明一下。**头一点就是"高端互动",这个没错,定位要往上走,《天津日报》一定要往上走,坚定不移地把握高端定位**。那么"高端互动"是一个什么概念呢?从集团的整体安排上讲,《每日新报》是一张都市报,是一张纯市民的报纸,是"主流媒体,大众新闻"。我讲它的定位就是趴到底儿,就是这张报纸一定到底儿。我们未来的《天津青年报》呢,是稍微比《每日新报》高一点的层次,都市白领报,就是稍微高上一点点,不能太高,它还是一张广泛大众的报纸,**准确地说它是城市报**。那么日报和这两张报纸的区别呢?日报一定要站得再高一点,我们一些版面设置就是要体现这一点。制约这个"高端互动"的有四个字——"国计民生",就是**任何一张报纸都不可能,也不应该脱离最普通的读者,都不应失去它应有的对读者的服务性**。日报在这一点上怎么做?除了健康以外,我们更重要的是在国计民生这方面回答读者的咨询,作最权威的政策解析、拆析。

第二句我要补充的是,突出人物。这四个字大家不要忘了。我希望我们这 16 版报纸充满了人性化,有表情,有感情。最近我订了两份报纸,英文的《虎报》和《今日美国》。大家可以看看这些办得比较好的报纸,还有国内办得比较好的报纸,《经济观察报》、《21 世纪经济报道》,还有其他一些,这些报纸都是以人物为主。《今日美国》,从一版到后边,基本都是人物,当然不是静态的。昨天在泰达看了一份英文的《中国日报》,整个图片的安排除了大的场面图片,基本都是人物。美国的报纸除了大的人物,像布什这样的人物以外,小的人物图片各种版面上都有。**一定要突出人物,强化人物。整个报纸有态度,有声音,有表情。这个表情除了形式、版式风格以外,就是突出人物命运、人物心声、人物动态构筑的那种表情,宽泛点就是体现一种人性化的关怀。以后每个版在做规划时,要把人物这个内容先做好了,做足了**。而且从读者阅读的感觉来讲,比如说我这版人物讲薛凌的故事,薛凌的家人、薛

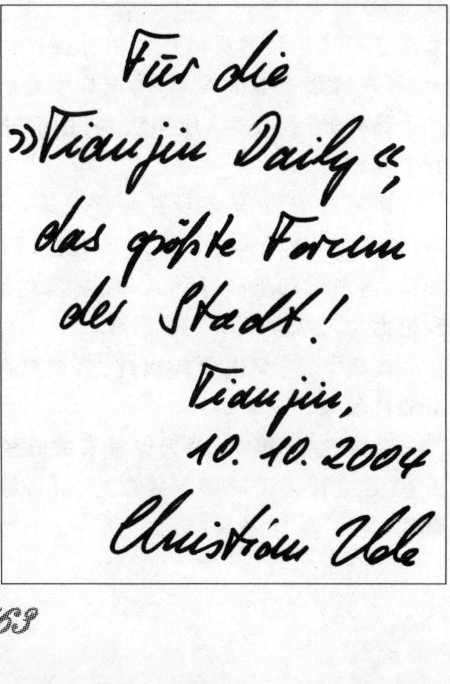
Für die
»Tianjin Daily«,
das größte Forum
der Stadt!
Tianjin,
10. 10. 2004
Christian Ude

乌德市长为天津日报题字:"天津日报,天津人民的心声!"

城市快报 17.
METRO EXPRESS
全线退守失误
冰冷汉城
百密一输
红魔威力不再
曹阳：拿下伊朗
国奥昨夜无眠
技术统计全面落败

凌的同学，所有和薛凌这件事关系紧密的都会关注。还有大家要想清楚，**现在完全进入了一个精英的时代，人性化时代，前者引导社会，后者趋导时代，都是人在互动**。

其实这两年整个媒体有很多种大的变化，一种很重要的变化我感觉到就是整个都在向人性回归，向理性回归。我们在操作新闻和媒体的时候，不可忽视这些东西。1999 年我在这里讲新闻趋同的问题，后来我还讲了若干的观点，但是今天我要特别来讲我们整个的新闻媒体在向人性回归，向理性回归。中央电视台有两个最引人注目的栏目《新闻调查》、《对话》。《新闻调查》是什么？是调查人，是跟人有关的事情。调查的思路是什么？是一种理性的分析。《对话》是更理性的，人在讲，在讲理性的故事或理性地讲人的故事。现在办报纸跟以前不一样了，不像鲁思时代的报纸，只要有新闻，叫抓活鱼，那么现在我可以讲，我们要抓活人。**抓活鱼是对事，抓活人是对人、对心、对命运**。**这跟以前比是一个完全的变化**。**以前只要有新闻就行，是新闻就行，当然现在还要强调新闻，不是忽视新闻**。《每日新报》好看的就是新闻，《天津青年报》最近的变化也是新闻，日报最后要打的还是新闻，只是现在已经完全是理性化了，人性化了。办报没有一种重大的思路在指引，操作前没有很好的定位研究，寻找不到目标读者，将来这张报纸很难办，更很难办好。

林楠：新闻定位：**服务大局，把握导向，政策解析，权威发布**。这是整个改版的宏观定位。

版面设置：1 至 4 版是时政板块，5 至 8 版是新闻板块，9 至 12 版是经济板块，13 至 16 版是专副刊板块。时政板块是要闻，定位是中央和本市重要新闻和书记、副书记以上领导的活动；全国或本市的一些重要新闻；另外尽量让国际的和国内的大事在一版上有所体现。

改版原则：**突出要闻属性，强调新闻个性，增加稿件条数，强化封面概念，做出醒目效果**。

改版设置：**第一，每天保证有独立的新闻照片和新闻题图**。如果国际上有了大事，尽量使用国际新闻的照片，很多报纸，像《羊城晚报》遇见这样的国际大事，都是把图片放在很醒目的位置。这个咱们得试。然后**让照片涵盖国际、国内、本**

埠,以照片的形象语言和画面的新闻性为选择标准,用照片激活版面。第二,国际、国内的重要新闻在一版有所体现。第三,增设有新闻性、有深度的新闻分析栏目,搞活“下三路”。

张建星:《天津日报》改版最难的还是一版。因为机关报一版的规定动作确实太多了。咱们现在一般发到总理,版面只能满足到这儿,因为没有版面。就算总书记出来,总理出来,委员长出来,六个书记出三个书记,一个人700字稿件,再有一个图片,这个图片至少也得四栏片,这样的话,一版整个操作的余地就很小了。我也长期在夜班,我知道这个非常难干。但是我想,怎么难一版也得变,一版不变就等于没变。

我们现在感到新闻有一个好的背景,就是现在市委对日报是很支持、理解的,另外一个,李长春同志最近特别强调了“三贴近”,政府活动一定会慢慢地减少,这是一个趋势。还有一个问题就是我们在领导不活动的时候能为一版提供什么好的内容,好的编排。现在常常是领导不活动的时候我们没什么内容,也没有足够的东西,就是林楠说的一版的“下三路”,就是比较贴近社会的、真正是权威性的新闻。所以我想这里边有三个地方要强调给一版,一个就是图片,应该有好的人物图片;一版上一些好的新闻栏目,随时可以突出;三,一定在标题上变。除了市委规定的不能动的,所有标题都可以变,就是把它变得更像新闻题。这对夜班编辑来讲是要吃功力、改习惯、变观念的。因为我们现在做的那种标题是近道儿,是熟道儿,咱们一做就是个工作题。我不是说大家,我坐在一版的位置,情不自禁地、不可抑制地、习惯性地就起那种最水的工作题出来。这是什么原因?它是跟整个版面的氛围有关的。那么我们刚才说的标题、图片、新闻速写这类快餐式的新闻,把整个氛围托起来,让能生活化、能新闻化的全部新闻化,要逐渐地调整领导活动的稿子。所以我想,图片还有快餐式的新闻,再加上新闻标题,可能我们这个一版就能更活一些。甚至我原来总想把国际新闻摆到一版来,现在我想也不这么改了,因为暴力的东西要少报。但是我坐在总编的位置上,我也想,从新闻来讲,摆在一版应该很好看。但是这个东西摆多了是不是会有人模仿?中国跟西方可不一样,中国吃不起这个,美国、印度对爆炸事件司空见惯,中国那么多人口,密度那么大。但是我想就这样,还是把好看的国际新闻摆在一版上,比如说朝核会谈。这可能也是确保我们一版调整变化的一个出口。

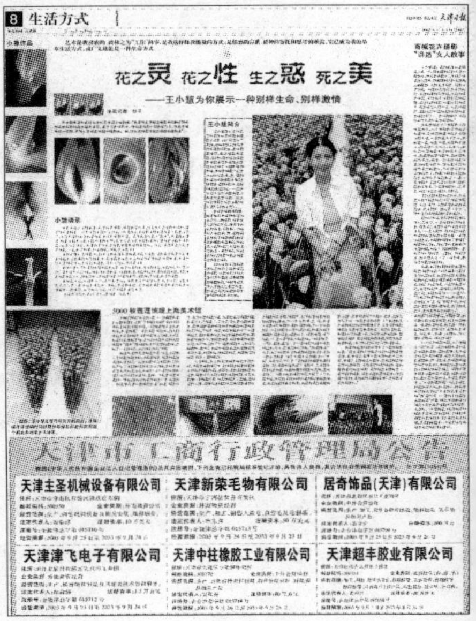
8 生活方式
天津日报
花之灵 花之性 生之惑 死之美
——王小慧为你展示一种别样生命、别样激情
王小慧简介
小慧语录
天津市工商行政管理局公告
天津主圣机械设备有限公司
天津新荣毛物有限公司
居奇饰品(天津)有限公司
天津津飞电子有限公司
天津中壮橡胶工业有限公司
天津超丰胶业有限公司

林楠：开设新闻调查、记者手记和数据解析等一些新闻性强的栏目。

张建星：这些栏目要落实到相关的部，因为有些部可能活少，这个就交给他们。别的部有稿可以供给他们。比如说数据解析落到搞统计的这个部里了，新闻调查我看就落到穆秀玲那儿。落到谁那儿谁就主持这个事，有版面的时候，你部里的记者一周不低于两篇稿给我。落实到谁是最重要的。

林楠：二版要闻，其实还是现在的要闻版。在定位上，还是副市级以上的领导活动，各口各条战线上的新闻。因为这个对于咱们订报也很重要。但是要改变原有的工作报道模式，既体现党报的特性，又要强化新闻属性，强化新闻的提炼，增加言论的力度。二版恢复"今早相会"栏目，这是一周三篇新闻评论，最好是链接当日新闻，打破地域概念。

张建星：现在《每日新报》和《天津青年报》都有言论，《天津青年报》是每个版都有。现在很多报纸，包括《北京晚报》，包括《深圳商报》，都有专门的言论版，就是整版都是言论。当然机关报做言论有一个难度，就是管得比较严。言论这个东西绝不能出问题。二版这个"今早相会"专栏，一定是跟新闻、跟生活、跟老百姓密切相关的。所以说这个专栏也很重要，要办好，要坚持。这个专栏什么概念呢？现在新闻强调声音，强调立场。除了这个意义以外，我们为什么要在二版上搁一个"今早相会"栏目呢？就是想把这个版激活、把这个工作版撕碎，撕开一个口子，没有这个栏，这个版很可能就那个样了，我把这个栏目镶在二版上，对编辑来讲，就要重新布局。

刚才林楠讲了一句话可能大家没怎么在意，就是各部主任，包括编辑记者，一定要改变一种写法，包括领导活动。这一点我们不妨向其他报纸学习一下，向《每日新报》学习一下。特别是向其他报纸学，把新闻做出来。

林楠：第二个就是改革工作性新闻的报道形式，强化新闻特性。另外，增加数字、图表等短讯栏目，使版面新闻实现栏目化。另外这个版还要承接一版的转文。

三版是"新闻深读"，关注热点，关注重大事件，突出新鲜性，做新闻的厚度、关注度和社会性。改版设置：一是解决时政板块新闻好看的问题。新闻深读要办成精品，体裁内容不限，但是必须体现新闻的时效性和关注度。第二，以主题报道为主，采用聚集式报道方式，将新闻做深、做透、做厚。

张建星：这个版将来是卖钱的一个版，这个版我是投入重兵了。这个版将来应当是《天津日报》一个具有开拓性的版。做这个版一定要形成新闻会商制。比如说今天下午开会，经委那儿一个什么重要的政策出台，或者哪个区要拆迁一个最大的片，这些都是可以做深读的新闻，这些东西就需要提前有个会商，研究究竟由谁来做，当时会上定。但是重点在哪儿？**重点在策划，重点在版面，重点在编辑。**

对于这个版，大家要有一个全新的新闻认识。这就是深层次的问题了。新闻这么多年的一个变化，就是人性的、理性的回归。但是从新闻整个样式和表现看，现在的变化就是新闻不是最重要的。为什么？我们的网络，我们的电子媒体、电视都是同步信息时代。比如说伊拉克战争，第一时间网上就有了，第一时间电视也都播了。这种电子媒体改变了新闻，改变了什么呢？**就是它把不同介质的媒体的技术属性强加到新闻身上。我不知道大家领会不领会，现在媒体的技术属性越来越重要，比如说互联网，它的快速同步性使最快的新闻都在网上，最快的声音都在网上，最真实的声音也可能都在网上，因为还有BBS。**电视也是这样，比如说水均益在巴格达，闾丘露薇在巴格达，可以在电视上同步播。而平面媒体则受制于这种技术。这次新设备进来，《每日新报》出报可以提前一个小时，但也不过是从8点半提前到7点半，从7点半提前到6点半，它同步不了。那么把**这种技术属性强加给新闻以后，就要求不同的媒体在这种技术的变化之中去寻找自己新闻的那种最终的也是最有效的表现形式。那么怎么办？平面媒体的最大优势是新闻深读，新闻进入了一种深读时代。就是你提供新闻，提供新闻的同时还着重提供新闻的背景，提供细节，提供分析，提供权威的声音，提供本报的立场。这是我们平面媒体和电子媒体可以竞争的一个方面。**

我们跟都市报的竞争在哪儿？机关报，这种大报也在深读。为什么？**第一，这**

天津日报
天津日报报业集团出品
城市快报 明日亮相
高品质 城市化 全新闻
全国报刊管理工作会议在津召开
崇尚成功 包容失败
和平引资协议额29亿
海河春早
口腔临床教学全数字化
技术创新打造核心竞争力
《城市快报》大型活动精彩亮相
真心英雄昨推出
取得五点进展

种报纸的权威性是其他报纸不可替代的，它强调的一定是权威的声音、真实的声音；第二，我这张报纸提供给读者的一定是更深层次的、带有背景分析、带有细节扩张的这么一种新闻。《北京青年报》有这样一个特点：新闻多，独家新闻多，深度新闻更多。这是它成功的一个原因。所以我觉得，从我们平面媒体来讲，新闻确实进入了一种深读的时代。而且我们要特别理解新闻深度的真正特性或叫属性，那种属于质地的东西。这一方面要进行深入的研讨。

林楠：四版是"国际新闻"，主要定位在国际时政新闻，强调时效性、事件性，做到快速反应，独到视角，强化新闻包装。改版设置：选稿是以新闻事件的震级和重量为标准。

张建星：我随便举一个例子。比如说今天什么也没有做，"新闻深读"做什么？在我的脑子里，最关心的是两个新闻，国际新闻我关注朝核六方会谈。那么好吧，这个政策性太强，不好做。那么做什么呢？国内新闻我觉得打造、改造60所中小学这个头条不错，这个就可以深读啊。深读什么呢？我就想，我作为家长最关心什么，比如说示范校究竟操场有多大，地面有多平，热水怎么供应，桌椅板凳什么样等等。那么好吧，我就把你改的什么地方、改的什么标准登出来。你说这种新闻出来家长们能不看吗？这种新闻深读再加点其他的东西，它是其他的媒体做不到的。我今天在这儿说一句比较武断的话，新闻不见得天天有，但是值得深读的新闻一定天天有，就看本事了。

林楠：广泛开辟稿源，应该有自己的声音。开设日报的国际评论栏目。另外一个是加大信息量，强化图片的表现力，做出新闻的冲击力。对热点问题迅速做出反应，设立专家观点、专家连线等快速独家报道，体现日报国际新闻的独到视角。

张建星：现在跟有些报纸比，我们国际新闻是弱的，但是从历史上看，天津日报的国际新闻是强的。今天这个会议结束以后，改版正式开始推动以后，花钱请监测机构，这是第一；第二做读者调查；第三，我们内部监控。三条路一起来决定版面的好坏、去留，来决定这个版面总监、主任、编辑能不能在这个位置上坐着。为什么？大家看今天广告占了我们多少版面？我终于想明白了一个问题，**只有新闻扩张，广告才能扩张，只有广告扩张成功了，新闻才算真正成功！**我为什么这次不惜加大成本给它做足16个版，周五还做20个版？这在国内机关报中是少有的。但是条件是新闻要表现好，表现充分。现在老百姓太关心国际新闻了，我都想把《天津青年报》改了，后来这个名字重了，叫《新闻与世界报道》。国际上多少大事啊，人们太关心这个了。我看比经济全球化走得更快的是新闻全球化。我对出版部提出要求，这是一个要全力打造的一块版。没什么理论可讲，就一条，把今年的国际新闻表现好，表现充分。

林楠：5至8版是新闻板块。5版就是现在的都市新闻，改成"城市社区"。定位：关注都市现象，强调可读性，关注社区，关注基层有新闻性的人物。以刊发本埠新闻为主，关注城市脉动，弱化一般性社会新闻，提升法制新闻的高度，加大社会新闻的社会性和关注度。做出封面效果。

张建星：1版、5版、9版、13版摄影部每一张皮儿都该给我一张好照片。但是我现在对大家说，你只给我两张，就是1版是最好，是优A，5版你给我来优B，其他的暂时是优C，但一定要是优。1版、5版这两个皮儿的封面效果是非常重要的，表现的全是人啊，咱们做新闻要体现人，做其他版要体现人，不能是物不是人。图片绝不能太静。

就图片来讲，有多少足够表现的场面啊！伊拉克被炸，咱赶不上，万豪酒店被炸，咱也赶不上，好不容易赶上一个飞越长城，拍得还不错。场面不容易赶得上，那么怎么办？回归人物。如果《天津日报》做到，回归人物，回归人性，很可能和其他报纸就不一样了。

特别是有些新闻周刊，或者后面的专刊，你别给我放场面的片，别给我放艺术片，你一周、半个月一块版，就那么一块版，确实得把人物表现好了。

林楠：改版设置：开设"主题城市"，反映城市主流和脉动，反映教、科、卫的新闻，百姓关心的民生新闻，社会性强的新闻话题。加强编辑点评，引导阅读。开设个性化专栏、言论、新闻现场、第一时间或者以记者命名的新闻栏目。以都市写真的方式放映都市新闻和现象。加强对有新闻性的社区人物的关注。

张建星：这个版的版头叫"城市社区"。为什么叫"城市社区"？我给大家说一句话大家就都明白了，我们要高度关注社区这个概念，这是现代高度文明的一种标志，一种真正城市化的标志。在美国，政府强调最多的是社区，特别是新社区。**胡锦涛同志2000年到天津视察时，专门讲了一段话是关于社区的**。当时我就特别注意这段话。**我们的发行要有一种新社区的概念**。为了强调这个新社区概念，我们组建了一个新社区公司。综合新闻部将来要特别关注这个方面。

实际上我们也在改变一种城市管理观念。所以我想这一点非常重要。做这个版一定要体现社区，而且这是我们的一个发行空白点，通过这种新闻的开掘，达到和发行的互动，开掘新的发行市场。

林楠：6版是"中国新闻"，就是现在的国内新闻。这个主要是加强和全国其他兄弟媒体的协作机制。上次张总提一个"天南海北协作网"，采取和别的报纸同

作者与同事在一起。

时的互动。

张建星:《天津日报》、《南方日报》、上海、北京,加上浙江、海南,天南海北,叫"天南海北协作网",这是我突发奇想。中国就这几个点是最活跃的经济带,把这些地方链接起来,对我们新闻,很可能对我们将来其他的事情,比如广告,都带来很大的影响和变化。

林楠:7版是"海外纵横"。定位是:沿用现在"海外纵横"的品牌,但要拓展现在"海外纵横"的定位,以做社会性国际新闻为主。改版设置:增加原创国际新闻,开设本报编译栏目,关注国际社会、国际经济。

张建星:这里面有很多新闻可以做。最近有一条消息我特别注意,阿罗约她丈夫洗钱,阿罗约有句话说,没事,你们办他,我已经嫁给了国家。我现在就随便想,比如可以做一下世界上像这样刚强厉害的女人究竟有多少?总之,新闻很多,关键在发现,在判断。

林楠:关注国际社会经济、科技,还有事件的背景、故事。建议开设"天下悬念"栏目。再一个就是关注国际热点人物,完善国际人物资料库。4版的"国际新闻"是注重事件性、时效性;7版的"海外纵横"则应强调可读性和信息的含量。

8版是"体育新闻"。定位:突出精彩赛事,突出可看人物,突出可看性。定义狭义新闻。版面设置:体育工作性新闻可放在2版,社会性强的新闻可以放在城市社区版,重要性事件可做新闻深读。

张建星:一定把工作新闻往2版挤,包括文艺的。我们要高度重视体育工作、文化工作。把新闻往前提谁都不会有意见,有关部门不会有意见,读者更不会有意见。往后边就做成完全体育的和娱乐的。

林楠:根据狭义体育新闻的定位,要突出鲜活和独家,以可读性为第一标准。增加体育评论,建议专人承包体育言论栏目,要轻松活泼。

9至12版是经济新闻板块。9版是"日报产经"。"日报产经"版面定位:强化经济新闻特性,提升新闻的经济含量,服务业界,紧跟经济热点、市场新现象、行业新动态,做出封面效果。

张建星：经济部总嫌部门的版面少，10 版也是经济新闻，我就担心你们做不起来，做不出应有的本色，做不出真正的封面效果，做不出应有的鲜活和深度。这次我突出经济。现在日报定位在哪儿？没有比经济更重要的了，都是拿经济说话，而且天津又进入了这么一种现代化建设的新阶段，有了这么大的动静和后劲，那么经济新闻一定要加量。但是长期以来我们的经济新闻、工作类经济新闻、传统式经济新闻充斥着版面，经济新闻不仅含金量不高，数量也不足。

我丑话说在前头，如果这两个版做水了，我就停 10 版，我就给市内六个区做发行了。但是我希望这两块版做好。尤其是 9 版的"日报产经"。我给大家说个潜台词，跟我不错的人全部办产经杂志和报纸了，比如胡舒立。当年我办了份《北方市场导报》，胡舒立、鼓波、陈西林都来帮忙。"日报产经"什么概念？庞晓敏的"经济特稿"我想将来就做成周刊了，有多大能量就加多大，4 个版、8 个版、16 个版都行。这个"日报产经"，我一直想把《天津日报》的牌子打出来。我想做一本杂志，非报非刊的杂志，但是我得先把这个品牌做出来。"日报产经"是非常关键的一个板块，立场、声音、表达全是日报的。原来不是老说口少吗？口不少了，全在那儿。关键是不能漏。在不能漏的同时，提供一版二版新闻的同时，把经济版真正做好。

这次改版有几大亮点，3 版是"新闻深读"，然后是"城市社区"，再后面是"日报产经"。"日报产经"是这次改版的重中之重，是改版的点和眼，一定要真正做好。

林楠：定位是在广义的经济新闻，关注宏观动态，关注产业变革，关注市场晴雨，解析新闻现象，突出服务深度。10 版是"日报财经"，现在改成每天以主题板块的形式出现，一共是 4 天 4 个中心板块。周一是中小企业，创业新闻。

张建星：这个非常关键。一个城市进步的标志、经济成熟的标志就是是否有大量的中小企业成熟涌现。不是你有多少大型企业，更重要的是你有多少好的中小企业。芬兰有大企业——诺基亚，上次访问芬兰，他们的外

2003 年 9 月 8 日，《天津日报》全新改版。改版后的报纸越来越受到广大读者的欢迎。

交部长对我说,为什么代表们去诺基亚参观时,他们都是公关部人员出来接待,而不是他们董事长、总经理、办公室主任?今天诺基亚在股票市场的市值是芬兰全年国民生产的总值。什么概念?芬兰在欧盟里是排名在前边的国家,这样一个国家,作为国家母体,其孵化器是中小企业,大量的中小企业。上海有那么多大企业,但上海最发达的还是中小企业。美国做得最好的也是中小企业。天津这次市委八届三次全会确定了五大战略举措,其中之一就是中小企业。所以我想中小企业是非常重要的。从一个城市来讲是这样,从我们的广告和发行来讲更是这样。所以,这个版究竟怎么落实,总编室、改版小组、经济部等有关同志都应研究这个事。

大量的中小企业在区街,它们已经落户在区街了。这个版一定要有策划人在里边,策划人很重要,等这个版一出来,必须叫它亮亮堂堂的。这个版必须越做越好,成为中小企业寻找政策、回答问题、创业成长、了解市场、增长知识的一块版。

林楠:周二是“金融投资”。周三是“城区经济”。

张建星:城区经济与中小企业又有不同的地方。天津的城区经济有一个非常重要的特点,财政划分上有自己的属性,区里最富,市里是最穷的。所以,这个区街经济我想做好它,就做市内六区。

林楠:周四是“滨海新区”。“经济新闻”版就四天。

11 版是“娱乐新闻”。“娱乐新闻”的改版原则是:针对日报的读者群,突出娱乐性新闻的特点,强调可看性和独家性。好看,可读,在满足娱乐要求的同时兼顾思想性。建议开设“今夜看点”,介绍 9 点钟以后的视频看点。文化的工作性新闻放在要闻版,社会性强的新闻放在都市版。

张建星:“滨海新区”这个版没人,现在要制定政策。我欢迎大家竞标,现在就是在跟广告、发行在谈。谈完以后就交给制片人来做。战略东移、制胜一招、开放前沿,“滨海新区”一定要做大,做大的同时是做实。

“滨海新区”这个事也是报社要做的一件大事。这个站完了以后是北京记者站,将来在上海、广州都要做记者站或叫办事处,但是滨海新区这个事是个大事。我希望大家竞聘滨海新区记者站站长,责权利统一于一身,条件就是做好,让开发区、滨海新区认可。

林楠:12 版是“天天健康”。“天天健康”强调新闻性,不是周刊,是面向日报读者群,关注健康话题,关注健康现象。改版设置:以健康的现象、话题分析报道为主,强化鲜活、服务性和关注度。

张建星:这个版可是要命的一个版,既要做成新闻,还要完成广告。其实我们今天开这个会研究的是什么?研究的不是版面,是研究如何配置新闻资源。**当我们把新闻当做资源来配置的时候,整个的概念和本质都发生根本性的变化了**。新闻不是资源吗?《每日新报》要花钱给有关部门买新闻!在西方国家,重要新闻是要花钱的,比如说这次朝核六方会谈,我听说重要的饭店,包括钓鱼台,都是高价。新闻是有成本的。

4 国际新闻
日本一地方法院
判中国劳工胜诉
欧盟任命
反恐协调员
10名俄军士兵
车臣触雷身亡
克里获民主党巨头支持
美军士兵抵伊第一课
参加防止自杀学习班
派往伊拉克
自购防弹衣
美研究人员
在更多食物中
发现致癌物

这次改版我特别强调的是以新闻资源、版面资源配置人力资源。“天天健康”我们要的就是这种资源的整合。把广告资源、新闻资源、读者资源整合在一起,这是浅层次的,更重要的是我把这种资源变成了内容资源。就是说如果把这个版办好以后,至少能够像《北京晚报》“健康快车”一样。他们不是出什么洪教授、马教授那么多书吗?将来“天天健康”到一段时间后,出《天天健康老年专题》一本书,《天天健康疑难杂症》一本书,《天天健康胃病护理》一本书,等等。谁说这种内容资源不能外延,将来专家的书能不能出?将来“天天健康”能不能当一本杂志来做?而且名字也好,“非典”过后,大家对健康都非常重视。原来我想叫“非常健康”,后来我想不如叫“天天健康”,天天健康天天快乐!哪个读者不想天天健康呢?这是惟一一个5天的版。

林楠:13到16版是专副刊板块。周一是“学习周刊”,13版“理论创新”,14版加一个“厚书薄读”和“读书”倒换着上。

张建星:“厚书薄读”非常重要。它是完全定位在经济管理上,不读小说,不读历史,没有风花雪月的事儿,全是发展的事儿,全是经济的事儿。这个版是一个高端读者的版,现在是半月刊。我想《天津日报》的读书版就做“厚书薄读”,如果还有读书类的,将来还可以再分。如果一周一本,一年52本书。52本之后可以编成书,这就有点内容产业的味道。一定要让企业家爱看,检验这个版就看这些企业家爱看不爱看,就是高端读者爱看不爱看。

林楠:15版是“文史”版,16版是“海河之声”。

张建星:我以“海河之声”为例,前12个版都有版面空间,重要的周刊版也要有版面。这次改版特别强调突出形式,一定要特别好看。一定要强调版面语言,强化版式风格,强化特刊个性。出版部的编辑要争点气,一定要把夜班工作做好。这是第一。第二,要提高自己的水平,真正有创意,你编的版让人家看着真有激情。多拼一块版,按照《天津日报》的规格给你一块版面的钱,多劳多得。有的部做不了版,你就认了,给夜班编辑做。版面不是闹着玩的,太需要灵感、太需要创意了。

林楠:“海河之声”要做到监督有主题,有社会性,有力度,有回音,体现大监督特点。

张建星:舆论监督一定要做起来。这里有两个工作:一个是公开登报批评;另一个,真的抓住老虎尾巴、兔子尾巴老鼠尾巴的时候,打出样子来。引而不发,不发也没事,吓他一跳,让他改了就行了。

林楠:舆论监督还得有度,还要加以研究。周二是"经报学院",定位在应试教育,以选读性和可读性取胜,是小教育的概念。

张建星:这个版很有意思。"经报学院"究竟怎么做?既要服务于普教,也要为企业界、政府部门中到了一定年龄的人提供一种教育机会,注重深度,注重知识。

林楠:14版是"教育视点",主要是素质教育话题、终身教育引导、先进教育理念推广,是大教育概念。15版是"满庭芳",16版是广告。"满庭芳"还是现在这个定位,主要是提升品位,提高耐读性。

周三是"天津郊区"4个版,周四是广告4个版。周五13到16版是"北方周末",13版是"封面人物",14版是"法制在线",15版是"一周资讯"。"法制在线"主要是关注大案、要案、典型案,以案说法,注重法制,做出可读性、典型性,力求有分析,做深做透。

张建星:现在就是竞争。有时候不能光就高不就低。有些内容应该是高端客户也关注的,这个内容就先做。但是有个要求就是要能回答一些问题,要有一些解析,要有一些深读。有的新闻还是要八卦一些,要迎合一些,因为总是要有广告,有读者。

林楠:15版是"北方周末"、"一周资讯"。"一周资讯"主要是展讯、演讯、旅游等信息。周六是"每周活页",一共4块版,5版是"娱乐广场",6版是"生活频道",7版是"休闲假日",8版是"百科之窗"。

张建星:这四个版也需要策划人,也是很重要的。重要在哪呢?大家知道我们《天津日报》周六、周日的版没有卖点,体现在什么地方?就是谁都不在这儿做广告。这跟我们公费发行有关系,但是我想,我们最终是要把周六、周日这两天的报纸做好。那么先从哪动呢?我想先从周六动,

除夕夜,作者与津报集团社委会成员慰问坚持在一线的工作人员。

做出一个样子来，就是把它做得更适应周六这种色彩。做这个版的同志一定要研究一下星期天的《北京晚报》，我认为《北京晚报》是特别会做这样的版的。所以我希望周六“每周活页”这四个版真活起来。我想用一句话比较形象准确地说一下想把它做成什么样子，就是做得更像晚报。做好了利益也上来了，广告也上来了。可以分成。周六做完了再向周日进军，不能总像现在这样。

林楠：“娱乐广场”主要是文体的娱乐新闻。

张建星：你这个娱乐和文体不一样，要真让人娱乐。默多克有一句名言：新闻就其本质是娱乐的。我认为有一定道理。原来文化部的娱乐版也不错，但是那个版有一个非常重要的缺陷，就是一个应该非常动感的版，做得非常静。这个版应该动感很强，本色版，跳跃版，男生女生，动感明星。但是以前这个版给人感觉太静，有时候静得让人不能读。我不主张做这样的娱乐版，这样的版不能让读者真正感受到娱乐。不同的版有不同的版性，要找到版性，哪个部分是最活跃的部分，是最能激活读者的部分。“每周活页”这个版一定要爆发活力。弄好了，这四个版给足够的政策。

林楠：16 版是“编读有约”，7 版是“满庭芳”。8 版是“综艺长廊”，有“摄影”、“春秋笔”、“收藏”、“日报画廊”轮流。16 个版基本就是这样。

张建星：“综艺长廊”我建议这个版一定要做有市场的，就是做市场需要的，能卖出去的，展和卖是在一起的，不要登有行无市的。也许这就是这个版的一个基本定位。

林楠：周五的 17 版到 20 版是“经济周刊”。定位是背景新闻、深度服务、人物报道、娱乐财经、服务业界、强化人物。

张建星：希望这个“经济周刊”最后是扩 4 版到 8 版，明年上半年应该扩到 8 版，最好扩张成一个本儿报，那样整个日报的分量就上去了。开始没什么太大压力，做好新闻就行，后面希望和整个经营结合起来，报道的企业家凡是够上你这个版的一定是重要人物、重大事件。研究一下《经济观察报》，如果再做得稍微好一点，我认为《中国经营报》，这两份报都在边界之内。就版面来讲，介于现代和传统之间，人物既前卫又实用。《21 世纪经济报道》也很不错，就是离政治太近，这个周刊主要做特稿。什么是特稿呢？美国获普利策奖的基本都是特稿，刚才我说的新闻深读和其他东西都和特稿有关，而《经济观察报》这些报纸也是以特稿见长。《天津日报》在特稿上是个弱项，我们要学会写特稿。如果这四个版做好了后，我想以经济为标志可以向其他版扩张特稿，比如说特稿最好的一个例子，**做访谈，这方面应该从你那个版突破出来，访谈是真访谈，问题问在节点上，回答回在卖点上，所访人物是尖端人物，出来的记者是高水平的记者，是主笔水平的大记者。没有一般性问题，都是个性化问题，没有表层问题，都是深层问题。从现实切**

入,关注未来趋势。我希望我们的记者能直接和摩托罗拉的总裁说英语,直接对话,直接访谈。而且,做好了,专门为经济特稿做一个发布,你这个部还要和总编室负担起报告会,最好叫日报周刊报告会。讲经济,稿子直接进入经报学院。比如这次海泰、百货大楼借壳上市,这件事在天津确实很有意义。天津真正意义上的上市公司,资本运作做得比较好的不多,这件事可以做经济特稿,既告诉人家这件事,又告诉了人家怎么操作。稿子弄好了,企业都会关注。版面研究一下《中国经营报》、《经济观察报》、《21世纪经济报道》。我想我们的副刊按《联合报》的副刊做,这个时代既是创新的时代,也是个抄袭和复制的时代,别人的智慧可以拿来用。

说两件事。一个是"文艺周刊"回到周四看怎么改,另一个"七色社会"没有了,但"七色社会"内容很好,看平移到什么地方,因为这个版确实有很多读者,还有一帮作者。苦辣酸甜几种味道都得有,我们的报纸现在阳刚之气太足,唯美之气欠缺,还要有点酸的东西,就是现在时髦的BOBO和小资,还得有点情感倾诉的地方。下面请要闻部谈谈。

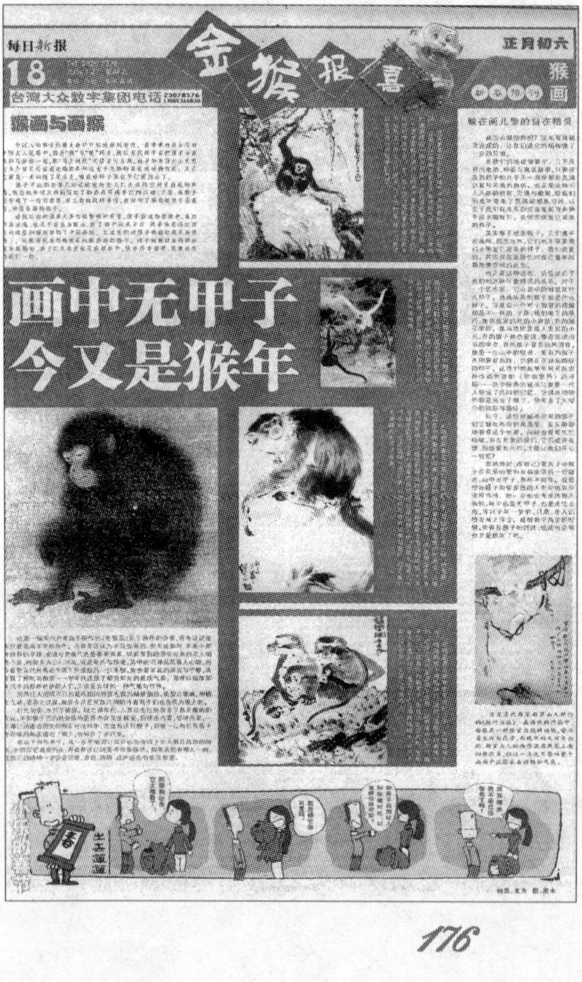

王永亮(《天津日报》要闻部主任):这次改版,觉得对《天津日报》意义很大,突出了日报的大报风范,突出了权威性,非常大气,而且使报纸变得生动好看,很现代,很时尚。要闻部主要负责市里主要领导的报道,这次改版,从要闻部角度讲,是进一步扩大广度和深度。在工作思路上有这么几条:(1)认真报道好几位书记、主要领导同志的活动;(2)做好市里五大机关报道,协调处理各方面关系;(3)组织策划报道好市里重要的会议,包括每年的人大、政协、党代会及重大活动报道，显示大报权威性；(4)做好会议中的新闻，体现日报的指导性，争取在各种会议和领导人活动中发现新闻、提炼新闻，真正把会议中的新闻做出来，不单单是简单的会议报道。

张建星：要闻部非常重要的是：一、每个月向一版提供一定量的言论；二、除了正常报道之外，会议上的新闻不能漏，漏了要重罚；三、努力改造会议新闻；四、担负机动记者部的任务，比如市委全会开完了，搞深度解读版可以和"新闻深读"一块做。重大典型，至少市委、市政府认为是典型的要做好。就机关报来讲，这两年《天津日报》言论多，典型少，要抓重大的典型，典型人物和典型事件。

王永亮：(5)加深对重大新闻、重大典型的报道，体现日报的深度，在各种会议和领导人的活动中，及时发现重大典型，特别是对领导、市委、市政府肯定的典型进行报道。(6)加强与新闻深读工作室的合作，把能做大的做大、做深、做透、做强。

张建星：将来"新闻深读"相当一部分题材是市委、市政府那边的，得做这个，这个东西是互动的，不是单方面能完成的。

王永亮：我们想这六方面，总的想法是首先让领导满意。

张建星：《天津日报》是机关报，时政新闻当然要摆在第一位。任何时候，时政新闻权威优势、特色优势都不能失去，其实这也是我们最大的优势和卖点。我总讲要把优良的政治资源和市场资源对接起来。天津日报的权威优势怎样表达呢？要从要闻开始。要闻部是第一的，一般的不做，还有一个是训练记者，要会写言论，懂得言论，会找典型，善于表现典型，重大典型不同于深度报道，要政治性更强，示范性更大，更能体现市委的意图。重要法规可以解读，特别是和群众相关的。法里面的新闻特别多，要注意开掘。

王立文："今早相会"栏目就我一个编制。

张建星：你是策划人。出版部有任务，找编辑兼职。言论要统在一个人手里，你就是《天津日报》言论的主管。办报纸特别是办机关报纸，第一位的是言论人才。我们的言论从"今早相会"开始，结合新闻，更生动活泼，不同于一版的言论。

林楠：要闻、时事是国际国内，本埠就是经济都市，加上要闻，一共三块。

张建星：出版部就不多说了，把版面总监选好了，然后再给政策，这是第一件事。二，夜班编辑是《天津日报》最年轻的、最富有朝气的，也是《天津日报》精神头儿最大的一支队伍。这支队伍经过两年多时间的磨炼，大家成长得都很好，进步很快，有的同志已经非常出色了。我就想跟你们说几个要求，一是无论多累多忙，都要加强学习，学习政策、经济、法律。甚至夜班编辑可以上学，报社可以研究这事，有学问的人不少，大学者成不了政治家，差距就在识上。毛主席在1946年被围困在延安时就预言，再有一年，我们很可能就夺取全国胜利了。谁都不相信，这就是识。识从哪来呢?还是要学习。第二,一定要特别地研究媒体的变化,关注传媒的发展趋势,这比现在的版面任务还要重要。编辑不是版式编辑,应该发展到编辑是报纸的领导。不研究媒体的趋势和变化,只是一个拼版匠,把握不准报纸的魂。《新周刊》的产品有三种:内容,编辑,概念。第三,我特别希望你们担负的12块版,一定要有变化,一定要打破条条框框。现在有的版面没有跳出《天津日报》的传统版面。我们现在媒体的变化,内容虽然重要,进入了一种深度时代,但是中国媒体的内容要有变化,必须要靠形式带。你拿出什么样的版面什么样的形式,我记者就可能跟进什么内容。1999年我们提出"以图片带版面,以版面带新闻",就是从形式入手进行了第一次大规模的改版,这是《天津日报》的一次整体变化。你们再跟1998年的报纸对一对,以前的报纸没法看了,以前的国际版连图片都没有。当时我就强调两条,废除小花线,不许咬文,所以从形式上改变,小花线没有了。小花线和咬文是什么概念?咬文是典型的四块版面的做法,只有版面少的时候才互相咬。**出版部是最重要的,编辑是最重要的,要牢固地树立编辑第一的思想,这既是一种办报的传统理念,也是一种新的理念,首先以编辑的角色进入报纸,媒体没有比今天更强调策划了,策划就需要强调编辑思想**。咱们搞那么多重大报道,比如"凯歌行进80年"、"50年50版",这不都是策划的吗?!不都是一种编辑思路吗?!

张晓阳(《天津日报》经济新闻部副主任):编委会改版的大思路大方针非常前卫也非常到位。我们经济新闻部这次改版有一个提法是突出经济,确实经济也是非常重要的。我们大的思路是体现大都市经济脉动,展示经济发展活力,把握区域经济走势,增强经济服务功能。具体的工作,最起码的第一点要做到,日常工作分兵把口,全面覆盖,严防死守,不漏新闻。因为口都在经济这了,这是最基本的。

张建星:广告发行都在你这了。

张晓阳:对。因为只有把新闻先堵住,才使其他报纸没有什么可乘之机,这是第一点。第二点就是要强调策划与互动,提升经济报道的水准与影响力。第三是力求信息与深度并举,操作与服务共存。就是希望有及时的信息,有一定的深度,要有服务性。

张建星:刚才说的操作非常重要。

张晓阳:还有一点就是要和部里同志一起策划。为什么要强调策划呢?因为以往工作新闻的东西做得比较多了,而改版很重要的一点就是要在工作新闻方面有所突破,就是把真正的新闻做出来,就是把各个口都伺候好了,让他们满意,让读者满意,那我们报纸也能办得比较好一点,因为广告、订报都在各个口。根据各个口的需求进行一些策划和一些协调。还有一点就是,我们要和编辑部门建立一个良好的沟通关系，因为报纸采编是互动的。刚才张总也强调了编辑思想。我们要很好地领会编辑思想和编委会思想,然后贯彻实施,让记者知道我们经济版的灵魂在哪里。关于具体详细的经济报道的想法，我们想围绕天津经济比较有活力的地方去做一些文章，比如说城建经济，城市大规模建设这方面;第二就是制造业这块,比如说六大支柱产业，电子信息、制药、汽车、化工、新能源等等;第三是金融业;第四是商业物流，天津商业的格局等等;第五是贸易港口,也是天津很有竞争力的一个方面。还有就是科技创新、新经济,涵盖了中小企业。

10 特别报道

天津日报

整体推进协调发展 实施项目带动战略

掀起新一轮对外开放高潮

三个基地 打造现代化新城区

立足经营城市 优化城区环境

招商引资 带动区域经济跨越发展

健全政策机制 搭建服务平台

商业航母快速崛起

构筑品牌新商圈

张建星：要特别关注新经济，这可能是这个版面改造的一个点。你刚才说的那些都很重要。现在经济模式、经济内涵、经济趋向都发生了很大变化,比较而言,天津还属于比较传统的地方,但是不要忽视天津现在的海河和港口经济,它还是一个开放的前沿。另外,不管承认不承认它都是环渤海经济圈的一个中心。这种新经济对天津的影响不会小,只不过我们宣传得不够,发现得不够。我特别担心这个版,我担心两点,第一点担心你们没稿,第二点更担心你们没好稿。这第二个担心是在哪呢?就是这个版很容易在没稿的时候重回老路,又一门一店,一厂一业,又回到现在这样子。怎么办?要找一个切入点,先把它做活,还是以图片带版面,先抓图片,以版面带新闻,抓住点。我想你们从新经济入手,这就要求我们把口的记者,既要把住口,又要理解这个东西,比如奥体中心,奥城这个项目,完全一种纯

的新经济概念。比如说，组成的公司是最大的地产商顺驰、天津最大的金融企业天信、天津最大的媒体天津日报报业集团，是以17.55亿元中标的一个项目。而这个项目除了住宅那部分之外，它还含着体育产业，含着物流配送，含着中心区概念，它的操作方式、它的理念，跟原有的地产开发项目、原有的体育开发项目都不同，这就是新经济的一种。新经济不仅仅是网络和电子，还有其他，比如生物制药、生物工程、公共卫生基础的建设、环保基础的建设等等，这都属于新经济概念。所以我想，包括综合新闻部的记者都可以考虑关注这些新的东西，引导记者去做新的新闻。很可能一做就把这个版的内容给改变了。总在那条路上走不行，要换条路，强制性的。

张晓阳：我们的想法是先确保经济报道的时效性，然后再做言论和深度，这也是非常重要的。

张建星：应该有一篇言论，三五百字的一篇东西。经济声音是非常重要的。因为现在市场在有序和无序之间，需要一些比较理性客观的声音。十几年前我在经济新闻版开过一个专栏，就是类似的。张晓阳你是学这个的，这个东西你可以先独立承担起来。

张晓阳：第二就是经济新闻的阅读应该信息全面，再一点就是观点权威，就是刚才张总说的言论那块儿。体现记者和编辑的思想价值，记者要朝专家型努力。

张建星：信息很重要，得删除无用信息、一般信息。怎么删除？怎么界定？现在有个词非常时尚——资讯，就是我们要尽可能让经过筛选的信息资讯化。

张晓阳:我理解张总说的资讯就是一个信息过滤,过滤出重要的,相对次要的但是读者有需要的也要在这个版上保留。我们对这个版,将来和出版部还要进一步沟通关于阅读节奏感的想法,要么新闻就偏大了,要么就偏小了,我们想大、中、小都有,这样有一句话新闻、标题新闻那种非常直观的新闻,这样版面有变化。

张建星:香港《东方日报》的产经版做得非常好,它的资讯化、深读经济和人物都是做得非常成功的,包括它的经济言论。你们的经济言论也得有。经济版其实是最难做的。

要设计一些好的栏目,要特别注重当天的头条,增加有立场的言论,活化动态性的经济新闻,让信息资讯化。学习一下《东方日报》,它把经济新闻做得很八卦,非常有意思。我们这次改版为什么在版面非常紧张的情况下加了一块经济新闻版,加上"经济周刊"还要多。经济版为什么重要?我是想让它真正体现机关报的权威性。这个时代,只有在经济上有发言权才叫真正的有发言权。除此之外,让企业关注,就是从你这儿能得到东西,不是它表现给你看。我们现在的版是它表现给你看,要你表现给它看,要和传统的经济报道反过来。它做个什么事,登在你这儿。是应该我们表现给它看,做出权威性来,鲜活的、前卫的,不能陈旧。数字化时代,还有物流,咱们现在经济新闻版充斥着过去老的业态。现在别说世界,就是国内业态变化多大啊。这两个版要是做水了,我们这次改版失败一半。

穆秀玲(《天津日报》综合新闻部主任):根据改版方案,综合新闻部是个主供新闻部门,宗旨是围绕城市生活,突出城市管理,另外强化社区服务,注重各方互动,最后是建设城市文明,除了"动感城市"、个性化专栏、"都市写真"外,从内容上包括城区的建设,另外市容管理、环卫、环保、公交、燃气、气象服务等与城市居民非常相关的,还有带动就业、房改、慈善、公检法、社区医疗卫生等。先让记者把好自己的口,不能漏新闻,然后,充分反映社区动态,在改变市容管理观念方面的报道多商量、沟通、策划。我觉得城市、社区的观念,越来越多的工作转到了社区,劳动就业、低保、退休人员、慈善、残联等大量的工作都在社区。另外,城市的户籍制度改革、社区的医疗卫生、老龄化社会等问题应该在社区得到反映。

张建星:我们过去的城市是按单位和军队建制的首长负责制,现在城市建设到什么程度呢?社区已经是城市的主体,政府担当的主要任务就是管理城市,管理社区,而不是管理企业。我们这里一个区就是一个地级城市,人力不够,边边沿沿打不到,主要力量在区委、区政府,区委、区政府新闻是有限的。要能够把区当成一个城市来看,一定把区里的东西做透,而且区里又是我们的发行大户、广告大户。

穆秀玲:另外与电子版合作开展和老百姓相关的网上讨论,互动。

张建星：我一直想做一个版，就是没版面。在《北方市场导报》做了一段时间，因为是周三刊没做下去，这就是“市民广场”。那时是1994年，应该说那时的意识是超前的。现在拿出十年前的《北方市场导报》看，就是现在的《经济观察报》，当时帮我一起做这份报纸的就有现在的《财经》主编胡舒立、《财经时报》总编辑杨大明。

穆秀玲：有一些内容，以前叫老百姓、群众，其实应该是“公民”这个概念，中央电视台有个节目叫《道德观察》，做的都是公民日常生活，强调公民的概念。

张建星：注意社区人物。

穆秀玲：还有城市生活现象，还有类似“公仆热线”、“现场直击”等，强化新闻的时效性和服务性，最终落脚建设城市文明。另外10版涉及城区经济、中小企业、私企，中小企业、私企是一个城市中不容忽视的经济群体，过去对其关注度不够。这个版围绕市区中小企业在发展进程中取得的成就，遇到的困难，折射出的问题，以经济的视角、现代的思维和新的金融眼光去报道，为市区中小企业发展助力，并且培养本报新的目标读者群，扩大本报的影响力。

张建星：这点非常对，这是一个大概念，我们这次改版就是用有限的版面开发吸引新的读者群，或叫培养新的读者群。新的读者群有了，新的广告就有了，新的发行市场就有了。我再强调一下，我们要高度重视社区这个概念，重视社区的报道。城市化是方向，城市的血脉是社区。

穆秀玲：大体几个方面。首先，头条新闻，每期有头条新闻、市区中小企业有分量的，发展动态。

张建星：市委五大战略举措为什么把区街经济放在里面？作为战略举措，这是很有眼光的。因为一个区就是一个城市、小城市，中小企业都在里面，老百姓在里面。以后也要考虑发展在城市外围的新城区，区街是非常重要的。

穆秀玲：一个是有分量的发展动态，有指导意义的产业趋势，另外是受关注的重大政策，有借鉴作用的经营策略，头条新闻分量重些，还有“企业观察”，这是探讨中小企业发展过程中出现的有代表性的问题，尽量提出解决途径，还有一个就是人物。

张建星：可以请一些职能部门领导人，比如工商局长等等，专门为中小企业服务。但是我要说，不管搞什么，无论哪个专版，都要做得像新闻版，坚决不能弄成工作新闻。

穆秀玲：人物选取业内知名人士，是个访谈栏目。有创业先锋方面的，记叙成功企业和企业家的创业故事，财智人生，新锐特写。

张建星：如果不冲击广告的话，应该有些新品宣传，科技新知和生活新品。但是要和广告沟通，不能冲击广告。

穆秀玲：经营攻略，记叙成功企业经营上的独到之处；"业界速览"，是一般简讯，信息量要求大，图片和摄影部协商。这是中小企业的初步想法，然后是"城区经济"，主要反映城区城市建设、社区服务、劳动就业、环境保护、招商引资的经济新闻。每期有头条主打，反映市内各区城市建设、经济发展重要新闻信息，要有调查内容，利用一些统计资料。

张建星：我原来想，"新闻深读"是个大的板块，最好还要有一些调查报告。舆情调查也十分重要。我们有一个大的发行公司，有3000人的发行队伍，有550个报亭，同时控制着天津78%的零售网络，这也是调查资源，而且是有数的调查。

穆秀玲：调查还可以和城调队合作，反映城区发展和老百姓生活相关的一些经济新闻；这版也有人物，区街经济发展中突出的人物；对话，城区经济的高级管理者对话，包含一些观点；服务，社区服务业，社区超市，养老院，强调经济和社会生活协调发展；边缘，现在有一些新闻探讨社会有需求，但现在还未成熟，或缺失的行业，新的边缘上的新闻。

张建星：特别注意环保，空气质量、城市环境质量、噪音等等，天津环保走在全国前面，只不过报道得不够。关注新经济，关注新领域，关注新问题。

周敏(《天津日报》群工部主任)：我们这儿是两块。按照编委会改版的要求，

"小记者"参观津报集团，作者与他们开心地合影。

“海河之声”是贴近普通读者、反映老百姓愿望呼声的专版,因此要特别在贴近上和亲民上下功夫。要以记者独特的视角剖析社会问题,针砭时弊。改版后在原有基础上,在几个方面下功夫,一个是要抓住读者的脉搏,关注热点问题,把握好批评的度和角度。再一个就是突出重点问题,像现在的房子、社保等老百姓比较关心的问题,我们也准备了这方面的题目。第二是改变目前版面比较沉闷的状况,在标题上、版式上多下功夫,报道形式可以生动多样。要使用好的新闻照片,搞活版面,做到喜闻乐见。第三是办成新闻性的专刊,要具有服务性,为读者解疑释惑,尤其是老百姓在生活中遇到的一些难题。第四是拓宽思路,设置了身边难事、现场曝光、社会视角、声音等专栏,把它办成一个亲民性的版面。第五,充分利用热线电话,随时把社会动态性的新闻稿件提供给每日新闻报道。

张建星:总编室协调一下。但是舆论监督总的来讲还是要加大力度。什么意思呢? 前提是正确导向,第二是体恤民情,第三是注意度,包括切入的角度。

批评的度首先是政治的度。现在太复杂了,搞批评可以,但不能被利用。我现在是江湖越老,胆子越小。但是我还是觉得舆论监督应该加强。为什么呢? 因为咱们要从自身考虑,对广告有利,对报纸的权威有利,对报纸的形象有利,特别是对人民群众有利。关键是符合民主法治的建设要求。当然这个版还要增加服务性,接触热点问题和群众关心的问题,这应该是长线。绝对有影响,绝对够份儿,也绝对把握得好的重大批评, 咱们一块策划。我们曾经搞了一系列重型批评报道,有的在全国都有影响,每一次批评都处理人甚至抓人,都受到表扬,包括老市长李瑞环的表扬。

为什么呢?我就总结了一条,当时第一就是你抓的这件事,无碍大局,就是大的形象不影响;第二正是领导群众都关心的。比如说执法干部,当时的执法干部非常恶呀,当时记者向我汇报这个题目,说有个个体餐馆让执法干部吃垮了。这就有戏了,21 个执法干部吃垮了一个个体餐馆。捅了出去,我还配了一篇《纪律严才能作风正》的评论员文章。“国际商场买票”,看这是小事,老百姓有意见啊。稿子见报后,老百姓举着《天津日报》到国际商场门口喊“打倒日本帝国主义”。这种批评很有影响。比如说现在立昌同志抓衙门作风,抓软服务、软环境,咱们这个衙门作风可不是小衙门作风。抓住这个关键东西,三报联动,日报为主,一年报道两三件事,市委非常满意,群众非常叫好,《天津日报》影响力也就大了。我当财贸部主任时搞了很多重大批评报道?批评天津整个服务行业萎缩,结果市政府下红头文件。搞的这些事全都是大的,但是首先要先摸好脉。法制工作室重要,就《天津日报》而言舆论监督的作用更重要。什么是批评的艺术和批评的水平? 它取决于对形势的了解,对大局的把握,对政治的敏感。

周敏:刚才说这几个,基本就按建星说的办。刚才我也说过,像有些东西它是

《新周刊》八周年庆暨生活方式创意庆典上，作者为《3000 美金，我周游了世界》作者朱兆瑞颁发年度创意旅游大奖。

一种动态的不能等到版，而且现在时效性这么强，动态性的东西，我觉得这个新闻还是必须得抢。

张建星：你说的这些还得快。你比如说当时，26 万斤鲜菜烂在冷库，当时什么背景？天津就是缺菜啊，买大白菜凭本，什么菜都凭本，特别难买，他鲜菜烂在冷库里了，我当时让卢斌去采访。我说当天夜里你采取美人计也行，什么计都行，你得进入冷库。卢斌还真进了冷库了，把卢斌差点没冻死，出来搞了一个重型批评报道，最后总经理撤职，渎职罪，一切事都处理了。这种东西保证有影响。而且《天津日报》是舆论权威啊！因为我们是机关报！关键是选准要害、事成于密，别等求情的来了再报。总之，舆论监督既要讲政治，又要出于公心，还要有点艺术和手段。

周敏：第二是关于搞好法制新闻报道的几点想法。因为法制新闻是一个比较重要的方面，这里有新闻、有读者、有市场，新成立的这个法制新闻工作室肩负着统领、协调三报法制新闻的任务，责任很重。因为读者非常喜欢阅读法制新闻，这也是各个媒体竞争的焦点。据我们现在了解其他报纸马上就要改版，每天一块法制新闻版，主要也是针对咱们法制新闻三报比较强势，它要在这上面争一争，而且采取了各种办法。目前，他们是积极运作，也是分工到人，各个死守。我们三报本着发挥各自优势、形成团队、整体互动，在与各媒体的竞争中抢占先机，打主动仗。

张建星：三报的优势是最大的优势。三张日报，这是我们的资源优势。第一，

8 体育新闻

津门福地 主场大捷

国足酣畅淋漓轻取马队

欢乐的海洋

国脚心态不错

圣火燃烧在东方古都

主裁水平高

哈恩满口满意

哈里斯心情糟透

一次成功的合作

“大头”急了

中国队有点保守

我们有机关报，公安局发什么东西也愿意在《天津日报》一版先发，这个优势别人没有。第二，我们三张报纸还不够炒作的吗?第三，《每日新报》在那摆着了，《天津青年报》在那摆着了，你说你是要市场还是要政治吧，《天津日报》在那了。总之，我们要善于发挥我们的优势，把优势用足。

周敏：第一，要以日报的权威优势做好新闻，形成对两张子报的有力支持。第二，据了解，其他媒体在加大警法方面记者的力量，充实人员，开设版面，为此我们要提高工作室记者的竞争意识、争抢意识，深入基层，加强跑动，广泛做工作，掌握第一手的信息。第三，增强策划，整体协调。根据各报的特点发挥各自的优势，把新闻吃干榨净，把新闻做足。因为现在老百姓比较喜欢，像去年得中国新闻奖的也是法制新闻，我觉得法制新闻不仅是警方的，也有现在的民事、经济案件，老百姓更为关注。

张建星：我觉得你抢的案件新闻、公安题材都对，这些新闻都有卖点，也很有成绩，但我提示一点，关注民法。这个特别不能忽略。李鹏同志离开人大之前最后一件事就是通过民法。我们整个社会主义民主法制进程，一个标志性的、对上层建筑有巨大影响的就是民法。这方面的宣传，又有好多题材可以做，有大量新闻可以报道。读者最关心这种新闻。你看这次这个孙志刚案件，虽是个刑事案件，实际上他是以民法作为背景。我想这方面咱们应该引导读者关心我们的民法，《每日新报》和《天津青年报》也要做这方面的报道。老百姓太关心了。你的狗咬了我，这事很小，但涉及到民法这事可能就大了。涉及到一系列，不只肖像权、名誉权，还有很多。告诉读者哪些是属于你的权利，通过案例告诉读者。权威访谈，新闻深读，案例剖析做透、做活、做通俗。

苑金鹏(《天津日报》文体部副主任)：体育版是《天津日报》版里比较吸引读者眼球的版面。根据改版方案把体育工作新闻放在2版，把群体新闻放在5版的设想，对体育版的改版是有好处的。体育版分两块：一个是群众体育，一个是竞技体育。所以我们把体育版办成竞技体育版的设想就可以实现了。我们觉得这个路数特别对头，具体设想如下：第一条是体育版为竞技体育版，重点放在体育赛事、明星焦点人物、批评报道、内幕新闻上面。同时又设立一个赛点专栏，提高信息量，因为竞技体育里面读者喜欢什么的都有，有喜欢打拳的，有喜欢看足球的，可以把一般的赛事新闻提高信息量全放在里面。第二要突出重点。每天的版面因为不大，所以要突出重点、焦点的新闻，力求做深做透，以组合报道的形式，把前因背景报道链接起来，再配合图片，这样突出重点。每天体育版要拿出一件事把它做深做透，其他的就可以做得比较碎一点了。第三是突出天津体育的特色，天津竞技体育虽然不怎么样，但是也有亮点，它离大伙比较近。

张建星：我们版少要看六个字：吃细粮、看广告。你这个版如果做好了，广告多了还可以扩版。为什么《球迷》和体育分开，就是你们都长期在《球迷》，顾不上体育版。原来体育版广告很多，后来体育版广告越来越少了，没人在这做广告。我是想把这个版做得更体育一点。你就要先弄清楚我们有限的版面到底做什么？这得研究，你说版减少了，但在理论上是一块，当然是以半块的形式出来的，但它还是一块。

苑金鹏：刚说了突出天津体育特色，主要是我们想让版面跟天津读者增加点亲近的感觉。

张建星：当然天津要宣传，你一定要做这件事，但看这个版的都是体育迷，不是天津迷。他不是因为天津才看这个版，是因为体育，是因为意甲、英超，是因为姚明，要记住体育版不是地方版。

苑金鹏：第四设立言论的一个专栏，专人具体负责对赛事的热点、焦点的话题予以评论。第五加强对泰达和联赛的报道，这是天津最热的一个事。另外要加强对NBA、CBA这块的报道，这都是当今比较热的，包括体育专业类报纸也是追着这两块走的。

张建星：其实现在年轻的读者、有点层次的读者，比如说看足球，看环法，看法网，也看F1。这些体育是不是能作为我们报纸关注的一些东西呢？我们能不能做到你要想看这些报道就必须看《天津日报》呢？我的版面少，但一定要在某一区域形成一个特色，形成某种权威的东西。反正你半个版也好，多半个版也好，想面面俱到不行，只能先点到为止，后点石成金。

苑金鹏：第六是加强批评报道的力度。得骂街，不骂街没人看。第七是加强对国际体育新闻的报道，争取快、全、细地对国际体坛的焦点新闻全方位报道出来。咱现在网上也好，新华社也好，对这些国外的体育报道慢、不细、不全，东西不太好用。我们跟着一块弄《球迷》，最近这一年多两年来比较重视国际这块儿，咱们现在在这块实力比较强，突出一下这块儿，想在这块搞自己的东西。第八，工作新闻、群体新闻不发体育版，以保持体育版的纯洁性，但希望出版部对群体稿予以关照，毕竟体育局一年拿出好几十万订我们的《天津日报》。

张建星：苑金鹏说的这事总编室协调一下。怎么保证体育版？文化当然也很重要了。我上次说了，**咱这版面的风格，是给读者一个阅读的快感，但是现在还要讲一个阅读节奏**。**你比如说一版要闻，前四个版都是要闻了，都是硬的，后四个版**

城市快报
METRO EXPRE
本市小招今年坚持就近入学
学生片是否重新划分？人户分离怎么办？双跨问题如何解决？
周日推出名师家教赢考快车
马德里昨恐怖爆炸
186人丧生
1000余人受伤
好心的哥已经找到
帅帅脱险
28201234
88161234
街舞巡演隆重推出
雷击狮城中国球员
3月14日
时代奥城 豪宅区内部认购开始
MAGNETIC CAPITAL

也基本上都是硬的，这个体育版基本上在第八版，它是一种间歇，是阅读节奏当中的一个节奏，让读者有一个舒缓的地方。另外，体育确实读者很多，版面既要有阅读快感，又要讲究阅读节奏，版面的调配很有学问。

再有我觉得竞技体育报道方面就《天津日报》有限的版面报道什么？观念还得新一点，我的意思是除了传统项目之外，除了大赛之外，要关注新的赛事。比如说体操，李小鹏不能不关注，霍尔金娜不能不关注。要引导天津体育迷们看一些新的比赛，这可能是《天津日报》的一个变化。当然甲A要报，德甲、英超都得报；比如说体操，世界青年足球锦标赛还有其他的一些赛事；刚才说的十强赛、外围赛这都得报。但是我建议，常态报道除了体育局的工作之外，不要大事小事都报，那不解渴，重要、出彩的时候，拿出多少版面都可以，包括一版。常态的报道，我建议找一些有人看的新项目。因为环法也不是新项目。环法一百多年的历史了，只不过是历久弥新，越来越好。比如法网，小孩们都非常关心。比如说足球、NBA，F1现在上海要搞，昨天我听《车天下》同志汇报，现在有一家杂志，正跟F1一起合办，这个比赛养起一份杂志来。我再说一点，为什么要关注新的？最近成立一个企划部，实际上就是活动部。我希望天津日报通过这次姚明的比赛，深度切入体育产业。

另外我再说一句话，看《天津日报》的高端读者相当一部分是白领、金领。特别是金领是打高尔夫的，现在高尔夫有多火啊。你看电视台，中央5台、卫视体育、天津5台，还有广东的卫视基本每周都有很长时间报道高尔夫球。怎么办？我们做新的、做有我们自己特色而且和产业活动相结合的，你可以跟活动结合起来去研究这个事。广告考虑，可以跟广告处谈，多少钱的广告可以上8版？但这有个前提就是你那版里真有广告。体育版要再没有广告，我找哪个版要广告？所以我说“吃细粮，看广告”，着眼于新的东西，把活动做大。

这一次是姚明的“8·12”，另一个是周迅的“8·21”，两个活动。昨天报上账来，净赚370万。完全纯商业运作，天津日报原来从来不商业运作，不知道这里面的甜头，这次我们的这个姚明的文体活动，没有求任何一家，全部拿钱打市场。你要钱吗？我给你钱，该多少钱拿多少钱。所有条款，包括跟滨江万丽酒店32个条款，每一个条款怎么办定下来。谢霆锋来了，就一条没限好，就是不许你带人到谢霆锋那照相，结果这一条没签，无数人骚扰谢霆锋。都是商业运作。这个市场太大了，两场活动赚370万。所以我就说你这个体育版怎么做是非常关键的。

张京平(《天津日报》文体新闻部副主任)：娱乐版思路很清楚，定位准确，我们就是要好好干，把它干好了，这是第一个。第二，我有一个想法，就是叫“娱乐新闻”还是叫“文娱新闻”?

张建星：叫“文娱新闻”。你说的这个意见对。张京平给我写了一封信说，作为党委机关报不能光有娱乐没有文化。他说得对，就叫“文娱新闻”吧。

张京平：我们肯定是以娱乐为主，影、视、歌这块要占三分之二以上。抓好图片。因为天津市的文化生活非常丰富多彩，建议保留一定量的文化信息。

张建星：第一条按照你的思路，要报道健康的。第二条前卫的，没有比文娱、娱乐活动更青春、更需要朝气、更需要活力的。歌星时代都过了几轮了，现在谭咏麟、童安格都不行了，现在最新的新闻是什么?内幕新闻?比如歌坛最新的新闻是孙燕姿暂别歌坛，年轻人非常关心。这对我来说有触动，因为我一直想请孙燕姿。国内最大的演出动态是BEYONG，谢霆锋在佛山和常州有一次个人演出。得前卫，得了解这个，这是第二条。第三条，独家新闻，少弄网上的。这些想看娱乐新闻的人，在我们点击之前，他都点击完了。那网上比你丰富多了，所以你必须弄独家的，要靠内容取胜，靠独家新闻取胜。当然天津的也要有，天津好的文化活动要大力张扬，因为天津好的演出活动还太少，要不市领导怎么说“活动多起来，城市活起来”，还是天津活动太少。

李艳辉(《天津日报》教育新闻工作室副主任)：教育工作室改版以后的版名，不要让人误以为它是经报学院的院刊，还是延续“名师家教”的这个风格，另加一些内容，不是完全的应试吧。再一个作为视点那块，我们是一个大教育的观念，但是具体的做法要从微观抓，比方有话题、新闻、学校，还有像什么事件这类的东西，做实在了。

张建星：这个“经报学院”一定要弄好。我觉得就是办成院刊又何妨?如果我们真能办出一块充满学院气的版，给今天这个浮躁的社会注入一些理性、一些新知又有什么不好呢?另外我刚才说要特别关注继续教育。此外讲堂、报告都可以把档次调整得再高一些，要适合我们这个读者群，适合我们的定位。

李艳辉：就是想保留“津报”，比如“津报讲堂”、“津报学苑”。

张建星：还有你们跟《天津青年报》要分开流儿，他们做考试，做好多普教的东西，你们就要往高端走。

李艳辉：再一个就是这一年考试院的新闻比较多，尤其是在考试季节，有些稿子来得很急，来得很晚。在今年的操作上，因为我们公共版面相对来说还宽裕一点，有时候给我们挤出一块版来。但要是现在这样改版，我有点担心。

庞晓敏(《天津日报》经济特刊工作室策划人)：根据日报的整个改版方案，

联想集团董事局主席、联想控股集团总裁柳传志先生参观津报集团。

"经济周刊"是每周五的17到20版，它应该是在日报读者群下侧重于工商业界的管理高层，企业的白领，政府官员，还有经济研究领域的一些学者，另外广义上还包括经济社会的所有?。我觉得这是一个潜在的读者群，日报现在改版虽然是倾向高端读者，但是也别放弃这些普通读者的需求。第二个就是新闻的定位，深度新闻，人物报道，还有娱乐化的财经。第三方面就是具体的版面，我想17版是封面，应该是一个热点的事件、热点的透视，或者是热点的人物，应该是一个重大新闻事件、重大新闻人物的一个透视性新闻，给予新闻事件和新闻人物更多的背景解读。第18版可以做一个对话系列，可以叫"才智对话"什么的，我们还没有具体定位，就是希望做成个对话题材的一个系列的专题，通过与比较有分量的企业领军人物与政策的高层、经济学家、科技方面的专家对话，应该也是个新闻对话，剖析赢家的逻辑、市场的机会，还有新经济的规则，抽象出一些有冲击力的企业的观点和方法。这个版可以设个主持人，推出本报财经记者。第19版应该说是一个新闻检索的版，可以叫"财经一览"或者什么题目，它应该做一个一周经济新闻大事的检索，可以设声音、数字、观点还有事件这些栏目。另外设一个财经评论就是"一周时评"。

张建星：这个财经言论非常重要，要真有水平，真有识。

庞晓敏：我们想请北京大学中国研究中心的一些博士后，他们有一个组织叫"博士咖啡"，想请他们来做一些。

张建星：可以，花点钱也行。总之，要有真货，但千万千万要讲政治，在中国绝没有单纯的经济话题，你们要有一种鉴别力。我建议你们要关注一些新的经济理论，比如党的十六大的一些新观点，比如社会主义基本经济制度等等，许多课题应该自己先弄得清清楚楚。

庞晓敏：根据报社对于这个版的定位，这个版也是希望像一些成功的专业财经媒体娱乐化的这种处理方式。第20版它也许就是一个活页，根据不同的素材和内容来策划一些"案例新闻"、"财经讲堂"、"研究报告"，还有"政企互动"、"主题调查”、“主题沙龙”,甚至可以做一些“赢家生活”,就是商界精英生活休闲的一面,介绍一些时尚的休闲娱乐方式,解决一下财经版块可读性的问题。因为这个版是在周五出,也是周末,有这样一个氛围。觉得有这样的想法,一个方面就是做比较重要的新闻,另一方面也是希望能够轻松点。

张建星:你不是有四个版吗?有两个版不怕枯燥,咱把话说清楚了,就给看得懂的人看,类似《经济观察报》、《21 世纪经济报道》一些有水平的东西,这是一个。再一个我特别同意你们设计的娱乐财经。这个娱乐财经是刚刚出来的概念,我认为娱乐财经实际上是从生活方式的角度介入重大的经济话题,这种财经报道强调的是一种新的理念,是一种批评式和互动性的东西。就这么说吧,枯燥的版一定是引领潮流的重大问题,而轻松的版还是要生活化。整体四个版要把《经济观察报》的这些精华部分都拿过来,实际我想做一份经济报,我再跟大家说远一点,这份报将来要做成了,最好做到 20 版,我都不用再出一份经济报了,我就真正实现了把《天津日报》周五版做厚而且就有一本经济报出来了。再有一点,我觉得你们吸收一下《东方日报》财经版的优点,里面龙门阵的言论很有意思。这个周刊要强调互动,要突出访谈,要形成观点。我们改版有几个亮点一定要亮起来,“每周活页”要亮起来,“经济周刊”要亮起来,“新闻深读”也要亮起来。

庞晓敏:我觉得互动也是想做一个沙龙式的主题报道,它应该是针对新经济热点的。

张建星:这个互动既有沙龙式的,还有一种就是观点互动。最典型的就是潘石屹跟任志华有一场关于新地产的嘴架,在北京闹得沸沸扬扬,他们通过观点的辩论居然弄出一些互动的色彩。我们在别的地方不能交锋,在经济领域的一些操作问题完全可以交锋,这种互动更重要。比如顺驰和万科在天津位置的变化,你就可以做一篇东西。现在王石的政策、万科的政策很有意思,他把所有地方万科的权利全部拿走了,拿到总公司去了,这怎么办呢?他不断地换人,然后万科天津公司原来是一个城市的主流公司,现在变成一个项目公司了,而顺驰成为主流公司了,这在经济发展当中是一个非常重大的问题。这就可以研究啊,而且一定有人关注,至少顺驰、万科的精英就关注,王石更关注。

庞晓敏:其实也不一定是批评,就比如说“万科换将”,这样就有点像社会新闻话题。

张建星:你这种互动,王石保证接招,郭钧也会接招。

庞晓敏:就说这种沙龙想弄一种什么方式,现在有好多科技的手法吧,比如说什么 IP 会议室之类的,咱们还有 96260。可能这些人不一定都见面,用一种什么方式就能把这些人连线起来就一个话题谈谈,我想这样也是能聚集一批企业家、聚集一批读者的。

张建星:你可以做个版,或者做个栏也行,就叫“观点连线”。

庞晓敏:另外还有,我觉得这个版块是日报向高端读者延伸的一个平台,但是对我们这些做事的人也是一种挑战。因为我今天看到这个名单,大家也确实挺年轻的,专业的经历也不是很丰富,可能会面临很多困难,我也担心像我们这种跑线的记者,如何跟对方建立热线联系,因为现在记者跟新闻资源之间的联络还主要靠发稿。我想还是跟各部门联动比较好。

张建星:我告诉你个招吧。农村包围城市,你先从边缘做,他们够不着的你做,做好了以后中间城市就会找到你,这些大企业就会找到你,关键是你要把边缘做好了。他们够不着的地方很多,新的领域很多,你别一下就进去,没必要。

哈树(《天津日报》专刊部主任):我们部版比较多,我对这块版也比较生疏,部里研究一下,大致这几块版做了简单的规划。首先就是“北方周末”,“北方周末”里有“封面人物”。

张建星:“北方周末”的“封面人物”这个概念可以提,但是我觉得现在这个“北方周末”也不错,还可以。我觉得这个别太死了,可以宽一点。

哈树:所以我们把“封面人物”界定一下,它的主旨就是汇聚名流精英、追踪热点人物、链接艺文主角、彩汇传奇人生。我觉得这应该是走向全国的,我想咱们应该打出去,首先就向北京打,这是我的一个设想。它的具体内容就是为独具时代特色和生活魅力的名人,为各类人物提供舞台,全方位、多角度展示成功者不为人知的故事和心境历程,以线索人物链接形形色色的新闻故事和背景。因为我觉得这个版还应该有相当的新闻性,是讲新闻故事的。另外我们这讲故事的人很多,有感情的人很多,讲述光环人物的个性化生活和另类思维。我觉得这个版做得要比较新,这些人也是要新。那天我们提了一下能跟凤凰卫视的《名人面对面》或《鲁豫有约》这样,可以跟他们共享一些采访信息或采访人物,或者咱们自己采访和他们合作刊出,这都可以,因为也有这方面的资源和线索。定了一些栏目,比如说“名流剧场”、“戏说名人”,名人呢以后就可以说具体的,比如说“戏说张建星”。另外搞一个“主题人生”,这个“主题人生”就像报告文学、通讯这一类的,讲一些故事。另外搞“点睛故事”,搞一些轻巧、短小精悍、一些有趣的,比如说名人的一些逸闻逸事,另外有一个就是“命运传奇”这样比较沉重一些的,因为很多人他的人生经历是很曲折坎坷的。

张建星:我觉得哈树说得很对,庞晓敏的人物是突出观点,你的人物是突出命运。

哈树:另外还有就是“链接人物”、“个性旅程”这些栏目,这就是“封面人物”。“一周资讯”的宗旨就是传递信息、突出服务、强调实用,内容就是“市场购物”、“休闲生活”。

天津日报

三年目标一年实现

交通局挖掘潜力发挥优势实现新突破

胡锦涛会见尼泊尔王储

我奥运军团 昨笑傲雅典

日揽五金 威风八面

"要让老区群众尽快过上小康生活!"

本报最后消息

●男子10米气步枪 朱启南

●女子58公斤级举重 陈艳青

●女子100米蛙泳 罗雪娟

●男子62公斤级举重 石智勇

●女子跳台双人跳水 劳丽诗/李婷

邓小平与中国特色精兵之路

缅怀伟人 感受巨变

世界公民邓小平

构筑立体交通 连接三北华东

高速公路网将直通天津港

张建星:"一周资讯"一个点是天津的,另外一个点就是北京,还要特别关注廊坊这样的周边地区。你比如说廊坊,我最近听说咱们天津人好多往廊坊跑,廊坊有好多项目特别好。"一周资讯"一定要是非常实用的,周五的资讯对周六、周日是有指导的。周六、周日干什么呢?我就不主张周六、周日工作。周六、周日休息,可你天津到哪儿去休闲呢?比如说廊坊那有好多东西,还有周边的保定,近距离的霸州市这一带,另外,还可以放远,远处有什么样的演出、什么样的画展等等,比如北京有好多的酒吧,有好多地下摇滚。比如说我想去看北京的小话剧很容易,我要想看北京的地下摇滚就很难。让老百姓知道,坐车到哪去,休闲往哪走。你甚至还可以跟北京记者站联合起来,搞点什么北京茶馆地图等等。"一周资讯"可是一个亮点啊,一定要把资讯性做足,把服务性做透。

哈树:这个里边包括栏目像"赛事演出"、"周末剧场"、"旅游出行"、"卖场、片场展览"、"碟盘、书市、电脑游戏"相关的一些栏目,像"出行参考"、"展馆菜市"、"碟盘戏海"、"百汇舞台"、"书市淘金"、"经典线路",还有其他比如说茶馆这类的。

张建星:这个版一方面取决于信息的量,同时也取决于信息的质。一定要抓几个经典的东西出来,就是我这有的,是读者需要的,有独特性。一定要从我这看,你比如说《北京晚报》"健康快车",它里边有两个栏目是名牌,是精品。我觉得还得有自己尖端的东西。

哈树:再就是"每周活页"的这个"娱乐广场"。我们商量了一下,我也咨询了很多的人,我觉得"娱乐广场"应该面向北京,放眼全国。另外我觉得应该借助我们集团的综合优势,因为《每日新报》和《天津青年报》有一些年轻的记者在这方面非常的行家、非常的专,所以我们将来想约请这批人为我们提供一定的线索,帮我们约稿,像影视歌这方面。另外就是新闻背景,还有艺员、星路这些东西。强调动感跳跃、突出观感品位、倡导艺术感觉,打造一个动感、前卫和高雅一体的文化娱乐专刊。我觉得应该有点雅俗共赏。

张建星:你这个"娱乐广场"应偏向点雅。雅的这些东西,我觉得有点介于什么呢?不能都是《艺术世界》那样的刊物,那个刊物趋向于动感、前卫,是艺术加前卫的雅。它上面有一篇东西给我特别深刻的印象,将来我要不在《天津日报》干,我一定要这样做。花不了太多的钱,买一个仓库或工厂,做一个工作室,连住带吃带生活带工作全在那,很酷。我当然不是说你非要做这些。现在《艺术世界》在改,我是《艺术世界》至少十年的忠实读者,我建议你们一定要看这个刊物,确实是非常新潮,又偏雅,有新电影、小电影的介绍,比如说好多小电影。你比如说《大鸿米店》现在公开不演,还有些比如《五月八月》,都没演,偏重于这种小剧场、小娱乐。这些剧非常有市场,宣传不够,没有版面。你这个“娱乐广场”区别于张京平的文化部,做这些偏新、偏前卫、偏雅的。这好像是雅,实际上是雅大众,相当一批人爱看这个。

哈树:我们的内容就是追踪一些当红明星、推荐名片大片、炒作格调剧目、刊载名家评论、介绍时尚剧情。

张建星:应该是有很深的文化色彩的娱乐,有理性色彩。你不是张京平的那种娱乐。张京平可能做的是那英、孙燕姿,你可能做的是刘索拉这一批人。

哈树:“生活频道”的宗旨就是坚持贴近百姓、贴近生活,面向普通人,关注生存状态,情感诉说,点击生活。因为这个也是一个以人为主的版面。

张建星:专门煽情的,是让人热泪盈眶、让人特想捐款的那种版,这个版不以广告取胜,以换取眼泪取胜。

哈树:讲述老百姓的故事,以普通人的生活轨迹为主体,展现生存状态,突出感情、突出人情,另外就是老百姓的苦辣酸甜、抚慰心灵的这些东西,还有一个是不是在这个版里关注一下弱势群体。

张建星:中央电视台的《生活空间》之所以好看,无外乎六个字“命运、际遇、转折”,演的是情景剧。命运,《生活空间》里都是命运,还有比命运更动人的吗?际遇,人生际遇是非常重要的,哈树碰见我、我碰见哈树,一合作十几年,这叫人生际遇。转折,这次改版很多人交流了部门,这就是转折。

哈树:我们想了一些栏目,像“百姓故事”、“有约在心”、“都市闲人”,还有一些反映打工人的“人在江湖”,还有些小资心态的东西“边缘人生”、“霓虹人生”、“另类感觉”,另外就有一些倾情诉说。现在诉说是很有市场的,有人有诉说的欲望,还有人有特别愿意听诉说的这种需求,做一个这个。另外还有像“婚姻百态”、“婚姻设计”这类的东西。

张建星:这样把握好不好?讲故事的人是讲自己的感觉,听故事的人是找自己的影子。

哈树:下一块就是“休闲假日”。“休闲假日”这个版我觉得也应该是做得非常新潮的一块版,它的宗旨就是“时尚消费、幽雅人生、山光水色”。

张建星:其实就是四个字,现在这四个字非常时髦,就是“生活方式”。生活方式的变化有很神秘的地方,有很神秘的力量。倡导新生活方式,调整人的生活方式。这期台湾《商业周刊》登了一个“我得拿回我自己人生的发球权”。现在所有的经济报纸大概都有“生活方式”这样的版，所有时尚类刊物都研究的是“生活方式”，而我们社会最大的变化，给人以最大触动的就是生活方式的变化，就是精神生活的物质化。其实这个未必叫“休闲假日”，你们再商量商量，不行就复制人家的，叫“生活方式”，拿来主义嘛，反正人家也拿了我们不少。

作者与柳传志探讨报纸版面。

哈树：以时尚为主题、以情调为消费趋向，反映比较前卫族的生活潮流，它的内容就是推介动感的生活方式，因为现在有很多的生活方式确实比较新，一部分是青年人，还有一部分中年人也在改变自己的生活方式，另外一个就是突出时尚信息，主打品牌休闲。

张建星：《假日 100 天》做了一个版，我到现在特别爱看，标题叫《忽然咖啡》，非常好，好就好在“忽然”这两个字。集团成立一周年我写的那篇《把事业做好，把产业做大》的言论，还有我上一次写的《历史性的这半年》都是在星巴克写的，确实跟在办公桌上写不一样。我觉得生活方式确实在发生变化。从穿的衣服，从人们的生活用品，我觉得研究一下生活方式挺好。告诉机关报的读者还有另外一种活法。

哈树：定了一些栏目如“时尚先锋”、“品味周末”、“格调咖啡”、“杯中心情”、“都市夜空”、“乡野奇趣”、“山水小品”、“免费导游”，还有一些跟读者互动的。

张建星：版式非常重要。台湾《联合报》的副刊很好看，有时一块版就一篇文章一张图片，非常漂亮，编辑是高水平的。题文片处理得都非常好，让你非常陶醉，一定要研究一下，借鉴一下。

哈树：“生活方式”我有一个建议，能不能倒到皮儿上。“人文话题”是我们比较费思量的，上到主管副总编、编委，下至我们几个人。主旨是大众人文话题，探讨新事件、新文化热点所引起的深层次的人文思考，以表现社会表象为主题的人文内涵讨论，体现人文关怀的故事，探索人的生存发展和空间，体现以人为本，追求文化。

张建星：有点过于抽象，抽象的不是新闻了。我们要知道，不论哪个版，我们

天津日报

城市快报 METRO EXPRESS

名师蒙教 终生教育 优质教育

飙考快车

高考考点预热

赢考

《高考快车》今日始发

2004高考《考试大纲》政治变化部分

2004高考《考试大纲》历史变化部分

2004高考《考试大纲》物理变化部分

物理命题趋势预测

2004高考《考试大纲》地理变化部分

2004高考《考试大纲》语文变化部分

2004高考《考试大纲》数学变化部分

2004高考《考试大纲》英语变化部分

生物：专题复习注意四点

办的是新闻纸。

宋安娜(《天津日报》文艺部主任)：我们的版基本都是传统版，变化不大，我们面临的问题是继承和发扬传统，开创新局面。

张建星：首先是继承传统，不怕几块版做老了。孙犁创办的“文艺周刊”，还有“满庭芳”，都是我们的名牌版，内容、读者、作者都不错，不要变得太大了，有所变有所坚持，有所为有所不为，这就是辩证法。

宋安娜：上周部里开会，大家群策群力，主要精力是放在精编上。“文艺周刊”有个想法，那就是继续继承和发扬传统，并有几个新策划。第一，想在改版第一期做一个全国小说名家巡展，一个省一个省的做，扩大全国覆盖和影响力。第二，去年搞了一个“文艺周刊”的提高班，发了12个天津青年作者的文章，反响很强烈，很多区县想介入这个活动，我们想搞第二期，目的是为天津文坛发现第六代甚至第七代作家，作长远规划。有一个栏目想在改版后加大力度，就是“快译”，办了有半年多。

张建星：《译林》和《世界文学》都很前卫，文学走到哪个方向都要关注。

宋安娜：这个栏目主要和《译林》合作，推强力作品，想继续合作。除此之外，想更主动策划一些新作品，通过合作把他们的翻译家都拿过来。

张建星：还可以与外院的学生合作，可以从当天的美国或欧洲国家的报纸上翻译一些短的东西。

宋安娜：想更主动搞一些策划，搞一些环球新小说专版，及时向读者推荐国外最优秀的文学作品。再有“精卫小说”这个栏目，在版面上逐渐形成品牌，几年前我们搞过巡展，想把这个栏目打造成天津作家挖掘地方文化底蕴、歌颂天津新生活新风貌的专栏。“满庭芳”在保持传统的基础上，做一些更新的策划，一是继续扩大名人作者的队伍；二是搞两个专栏，策划两代人的专栏，请知名作家和学者、父子、母子、师生、上一代的专家和下一代的专家，一个话题两代人来谈，这样形成文化的碰撞和共识，提高文化品位。再有是“一个人的城市”，中央4套《走遍中国》栏目非常受欢迎，作家写他自己眼里的城市，可读性非常强，我们想请每一个城市的一个著名作家来写，扩大作者群。明年是天津建卫600年，《天津日报》副刊是做得最早的，明年想推向高潮，继续搞征文，纯粹的副刊，既有知识性，又有生活性。版式根据大表看，“满庭芳”主要是在周二、周五，主要是黑白版，以黑白板块的特点,突出线条和黑白对比的美。

周末版效果非常好,两年中我们感觉,形成了时尚元素加幽默感的特点。现在全国各地的报纸"都市心情"这种版面非常多,比较前卫性的报纸都有这种版面。我们虽然与他们的性质相同,但风格比较独特,我们的幽默版是他们没有的。

周日的"综艺长廊"创刊五年,收藏的感觉基本上成熟了,它的特点是收藏界信息的快捷性,藏品鉴定的权威性,收藏知识的可读性,收藏技巧的可操作性,我们想继续沿着这个路子走。

"春秋笔"也是个老品牌,在全国有广泛知名度。改版之后还想再增加一个栏目,突出漫画性,一是搞青年漫画,二是搞儿童漫画。

新开一个版叫"津报画廊",是面向市场的版,发表有市场的画作,通过我们的版面直接走向市场,还能把二楼的展厅带动起来。

张建星:主要注意力还是纯文学,别的东西可以由新闻来完成。既要有大众的东西,还要有别的,专栏作家要选最优秀的。漫画也是很重要的,要给各部提供漫画,要资源共享,漫画要让人笑,要有批判的眼光,而这种批判是漫画式的批判。

藕亭立(《天津日报》新闻深读工作室策划人):接"新闻深读"这个版的时候,感觉压力很大,有置于死地的感觉。一是不确定因素很多;二是可借鉴的成功经验不多。按照在版面定位、主要内容和工作机制上设了三个方面想法。版面定位紧密围绕政府工作的出发点、社会进步的兴奋点和市民关注的热点,体现本报的权威性、公信力、亲和力和可读性。

张建星:再加一个国际舞台的看点。

藕亭立:以是否能引起市民话题来作为新闻是否可读的标准,以读者的视角感受新闻、采访新闻、解读新闻。三版划在要闻时政的板块中,解读政策、条例、法规,可能要占到相当一部分,要取一种新的解读角度,不采取过去自上而下的灌输性的解读方式,解读的政策法规要引起市民的兴奋和关注。

张建星:也就是拆析,根据读者需要去拆析。

藕亭立:主要内容一是与民生相关的重大政策、法律、法规的解读;二是重要新闻事件的全方位调查和背景分析,以及能引起市民广泛话题的一般新闻事件中的重大意义的挖掘;三是追踪正在兴起的文化潮流和生活潮流的成因及前景分析;四是市民关注的社会现象调查;五是人物。

张建星:你不要做人物,首先要定位在新闻上、定位在要闻上,首先是新闻事件,包括政策,一定先是大事,然后才是深读。

藕亭立:我觉得摸着石头过河的因素比较多,整个"新闻深读"的责任放在深读工作室,更重要的是强调策划和协调。

天津日报 每周活页 5

2·14 我所能想到最浪漫的事

情人节由来

今年，让自己主动一回

花语

巧克力的爱情

浪漫必杀技

天津市工商行政管理局公告

下列企业已经工商行政管理局核准登记，其合法权益受国家法律保护。 津工商登公字第(2682)号

原名称：天津市耀新纺漂防水工程有限公司
现名称：
天津市耀新科技发展有限公司

天津市和平危险品运输有限公司

原名称：天津中铁物资印刷厂
现名称：
天津中铁物资印业有限公司

张建星：统一策划，联合作战，资源共享，三报联动。打造这块版是这次改版中非常重要的，我们为此牺牲了国内新闻。

藕亭立：涉及不涉及国际？国际每天已经有两块版了，把重点的方向放在本市和国内上，对于国际问题政治把握非常强，从可读性和市民关注点出发，政策性把握非常强，如何建立协调机制，从改版小组下发的表看，下午4点有一个新闻会商制度，构成新闻深读毕竟是两块，一块是动态的，一块是静态的。

张建星：应该是双例会制，晚上定明天的稿，上午要有一个例会，研究今天要碰的问题，今天的重大新闻策划很重要。大家可以分工，两个主任分工。

藕亭立：共同采访也可以，至少要有两次协调，今天可能出什么来做解读。晚上主要是跟出版部协调。当然大家都搞成全动态的，也可以准备一些静态的，蕴含深层意义的静态新闻，由我们策划室来做，当动态跟不上的时候，可以补上去。

张建星：我想把我们的报纸办成新闻杂志报，16版是《天津日报》，好看的是新闻杂志，这需要假以时日才能做成。如果那么多人全力攻，有深度、有文化、有细节。这个事没有论证，我一直在想，边走边唱吧。

藕亭立：重大的新闻事件不可能天天有，但可读的东西会天天有。如果一天一块，毕竟是拔将军，但如果将军总是拔不出来的话，就水了。需要解决的是新闻源问题和协调机制。

张建星：这里一个重要问题就是要特别强调策划，哪一条新闻值得去做深读，判断是非常重要的，在这个问题上要多想、多商量、多看。给你出一个近道，一个月20多个版，准备一些杂志，以防万一。中央电视台公用频道的新闻一概不用，要用谁都看不见的。真正下工夫，这个量是很大的，你手下的记者要厉害。“新闻深读”前面还有四个字，第一是快读，第二是细读，然后才是深读。首先得快，相关背景资料链接要快。

藕亭立：国内和本市有没有比例？

张建星：没有比例，怎么顺手怎么干。

林树文(《天津日报》天天健康工作室策划人)：经历非典之后，健康是更多人关注的，是第一财富，没有健康一切都无从谈起，奔小康首先要健康。我们的定位是关注健康话题、健康现象及传播健康理念，强调新闻性、可读性和服务性。办报原则是每天有一篇主打新闻，健康现象分析的健康报道，做到图文并茂，围绕运动、饮食，兼顾最新健康保健、咨询的动态新闻，强化整体策划和包装，切实体现新闻鲜活和关注度，突出新闻性、知识性和服务性。栏目设置，首先是健康视点，作为每天的主打新闻。

张建星：是不是要分类？比如周一求医问药，周二户外运动，周三饮食，周四广告，周五是什么，都叫"天天健康"，但版头不一样，多设置一些，这样容易做出个性、版性来。

林树文：太难做了，三个人没法做。原想每天都有一个主打新闻。

张建星：这样就是按综合新闻做了，我想搞成"天天健康"，周一到周五不同的版块。

林树文：在新闻性、可读性的基础上做出服务性，把新闻做实做细，真正贴近读者，让读者读起来解渴。具体操作上可以结合具体的健康误区，从人群多发的常见病、现代文明病和季节性的时令病中，进行选题，同时以老年人、青少年、儿童、妇女来划分，关注各种人群的系列健康话题。还想设立健康快递和健康资讯，传播最新医疗成果、医药前沿以及健身保健动态新闻。设立津沽名医，报道本市医疗学科各专业的带头人、知名的专家教授，配发人物照片，体现"天天健康"版的桥梁服务作用，满足人们寻求名医的愿望，避免有病乱投医。再设一些栏目，体现大健康概念，相对比较固定的有一些栏目。

张建星：还有两个广告专版，最需要协调的就是"天天健康"版，广告版也划归你们做。在版面设置上，改版小组再商量，是这样做好，还是怎么样做。周一做什么，周二做什么，周三做什么，是不是这样更好一些，更清晰一些？当然混在一起，这些内容也要有。有几个界限要分清楚，第一远离工作（广告除外）；第二要真正提供健康新闻、健康理念；第三与广告之间的结合点是什么。我想"天天健康"这个版应该是个名牌版，人们太关注健康了，你们研究是不是分类，比如户外运动有一大批产品；饮食男女可以带动健康食品；求医问药，有多少新产品。路线清晰之后，版可能会更好办。版定下来了，可以再调几个人，也可以聘些大学生。

林树文："津沽名医"下设林大夫信箱，强化与读者互动，请有关专家及时回答读者问题，可以有一些生殖健康、饮食与健康、环境与健康，还包括一些养生保健，心理天平、问药指南，周一到周五分开。

张建星：卖野药的坚决不做。

陈国兴（《天津日报》摄影部主任）：研究过几次。一、主要是增强视觉冲击力，突出现场感，多拍新闻人物照片。二、配合专版的照片，多拍一些新闻人物照片，我们多下工夫。我们每天看《北京青年报》，包括《南方日报》，以及国外的报纸，借鉴他们的好经验。三、画刊继续沿用"新闻镜头"，配合不同时期搞一些选题，做好准备。

张建星：照片太关键了，尤其是一版、五版、九版的片儿，要拍出活力来，要有动感。我们现在的照片太静了，要有独立的新闻照片，不是配片。

今天就到这里。9月8日改版定下来了，从现在开始动。未了事宜今天要解决，包括办公室和人员都要到位。该是我们干的时候了，我们不比别人差，我们这支队伍是第一流的队伍，要有信心把这次改版改成功、改到位，真正做出权威媒体，大报风格，真正改出我们的水平。我首先有这个信心，在座的同志我们都是一起走过来的，我们彼此太了解了，憋了一股劲儿，该到迸发的时候了！

(2003年8月18日根据录音整理)

《每日新报》必须保持信息的纯度。要特别强调新闻质量，新闻的有用性。要树立鲜明的《每日新报》个性。数字化时代与工业文明、农业文明的区别在于规模化和个性张扬，而后者(个性张扬)是这个数字化时代最为鲜明的特点，这种变化不仅要改变我们的生活结构、价值观念，而且，它很可能改变我们的哲学思维。

那么，一张报呢？一个企业呢？它也是品格的较量。保持一种什么精神、一种什么作风，一个团队、一张报纸体现一种什么风气、保持一种什么文化素养，综合起来就是品格。说简单点，就是正气。要让人感觉到这是一张充满正气的报纸，一支充满正气的团队。

“三个代表”的根本利益是人民群众，要站在老百姓的立场上。这件事我说得很严肃，你这个舆论监督千万公正，跟广告无关，跟关系无关，公正地站在老百姓的立场上，监督那些不公的事，“路见不平一声吼”，千万把握公正这个原则，代表老百姓，代表市民。做舆论监督的人要水平高、品质好、政治敏感性强。

前卫性的灵魂是个性化，什么叫个性？个性就是风格。什么叫风格？风格不是从第一期开始从第一版开始就一成不变。个性和风格的生命力就在于创新，不断地求变。真正办一份很前卫的报纸，从个性上、从风格上、从报纸的总体感觉上都要创新，要不断地创新。

必攻不守的高贵品格和人生境界

——在2000年《每日新报》总结表彰大会上的即兴讲话

在全力打造《天津日报》的同时，作者在思考报纸的品种结构。2000年1月，瞄准天津报业市场上没有都市早报的市场空间，作者创办了天津第一份综合都市类早报——《每日新报》。该报锁定天津都市百姓，以关注百姓生活和社会经济为己任，以“主流媒体，大众新闻”为定位，以“出报最早，新闻最快，信息最全”为追求，既坚持导向又津味十足。在天津市委、市政府的关怀和全体员工的努力下，《每日新报》迅速发展壮大，创刊三个月时，发行量突破了30万份，至2000年底，发行量突破40万份，广告收入4000万元。

今天参加每日新报的全体会，我的感触也很深。我所有的想法都在21世纪的第一天(2000年1月1日)《新报的新世纪》这篇文章中写出来了，这是我全部的感情。这篇文章是随意写在三个贺卡的后面，没有改动，完全是一种发自内心的真情流露。对新报，对新报的同志们，也对新世纪。

你们做成了一张报纸。从1999年末到2000年初，《北方市场导报》成功地转型定位为《每日新报》。在去年的这个时候，

1999年12月25日，在告别《北方市场导报》、相约《每日新报》的酒会上，作者切开祝福的蛋糕，与来宾分享事业进步的甜蜜。

我对《每日新报》的未来虽然看好，但是不像今天这么踏实。现在报业竞争非常激烈，做报纸的很多，但要做成一张报纸非常难，可你们却稳稳地把握了市场，并且赢得了一个市场。**你们不但参与了市场竞争、按照游戏规则去做事，而且参与制定了新的游戏规则。你们成功地确定了《每日新报》在天津报业市场的位置，而且成功地重新划分了天津报业市场的楚河汉界。**办一份报纸不难，但要赢得市场很难(有些办了多年的报纸正在不断地失去市场)。你们打下了一个基础，为扎扎实实地做好天津日报新闻集团、一个多媒体的新闻集团打下了基础。我想，如果今天天津日报没有《每日新报》，没有在座的诸位，没有这首《真心英雄》的歌曲，那么今天天津日报怎么对未来说话？我拿什么去谈、去讨论、去研究报业集团的事情？你们奠定了一个扎扎实实的基础、一份报纸、一个市场、一个机制，更重要的是，你们带出了一支好的队伍。这是一支不可小看、在国内报纸未来也不可小看的、充满朝气的队伍。当初《天津日报》派到《每日新报》只有十几个同志，按职别

《每日新报》全体员工在津报阳光大厅合影。

是一个正处，一个副处，但现在坐在我面前的，是一支成功了还在成功、成熟了还在成熟的队伍，你们是真心英雄，你们打出了一种威风，天津日报人的一种威风。

我在这个报社工作17年了。1983年秋天，我从天津师范大学毕业后就来到日报社，我是《天津日报》看着长起来的，是被日报的老同志一点点扶到这个位置上来的，是从写"本报讯"开始的。我真心地希望这张报纸强盛，是真正权威、真正一流的报纸。经过1998年到2000年三年的推动，《天津日报》办报整体水平有所上升，你们对天津日报的支持，你们挺进报业市场的决心和朝气，你们所有的工作，都使天津日报形成了前所未有的合力。

今年，我们已经到了竞争的关头了。《天津日报》怎么做？《每日新报》怎么做？所有的牌都已经摆在桌上了。你们打出了一种威风，你们充满朝气、充满了奉献精神、充满了市场意识，有必攻不守的高贵品格和人生境界。时代发展到今天，报业的市场壁垒已经没有了，贫富悬殊越来越大，"入世"的挑战已经到来，靠守是守不住的。在中外战争史上，靠守打赢的战例有多少？所以，你们这种必攻不守的性格非常可贵。你们是在做一件大事。中国传统的报纸就是《天津日报》的样子，因为它是市委机关报，虽然它也有生存危机，但它只能这样，它的机制应该活，应该充满竞争活力，但它不能有太大的改动，它是规定好的一件事，是规定好的一支舞曲。《每日新报》不是这样。虽然去年编委会在《每日新报》的整体思路上确定了：**《天津日报》做好，《每日新报》做大；向市场进军、向读者要钱；新闻做碎、报纸做厚、广告做精、发行做大、投递做早等一系列好的思路，但这只是一种思路，缺乏理念的整合，缺乏实践的加工。但现在它已经上升为完全市场化的机制，是经过市场锤炼后的升华**。你们正在做代表发展方向很前卫的报纸模型，这种模型不但好看，而且好用。很符合现在时髦的一个词——"新经济时代"。

我欣赏一个词叫"转型"。**你们改版非常成功，但我更关注和更能吸引我的，是你们这种操作的东西、理念的东西、打破常规的东西、逆向思维的东西**。你们给了我太多的教育，我体会很深。你们这些东西跟其他报纸比，优势在哪？在观念上、在操作的理念和层次上、在整个思维方式上都比别人超前了不止一步。"将军决战岂止在战场"，你们的决战并不单纯仅仅在这张报纸的市场上，我虽然关注你们的发行，但我决不在乎你们一城一地的得失，相对于你们的成绩和得失，我更看重你们的操作路数、你们的理念、你们的行为方式。比如广告给我一个亿，那只是一个数字，但是你们这个模式却给了我一个概念。**我不太看重物化的东西，我看重的是它涵盖的东西**。这就是一种很可能使我们天津日报由此走向多元化投资的道路。这条路说小了，是一种比较纯粹的市场经济，说大了，它完全符合党的十五大精神。我很看重这些东西，**我特别希望你们在保持朝气、保持青春冲动的同时，更注重实实在在、合乎潮流、符合市场的操作方式和行为方式**。《每日新报》从襁褓里出来，除了带着你们拼搏过的鲜血和眼泪之外，没有任何旧体制、旧机制的痕迹，是一种全新的东西，没有任何的羁绊和束缚。你们是每日新报人，**我很珍惜这个“新”字，这就是你们的面孔，你们的精神状态，这可能就是你们最后取得成功的关键！**

今天，也给大家提点要求：**在新闻上，媒体需求历史性地决定了媒体的成败，媒体已经走向了买方市场。所有的报纸都有三个特点：规模扩张、个性突出、层次提高。在报业市场上已经打破了壁垒。个性的表面有一层操作的色彩，但灵魂深处是那种创新的意识。所以，我的第一个希望，是希望你们能保持这种朝气，这种青春的冲动，保持创新的活力。**

第二是完全的市场意识。什么是市场意识呢？这是你们办这张报纸起决定性的两个支点，必须按市场去运作，第一是发行，第二是广告。从形式和版面上，你们可以看看《今日美国》、《纽约时报》，翻翻《东方日报》，他们的新闻是在广告的绿野山谷、碧水清泉之间。**优秀的报纸是在广告的山川碧野之间穿行，是被许多设计精美、有着品牌优势的广告包裹着的优秀信息。关于信息，我要补充一点，现在的新闻有点问题，现在读者之于信息，不是不足，而是过剩。由于因特网的出现，信息垃圾比优质信息要多、量要大。因此《每日新报》必须保持信息的纯度。要**

24 版 摄影镜头 每日新报 摄影镜头 25

宝剑锋从磨砺出
梅花香自苦寒来

参赛作品

新报记者李锦河当选中国当代十大杰出体育摄影家

作者与韩国“小天后”张娜拉合影。

特别强调新闻质量,新闻的有用性。要树立鲜明的《每日新报》个性。数字化时代与工业文明、农业文明的区别在于规模化和个性张扬,而后者(个性张扬)是这个数字化时代最为鲜明的特点,这种变化不仅要改变我们的生活结构、价值观念,而且,它很可能改变我们的思维方式。在《新华文摘》上不断登出经济哲学,这种个性是这个时代最突出、最灿烂、最充满诱惑的那张面孔。必须要强化鲜明的个性。《每日新报》从开始创刊就很有个性,一定要保持这种个性,这是你们最珍贵的东西。现在《每日新报》的新闻分出流儿来了,做得也很好看了,版式也规范点了,总的来讲还可以,但还要寻找自己的个性。《北京晚报》就个性鲜明,雅味、京味、现代味十足,版式活泼,信息量大,服务性强。《新民晚报》几十年不变,这个不变也形成了自己的个性,它的夜光杯、新闻版、人物版,一看就是非常地道的编辑在做。

市委书记张立昌同志在昨天的宣传会议上特别强调要讲政治,重申政治家办报的原则。在此《每日新报》不能例外。在我们这片土地上,所有的报纸都是新闻纸,更是政治纸。我们是市委机关报,更要有政治意识。你们可以进行市场化操作,可以用朝气来感染这份报纸,但是一定不能出圈,这是《每日新报》命运所在。**一定要把准政治方向,要有政治敏感性和政治鉴别力。形势已经发生了变化,不稳定不安定的因素不是减少而是增加了,在这种时候我们要坚持几条:(1)必须要坚持正确的舆论导向,因为我们是党报,必须这样。(2)处理任何新闻、任何版**

母亲是一种岁月。1994年,《北方市场导报》人为母亲送去了节日的祝福。

面,首先绷紧的应该是大局这根弦,要特别反对单纯军事观点和游击习气。《每日新报》充满活力、充满朝气,但游击习气也有点严重。我赞成你们竞争新闻,但要以政治家的高度来审定版面。**(3)作风正、纪律严。一个优秀的报人,尤其是一个优秀的党报工作者,或者是一个纯粹的新闻工作者,他一定要遵守职业操守,一定要有好的作风,一定要守着新闻这份德。**我当初到报社来报到,领导对我说,这是《天津日报》,是市委机关报,报纸要求你们做到两条:第一,不允许有任何个人的声音。第二,不允许有任何嘈杂的声音。大家做得很好,但一定要守纪律。**一个事业要成功,一个单位要成功,一张报纸要办成,除了朝气、活力、创新精神以外,更要有铁的纪律。**办报一定要讲政治性,政治家办报的原则和党性原则是我们这张报纸不能偏离的。

(2001年1月18日根据录音整理)

《每日新报》，一种创新的示范意义

——在2002年《每日新报》年中总结研讨会上的谈话(之一)

《每日新报》被国内媒体誉为"目前中国成长最快的报纸"，三年时间创造了全国报业一个超常规发展的奇迹。目前平均每日发行量保持在68万份左右；在千期纪念等重大事件和活动时，当日发行更突破性创造106万份高点。创刊当年实现广告收入4000万元；第二年突破亿元大关；2002年广告收入再增长52.71%，跃居全市第一；2003年《每日新报》广告实现2.6亿元，稳坐天津头把交椅，成为天津报业市场一面与时俱进的旗帜。

一、《每日新报》是天津报业的一面旗帜

《每日新报》在这半年和过去的一年非常好，报纸的风格越来越突出。我认为新报现在已是天津市或者天津报业市场的一面旗帜，而不仅是天津日报报业集团的一面旗帜了。我分别在香港、沈阳参加活动的时候都讲了新报的理念和新报的发展。新报在机制上有一整套新的办报经验、理念，可以让人总结、体会、感触的东西很多，这个留待以后慢慢总结、提炼、升华。总之《每日新报》是天津报业拿得出手的一张报纸。新报去年上了一个大台阶，今年曾经有过一段时间的徘徊，我很着急，但是很快就挺过来了，所以有很多值得总结的东西。说实在话，我为我们的新报感动!

二、加强队伍建设、制度建设

观念和思路一旦定下来了，很重要的就是班子。新报有很多思路，操作方式以新为主，已经形成了独到的优势。但最重要的还是队伍，还是班子。新报

著名艺人刘若英到津报集团作客，作者向其赠送天津"泥人张"脸谱。

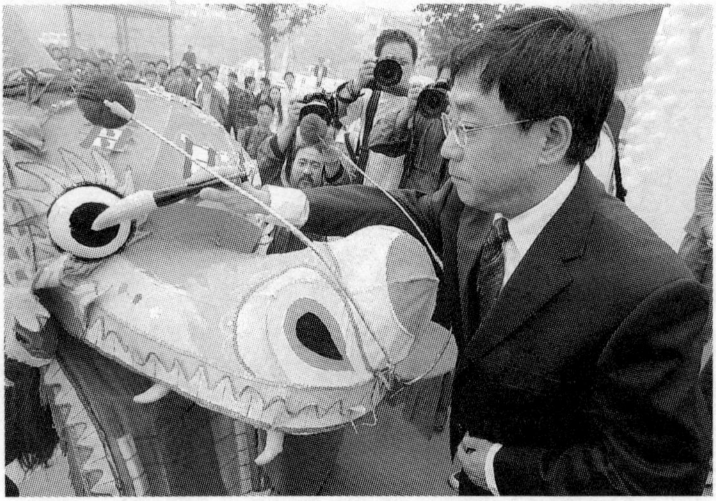

在《每日新报》创刊五周年系列庆祝活动启动仪式上，作者为预示着新报龙行五年的巨龙点睛。

这两年让我体会最深的，不只是发行报纸和广告，更在于你们的队伍。我形容新报的队伍是青春如火、豪情万丈。新报是一支有活力、有竞争力的队伍，让人留意、让人重视。

但今后还要从严建设，我在报社中期推动会上讲过，**要把创业的人放入制度当中。思想工作、行政干预毕竟有限，新报本身必须加强队伍建设、制度建设。要从江湖组织走到公司管理。管理以人为本，要管住，不给人以犯错机会；尽量降低“摩擦成本”；平均主义不行，但制度要透明。你们应该更爱护新报形象，爱护这个班子和这支队伍，兢兢业业办报，一心一意发展，发展才是硬道理。**

三、《每日新报》到了发展的关键时期

新报经过两年多的时间，现在到了发展的关键时期。影响和效益还要冲上去，做大做强还不够，风格还需巩固，经验还需提炼。新报需要进一步办好，不能仅仅满足于天津，我们要走向全国，目标锁定在全国大都市报的位置和高度上。

在信息全球化的今天，新闻的趋同及时效使我们新闻把关人的角色退化。做新闻更要求一种声音、一种态度。所以我讲，新的办报理念就是“深度制作”——新闻背景、细节、深度、态度、文化、语言。新报现在新闻快，深度细节把握得还不错。**但我想这深度还应包括态度、个性。新报定位是“主流媒体，大众新闻”，它反映的是市民文化，更应该是天津文化。**像“倾诉空间”、“每日新说”专栏很好。**新报就是要有态度、有立场、有表情。**

四、收购《天津青年报》

我个人认为，这几年的几个成功的决策是：办新报、办每日新传媒公司、办《假日100天》、收购《天津青年报》。**任何重大决策其实都具有挑战性和危险性。决策正确不意味不付出代价，要有一个好的结果，要经过很长一段的努力。我对报纸有一种近似宗教般的信仰和虔诚。**《天津青年报》的成长也会有个过程，从无

到有、从小到大、从弱到强。这个话我早在新报刚创刊的时候就说过的，那个时候新报就是整个日报社的一号工程，正是因为有了全报社同志齐心协力的支持，才有了新报今天的局面。现在我们又有了《天津青年报》，它就是一号工程，它搞不好，整个日报社，包括所有的子报，也都过不好日子。《天津青年报》初期很可能进入亏损期，但这是运行和发展中的亏损，可以容忍。全体子报的命运都在日报集团这只大船上。我对新报感情一直未变，无论从感情上还是从新报与我深层次的共鸣上，况且我还是新报的总编辑。我多次讲过我负有看守、永远支持新报的责任。我也是新报人，我非常地热爱它，它是我生命的一部分。

五、整合是事业发展的必然趋势

做大做强新报的任务还远未完成，新报绝对不是只满足于做天津市的一份大报，要把目标放在成为全国的一张报纸，向全国一流报纸的水平看齐。这里边最重要的一点是“要把创业者放在制度中去”。**整合报社的资源，是事业发展的必然趋势，是集团化的要求，这里边有一个“交易成本”的道理。经济界许多学者研究出一个成果，说第三世界国家、欠发达国家和地区，为什么搞不过发达国家，其中一个重要原因是“交易成本”太高。与此相对应的还有个“摩擦成本”，也就是各种**

每日新报巨型广告布标为津城再添新惊喜。

人事关系的运作当中消耗掉的各种资源。整合的目的就是降低这些成本,保证不出问题。我是有信心要将改革进行到底的,做到这些,出路只有一条,那就是制度。

六、在一个团队中,全局观念至关重要

事业的成败全局观念很重要。新报是日报集团的一部分,是大家庭里的一分子。无论它如何上升、发展,新报人都要时时刻刻认清:没有日报集团整体的支持,没有市委领导的关心,没有社委会的支持,没有老《北方市场导报》的积淀,就没有新报的今天,新报是"天津日报的新报",新报的全体同志对此要非常地清醒。我们日报集团要做到"一个声音、一面旗帜、一个好心态"。

(在2002年《每日新报》年中总结研讨会上的发言片断)

人无远虑必有近忧

专家们在议论,将来磁悬浮列车一成功,从北京到天津就20分钟。竞争很残酷。如果北京出钱买你《天津青年报》,也要出份早报,怎么办?必须得多研究内部和外部环境。北京一位老总就对我说过,新报幸亏在2000年出来了,要是再晚一步,北京的报纸肯定要进来了。照这么说,也可以说新报保卫了天津的报业市场。

《每日新报》半年来最大的进步是在深度方面

新报半年来最大的进步在哪呢?是在深度方面,这是指的什么呢?新报最一开始的优势是快。天津市,有时乃至全国,有个什么要紧的新闻,第一时间经常能看见新报的报道,这是优势。再一个就是策划优势,策划实际上是对过去传统意义上的纯客观新闻理念的一种解构。由于网络的产生,技术的发展,把人在这里边的作用给弱化了。人在这里还能做什么呢?就是立场,就是态度,就是表情,就是个性。我觉得新报半年来最大的进步是有声音了,有立场了,有表情了。这个声

2005年元月,津报集团主办了"银色月光下"蔡琴演唱会。

为庆祝天津建城600年和《每日新报》创刊五周年,津报集团相继推出一系列高品位的大型文化活动。其中,纪念梅兰芳诞辰110周年专场京剧演出备受戏迷的欢迎。图为作者向梅葆玖先生赠送津报集团画家亲手绘制的作品。

音不仅体现在"每日新说"专栏上,在具体的一条条新闻上也体现着,这就是我说的深度。

如何面对新闻趋同化

现在新闻素材的趋同化特别明显,拿到过去传统意义上的独家新闻很难很难。"9·11"一出来,全世界的媒体都做,哪有什么独家新闻啊?别说这么大的事了,就是小得多的事也难有独家了。所以我觉得独家新闻这个概念相对变得不是特别重要了,重要的是深度制作,强调的是信息处理上的个性化,信息处理的个性就是需要有立场、态度、表情的。

《每日新报》应有的四大追求:声音、个性、文化、语言

我给新报的办报风格提四点要求吧。第一个就是要强调声音,也就是刚才我说过的立场、态度、表情。第二个是要强调个性。个性是什么?个性是一种状态。第三个要强调文化,我特别指那种前卫的文化。我为什么表扬马驰,马驰写的石康,《支离破碎》,《晃晃悠悠》,《一塌糊涂》,我一本一本都看过。我建议大家看看

孟京辉,看看《一个无政府主义者的死亡》,看看小剧场话剧,看看《切·格瓦拉》,看看达利在世纪坛的展览。我希望新报的同志们,在任何时候都不要以一种伪道学家的面孔来批判或攻击这些文化现象。第四是强调语言。好多事情最后看哲学,哲学发展到现在已经进入了一个强调研究语言的阶段。这和我们传媒关系很大。我看了加拿大传媒学者麦克·卢汉的书,不得了,麦克·卢汉当年的预言全都应验了,他很超前。他强调语言,他有句话对我影响太大了——“使用者就是内容!”是啊,你的报纸办得再天花乱坠,看的人跟你想的不一回事,你的内容是什么呀?语言,话语体系,包括语境,这些都很重要。说到底,如果新报在这四条上都下了功夫,都做到了,这张报纸的前途就不可限量,就有大的发展,就会成为大众新闻纸基础之上的一份更有力量的话语权威了。

把每日新报团队建成“通用汽车”

我最愿意把新报建成“通用汽车”,意思是谁来开都成,都能开得又快又好。我讲的“通用汽车”就是制度问题。一个单位,只有某一个或几个人玩得转,换别人来就干不下去,就得散架,这不是个好单位,不是辆好车。好车靠什么,靠制度。让江湖变成企业变成公司。平均主义我不干,像鱼缸一样透明固然是一种理想,但不能不追求这个理想。

坚决不搞有偿新闻

不搞有偿新闻这一点非常重要。只有那些发行量不大的报纸,市场占有份额不足的报纸,在社会上影响不够的报纸,才会去搞有偿新闻。新报不能这样,新报的份儿已经到了根本不需要搞有偿新闻的地步。有偿新闻,失真新闻,伪新闻,砸牌子,跌份儿。报纸还是要尊重人,要回归人性,开型小的报纸

2005年元旦,津报集团主办了著名钢琴家傅聪独奏音乐会。

不是小报,影响不能小,办事不能小!

给出口不给出路

我不赞成"给出路"这种说法,我宁愿说"给出口",用制度说话,让制度显示清楚:这有路牌,那有通道,明明白白告诉你从哪出去,从哪离开这里。

管严不是管死,管活不是要犯原则错误

要统一政令,凝聚人心,有效使用财力。要学会降低成本,包括财务成本。与广告公司合作中要注意自己掌握主动,自己定游戏规则,要以安全、有利为原则。广告从操作上要讲战略,要有创新思维。

一张报纸成长的标志很大程度就是体现在广告和发行上。这里要提到经济运行理论的一个观点:经济运行质量是经济发展的标志。经济运行质量高不高有以下几个方面:(1)后劲是否足。新报广告在同行一路走低声中节节攀升,发展势头强劲;(2)对价格杠杆的敏感度。新报的广告价格很大程度上已经左右天津报业市场的广告价格;(3)品牌优势;(4)发展速度;(5)创新能力。

(2002年8月3日根据录音整理)

努力把《每日新报》办成一流都市报

——在2002年《每日新报》年中总结研讨会上的谈话(之二)

具有创新色彩的龙头"新"字,象征了《每日新报》人激越的情怀,塑造了一个全新的、划时代的媒体品牌形象。短短四年多,新报从无到有,到成为著名商标,到进入世界百强,完成了一个媒体通常需要十年、一个品牌往往需要几十年所走的路。《中国新闻出版报》称之为"新报现象",在社会各界影响极大。但作者并不满足于在津门独领风骚,在创刊五周年即将到来之际,《每日新报》将以"苟日新、日日新、又日新"的精神,立足北方,面向全国,真正跻身国内一流都市报行列。

作者在《每日新报》出版千期庆祝酒会上。

作者在由中国都市报研究会、津报集团联合主办,《每日新报》承办的"中国都市报发展论坛天津年会"上发言。

我很感动，感觉非常好，为什么呢？有三点。第一，《每日新报》能拿出三天时间来交流沟通，不容易，新报有好的意识。第二，把《假日 100 天》的同志们找来交流，这也很好。第三，分组讨论，大家特别认真，我也参加了，大家没因为我在而回避，很坦诚。这些天筹备集团成立，我很忙，方案报上去，还以为得到九十月份，没想这么快批下来，8 月 21 日挂牌，要准备一系列活动，出百版。但我想要有始有终，所以再简单讲几句。

一、《每日新报》的后劲在于培养企业文化

新报能走到今天，说明能力、水平、朝气，证明新报作为子报、系列报已经形成了自己的文化特色。就像联想、海尔这些大公司，它集中一点就是在建设企业团队、打造品牌时，文化占了主位，形成主流。我们有了几张报再加上每日新传媒和假日传媒两个公司，事业发展很快，但出现了矛盾，尤其春节前后，我感觉有点乱。这提醒了我。现在静下心来想想，除了我个人水平不高外，主要还是没有形成天津日报价值理念的文化，想法多、利益取向不同。这些在事业发展不大的时候没什么大的影响，但在企业上升做大时就明显了。**上升空间越大，矛盾就越大，文化力量的缺陷就严重体现出来了，使事业的整体发展后劲不足。天津日报缺少的就是整体感。文化才是长久的竞争力**。新报给我感觉，作为报纸本身有独立性，在品牌上有定位读者，有新报的团队精神、新报的价值取向。新报在保持这种风格的时候就体现了凝聚团队的重要性。

日报干到今天，我很自豪。结束了严重亏损，到去年赢利不少，建成每日新传媒公司，办成了《假日 100 天》，买下了《天津青年报》。

作者与杨少华、杨议在 20 集大型都市系列喜剧《杨光的快乐生活》发行启动仪式上。此剧由津报集团等联合录制，是国内平面媒体首次参与电视剧录制，反映了津报集团品牌领域的延伸和扩展。

二、《每日新报》要特别注意加强学习

队伍建设有多方面，包括作风建设、品位、品格、品牌建设，它与文化有关。我思想上成熟是在1997年中央党校读书的一年间。学习回来我在《天津日报》一版发的第一篇言论《这条路子是阳关道》，立昌书记批示表扬；第二篇《精神状态至关重要》；然后是《一论创新》、《再论创新》、《三论创新》、《我们的目的是催人奋进》、《安民兴邦之大事》等等，那一年我连续发了70多篇言论。为什么？我在中央党校系统地学习了党的十五大的报告，我重新读了《资本论》，我第一次接触到海德·格尔、福柯等人的著作，并读了一点历史。

我从中央党校回来后对理论的东西有点提高，我自己感觉有一个升华，原来不太懂的一知半解的不当回事的后来对我都有很大的启发，确实对我起了很大作用，这一年的学习一直影响到我的现在直至今后。我以前念的书不少，每个人念书的方法不一样，可能有人整本书看，人和人不一样，可能我的学习还比较有效率，就是理论联系实际。学习很重要。怎么学习，我给新报的同志提三条建议：

第一，多读些原著。如果有时间的话大家最好读一些原著。这个原著无论是古典原著、哲学原著，还是现当代原著，是古典哲学、现代哲学，还是当代哲学，只要是原著它就会对你的思维有所帮助。有一种说法叫"思维体操"。海德·格尔《林中路》，列宁晚年的著作等等，这些世界级的东西几乎领跑一个时代，对思维影响很大，你必须随着它去看、去想，这跟你看那些一知半解的肤浅的东西绝对不一样。这些巨人思想的力量、语言的力量、包括逻辑的力量都会对你有很大的触动和启发，比你读其他人的文章强的多，你有时间读那些乱七八糟的东西还不如坐下，安安静静读一本好的原著，啃下来。所以大家一定要读点原著。

第二，要特别关注政治理论的学习。今天《南方日报》在《天津日报》做了一个广告"主流政经媒体"，我非常受启发，这跟我原来想的《天津日报》的定位是一

样的。**政治理论的重要性不仅在我们国家，整个世界都逃脱不了政治问题。国家与国家的利益，民族与民族的利益，事件与事件，大事与大事，小事与小事，所有的矛盾大大小小、纷纷纭纭、错综复杂，所有的问题最后都可归结为政治问题**。大家注意到“七·一”讲话，“5·31”讲话、以后再看党的十六大，大家看看这三步沿着总书记观点的讲话，它不是总书记一个人的观点，它是一个政治家集团的声明，是第三代领导集体的理论思维和理论创新。领导一个十几亿人的领导集团不是随便出牌的，而且我们党历史以来指导我们民族前进的都是理论。我们打天下靠理论，毛主席几大著名的理论：《中国社会各阶级的分析》使他走上了井冈山；抗日战争时的《论持久战》；党的七大的报告；全国解放后的一系列理论，尤其是《论十大关系》，这些都是理论，都是影响时代发展的理论。市委1998年开展“创新大讨论”，也是从理论着手。理论的作用有多大，我可以告诉大家：毛泽东思想确立（1947年—1949年）我们从战略防御转为战略进攻。邓小平理论两年（1977年—1979年）就把我们的工作重心从阶级斗争转移到以经济建设为中心。这就是理论的作用。还有1992年小平南巡讲话等等。江总书记有三篇文章，一篇是关于党的建设，另两篇就是现在

《每日新报》创刊五周年之际，中国都市报研究会会长席文举率全国最具影响力的30家都市报媒体领导莅临津报集团参观指导。

的“七·一”、“5·31”讲话，这些理论对党和国家的指导意义非同小可。我们处在一个理论、政治的时代。我国的经济建设一分一秒都离不开理论的推动。党的十五大提出要高举邓小平理论伟大旗帜，“旗帜就是形象，旗帜就是方向”，有了旗帜就有所遵循。而党的十六大在十五大基础上，老祖宗不能丢，新的东西还要有，新东西是什么——“三个代表”重要思想。

我们是办报的，没有足够的理论准备、积淀不行。别以为你是干小报的，你也很可能捅娄子、出问题。就是不捅娄子不出问题，也可能出现那些逆历史潮流的观点。如我前天讲的拿富人开刀的报道就十分不全面。大家要重视对政治理论的学习，尤其是中层骨干。我在某个时间、某个地点可能比你们都明白一点、清醒一点，没有别的原因，我要求我自己：作为天津日报的总编辑要首先保持理论上的清醒，政治上的清醒，要加强学习。只有理论上的清醒，才能跟中央、市委保持一致，而且是高度一致，所以我说新报人一定要加强理论学习。

第三，一定要关注先进文化和新的思潮。关注潮流的、前卫的文化、思潮。像当年舒婷的朦胧诗、1998年海子的诗、现在谈的“9·11”，你看这状态都不一样了，感觉总在变。思潮在变、文化在变，尤其是城门打开，新的东西越来越多。你说潮流的东西对我们的读者影响有多大，未来的一代、年轻的一代常常被这些时尚的潮流的也包括伪文化的东西所左右。现在好多东西都出来了，很多潮流的东西我们都要知道，去年的《流星花园》、《蜡笔小新》，还有近来流行的电视剧《不要和陌生人说话》。这个剧实际讲的不是一种男女心理，而是社会心理，它对窗帘、灯光，对图片的强调，电视也在强调设计。像达利展览，行为艺术等等，要研究这些东西。**我们做媒体的，要对思潮、文化、潮流进行分析辨别，最先了解它认识它，才能从容对付。而所有的这些东西都有一个领头的，就是哲学。需要有个历史唯物主义，还有一条，说得比较空泛一些，即古典的、现代的、当代的哲学统领当代思潮**。我有一段时间身体不好，心情不好的时候就读哲学书，真能念出乾坤倒置，而且这种能获得的力量不是其他的书籍、其他的东西能给你的。**它给你一双能够准确认识世界、分析世界的眼睛和目光，一种思维方法**。所以学习很重要。我希望新报的同志加强学习，你们不是办一份小报。

三、一定要特别爱护“每日新报”的品牌

必须爱护新报的品牌，它是大家用血和汗换来的，要格外地珍惜。它是天津日报的一个梦想和理想，它已经成为一个优质品牌。大家不要把它当成一张小报，也不要把它当做一个简单的工作。它已经是天津日报整体事业的一部分，甚至是我们这个事业中最鲜艳的一面旗帜。它也是我们个人实现价值的一个事业、一个栖息地、一个平台，所以你要特别爱护它。让它越来越好、越来越亮、越来越有影响。

刚才我说文化、学习，我们一定要保持一种好的品位、好的品格。三年前流行一本书《格调》，大家

MORNING POST
2004年5月 27日 星期四
每日新报
天津日报报业集团出版
第1609期 今日60版
天津劳工要告日本
匈牙利来华球员 21人名单公布
中马大战条币今起发售 两场赛事球票一路狂销 12版
新报民生在线今推“市容环保”篇 4版
清马路餐桌 治宠物扰民
本市昨正式启用首个无性别公厕 3版
承认说错了答案 李咏今天要澄清 6版
首批SARS疫苗受试者身体良好 11版
朝韩会谈 协商流产
孙楠婚恋 真情告白 12版
1至4月居民消费价格累计同比上涨3% 一旦任月累计涨幅超4%暂停提价 16版
严控地方出台新涨价项目

MORNING POST
2004年6月 11日 星期五
每日新报
天津日报报业集团出版
第1624期 今日60版 滨海地区64版
我11人遭恐怖袭击身亡
胡锦涛高度重视我遇袭工程人员救治情况及在阿人员的人身安全
事件中另有我4人受枪击负伤 新报连线我驻阿富汗使馆 尚未发现天津籍工人 2、12版
八招办负责人答疑高招
娱乐双鳄 落网内幕
辽河大桥 突然断裂
中马大战火爆 媒体共赞天津 14版
南运河现悲剧 两学生被淹死 3版
遗体运抵华府 今日送别里根 10版
接受新报专访 赵忠祥说官司 43版
免试入学新高职、专升本招生开始报名！
本报今起推出欧锦赛特刊

可能看过这本书。我想无论一个人、一张报，还是一个单位都必须保持一种好的品格，好的风度。我曾看过一段话：人的一生最终的较量不是身体、不是金钱甚至不是智慧，而是品格的较量。**那么一张报呢？一个企业呢？它也是品格的较量。保持一种什么精神、一种什么作风，一个团队、一张报纸体现一种什么风气、保持一种什么文化素养，综合起来就是品格。说简单点，就是正气。要让人感觉到这是一张充满正气的报纸，一支充满正气的团队**。这次“5·31”讲话江泽民讲的三气中有“浩然正气”，有首诗讲“一点浩然气，千里快哉风”。所以新报一定要讲正气，一门心思在报纸上，一门心思在工作上。人不可能没有欲望、私心、个性，但这些与培养树立一种正气不矛盾。我也有私心、欲望、个性，常人有的毛病我都有，但这不妨碍我树立一身正气。有了好的品格、有了这种正气，谁还能打倒新报？

我们要爱护新报这个牌子。我们每日新报的牌子含金量大，将来谁想要冠名权，想使用它得有三条：第一这个企业得够份儿，就是得足够强大；第二想冠名的题材得足够好；第三就是钱得足够地多。咱们这个牌子得管起来，“每日新报”不能随便使用。**人不可能没有私利，但在大事把握上要把“义”放在第一位，要把“仁”放在第一位，把事业放在第一位，把大家摆在前边**。这些都放好了，有点利益是应该的，我们也不能白干，现在没有钱也是不行的。要擦亮、维护新报这块牌子，保持纯度非常重要，坚决消灭有偿新闻，因为我们办的不是份小报。

我是一个善始善终的人，我感到新报发展很好。大家都做出了非常大的贡献。至少在座的同志，新报的前途就是你们的前途，新报的未来就是你们的未来，大家也都绑在了新报这条船上了，你们要爱新报，爱津报集团。一定把新报办成真正全国一流的大报，就像谈到《新民晚报》、谈到《南方周末》、谈到《北京晚报》那样谈到《每日新报》。

(2002 年 8 月 5 日根据录音整理)

山登绝顶我为峰

——在2003年《每日新报》表彰庆功大会上的即兴讲话

腾空而起需要爆发力,展翅远航需要齐心协力。毫无疑问,一张新创办的报纸充满创业的冲动和激情。而在《每日新报》即将进入第五个年头之时,靠什么获得持续的创业激情?如何保持一个人、一个团队持续迸发的内在潜力?作者以林则徐的诗句"山登绝顶我为峰"为题,鼓励新报全体员工必须保持必攻不守、敢打必胜的团队精神,保持创新的活力和竞争的状态。

我的声带手术后还不让太多说话,所以也不说空话了。大家看到了,今天在家的社委会、编委会同志全部出席了这个会,同时,大家也看到了,集团召开这么一种规模、档次的表彰会,只有《每日新报》。我张建星这个人是个有性格的人,我愿意做一些我认为是正确的事,我在原则问题上从不含糊,当然也更不愿意做含糊的事。我不太在乎什么其他的评论和议论。当然,给大家钱很少,相对于我们的事业发展,相对于新报做出的贡献,相对于我心里的梦想,想表达的那种东西和表达的那种感情,还不算多。那么,在去年的基础上,整体重奖270万元,在天津日报的历史上是第一次。奖给编委会、奖给集体150万元,奖给邓效锋同志50万元,奖给新报广告部70万元,与其说这是为了表达社委会、编委会对你们的充分肯定,不如说这是我们想做出一份姿态,或者想表达这么一种意思,在天津日报的发展史上,在天津日报未来的发展道路上,谁做出了贡献,谁的贡献最大,谁就是真心英雄,就要重奖谁。

我相信这件事在天津日报会有影响,但是我又相信,它不会给更多的人带来不公平的那种刺激。为什么?我觉得有三

2005年1月15日,作为《每日新报》创刊五周年系列庆典活动最高潮的"新报新影响力5S系列评选——新跃榜颁奖典礼"盛装登场。图为作者在典礼上致辞。

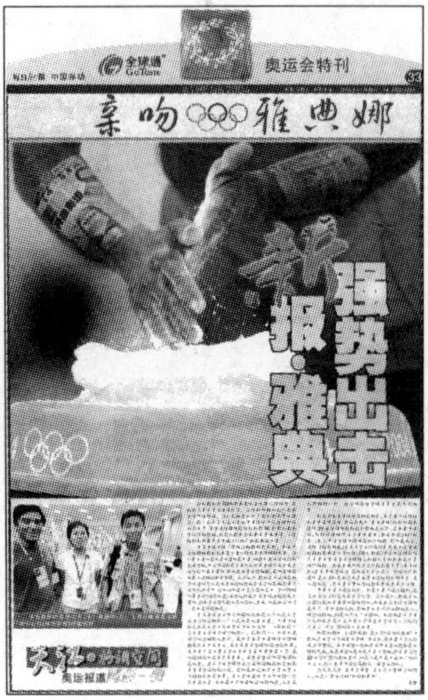

点:一点就是天津日报这几年的快速发展已经形成了那么一种竞争的氛围,一种很好的状态,一种鼓励先进、奖励先进、推出先进的精神;第二,新报的事情做在那里,新报的事业发展摆在那里,新报的成就摆在那里,这种事业、这种发展、这种成就是无可争议的,它所以无可争议是因为新报的今天既是天津日报全体职工共同拼搏的成果,更是在座的每位新报人这四年多,从 2000 年到今天付出的全部心血,所以这样奖励,就是为了承认、尊重、赞许、褒奖这种奉献,这种贡献和你们付出的心血;第三,这么一种形式,这样一种决策,这样一个表达方式,是想在天津日报报业集团造成一种力争上游的氛围。社委会召开今天这个表彰会,采取这么一种奖励方式,是经过认真研究的。**当然我说,钱是有限的,是可以算清楚的,但我觉得这个世界上有两笔账是不能算的,一笔就是良心账,一笔账是感情账**。那么,你们付出了良心账,这笔帐算不清楚,那付出多少,多少个日日夜夜,承受了多大的压力,我作为天津日报报业集团的社长、总编辑,我作为你们其中的一员,我也作为新报的总编辑,我心里非常清楚。但是这笔良心账是不能用金钱来衡量的。那么另一笔账刚才说不能算,就是感情账。我们之间的感情,同志们之间的感情,集团融入的那种感情,怎么算呢?刚才我听了几位同志的发言,很感动。

我感动在哪里,大家融入了一种和我们这个事业不可分割,和我们经历的道路不可分割,和我们付出的感情不可分割的那份感情。这是今天我们开这个会我想表达的第一层意思。2000 年创办的《每日新报》发展到今天,我们现在可以说,

《每日新报》已经是一张以“主流媒体、大众新闻”定位的成熟的大报。其实这个话，我在去年的时候也讲过，在去年之前的一次研讨会上也讲过，但是今天的事实和成就，大家的努力证明了这一点。我觉得标志这种成熟和地位的大致有那么几点，刚才大家发言的时候想了一下，**这张报纸经过几年的打拼，最重要的是已经形成了自己的一个完整的、鲜明的、成熟的风格和个性，就是《每日新报》已经完全不同于其他报纸，尽管它是一张新闻纸，但它是《每日新报》的新闻纸，这个风格和个性很可能是其他媒体、其他报纸从头到尾都学不来的，它是新报用这几年的时间打造的这么一个或叫品牌的风格和概念。新报的这种风格里面还有几点我觉得特别重要的，第一是尊重新闻规律，第二是坚守新报的定位，第三是有超强的新媒体的策划能力，这是我说的新报成熟的标志第一点。**

第二，我觉得作为一张报纸来讲，作为新报来讲，它更为突出的一点，比这个风格还要突出的一点，就是它形成了一种很好的团队精神。由于这种团队的精神和团队的状态，由于在座的这么一支好的团队，它保持这么一种好的精神风貌，这么一种精神状态，它不但形成了团队精神，还涌现了一批又一批的人才。那么，我这儿可以随便点一下，当然我记不住太多的名字。在我身边比较熟悉的，都已经是领导了，牛一兵、周湘华、邓效锋、王耀强，我可以毫不客气地说，我相信，在座的主席台上的这些同志也承认，至少我点出的这四位同志，已经是天津新闻界的精英，他们的创造力，他们的水平，他们的智慧，不但在天津新闻界许多人不可比，甚至在全国新闻界也是拿得出的。我说这话是很负责任的，因为我还是比较

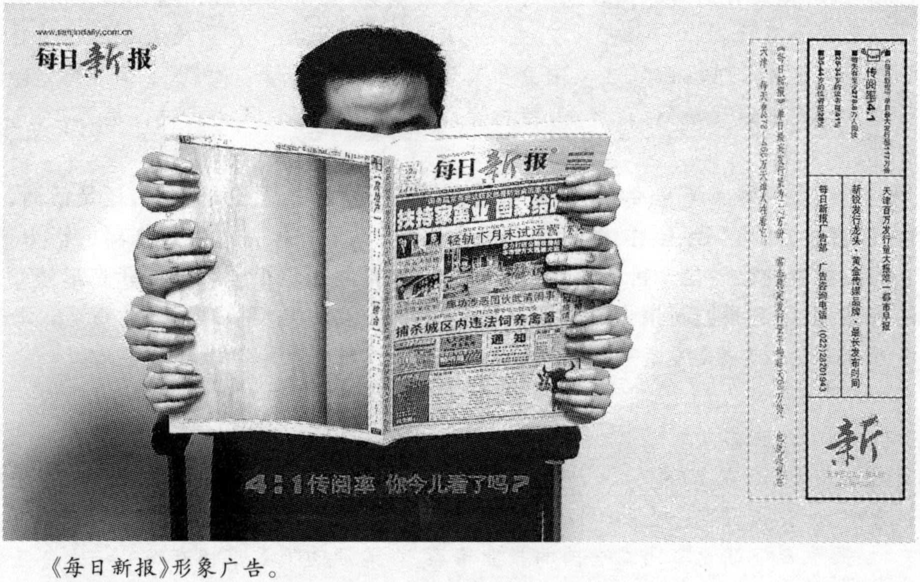

《每日新报》形象广告。

秋云代表天津日报从中宣部新闻局局长胡孝汉手中接过“新智创意”奖之“最慧眼独具的包装”奖。此奖由“天津日报号”案例获得。

了解全国新闻界状态的，因为我经常跟这些好的报纸媒体的老总在一起，也经常讨论人才的问题。你比如邓效锋，你不能不服啊，我并不是说，他带着广告这个团队和新报的同志一起努力，拿出了这么一个辉煌的数字。这个数字也是有限的，新报上升的空间很大，我就说他对这个事业的投入，对这份报纸的感情，以及由此调动的、焕发的、挥洒出来的那种智慧，那种能力，那种水平。我们还有很多记者，比如我熟悉的，李冰，还有很多同志。刚才讲了，表彰的那些同志我看了看，马驰的稿子，阿莱的东西。还有你们很多同志，包括我熟悉的同志，这不仅是天津日报的人才，也是新闻界的人才，或者说是我们新报最大的财富，包括还有马健龙和北京记者站，这是我说的第二点，这标志着新报的成熟，团队精神，人才梯队。

党的十五大提出一个非常重要的观点，当时我正在中央党校念书，叫“精神状态至关重要”。1998 年，我从中央党校毕业，我写了一篇言论，也就是天津创新讨论开始的那篇言论，标题就是《精神状态至关重要》。这就是我说的第二点，有状态，有人才。

第三点我觉得更重要，就是**无论是办报，还是经营，无论是策划，还是活动，每日新报的所有报纸运作，包括经营在内，都充满了并保持了一种创新的活力。它的创新精神已经是一种标志性的精神，已经是新报这个团队精神状态最核心的内容，已经是我们新报未来发展制胜的和必胜的武器**。所以我说，怎么看这张报纸是不是成熟，是不是一张大报，就这三点。

那么，新报已经是这么一张成熟的报纸，有这么一支成熟的队伍，有这么一个好的状态，我由此有这么一份信心，就是天津日报报业集团在天津媒体中的竞争力怎么样？它在 2004 年到 2008 年，就是天津整个第二步走战略的这么一个过程当中，就在我们整个人均 GDP 突破 3000 美金之后，这么一段艰难攀升的状态当中，天津日报报业集团在全国的报业市场，在天津的报业市场有没有一个它应该有的位置?它能不能保持这三年多到四年时间这样一种一路前行,无可阻挡的锐气?能不能保持这么一种得之不易,但已经得来的领先地位?正是看了大家,看了新报的同志,看了新报的业绩,我跟大家讲,我充满信心! 正是看到新报,看到你们,我的内心一片光明!我相信天津日报的未来,2004 年到 2008 年,将超过它的 1999 年、2000 年到 2003 年。当我们 2008 年,再回过头来看我们走过的这几年,这极不平凡的几年,我们将彼此会心一笑,感到那只是我们一个积累、形成、初始的状态。我这个人不愿意把话说得特别满,但我可以跟大家讲,就是因为有新报这么一支团队,因为有新报这个班子,我对天津日报的未来充满信心!这是我要讲的一个部分。

第二个部分,给新报的同志们提几点希望,这个希望是我发自内心,也是作为新报人与大家共勉的想法。前两天,技术处和总编室都给我打印了一个网上的帖子,我相信大家都看了这个帖子。我批给了小牛、湘华、小邓还有王耀强同志。我跟大家讲,意见未必不正确,也不是一点道理没有,说的也未必不是心里话,但我本人十分之鄙夷这种方式。我是比较讲究定好时间,定好地点,面对面,不背对背,可以开价,也可以不开价,直来直去,明来明去,真刀真枪的。我对新报如有不满意的地方,我跟牛一兵、周湘华从来是直言直去。我从来不隐瞒自己的观点,包括对某些同志的意见。社委会班子的同志都在这儿了,这几年我和大家共事,大家之所以还能容忍我,就是因为我还是很真实的,这就是我说的光明磊落。我不是说现在数字化时代,终端为王的时代,我不是说我要限制这种 BBS,这种在网络上抒发自己感情的必要,但我总觉得缺少一份磊落。**缺少一份磊落必然缺少一份大度,自然缺少了一份做人做事的大气**。如果你直接跟我讲,直接给我写信,我很可能对你大加称赞。相反你采取这么一种方式,反而给了我一种一了百了的轻松。做人要大气,要讲人格。我严厉地批评这种做法,你这么讲了几句极不负责任的话,新报的广告额和发行量丝毫未损,这些同志还在茁壮成长,我们的事业还一路阳光,

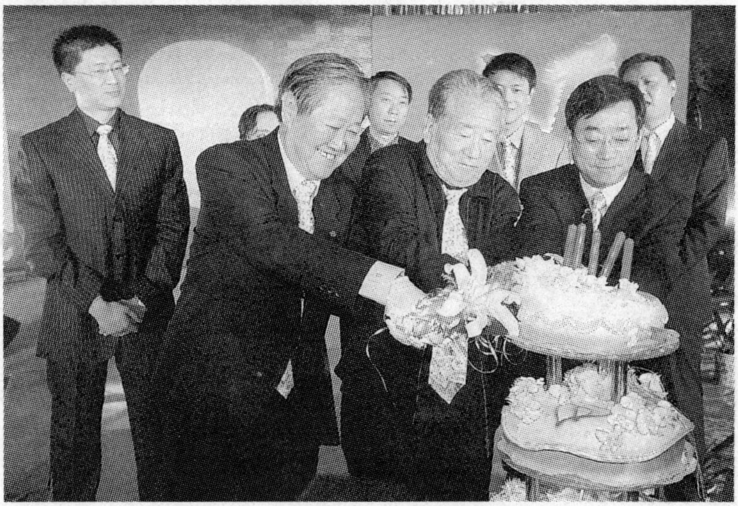

作者与报社老领导石坚、方放共同切开《每日新报》五周岁生日蛋糕。

我们唱的还是《真心英雄》,你说你是不是此时此刻感到心里有点晦暗。

我自己有那么几条对大家的建议:**一定要加强政治学习,提高自己的政治素养**。这句话我反复说,我再跟大家讲一次,绝对不是一句空话。**提高业务素质非常重要,更重要的是提高自己的政治素质,这个政治素质也不要单纯地只想它是三项教育、三个代表、二为方针、十六大精神、八届五次全会精神,它是一个综合的政治素质,包括政治品质在内**。刚才我讲这个,它属于政治品质范围,它不是人品,人品多不咋地,那是你个人的事,当你一上网络讲出那个话来,就是个政治品质。加强政治学习,提高政治素质,提高自己的修养,这是我们这个团队和每个同志立于不败的最关键的。

第二,我想强调,一定要保持这种团结向上,奋力拼搏的,就是我们常说的必攻不守、敢打必胜的这种团队精神,可以说这是你们身上最可贵的一种东西,是我们这个团队最宝贵的一种东西,一定要像爱护自己的眼睛一样爱护我们这个团体,一定要像爱护我们的家庭一样珍惜这个团队,一定要使我们的团队始终保持一种团结向上的朝气。我可以多说一句话,这么好的一个团队,我所有做的事情,都是为了要保护这个团队,我不能容忍有任何一件事情、任何一种可能、任何一种风气影响到这个团队,毁了这个团队,哪怕是对这个风气有一丝一毫的浸染和影响,我都不允许!这个团队是属于天津日报报业集团的,我个人跟这个团队有那么深的感情,这么一种历史的渊源,就从我个人感情上,我也不希望、不允许这个团队精神受到一丝一毫的污染和影响。

第三,我希望保持新报创新的活力和竞争的状态。我们的时代已经进入了21世纪,**这个时代最突出的我认为有三点,就是我们通常说的两条,大家总听经济全球化,这是一条;第二句话,科学进步,突飞猛进;还有一句话,就是由于数字化和信息化,它的竞争已经进入一个全新的境地,已经扩大到了整个儿的范围,没有边界,没有区域,不设地点,不打招呼,竞争会越来越激烈,包括传媒竞争**。所以我希望大家一定心里有一份竞争的压力,一定要有很强的

白芳礼老人作为“新动时刻”奖之“最无法忘却的感动”获奖嘉宾来到典礼现场,并激动地说:“干革命一生无悔。”

竞争意识，一定要时时刻刻意识到竞争对手在时刻盯着我们，研究我们。

第四点希望，怎么保持创新的活力和竞争的态势，关键是要戒骄戒躁。在创业初期，在打拼市场的开始，在一个团队刚刚集结的那一段时间，都是最好过的。最难过的是当一切事情都已经顺理成章，已经优势在手了，取得了很多成绩了。毛主席他老人家为什么在党的七届二中全会上，在全国解放前夕，特别强调戒骄戒躁，保持清醒的头脑？为什么在党的十六大之后，胡锦涛同志率领书记处的全体同志先到了西柏坡，再次提出了“两个务必”？这都是有深刻原因的，也是有历史教训的。很多事情很难逃脱一种周期，一个怪圈。老人家讲了戒骄戒躁，讲了“两个务必”，意识到我们党有可能在执政之后出现这样那样的问题，消蚀我们党在建党初期，特别是在延安时期形成的那种好的状态和作风，那种生命力和战斗力。老人家尽力去做了，但最后没有做成，险些进入崩溃边缘，这是党的十一届三中全会这么一个历史性的评价。**这个问题还非常危险在什么地方，就是一种骄和躁，它不但同时而来，接踵而至，常常是在你不知不觉中产生膨胀，当你发现的时候，已经晚了。我讲的不是一个寓言，是一个现实；我讲的不是可能发生的，是已经发生过的；我讲的与其说是一种历史的经验，不如说它是一种历史的教训**。这种教训可能发生在一个国家、一个民族，也可能发生在一个单位、一个人身上。我也特别建议新报自觉地找自己的问题，你们自己得冷静总结，我们跟对手比，我们跟自己比，我们中间出现什么问题，还有什么大家有意见的，也可以跟我提。戒骄戒躁，这是第四点。

典礼由凤凰卫视著名主持人梁冬、曾子墨等主持。

第五点，也是最后一点希望。任何时候，坚守新报的定位，就是“主流媒体，大众新闻”，贴近老百姓，贴近市民生活，放下架子，双眼向下，就是为读者服务，为普通的读者服务，就是当初我们定的那种定位：把新闻做碎，把报纸做厚，把广告做精，把发行做大，或是说，把市场做大。事实证明，我们的定位是正确的。我们老太太总嘱咐我一句话，这和办报定位差不多，就是你什么事都可以忘了，什么事都可以不记得，就是不能忘了自己姓什么。**坚守定位，它是就一张报纸的规律，就一个市场的份额，就一种竞争的优势而言的一种定位**。我相信刚才同志们引用的

正值印度洋海啸刚刚发生，作者代表《每日新报》向印尼华侨歌手文章捐赠物资。

那句古诗，“山登绝顶我为峰”。这首诗是林则徐的。问题是一定要登顶，问题是你还没有登顶的时候你就以为自己是峰了，那非栽跟头不可。那么怎么登顶，什么是我们的登顶，什么时候我们才能为峰？至少我刚才说的那五点，五件事，是非常重要的。我相信泰山十八盘，每日新报已经走了九盘了，后面九盘山陡、路滑，有风有雨，但一定充满了刺激，充满了新鲜感，充满了感召力，充满了一种让人跃跃欲试的，让人奋进的、欲望张扬的那一种诱惑，是充满了一种点燃人内心活力的诱惑，也充满了一种未来对我们不断召唤的诱惑。希望大家，我也相信新报的同志们、同事们能够团结拼搏，戒骄戒躁，坚持创新，勇敢地登临我们事业的最高峰！

(2004 年 1 月 19 日根据录音整理)

还有比创造更重要的吗?

——在《天津青年报》编辑记者军训结业式上的即兴讲话

2001 年底,新中国第一份青年报——《天津青年报》成功着陆天津日报传媒航母。2002 大年初六,天津市公安消防局教导大队的训练场上,已响起了新青年报人嘹亮浑厚的口号声。对新进编辑记者进行军事化培训,使其接受军营洗礼,这种举措在天津媒体尚属首家。青春绽放火样年华,在短短三天高强度的军训之外,新青年报人得到的最大收获是聆听了来自京津两地知名报人的多场业务报告,他们成功的办报理念、完善的管理机制、娴熟的操作技巧、先进的市场运作方式,使新青年报人获益匪浅。

今天我非常激动,无论是作为你们未来的同事,还是天津日报社的社长,还是一个职业报人,我都感到一种发自内心的欣慰和由衷的自豪。我在《天津日报》起步,在当时的天津新闻界产生了小小的新闻波,并因此深深热爱上这个“创造激情并被激情创造着”的职业。1987 年东北大兴安岭发生特大森林火灾,这场大火吞噬了大兴安岭几百万公顷的原始森林。我当时是《天津日报》财贸部的主任,非常有幸作为随军记者,穿着消防官兵的服装,直接到达火海。到了大兴安岭之后,使我的人生经历非同以往。当时所有的原始森林都是烈火熊熊,山野上停着烧坏的消防车。我被编在天津消防局,经历了 17 天,经受了与历史上最大的森林山火生与死的考验,有 14 天奔波在火海和原始森林,最后三天才有帐篷住。这支部队和这些战士对我一生的影响是刻骨铭心的。

其中有三件小事非常令人感动。第一件事:从零号基地出发凌晨 5 点在阿木尔的原始森林与 140 团会合,连夜急行军,有一个十七八岁小战士到了会合地之后才感到自己的脚疼,树钉穿到了脚里,脱下靴子倒出的都是血水。第二件事:大兴安岭的森林山火可以在几分钟之内席卷过来,在一次撤退中,我们早撤了五分钟,等我们再绕回来的时候,已是一片灰烬。仅仅五分钟,指挥员的指挥非常关键。在途中我们遇到一棵很高的白桦树,它的周围没有任何火焰,只有这

2005年3月1日,《城市快报》亚洲室内田径公开赛暨中日室内田径对抗赛上,刘翔完美的表现征服了现场所有的观众。作者作为大赛组委会主任为获得最佳男运动员奖的刘翔颁发奖杯。

棵树像蜡烛一样,从树芯里自己燃烧。当时消防战士搭上人梯用消防服救火,上去的战士连自己胸口的衣服都烧烂了。第三件事:我们五六天没有给养,战士们只能吃饼干渣,我也饿得够呛了,有一个小战士拿出一头蒜,告诉我说,这是他17岁生日的礼物。

经过17天的军旅生活,公安部给我记了三等军功,市政府也给记了功,当时我被公安部消防局命名为"战地红电波"。大兴安岭这段生活,使我的人生观、价值观发生了很大变化,我因此感到记者这个职业是非常崇高和神圣的,充满了激情和牺牲精神。你们在这个地方军训,我们很有缘,因为这是我起步的地方。我被授予荣誉消防警察,我和天津消防部队有很深的感情,在血与火、生与死的考验中,我没有给记者这个职业丢脸,我挺住了,一直随着这支部队在原始森林里,一分钟也没有掉队。几次要把我送回塔河,我都坚决不同意,最后所有战士在原始森林中在雨中共同高呼"记者万岁"。为什么?因为我把他们的安危和前线的消息都发回《天津日报》,而且我发的消息成为公安部、消防局很重要的前线情报。大家意想不到,作为一个记者,怎么能在那种恶劣的情况下,不但坚持了下来,而且每天在通讯中断的情况下,把稿子发回《天津日报》。

今天我讲这三件事的目的主要有三条,一是我们很有缘,你们使我又回到从前,回到我懂得拼搏、懂得牺牲、懂得人生价值、懂得职业特点的起点,这个起点是成功的起点。我相信《天津青年报》也会从这个起点上凤凰涅槃;二是无论我们的时代如何发展,军人的品质和信仰,铁一样的纪律和钢一样的意志,永远是这个社会中最崇高的人,最让人尊敬和佩服的人。军人都具有共同的素质,永远是不服输、不怕苦、义无返顾、永远向前走,这一点对《天津青年报》非常重要;三是你们走向一个全新的职业,这个职业就是记者。**如果给我一千次选择的机会,我还会毫不犹豫地选择记者这个职业。这是个创造激情也被激情创造的事业,这是个关注社会也被社会关注的职业,这是个永远走在生活和时代前列而不会被生活和时代甩掉的职业,这是个有福可享有难可当有苦可品有乐可共的职业,这个职业值得用一生去从事、去奋斗,永远有青春的感觉,会让你在某一时刻沉浸在美好的感情和理想之中。生活中许多肮脏、丑恶的东西,需要我们更深地挖掘出来,拿起我们的笔,用我们所有的手段来鞭挞它。这是由这个职业本身决定的,大家要把它作为终生的追求。希望大家珍惜、珍视、热爱这个职业,首先要有职业感,其次是责任感。**

《天津日报》是中共天津市委机关报,在天津的新闻界是绝对的龙头老大,拥有一批办报精英,我们是全国目前惟一一家拥有三张日报的媒体。这几年天津日报的事业处在困难和坎坷中,历史沉淀的东西很多,新生的东西很少,报社上下齐心协力,特别是在去年一下子发展起来,报纸的收入和发行量不断上升,队伍越来越年轻化,在天津新闻界乃至全国新闻界的影响越来越大。你们今天到天津日报来,进入这个大家庭,是选择了一个最好的时机。天津日报真正全面上水平了,两年间创办了一份《每日新报》,是都市报历史上的奇迹,《每日新报》的发展证明了天津日报可以成就一切事业。我们还创办了《假日100天》,在不到半年的时间里,发行量突破10万份。在系列报发展的同时,主报在全国的影响越来越大,我们确定的"坚持正确导向,投身市场竞争,带出一流队伍,办出大报风格"的办报思路,在全国引起很大反响。与此同时经营管理向市场化靠拢,我们是一个有多种体制、多种机制并存的综合实体,既有好的传统,又有新的机制,比如我们组建的每日新传媒公司,是全国最大的零售配送公司,一年间在全市150条主干线上建起550个报刊亭,这不仅

刘翔为津报集团颁发最佳组织奖。

作者将刘翔为《城市快报》"杰出人物手迹墙"留下的手迹复制品赠送给刘翔。

是形象而且是实力的象征。

大家要充满激情地去从事这个事业，要拥有团队精神，多一份爱心，不要有嫉妒心。越是落后的社会，越是商品经济过渡时期，人们之间的感情越冷。经过改革开放20年，我们有了一些调整。美国人非常爱国，1996年亚特兰大奥运会，我去参加开幕式，当全场奏起美国国歌和克林顿总统讲话时，周围的男男女女都热泪盈眶。**我想要说的是，你们要热爱《天津青年报》，这张报纸是你们的，因为在你们的手中将诞生一张新的报纸，还有比创造更重要的吗？一个人只有融入了爱的集体，有一份可以奋斗的事业，生活才会充实。**

我还想给大家提几点要求：一、**要树立强烈的新闻概念。无论大家有什么想法，处在什么情况下，要知道自己做的是新闻，除了新闻还是新闻。马克思说过资本家从头到脚就写着四个字：剩余价值，那么我们套用马克思的话，媒体从头到脚就写着两个字：新闻。千万不要把新闻做虚了，新闻是办报纸的生存之道。**二、竞争。要从今天开始树立强烈的竞争意识，新闻的职业道德是业务保密、当仁不让。大家可以与《天津日报》竞争，可以与所有的报纸竞争，这里一个是新闻职业的要求，另一个就是利益的要求。这张纸从头到脚写的是新闻，新闻从头到脚写的是竞争。三、报纸要做到三个字：一是实，实的标准是宽众，让最广大的读者认可这张报纸。你们很年轻，年轻固然是优势，但也是劣势，不能自己跟自己玩，得把报纸卖出去，要脱离你们的年龄。一定要实，每一个版都要做实，实了还要实，还要新，要有新视角、新面貌、新的采访路线，要与实联系起来，首先要从形式和风格上新；三是深，这也与实有关系，做实了才能做深了。另外，大家还要特别注意学习。

以后我们就是同事了，希望大家把我当作朋友，当作你们其中的一员。祝福大家龙马精神，一马当先，马到成功。

（2002年2月19日根据录音整理）

从对受众的吸引力到控制力

——在《天津青年报》复刊动员大会上的讲话

2002 年 5 月 8 日，《天津青年报》以“青报鲜滋味、新闻新味道”和“深度新闻、全新概念、城市定位、青春阅读”的办报思路，明确定位，主打发行，一张“报道新闻，传播新知，引领新生活”的全新《天津青年报》为读者带来一股清新的空气，更被视为天津报业市场上一匹真正的黑马。

作为天津日报报业集团的社长、总编辑，我必须考虑我最需要的人才是什么。我这个人比较看重年龄，要年轻；人也比较看重人才，有才气。但是**我在总的考虑当中，德才兼备里，我觉得德还是主要的，一个人的成长需要他的年龄、体力、精力，需要他的智慧、智商，需要他的学习背景、知识背景，但我觉得更重要的是他的德，他的个人品质。他的德和个人品质在什么地方能够体现出来？一个是**

2004 年 9 月 12 日，《假日 100 天》创刊三周年活动的重头戏“2004 年赢家人物评选暨赢家派对”隆重举行，来自体育界、文艺界、传媒界和企业界的众多精英共聚津门。

对事业很强的追求，是不是把事业放到第一位。在全国干部工作会议上，曾庆红同志讲过感情留人、待遇留人、事业留人，我觉得这三个留人中最重要的还是事业留人，这是第一。**第二我觉得这个人品质怎么样，很重要的一点是他怎么样对待别人，怎么样对待自己，怎么样对待组织，这是非常重要的**。**第三点很重要的一条是，具有很好的品质，个人品德、操守都很好**。**这人很厚道，体现在对工作、对事业是不是有大局观念，是不是怀有感激心理；他对上面的领导，对下面的群众，对周围的同志，是不是永远怀着一种感激，这非常重要**。

青年报现在的这个班子是一个初创的班子、是一个创业的班子。这个班子我觉得社委会是放心满意的，这一段工作也非常尽心尽力、非常出色，将来青年报的体制是什么样，现在正在酝酿和讨论之中。我觉得从社委会的角度、我的角度都支持这个班子，希望大家支持、配合、理解，他们非常不容易。在青年报工作包括你们在内、包括我在内，就目前为止没有什么个人利益可想，也没有什么个人的好处可图。**你们是来打天下的、是来创江山的，是吹响冲锋号第一批走向阵地、冲向对手的人**。你们更多的是为这张报纸的未来去做。如果说对你们和青年报的关系之间有一个定位，你们就应该首先是奉献者，实际上就是为这个事业牺牲。

当然能把大家放到这样一个位置上，一个引人注目的位置上，社委会包括我本人，考虑必须具有最基本的素质。**这个素质就是具有很好的操行和个人品质，具有很强的水平和能力，具有一种无私的奉献精神**。人不同的年龄阶段有不同的角色定位，那么，在我们这个年龄阶段，在座的年龄阶段，是六个字、三句话：

第一是追求，追求一种人生最极限的价值，追求一种能够实现自己价值的位置。

第二是奉献，在这么一个年龄当中，如果你能够无私地奉献，把你人生座标的定位紧紧地扣在这两个字上，我相信将来的回报是很大的。我在《天津日报》当记者的时候跟现在不一样。你们刚开始一来可能会谈你们拿的基本工资，《每日新报》可能会高一点，《假日 100 天》可能会高一点。我刚到报社当记者时一分钱奖金也没有，后来给了我十块钱的奖金，当时《天津日报》把我派去的地方都是最艰苦的地方。我采访过大兴安岭特大山火，零下 40 多度到漠河去采访。《天津日报》历史当中比较艰苦的采访大多数或三分之二是由本人完成的。**我从 1983 年到报社，在我 30 多岁的那段时间里有一种很强的奉献欲，愿意为报社做事情，愿意为别人做事情**。

第三是创造，创造性对现在来讲就是追求和奉献，对于未来讲就是地位和水平。追求、奉献、创造对于在座的你们，我是太明白了，刚刚 20 出头，30 多岁左右，刚才我所说的创造就是这样，对现在讲就是追求和奉献，对未来讲就是地位和水平。

你们不能说我张建星目前在天津日报社是水平最低的，当然我也不能说自己是最高的，至少也是个中等。我在中等的位置，就说明我以前追求奉献了，我也通过创造实现了个人的东西，定位了我人生的价值和目标。

作者在赢家派对上致辞。

希望大家对个人的事情不是不想而是少想，在团队当中相处要多想事业，宽容他人，就想怎么把报纸办好，怎么实现自己人生的价值。**尤其是作为一名记者，这是一个职业感很强的职业，它需要很强的事业心、责任心，一种很强的创造欲望和激情。**这个事业确实是一个需要激情的事业，需要创意，需要激情，需要尽善尽美。做别的工作可能不是这样，金融工作更多的是需要理性，你做医疗大夫工作也更需要理性，**在我们新闻工作是激情、创意，很强的事业心、责任感和欲望，同时也需要很理性地看待这个世界**。

新闻冲动和新闻理性是一致的，这个职业好，我之所以非常热爱，每一天遇到每一个新闻事件都有一种冲动和牵挂，同时在这种冲动当中、这种创意当中又充满了理性的思索，它是一个需要表达的行业，同时也是一个内涵很深的职业。它需要向世界阐明一些什么，表达一些什么，说清楚一些什么，它同时还需要压制一些什么，包容一些什么。这种矛盾构成新闻这个职业，很有意思。我觉得我没选错职业就是因为我可以干到老，我退了以后还是职业记者、职业报人，同时还可能成为作家和诗人，这是不一样的。

我刚才说确实每一天的事件都在变，充满了诱惑力。

新闻记者是一个可以表达，可以张扬，可以追求的一个职业，它同时特别需

城市快报
METRO EXPRESS
高职高专今起填报志愿
市高招办负责人详解志愿填报细节及各院校开放日安排
中招今年计划招生 12.9 万人
高招录取 考生钟情本地院校
十六届四中全会九月在京召开
中共中央政治局召开会议决定
热岛效应带来短时降水
疾风骤雨 横扫津城
自强学子与您相约
快报报花 价值25元
下周二买快报 赠送雨披1件
维护公安执法权威 创造良好执法环境
32人诬告民警被查处
昨日中午时分 电梯突然停顿 近处求救不得 远程施援成功
塘沽医院电梯困客45分钟

要你具有很高的水平、理性,有思考能力,需要你文字好;对新闻内容的本身,对文字表达本身,对版面本身,对纸介媒体和整个媒体有自己的很深的理解和感觉。所以我想,我的开场白跟大家要谈的就是一定要有一种追求心、事业心、责任心,一定首先要讲奉献。收入的事、利益的事不是你们考虑的事,有些事是别人替你们想的。你们就想一件事,怎么在这张报纸上实现自己的价值?怎么办出一份在天津最好的日报、最好的午报?在天津新闻界青年报的定位、位置是什么?是一种全新的尝试,是一种全新的定位,是一种全新的感应,或者叫形象。

天津没有午报,这仅仅从时间段来讲。这还不是最为重要的,最为重要的是天津没有一份在正确舆论导向下,比较从容的一张新闻纸。它既不是《天津日报》的样子,绝对不会是,对会议报道和工作新闻远离了;又不是《每日新报》草创那样,定位非常俗,因为我对《每日新报》的要求很简单,当时,我给他们出了叫做"主流媒体,大众新闻"的办报方针。但青年报不是通俗,你们千万不要因为我说《每日新报》那样,你们要这样,我可没有让你们做成大雅之作,我从来不敢说这事,因为这张纸不管是新闻纸也好,多么崇高也好,它是一张挣钱的纸,卖出去的纸,我和大家把这个事说清楚了。

新闻整个的变化从对受众的吸引力已经开始变成对受众的控制力,这是我们新闻媒体这两年变化最大的一个非常重要的与市场与读者的关系。《天津日报》和过去的报纸包括《每日新报》都是从对受众的吸引力来考虑的。现在媒体变化为对受众的控制力,通过舆论来控制受众,非常重要。经济类报纸,比如《21 世纪经济报道》这类报纸,它是对这层受众采取一种控制,而不是吸引。《北京青年报》包括《北京晚报》,它希望能通过对生活的关心,对老百姓事情的关注,尤其是最新词汇——对弱势群体的关注,来控制这一大批受众。

所以你们这个报纸千万不能办成很雅的报纸,这报可卖不出去。我 1994 年办过一份这样的报叫《北方市场导报》。那个报纸办得很雅,请了日本经济学家小宫龙太郎和吴敬琏、何清涟、林义夫、刘伟,还有杜润生,许多当红的经济学家,全部请来参加我们的座谈会,1994 年我是《天津日报》编委,那种级别开的会他们都来。这个会是我和胡舒立操办的。那报办出来后,当时《南方日报》的总编辑刘陶,《中华工商时报》总编丁望,也就是创办《中华工商时报》的,他现在在《精品购物指南》,《中国经营报》也是他创办的,专门到天津学习来了。大家都说天津终于出了一张海派的报纸。

当时没成功有三个原因:一个原因是太雅,天津没有市场,这是我的原因。但是更重要的原因就是没有人支持,没有环境。做了一年半的好报纸,那个报纸集中了相当一批人才,《每日新报》现在的核心队伍是这个报过来的,完全市场化,完全由精英之路走向精英道路。

你比如说今年"两会"关注的热点词汇是什么?关键词是什么?——弱势群体;喊得最多,说得最多,从最高领导到最普通的人大代表、政协委员。我们市委八次党代会的报告里有一段专门谈"弱势群体",政府工作报告里专门谈"弱势群体",总书记的一系列讲话都在谈"弱势群体"。这是什么概念?这是关键词。一个报可以做得好,但是做得好不能做得脱离群众,不能脱离读者。另外一个关键词"中产阶层",还有一个关键词"社会保障"、"最低收入",还有"申奥"、"迎奥"、"申博"、"民营经济"、"民间投资",这都是比较热的词。

从"两会"中的这些关键词,从"两会"所关注的内容来看,一个报纸就是不能脱离群众。但是话又绕回来,在试刊的时候我说过一句话,这个报纸只贴近新闻,为什么?保持一种中立的,当然不能像《大公报》似的不党不私,我们还是在党的领导下,坚持四项基本原则,是一份市委机关报。中立在哪儿?就是只关注新闻,关注真正的新闻,这需要你们有很强的辨别力,对新闻的辨别力,而且能够把这个新闻落到地上而不是落到纸上,落到老百姓当中。

讲到这里,我想把我理解的《天津青年报》给大家描述一下。当然这个不作为定论,新闻的定位是在不断调整的。《每日新报》的定位到今天还没调整完,还在不断地调整;《天津日报》的定位是市委这样定的,经过了半个世纪的风风雨雨,我当总编的时候对它做了一个比较大的改造,增加了"都市新闻""经济新闻",包括版式上的改进。

大家要记住,这世界"特点"很重要。特点就是:变化很快、变化很大、变化很深刻。用一句话来讲来概括就是在不断的变化之中。**这个变化是由浅入深、由表及里,非常深刻的变化**。那么整个世界是这么一个背景,经济全球化、科技迅猛发展、形势在不断发生变化。在这么一种情况下,大家可以注意,这两年,从 1999 年 5 月 7 号炸我国驻南斯拉夫大使馆开始,到现在出现"9·11"事件、阿富汗的事情,你说这个世界哪一天消停过?所以,这个世界所有局部出现的热点、局部出现的战争和矛盾,无不和这个变化是紧紧联系的。它是因为变化太大、太快、太深刻,才可能产生这样的动荡。那么在这样一个背景下,一张新闻纸又怎么能停止在一个位置上不去调整?一张好的报纸,包括现在的《北京青年报》、《深圳商报》、《广州日报》和其他我们看到的一些好的报纸,它的定位都是在不断的调整。

我现在要讲,新闻的策划很重要。现在的新闻策划和我 1999 年的新闻策划也发生变化了。**原来的新闻策划是定点式新闻策划,跟一个办案过程一样,我定好了从哪个口走,从哪个口进,我先做哪儿。建国50年报道、建党80年报道都是这种定点报道。现在好的新闻是全过程策划,它是在新闻的事件发展过程中不断地完善策划,使一个新闻事件、一个报纸包装得很好看。**

到底青年报怎么做?就一个标准,这个报你得卖出去,经过读者调查得认可你们,让大家得买你这份报。**从吸引力到受控力,我不是说现在马上就让你们控制得相当集中了,但你要注意这个变化,完成这个质的飞跃**。怎么样办?我讲这么几条:**第一条,贴近群众**。"三个代表"代表最广大群众利益,是执政之基、力量之源,换到报纸就是能不能代表老百姓的利益,你们采写的新闻、办的报纸,从形象、版式到新闻内容能不能让读者接受,反映不反映他们的呼声,是不是他们需要看的新闻,这最为关键。

我为什么讲这些话,因为你们在座的相当一部分同志太年轻。**这个年代的人的特点就是自娱自乐,缺乏沟通。而新闻是完成读者和读者之间、这个世界和那个世界之间、城市和城市之间的沟通**。你们千万不要完全自娱自乐,按自己的感觉写,就跟《假日100天》刚创刊时一样,小孩们都很精神,男孩女孩凑在一起都很高兴,每天他们自己写完以后,我给他们印,印完以后都是自己哄自己的,我都不愿意看。他们这个年龄段的人,就是我不爱看他的,他不爱看我的,这可不是新闻啊!就跟我原来跟青年报他们说最近有个电视剧很火啊,我允许登,比如说F4,他是这一层读者,也是一个很大的读者圈,这个年龄段的人,为什么喜欢《流星花园》?这有很深的社会原因。但是你不能以此为新闻的主导,我就做这个,以我自己的喜欢,我喜欢这个我就做这个。对娱乐新闻你有时不能这样,就从电视剧来说,有人喜欢《流星花园》,有人喜欢《橘子红了》,还有人喜欢《不要和陌生人说话》。喜欢《不要和陌生人说话》都有多种原因,像有心理疾患的人。不能我喜欢什么我做什么。

在演《流星花园》时,我天天看,后来因为和我母亲战斗不过,她非要看《橘子红了》,所以我买了一套盘又看。像我这个年龄是以放松的心态去看,哈哈大笑,尤其他的有些台词,比如"如果道歉管用的话,还要警察干吗?"在班上流行,同学之间道歉,比如我把你的书碰地上了,男同学说了:"如果道歉管用的话,还要警察干吗?"还有很多的台词,我都是关注群众关心的,比如美作打电话说"有异性没人性",这些个一度成为同学中的流行语了。

这种电视剧为什么风靡大陆?我云南的朋友给我打电话,问我看了没有?我原来以为我是神经病看这种电视剧,后来发现像我这种年龄的人在看的还真不少,有一批人在看。后来大家在一起的时候总结这件事情,这就是青春即将失去的时候,想往追回的这么一个心理。我说的意思是:**不要局限于你们所爱,要考虑**

读者需要的东西。这里我觉得有三条是非常重要的：

首先要讲政治，保持政治上的一致，不允许有任何嘈杂的声音，不允许有任何和中央不一致的东西，不允许任何与马克思主义基本理论相违背的东西，因为我们是中共天津市委机关报办的一张系列报。讲政治，政治纪律是青年报的一个纪律，这可不是闹着玩的，这是要命的，大家要保持清醒。《天津青年报》在政治上一定不要出问题，我希望《天津日报》和青年报的老同志要发挥作用，在这方面要把好关，年轻的同志要注意学习。

二要关心政治，没有一个干新闻的不关心政治，最可读的新闻就是政治新闻，弱势群体、中产阶层、祖国统一、海峡两岸都是重大政治问题，而且最引人注目，在舞台表现最活跃的就是政治人物，其次才是体育明星，经济人物、娱乐圈的。政治敏感是怎样培养的？做新闻特别容易培养，我们国家是一个哲学国家，老子、道子、孟子、庄子到毛泽东，到邓小平。我们是一个理论国家，讲理论，讲信仰，讲价值观，忽视这个事，会给我们带来很多麻烦。改变这个世界的力量，自然力量、经济力量，就是哲学力量。

第三条是善于学习，把政治学习做为第一位的学习。学技术、学新闻很重要，学政治是你们的职业要求之一，当新闻记者第一门考试就要考政治，你看我讲的最多的，最精彩的是政治的东西。这个世界已经进入了一个学习的时代，人们对能力的要求比对智力的要求要高，为什么？因为智力的要求更多有自然的、本色的、本能的以满足生理需要，但是能力可不是，它是考察你的知识和阅历。现在考察一个人不是考察智力，而是考察能力，创新能力，包

天津日报大厦旁的《城市快报》广告牌。

凤凰卫视著名主持人陈鲁豫坦言自己所以频频参加津报集团活动，是因为传媒赢家惺惺相惜。

括学习能力。

你们要特别考虑“弱势群体”，如果真的要开“弱势群体”的版，要查一查中央是怎么讲的，换个词。这个社会是一个弱势群体出现的社会，是我们社会发展当中一个不可避免的阶段。**在这个阶段当中，弱势群体不仅仅是民生的问题，它既是民生问题又是深刻的经济问题和政治问题。弱势群体不仅仅是弱势群体所关注的，我们的官员、我们的政府、我们的知识分子都在关注这个群体，我们跟这个群体一起生活在这个社会的屋檐下**。在改革向前推进分三步走的第三步战略当中，在完成一个小康的过程、向中等发达国家水平发展的过程当中，在这个路上我们结伴而行的有这么一层弱势群体。我希望大家关注这个群体。

还要研究群众心理。群众关心什么？最普通的群众他需要什么新闻？他需要什么样的帮助？他需要什么样的服务？这是一个信息化的社会，信息化社会一个非常重要的要求和标志叫有用信息，是能服务的信息。我们这个社会不缺乏信息，由于有因特网，信息已经成为垃圾了。中国的报纸也太多了，中国的平面媒体多，电视媒体多，最近又批了128家县、地市级党委机关报，信息不缺。缺什么？**缺有用信息**。我觉得有用信息里有好多规定，比如大事，世界大事。在有用信息里边第一个就是读者有用、普通读者有用的信息，这一点你们要向《每日新报》学习。**有用信息是第一要求，你自己独创、原创的信息是最有用的**。我可以给青年报定一条纪律，尽量减少或完全避免网上下载，这既是政治上不出问题的要求，更重要的是网上重复的东西太多。现在一些办报的，包括《每日新报》、《假日100天》在内，习惯从网上下载。这种新闻谁看呀？好的可以用，不能一点没有，比如中央电视台播放的扎针事件，刊登在《每日新报》上，转天的《每日新报》就卖起来了。

上班族早上没时间看电视新闻，所以他们更多的是需要其他媒体。这个可以下载，但不可以无休止地、无约束地从网上下载。

怎么办？有用信息、贴近读者的信息、读者喜闻乐见的信息，还有很重要的一条——独创新闻。将来你们要定奖金标准，这独创新闻和原创新闻要做为第一个要求。现在的记者有些人很懒，本人当记者的时候，都是独创的，不是说因为没有网，我耻于抄袭其他报纸和媒体。我到大兴安岭那么没有条件，从山上下来到一个车站，通过铁路电话给《天津日报》传稿，为传一篇500字的稿件，从山上下来回到山上去，大约需要三四个小时。

现在社会上还有一个关键词——声音。为什么声音是关键词？因为这个世界太需要不同的声音了。同样一个事件，不同的媒体，保证有独创的东西，资料、各方面，和自己的分析。凤凰卫视为什么做得好？第一时间、第一地点、独创新闻，有自己的声音。一张报纸自己的声音很关键的是言论，但现在没有那么多版面发言论，我们又不允许通过言论更多地表述新闻，我们没有那种水平来把握，怕出问题。怎么办？**通过新闻本身表达我们的立场，阐释我们的见解，发挥我们的想像**。

现在的世界有一个很重要的变化就是地球村，舆论趋同。美国世贸中心被炸后，全世界一分钟内全部将其作为热点新闻，这是新闻趋同化。还有一个特点是地方新闻的本土化，包括国际新闻本土化，这两个特点希望大家都要重视，最重要的是希望大家重视趋同化。为什么要重视趋同化？如果在趋同化当中都同了，你这张报纸就不值钱了。青年报是中午出报，中央电视台昨天晚上19:00新闻播了，今天早上新闻播了，《每日新报》7:30上市，《天津日报》8:00上市，所有的都出了，青年报怎么办？事件都是相同的，如果你重复别人的，谁还看你这张报纸？这就要求我们只有在原创性上做。**原创性是什么？除了对第一时间、第一地点新闻所有述说的要求之外，你需要重新策划、重新包装、重新处理**。同样发生的打针事件，《每日新报》做了，你们怎么做？你又不能不做，人家只要登了，你就不登了，你这张报纸就不叫新闻纸了。你整天远离大事，整天大事人家发完了，我就不发了，我就发一些琐事、小事，一地鸡毛，那不行，所以就要增加新闻的原创性。这要做一个非常认真的研究，怎么增加新闻的原创性。

我觉得有这么几条非常重要：

一、要始终把策划放在第一位，要把新闻策划作为整个新闻全过程的手段来做，要特别突出地强调策划，强调策划人。《每日新报》的成功就是策划人的成功。**这种策划强调预见性，强调理性分析，强调新新闻包装**。

第一要特别强调策划。现在新闻上的新闻职业"杀手"，最高境界的新闻水平的人才是策划高手。比如我们策划"天津日报号"，花很少的钱，它是全国第一架、世界第一架，这就是策划，通过活动来策划整个媒体。《每日新报》的张帅事件，全过程策划；建国50年的报道，我们做了30个版，中国历史博物馆收藏了。从策划这个版到中国历史博物馆收藏，收藏完了发头条，然后再策划这件事，全过程策划。不论我们国内比较好的媒体还是西方比较好的媒体，包括刊物，如《时尚健康》、《时尚先生》、《时尚女士》、《时尚旅游》，除了文字清晰、标题好看、版式新颖、印刷精美以外，**最重要的是全部是策划出来的。所以你们一定要策划，策划要从第一时间开始，要有很强的策划能力，如预见性，对新闻要有一个基本的判断，一个预见。**增加新闻的预见性，预见性在什么地方？比如说伊拉克这件事，你们做好充分的准备，等着美国人打仗那天，这仗一打起来，新闻就好看了，提前准备，要想好了。如扎针事件，事出来之后不让报道，不让报道你们要按报道的准备，也采访不报道，准备好了，中央电台一报道，我们也跟着报道，这就是预见性。**办报纸的人，如果没有相当的预见性，干脆别干。对世界大事茫然不知，对人情世故浑然不懂，对未来的东西缺乏预见，还怎么办报纸呀?！办报纸需要通才，通才最基本的特点是具有预见性。**

第二，操作性。一个好的新闻策划必须具有很强的操作性。怎么才能有操作性？包括两点：一是对新闻本身的熟悉。包括娱乐新闻，《羊城晚报》的娱乐新闻从吸引力到受控力，让娱乐圈的人不敢不看它这些东西。强调策划，懂得新闻才能操作，才有操作性。**二是对事件的判断是准确的。**

第三，要有表演特点。现在的策划跟以前的策划不同的一点，很重要，一定要有表演特点，包装好、版式好、标题好、文字好，这说明要完成一个好的策划，实现表演特点，需要有一个完整协调的班子。如要做伊拉克这个新闻，一打起来，就需要资料、图片、评论一系列。**要把新闻策划放在第一位，作为全过程来做。**

NORTH CHINA MARKET NEWS
北方市场导报
导报总汇
攀级升档 挂帆出海
大连私营经济走出大模样
小时候胖不算胖
中国牛肉产量居世界第六
上半年国内贸易称最
天交会看好北方市场
王光英称可试行“三不”政策
钢材市场小步起舞 回升趋势进三退二
沪深股指昨落新低
今年农民种什么？
串连京津沪重要经济带 投巨资500亿建高速铁路
华电讯市场蛋糕好大 美国大企业垂涎欲滴
我国燃料流通企业大步走向市场

二、我再一次强调新闻的真实性，千万不能搞假新闻，这要身败名裂，要是被列在中国十大假新闻当中，这事可就难了。这个时代最重要的一个要求，对中国来讲的一个标志就是诚信。诚信对于我们的民族非常重要。如果我们这个民族，我们这个时代充满了谎言、欺诈，损害的是我们民族的威信、信誉、感情，也损害了我们人和人之间的感情和利益。**新闻的真实性的原则，一定要放在诚信这个原则上。也做一条纪律，谁要造假一条新闻，就把谁开除。这非常重要。尤其是有意造假。**你要是无意的，在一个新闻事实上有一个漏洞，出了问题，我给你盯着，都没问题。你要有意给我编一个假新闻或根本不把真实性的原则放在第一位，那根本不行。

“2002 天津《商业周刊》论坛”出现感人一幕：时任天津市委书记张立昌、天津市长李盛霖向老布什热情推荐《天津青年报》复刊号，老布什戴起眼镜，重见自己当年潇洒骑车的样子，开心地笑了。

马克思主义新闻观的第一原则就是新闻真实性的原则，新闻道德的基本要求第一就是新闻真实性的原则。坚持真实性原则，你的新闻独创了，有策划了，新闻就好看了。**新闻真实性原则，要把这个当个人品质来看**。要把报纸的利益放在第一位，自己的面子是次要的。茫茫人海，芸芸众生，短暂一瞬，百年历史。个人有什么呢？一切要从报社的利益出发，从新闻的职业要求出发，保证会有很好的回报。**上帝从不亏待好心人，从不亏待厚道人和忠诚的人**。诚信这一条要做为很重要的一条。

为什么要确定“新闻、新知、新生活”？我觉得这很可能是全国报纸当中比较好的广告语。《北京青年报》的广告语是“有新闻就有我们”。我觉得我们这个最好，21世纪就是这样。你们要领好新生活、引领新生活。什么是“新闻、新知、新生活”呢？**新闻新闻还是新闻，成本成本还是成本**。这是我常讲的。新闻是第一位的，一定要让我们 16 版或者 24 版的报纸，不仅仅一版是新闻，“要闻版”是新闻，“新闻版”是新闻，“副刊版”也是新闻。大家要记住，**我们办的这张纸是新闻纸，永远不变的，我们的旗帜上高写着“新闻”两个字**。

赢家合影。

还有一个广告语:青报鲜滋味,新闻新味道。 在贴近读者的第一要求和新闻要求下,我希望你们要把报纸办出体现我们时代变化的特色。确实是引领好新生活,要有一种潮流感、时尚感、青春感、前卫感。在广大读者都喜爱这张报纸的时候,要吸引足够的青年读者。我说的青年读者是指25岁到40岁之间、有消费能力的青年读者和中产阶层的读者。引领新生活,一定要把经济新闻版办好了,要不同于新闻,更不能跟《天津日报》一样。这经济新闻太重要了,比如开一个"个人财务",教育投资是多少,怎么购债券。**要特别像突出时政新闻一样突出经济新闻,突出财经报道**。青年报是报道大事,国内大事、国际大事、天津大事、经济大事。

除强调新闻以外,你们要研究总书记在陕西考察时讲的几个变化当中,**其中有生活方式的变化**。**生活方式的变化太大了,生活方式是跟整个价值观变化相关的**。就是这一层多元价值观的人来决定中国的命运。北京搞的奥林匹克公寓叫"非常男女"的房子,30平米左右一套,地点在西三环,非常漂亮。理论上说"非常男女"是指不结婚的单身男女,工作一天,晚上吃完饭,泡完吧后回到家一睡,转天早晨洗完脸就上班去了,这就是生活方式的变化。你们研究一下通过的法律,研究一下对黑社会的四个定性。办新闻可不能不研究政治。生活环境和时代变迁了,生活方式发生了很多变化。更重要的应关注精神方面和生活方式实质的变化。比如就业,在经济领域中跟个人有关的东西。人需要沟通、交流,需要环境,要研究

"新生活"这块。

"新知"就关系到你们的知识、积累和学习。现在是学习型组织和学习型社会,《北京晚报》最突出的特色是"新知"。现在好看的报纸充满了新的人文知识、新的科学知识、新的生活知识。这方面内容千万不要忽视。我们的时代已经完全进入了一个技术的时代,生存方式比生活方式还要重要。怎么活?凭什么技能生活?凭什么知识积累进入社会?这个社会将发生的变化对我的生活会产生什么样的冲击和影响?这都是读者非常关心的。岁数大一点的下岗职工,他要知道我有什么本领才能重新就业?像我这个年龄,我要固守什么和学习补充什么才能跟上时代的脚步?更年轻的人要掌握什么技能才能适应社会整体的压力?"新知"非常的重要,一定要有新知的内容,当然新知不仅仅是军事、武器,它包括新健康知识、新科学知识、新生活知识。这个社会发生很多变化,从克隆羊到现在克隆人都开始了,新材料新能源。青年报要打出自己的特色。

还有几个最基本的东西:

一是:一定要高度重视版式。如果没有更好的版式的话,我希望青年报的版式就是模块式版式,便于编辑操作。要把编辑摆在一个重要的位置,要高度重视编辑工作。什么是模块式?《烛光下的阿拉法特》就是模块式,你们完全有条件做,你们完全可以有表演色彩。**要把版面做得具有张力、豪华,一看就很美,很舒服。让人看了你的版面,除了有精神上的愉悦之后,最好生理上也有感觉,有种冲动、激动,愿意有抚摸它的感觉、想法。高度重视编辑,高度重视版面,青年报最初的风格确立,可能不是在内容上,内容还需再走一段,可能是版式。强调用好线、做好题,强调整体风格统一下的个性化,但整体风格要统一**。你们做的这个版像《每日新报》,那个版像《假日100天》,这个版像《天津日报》,这绝对不行。强调版面、强调线、强调题,要特别善于做标题。策划从版面开

作者与奥运举重冠军石智勇、张国政共叙赢家心路历程。

为庆祝《城市快报》横空出世，以《城市快报》宣传号为图案的巨型报纸蛋糕火热出炉，999 名同一生日的读者分享了这份神秘礼物。图为作者切开蛋糕。

始，如果从版面上看一塌糊涂、乱七八糟，没有任何风格可言，没有任何美感可言，那么这张报纸根本打不出去。**人配衣裳马配鞍，而且现在新闻整个进入了一个包装时代。**

二是：要强调图片一张好看的报纸。一张能走到主流媒体位置的报纸，一张新报纸，一张能够从吸引力发展到控制力、发生质变的报纸，最重要的是在重视版式的同时注重新闻图片。新闻图片的作用是：一石二鸟，既能激活版面，抓住眼球，又是一种非常独立的新闻品种。很难想像一张报纸上没有好的图片，这张报纸能办好，版面能好看，也很难想像报纸没有足够新闻冲击力的独立的新闻图片，这张报纸能算一张完整的新闻纸。

图片应当有艺术性，更重要一条是新闻图片。你们翻翻荷赛得奖的图片，翻翻好的报纸好的图片，哪个不是新闻图片？《烛光下的阿拉法特》那是新闻图片吧?!《北京青年报》得金奖的《背着犯罪嫌疑人到法庭》是新闻图片吧?!大的事件需要新闻图片，小的事件也要新闻图片。可以说青年报成败如何，图片占了很大的位置。不要小看图片。现在好看的报纸，包括都市报都是靠图片。

我这三天试刊最着急的，就是图片。“神州三号”，单就图片而言哪点都不错，新闻图片最大一个特点，要有新闻事实，要有新闻冲击力，抓拍、抢拍、偷拍都是这么拍出来的，摆出来可不行。你们看过邓伟的人物照片吗？**邓伟是拍世界顶尖**

人物的，他那人物看着是摆的，摆的当中是抓拍的，人在十分钟之内，可能有100个表情，他抓的是最富特色的最有张力的，最代表这人灵魂和个性的图片，我非常喜欢他的图片。你看看他首拍的拉宾的像，拉宾的情绪、目光，和阳光正照在他身上和脸上的色彩，都是一种为了整个世界的和平非常沉浸的表情。

新闻新闻就是新闻，图片图片就是图片。除了平面媒体，现在电视台做节目，也是精包装，精剪切。《不要和陌生人讲话》电视剧里边男女主角的照片及照片放的位置都对剧情起到非常大的渲染作用。电视本身就是做图片的，它在图片当中还强调图片，可见图片的作用。

三是：要强调人物心理。这个世界人最关心人的命运、人的未来、人的过去。能突出的人物，除了专版专栏以外，新闻里边要特别突出人物，这可能是青年报"新闻、新知、新生活"的一个切入点。人物新闻里边，很重要的一点一定是新闻人物，或者他这个人物里边蕴含着相当的新闻性，他是一个人物的副框。**人物的报道有几点特别重要：首先是他的新闻事实，新闻故事很重要，强调新闻故事性，它比逻辑性还要重要。第二，要有感情色彩。第三，一定要有一张好的图片。西方报纸最突出的图片是人物图片**，到这些国家去，所有的报纸都是图片，大图片，小图片。

四是：要精做专版，要重新以新闻的视角和青年报的定位，研究专版，调整专版，不断摸索。包括体育、娱乐。世界杯马上就开踢了，对我来讲，6月份就是不眠之夜，至少有两个结果，或兴奋一次，或沮丧一次。世界杯新闻，各种媒体都在报，7:30之后有晚间新闻的体育报道、五环之夜、足球之夜，姓黄的、姓刘的都说完了，青年报怎么办？就得研究，既得研究体育新闻，也得研究体育副刊。娱乐版怎么办得像青年人的报纸？怎么适合青年报？你们的生活版和其他副刊版怎么弄？我建议弄一个"沟通版"，这个世界太需要沟通了。

五是：要办出名专栏，在办名专栏的同时，发现名编辑、名记者。我就是办专栏出身。比如《北京青年报》安顿、《中国经营报》张雅欣，采访顶尖人物，做成

2004年6月25日，由津报集团策划、发起的天津上市公司高管人员联谊会成立，搭建了权威媒体与上市公司的交流平台。

专栏。再比如《财经》主编胡舒立，我们是好朋友，我办《北方市场导报》时，她天天陪着我跑，围着我转，她干得很好，她是干专栏起来的。我建议，在刚开始，首要的专版和新闻版要有专栏，包括国际的。

六是：要强调互动，或者叫服务。现在是个互动的时代，沟通的时代，增强报纸的服务性体现在互动上。要和读者有个互动，有个沟通。要使读者关注我们的新闻，我们的新闻关注他们，由此来调动社会的情绪，调节人的心理。做一些活动，这一点你们要向《每日新报》学习，南极考察——第一个去的，包括他们策划的一些大的演唱会和演出。我很愿意搞活动，为什么啊？提升报纸太快了，你们要有几个人专门干这个事情。**策划我们的活动，包装我们的报纸，形成我们报纸对社会强有力的吸引力和控制力。**让人觉得青年报从来没闲着，每天都在折腾。为什么《天津日报》有一段时间让人觉得不错，因为《天津日报》天天都在折腾，比如，明天就得发消息，越剧《红楼梦》《蝴蝶梦》开演；梅葆玖、张学友6月来；世界杯特刊5月13号出；青年报5月8号出，《天津日报》总也不闲着啊。另外，每一个专版都要强调互动，要增加服务性。**互动可不是个简单的事情。它需要对读者足够的理解，需要把脉，**需要对活动整体影响氛围的估价，对版所做活动的估价，比如，《每日新报》的"新读者"、"新帮办"，《北京青年报》也是这样。老百姓有许多事情需要咱们做的。

七是：声音。对于这个时代来讲，声音实在太重要了。这是一个需要声音的时代，正是因为我们这个时代不断地发出不同的声音，才使我们这个时代有着很强的吸引力。沙龙和阿拉法特说的就是不一样；黎巴嫩和土耳其说的就是不一样；俄罗斯和格鲁吉亚说的就是不一样，对于青年报来讲，除了新闻要体现自己的观点之外，在四项基本原则的基础上，我希望在近期和短期内要有一个好的言论观点，要培养这方面的人才，开一个好的言论专栏，这是非常重要的，这是第一。第二，要不断地链接一些专家访谈、学者访谈，这也是声音。现在"时空连线"很火，这就是一种声音，因为媒体不好说话，所以把人请来，让他说。这就是声音的一种渠道。

总之，青年报是非常有希望的一张报纸，我对这张报纸充满信心和希望，它也是我们整个报社事业中最重要的一件事，是标志着天津日报从成功走向辉煌的一个开始，是天津报业市场上决战决胜的一次大战役。

（2002年6月21日根据录音整理）

深度新闻 全新概念
城市定位 青春阅读

——在《天津青年报》改版动员会上的讲话

从2001年5月8日复刊起，特别是经过9月16日的改版后，《天津青年报》就以全新的报相，密集新闻、深度新闻、榜单新闻的特色以及充满张力的照片，以更加城市化、时尚化、青春化的面孔走俏津城，获得读者的一致好评和市场的认可。本文是该报改版之前作者在动员大会上的讲话。

我现在明显的感觉是《天津青年报》的领导层都是憋足了一口气要干。班子的状态怎么样，决策层的状态怎么样，领导的状态怎么样，往往决定了团队的命运，产品的命运，决定了企业具备不具备竞争力，决定了企业能不能完全发挥优势。

青年报的改版计划我没什么太多的意见，连续听了两个半天汇报，觉得思路是正确的，对前一阶段的成绩和问题有一个客观的评价，对于下一步的安排和策划，也是从市场中来，符合青年报的发展要求，也符合社委会、编委会的部署，同

《城市快报》全家福。

YOUTH DAILY

天津 青年报

今晨看守所直击刘晓庆

考了711分早晨喜获理科头名 晚上惊闻父亲下午车祸身亡

继涛痛失慈父

Friday 星期五

高考考生可申请复核分数

他们为什么能考头名

天津人都是活雷锋

YOUTH DAILY

天津 青年报

涉嫌逃税千万 有关专家推断

刘晓庆可能判七年

父亲最后一句话："出门看点车"

继涛上学没问题

青报捐款送到张家 众多热心人纷纷解囊

北大昨日致电慰问 继涛每年都有奖学金

Saturday

葛沽有个"汽车制造厂"

时符合这个团队的特点。

我希望大家既正视我们所面临的竞争，又要不夸大面临的矛盾和问题；既不能过高估计自己也不能过低估计自己，要有一种自信，对我们取得的成绩和走过来的这三个多月有一个充分的认识。不要放大青年报存在的问题和矛盾，没有外面讲的那么严重，甚至也没有大家估计的那么严重。**有时候正视问题是一方面，正视问题还要树立信心，在克服困难和往前走的过程中，成功的团队往往是不断建立自己的信心，调整自己的节奏，拓宽自己的视野**。

青年报这三个多月至少有一点做到了，发行数量、办报风格、新闻品质远远超过了过去的青年报。我这次在中宣部开20家报社老总座谈会，是一个月之内第二次见到《成都商报》的总编辑，我特意把青年报带去，请他提意见。他对青年报评价不低，认为有些新闻确实不错，就是发行量差了一点，如果发行量再大一点，这个报纸会更有影响。

而且大家要知道，你们是在一个很短的时间里，在队伍和班子都不健全的情况下，在社委会、编委会思路不太明确的情况下上阵的。从接到复刊的很短时间内，每天工作十七八个小时至20个小时以上，以一种非常敬业的精神对待我们这个事业，对待我们这张报纸，大多数同志付出了全力。在工作条件相对艰苦，在整个团队没有经过磨合的情况下，大家今天坐在这里开会，就证明了我们的第二个成绩，就是形成了有青年报特点的办报队伍。虽然我们在办报和发行上还没有做到一个位置，但不可否认我们涌现出一些人才，甚至是一些苗子，看出成长的劲头，这是最难得的。

一个好的企业，一个好的单位，一个好的团队，出产品和出人才这两点哪个更重要？我认为就长期而言是出人才更重要。**有什么样的人干什么样的事**。青年报在这三个多月来，形成了一个有青年报特点的队伍，而且涌现出一批看好而且极具升值潜力和发展潜力的人才，这些人才的特点是什么？富有青春朝气和很强的团队精神，乐于奉献，同时显示了业务能力和办报水平。我们的国际版和娱乐版应该是青年报成熟的版面，也显现了自己的风格，比如娱乐版，有些新闻也处理得不错,比如张继涛的新闻,也出了一些好作品。

三个月时间怎么可能完成三年的事情？怎么可能完成30年的事情？100天和300天不一样。我们是辩证唯物主义者,时间和质量是有关系的。我脾气虽然不好,但总能冷静下来,比较清醒地看一些事情。前一段时间听报社中层汇报,我对青年报也这样讲过,不要放大矛盾和夸大困难,不要长别人志气灭自己威风。大家要建立起信心来,你们很不容易,即使是内部出现了一些问题和矛盾,但问题是发展中的问题,有些是不可避免的、符合客观规律的问题,有些矛盾也是发展中的矛盾,人与人之间有些磨擦和矛盾,既是队伍需要磨合,也是由于工作中种种困难造成的。不要把这种矛盾绝对化,更不要把这种矛盾人格化。

出了报,出了队伍,有了好的作品,出了人才,你们付出了。我们的增长一点也不慢,销售额增长40%,利润增长11%多,可是跟人家没法比,我们是一个什么盘子和基数?人家是20个亿。这就是要在困难中看到前途和光明,青年报就处在"再坚持一下的努力之中"。

我认为,这张报纸很值得我们去奉献,很值得我们去做。报纸刚创刊的时候我就说这是一张真正的新闻纸。**能办一份真正的新闻纸,能把一份报纸从不行操作到行,从小到大,从低质量到高质量,从一般品牌操作到优质品牌,这不是一份值得追求的事业吗?** 大家是累是付出,可是人闲着没事干多难受！每天看着报纸的发展和变化,人就陷入一种兴奋的状态,人的价值就体现出来了。**人要有一种成功感、成就感、荣誉感,同时有一种在奋斗历程中获得的难以言喻的幸福感**。《每日新报》和《假日100天》都是这样,一天24小时都在干。大家要珍惜这个机会,珍惜这份报纸,珍惜我们现在的团队,每个人都要担起自己的责任,每个人都要工作艰苦、精神艰苦。

几点是青年报目前比较突出的问题:

一、定位不准。这个定位不准还不是社委会、编委会造成的,是由于报纸风格、新闻队伍种种不协调造成的。当初新报创刊时我说了四句话"新闻做碎,报纸做厚,发行做大,广告做精",这也是定位。当然还有定位下移,沉到底,就是贴近老百姓的定位。总体上是风格统一的定位。

二、新闻。新闻问题是青年报面临的比较严重的问题。什么新闻?独家新闻,主要讲国内和本埠的独家新闻。我说的是独家新闻而不是昨日新闻,昨日新闻是有限的,做为一张午报,你能拼多少昨日新闻?青年报不缺昨日新闻,缺的是独家新闻、深度新闻、策划新闻。一张报纸缺少独家新闻或独家新闻份量不够,长期缺少有份量的独家新闻和体现不出编辑意图、编辑水平和编辑策划能力的独家新闻,这张报纸本身就缺乏了应有的定位和风格。报纸的第一定位就是新闻,为什么当时定"新闻、新知、新生活",把新闻放在第一位？我讲过多少次,新闻新闻还是新

2004年8月，招商银行天津分行与津报集团授信业务签约，并与《城市快报》推出“城市快报一卡通”，这也是目前全国第一张“媒体卡”。

闻，成本成本还是成本。青年报在新闻上有问题，当然还包括新闻的技术处理。

三、图片。青年报是对开大报，长期缺乏有冲击力、感染力、独立性强的新闻图片。大家看看《京华时报》，已经形成风格了，一版每天一张好片，而青年报这么大一张报纸，没有好的图片。不是说哪个人，讲的是问题。**没有图片不是样式问题，更重要的是满足不了人们对新闻图片作为独立新闻的需求，图片除了完成配片外，它还应是独立的**。比如《每日新报》发的泼猴的照片，我专门批示表扬。青年报图片问题比较严重。

四、各版的整体风格不尽一致。尤其是副刊，处理粗糙，选题不准，一个版还要东摘西摘，还用一张很次的图片。一篇很长的文章抄下来往那儿一搁，谁都会干，还用编辑干什么？还用责任编辑干什么？摘了很多不知名的小报，不能什么都摘，副刊要有规定，一周允许摘多少，谁来批。我赞成这次调整，你们无意中完成了新的管理模式，**都市报和生活报的模式是以编辑为中心的采访策划系统**。大家要自警，**你们办的是一份报，不是应付一份卷子，更不是印一张传单**。

五、不善于做题。**货卖一张皮，包括图片、版式，但标题在新闻中的作用是图片、版式、文字都不可能替代的。一个好的标题，不但能完成新闻所要表达的内容，而且能有效地激活和调动版面，形成版面真正的冲击力。版面的冲击力靠图片，更重要的是靠标题**。大家可以翻一下好的报纸，凡是标题做好了的，报纸就不一样。《每日新报》的标题很成功。

办报上的这些不足要在这次调版中加以改正。另外，我想多说一些与调版无关的话。大家要兢兢业业办报，扎扎实实干事，不要叽叽喳喳，若干年后想起来都觉得无聊。你是来办报的，是来工作的，是来挣钱吃饭的，极少数同志有些情绪，包括待遇问题。真正有本事的人不用考虑这个问题。《每日新报》创办之初有一年时间是极其困难的，但没有人谈过报酬、待遇。你们可以到《假日100天》编辑部看看，主编的办公室只有六七平米，七八个人挤一张桌子。有的人累得不行了，想在楼道里的沙发上睡一觉，刚躺下就熏起来了，沙发的味道不对，躺的人太多了。人要是把条件、薪酬放在第一位，还干事吗？

我一听到这些话就非常反感，一是议论别人，搬弄是非，二是在待遇上斤斤计较。希望大家静下心来办报纸，搞一个好的团队，要意识到肩上的责任，你们担负着新闻界非常重要的一件事，就是《天津青年报》能不能办好。新闻界在关注，报社职工在关注，办好这份报纸是我们的神圣职责，荣誉所在，价值所在。在这里我要表扬老青年报的同志，在很多问题都没有解决的情况下，为了报纸为了事业甘心奉献。**什么是好的团队？好的团队就是竞争，能者上，庸者下**。我相信将来的青年报不会是现在这个格局。我可以负责任地承诺，谁干得好，就会像《每日新报》一样破格使用，就会有好的位置，好的收入，好的待遇，在这个问题上没有什么感情可以讲，更没有什么面子、关系可以讲。讲一个最简单的道理，天津日报投入几千万办这份报纸，在报业集团成立的时候，中共天津市委和国家新闻出版总署的批文中有一句话讲，我领导的集团社委会要对国有资产的保值和增值负责任。我们跟其他的报业集团不一样，文新集团是兼管，我是授权经营国有资产。我不能为了一个人两个人的关系，报纸办不好就这么算了！不行还回去当中层。原

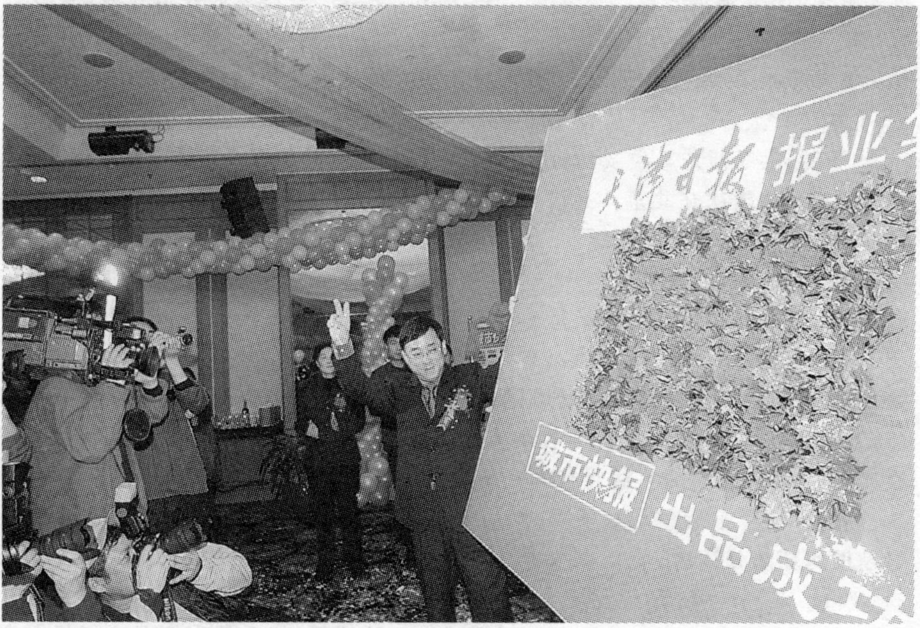

作者在《城市快报》创刊庆典上。

则就是这样，在大的原则上我还没有失分寸。办好青年报是全报社职工利益所在,是你们的利益所在。为了这份报费了很大劲,才形成了今天的格局。好不容易拿来了,哥几个拿它闹着玩,在这斗气,拿版面磨擦。我不赞成这种人格,要有话直说,有意见直接提,不赞成背后放枪。

大家要有高度的责任感。这个责任感是对你们自己负责。媒体正处在朝阳阶段,天津日报处在朝阳阶段。我不怕举手要走,天津日报走过人,勃然一怒为红颜我还能容忍,勃然一怒为待遇为位置,那我就没办法了,为当官为挣钱大闹一场挺没意思的。天津日报走过几个人,而且还是人才,天也没塌下来。我从来不怕走人,三年前就订了一个规矩,进入报社要经过社委会讨论,并经过我同意,离开报社只要到人事处打个招呼就行了,把该还报社的东西都还了就可以走。要正确对待组织,正确对待群众,正确对待自己,毛主席说的这三个对待,我总是在自省。我从来不敢说我辞职不干了,因为这个饭碗是别人给我的。自视过高往往是跌跤的开始。别搬弄是非,要团结,团结非常重要。

要提倡责任感、正义感,要提倡诚信度、忠诚度、宽容度。什么叫诚信度?对别人诚信,对读者诚信。忠诚度就是要忠诚于这个事业,忠诚于这份报纸。处理一行标题、处理一个版面都要本着对青年报有没有利,本着对报纸这个团队有没有利的原则,你们的利益就是整个团队的利益。夫妻间还吵呢,母子之间父子之间还有矛盾呢,一个集体哪能没有矛盾？要宽容。这六个字可以打在青年报的墙上。

下面想用一点时间对青年报改版讲点我个人的想法。

青年报的总体定位还是准的:新闻,新知,新生活。新闻是第一位的,是基本的,是这张报纸的生命线,尤其负责新闻版的同志,责任重大。但是我要说16版、24版、36版版版都是新闻纸,**副刊也要做新闻处理。现在有一句话叫新闻杂志化,其实不对。我这次在北京开会讲了杂志新闻化,《新周刊》是杂志,但它是新闻纸;《时尚》是杂志,它也是新闻纸。《三联生活周刊》是政治新闻,《新周刊》侧重生活新闻和社会品位新闻**。还有很多杂志,哪个里面没有新闻?所以**后面的副刊都应该按照新闻去处理,这是铁的要求,是不能变的,大家要记住三个字:新闻纸**。

新知。这个世纪变化很大,21世纪是个崭新的世纪,是充满挑战和机遇的世纪,**这个世纪的特点是科技发展迅猛,技术指征明显,知识高度密集**。没有新知不行,尤其还是一张青年报。**你要告诉人们生活发生了什么新的变化,新生活要有什么新的生活技能,新的生活要有哪些生存本领,当然也要有新体育、新娱乐**。

新生活。新生活和新知不同的特点是,**在生活品位和生活方式上寻求青年报最贴近的那部分读者**。有几本杂志大家必须要看,《时尚》的几本杂志要看,《新周刊》要看,《三联生活周刊》也要看,如果雅一点的话,《万象》也要看一看。**生活方式变化太大了,生活品位和内涵包括它影响的价值观、行为理念都发生了很大变**

化。《假日 100 天》的“消费男色”挨批了，主要是题做过了，但确实社会进入了一个男性时代。大家可以转转北京一些新开的商店，男士服装越来越多，包括化妆品、生活用品、户外用品，确实到了消费男色的时代。大家不要简单理解成性别倒置，这是社会进步和发展的必然趋势。中国的生活和经济都发生了很大变化，性别淡化而职别突出，对社会责任的承受，从过去的性别区分变成职别区分。现在还出现了很多新词——肢体语言、美女作家，这都不是简单的概念。

“新闻，新知，新生活”，大家要牢牢把握，这是不变的。就这次改版的定位，我想说四句话：**深度新闻，全新概念，城市定位，青春阅读**。深度新闻就是独家新闻。为什么这么做？第一，《天津日报》、《每日新报》、《天津青年报》三份报纸从定位上有所区分，不能互相克隆，不能自家人与自家人打起来。怎么完成定位的区分呢？首先从内容上。**目前流行一个词叫内容产业，新闻和媒体是内容产业，是靠内容来生存的，是靠内容来参与市场分配的**。内容为王。深度新闻首先要从内容上与《天津日报》、《每日新报》有所区分，但是区分很难。要先走一步，就是内容的样式有所区别。比如说假学历问题，《每日新报》做一张纸，《天津日报》也这么做，青年

城市快报
METRO EXPRESS
有一种温暖叫做希望 有一种爱心成就梦想 有一种感召唤起力量
慈善之夜募集善款40万
城市快报慈善助学基金继续接受求助 电话 23411667 28202635
爱心成就梦想
雅典奥运中国军团奖牌升值
奥运夺金重奖20万
要求日方纠正错误
天津籍小玉美对国内外媒体
人造美女更自信
李玮峰无缘决赛
贪心商贩被判8年
行凶者徐和平可能免罪
北京即日起排查教职工精神病史
存美元年收益确保3.55%

报也做一张纸，那么到了电视和网络就应该是两张纸，有发展有滚动，以及相关的背景和链接。有了这次定位就不能这么处理，到了青年报就应该是三张到五张纸，这就是青年报的样式。要研究背景，要研究深度。

再比如刘海洋被清华大学留校察看，这个新闻很有意思。第一，现在正在开可持续发展大会，研究的是人类与自然、人类与动物的关系。德国最近通过法律，人与动物不可侵犯。在中国不是，狗熊被泼了，刘海洋只是被留校察看，可是硫酸泼到张帅脸上就枪毙了。人与动物的面孔是不一样的，这是东西方的差异，环保理念的差异。第二，链接刘海洋所有的事情，包括刘海洋正式向狗熊道歉，这标志着环保理念和发展理念上的巨大变化。第三，大家可以回忆一下，这件事最尴尬的是谁？狗熊不尴尬，清华大学不尴尬，刘海洋也不尴尬，最尴尬的是媒体。当这个事件发生后，媒体唯恐天下不乱，群起而攻之，有90%的言论要法办刘海洋。这是一种新闻误读，说明我们的社会、团体和政治家已不再受舆论的左右。**舆论是提供信息链的，而不是左右政府决策、团体行为的，只有在极左的时候，一篇社论才可能决定一个人、一个团体、一个社会的命运**。刘海洋最后的处理是留校察看。还有卡尔扎伊被刺，凶手是司机，用的什么枪，《天津日报》和《每日新报》都报了，青年报也一样，问题是青年报这样处理与《每日新报》有什么不同？没有不同。

你们要善于在这些新闻中挖掘新闻。这里有一点非常有意思，卡尔扎伊的保镖是美国保镖，而且格外神勇，一层意思是卡尔扎伊大难不死，更重要的是卡尔扎伊不是美国人，是阿富汗人，用了一个美国保镖，涉及到主权问题。再简单链接，前苏联时期，东欧两个国家捷克和匈牙利，总统的私人医生都是苏联人，最后都出问题了。再链接，毛主席为什么当年不同意赫鲁晓夫在旅顺搞联合舰队。你们可以幽默一点，如果卡尔扎伊一天不代表美国政府的立场，美国的保镖只要给子弹挪0.03寸位置，卡尔扎伊的命就没了。还可以再链接美国电影《保镖》，世界上有多少保镖，私人保镖，政府保镖，把世界最著名的十大保镖都链接出来。这个例子不见得准确，但**深度新闻必须要有几个能力：第一，要有判断能力。对新闻判断的直觉要好，能从很多新闻中拎出来。第二，思想深刻。要有评述的力量，这种评述不是直白的，要贯穿在整个文字中。第三，文字的表达能力。调动一切新闻手段，讲清楚说明白。**

这次改版主要是深度新闻。前四个版是密集新闻，形成新闻的密集优势，同时做深度新闻。全新包装，全新概念，主要有两条，一是午报概念，二是样式发生变化。我同意成立一个领导小组，这个领导小组很重要，要有全新的理念、全新的概念。这里我强调图片、标题，包括用线，从1版到16版，前后左右风格要统一，甚至于标题、字号，形成青年报的识别系统。青年报的报头立在右边是一个大胆的创新。**要形成以编辑为中心的采编模式，中心环节是整体策划，编辑的概念是大编辑的概念。城市定位，天津日报报业集团多数报纸的定位是城市定位，比较明确的是《假日100天》和青年报，而青年报更应该完成一张城市报或担负一张城市报应该担负的责任。是城市定位而不是都市定位，城市的文化，城市的生活，都与都市不一样，甚至是两个概念。**《广州日报》、《沈阳日报》、《成都日报》、《深圳特区报》都是城市定位，做给城市人看，不担负农村里的事，但不排除农村新闻。**青年报打出城市定位后，就能找出区别于《每日新报》和其他报纸的风格。**青年报这一段时间以来自己的特点不明显，我想报纸的特点应该是：青年报的特点，青年人的特点，青春校园的特点。

要体现青年人的特点。这个青年人要两方面说，一是年龄层次，二是四五十岁读者对新闻的需要。理财是青年理财，沟通是青年沟通，隐私是青年隐私，作品是青年作品，这个青年是宽泛的城市青年概念，包括社会上在吧里泡的、网里泡的、有业的、无业的、高自考的、职专的、青年军人、青年工人、青年干部、青年白领。

天津日报大厦前广场为津城新增一景。

要体现青春校园的特点。有一部分版面和栏目要向青春校园靠拢，包括大学、中学、中专、职专。有的报很主要的收入不是广告，而是来自教育。从小学到大学的外语人才，办大学，囊括从低级到高级所有学校，《天津日报》“名师家教”可以与青年报合着一起做。再就是假日旅游，也就是经营宽度。假日旅游很重要，在GDP中占了很大一部分，可以专门抽出一部分人来做，先从假日做出非报业收入。我最近在北京买了一本书《诗江湖》，很大一部分是大学生的诗。为什么要有沙龙？有俱乐部？强化与校园的联系，关注他们，做他们的知情人、代言人，这张报纸可以使他们有倾诉的地方，要深入校园。我念大学的时候，《中国青年报》很火。

报纸要办得有朝气，有活力，把不适合青年人特点的版面和栏目通通砍掉，做更前卫的报纸，属于知识型的、白领阶层的。**这次报纸的定位，简单地说就是往青年靠，往城市靠，往潮流靠**，但是与《假日100天》的时尚是完全不同的。你是日报，是每天都要印出来的新闻纸。

我希望第三次开会就是庆功会，在一个高的平台上向更高的平台发展。

(2002年9月8日根据录音整理)

快而且城市化

——在《城市快报》改版汇报会上的讲话

经中共天津市委同意，国家新闻出版总署批准，天津日报报业集团再次策划推出精品，在《天津青年报》的基础上，一份以高品质、城市化、全新闻为办报诉求的日报——《城市快报》于2004年3月1日清晨全新面世。依托津报集团报业航母，《城市快报》以现代办报理念、全新操作手法以及一支年轻而富有新闻激情的采编营销团队倾力投入天津日益繁荣的媒体市场，为天津的文化产业再添新的亮色。

《城市快报》有三个关键词——**高品质**、**城市化**、**全新闻**。**我认为这三个关键词里，最关键的就是中间的"城市化"**。这不仅仅是我们的报纸定位和其他报纸定位怎么区别的问题，更重要的是：**无论是天津还是我们国家整个的发展，从大的背景讲，特别是我们天津这样的城市，"城市化"是一个不可阻挡的趋势**。**我们这个国家，我们这个城市，在向城市化发生变化，它跟我们整个产业结构、跟整个消费结构的变化，包括我们原来常说的"恩格尔系数"这一系列都有关系**。**未来我们国家的一个趋势就是"城市化"趋势**。天津现在新四区，包括一些郊县改城区，都是"城市化"的变化。

城市快报
METRO EXPRESS
快报料
28201234
86161234
创刊辞
快而且城市化
本市特聘八大院士
城市蛋糕巨无霸
献给600年天津的一份深情礼物
世界上惟一表面图案以报纸为图形的蛋糕
吉尼斯中国总部已接受《城市快报》申请
看上去很美

而且我觉得"城市化"对我们这张报纸来讲是比较好操作的一个抓手。这张报纸要做到一个什么样的定位呢？做给谁看呢？让人非常鲜明的感觉就是一个非常"城市化"的报纸。它跟《天津日报》有什么区别呢？《天津日报》是给高端读者看的——市委市政府的官员、绝对白领的那些知识分子、企业家"**权威媒体**、**大报风格**、**高端互动**、**国计民生**"；《每日新报》呢？我给《每日新报》定位是"主流媒体、大众新闻"，它的主流性表现在它的大众性，它的大众性体现它的主流性，我要求《每日新报》是给最普通的老百姓、是农贸市场那些卖菜的人、是上班族最普通的人、是在煎饼馃子摊儿前买早点的人看的。那《城市快报》是什么？我总想，它是在哪个宽众的面上？它面对的目标读者是谁？是城市读者。**那么用什么话来形容这个"城市读者"的概念呢？**就是**那些**

愿意上便利店、上超市的、有这么一种购买力和城市生存方式、生活方式比较接近的这么一群读者，是给上档次高的超市、好的超市，包括一些好的便利店的读者。就像大家可能知道，在台湾有一种便利店非常有名，叫 seven eleven，它是全台湾很好的一个连锁便利店。就是有这种城市消费能力、习惯于城市消费方式、对城市文化这一个层面比较贴近的这么一种读者。所以我想在这九个字里头，最为关键的是"城市化"，我们一定要明确我们办的是一张城市报纸，《城市快报》"城市"是打在前面的。

为什么这次演唱会我们起名叫"城市春天"，将来我们可能副刊为"城市阅读"，"城市心情"，"城市……"，我觉得这可能更容易操作，更能显示出我们这个报纸的好看性，因为我们都是城市人，这个读者群是很大的读者群。新闻是"全新闻"，国内国际大事、时政要闻、社会新闻、本埠新闻、经济新闻都是新闻，如果靠近"城市化"是什么概念？**我想让大家更关注一下城市的生活方式、城市的生存状态、城市的生活环境。**

最近在全市思想工作会上，中共中央政治局委员、市委书记张立昌同志专门讲了关于社区的问题。新的物业、新的社区谁来关注？精神文明建设触角怎么伸到这些社区？我们要面对这么一个读者群，生活方式，城市的；生活状态，城市的；生活人群，城市的。我觉得那三句话里面，大家更应该关注的是**通过城市的生活方式的变化来折射出城市的生存状态，而从这种状态当中把"人"提出来，是城市的一种人群**。我为什么把《中国时报》给大家拿来，希望大家能够学习《中国时报》，至少是副刊要学习，《中国时报》它的副刊是非常漂亮的，这是第一；第二要跟《每日新报》区分开来；第三非常重要的，台湾就是非常城市化的地区，它的生活方式完全是城市型的，那么《中国时报》它所有的副刊办的全部是城市化的。我再说白了，它是在比《假日 100 天》的定位再低一点儿基础上，是放大的、全新闻的《假日 100 天》。《假日 100 天》不是新闻纸，它是时尚纸、生活纸，它是适合城市人群来读的，但是它是稍微高一点儿的，《城市快报》稍微下一点儿，我不知道我表达清楚没有，它是把新闻的装在这了，把它放大了。

"高品质"这话很难说，我认为"高品质"就是"城市化"，就一张报纸来讲，它只要达到"城市化"的标准，那它一定是高品质的。"全新闻"我觉得是不是还要把后面的版全部做成新闻纸，好比 28 版全是新闻，或者是 20 个版全是新闻，或是 24 个版，从这个数量意义上定位全新闻，也可能是这样。

我还想再回过来强调一下，大家一定要注重这种城市的生活方式和生存状态，你想我们这些人关注什么？关注的是城市的生活方式、生活状态，而我们国家这些年变化最大的，所谓后工业时代变化最大的是：**第一，趋势城市化；第二，由于这种城市化使我们整个生活方式、生存状态发生了根本性的变化，使精神的东**

西更物质化了,城市化的趋势带来了状态、方式变化。你看现在好多好的报纸都在推崇一种生活方式,这种变化是特别大的。**咱们办这张报为什么说有希望,因为它是引领我们这个国家,引领我们这个城市,甚至引领我们这个民族,走向文明的一个根本的趋势**。另外我认为也跟城市化有关,"城市化"就是高度文明的一个标志,这个高度文明不是说我们玩高雅,不是要把它拔高,它是在一种状态当中体现了一种城市文明的东西。我力求跟大家把"城市化"三个字说透了,也可能表述不清楚,但我想大家记住:这个是给去超市的人,去超市购买的这么一种生活方式的人去阅读的报纸,可能宽众的面就更多一点儿。**这些人关注什么?这群人关注资讯胜于关注政策,关注品质胜于关注行情,对资讯时代的这种要求更多**。比如《天津日报》关注政策,有的人关注政策,所以研究《天津日报》,但这些人不是,他关注资讯,完全资讯化,在资讯化的同时关注品质,买东西时对行情比较关注但更注重品质。比如买手机,为什么要买诺基亚的不买摩托罗拉的?为什么要选择迪比特的不选择厦新的?他就在品质上进行权衡。包括对于一般的生活必需品,学校的选择等等。

办这张报非常难,难在哪?因为我们有一张《每日新报》,不能影响《每日新报》。怎么才能不影响?**怎么才能另辟蹊径?没有别的办法,只有把我们自己先搞清楚了,我们是谁?我们从哪来?我们要到哪去?哪条路是我们回家的路?哪条路是我们出来的路?**那就是个定位的事。定位还不是说几句就能概括的,我觉得更重要的是,把"这张报纸到底是什么"搞清楚。因为如果打《每日新报》,报社内部受不了,《每日新报》还是天津日报的生命线。这些年我们一直在做《天津日报》和《每日新报》之间的区分,《假日 100 天》和《天津日报》也是分得很清楚的。《城市快报》为什么叫《城市快报》?我在起这个报名的时候,有一段时间都在想这个,我觉得没有比"城市"这两个字更

作者与张学友。

《城市快报》形象广告。

容易把一个报纸的品质办出来。

在这七个版组里，一定要把娱乐版和体育版办好，因为城市化的阅读人群是关注这方面的，我特别相信默多克的一句话：新闻的本质是娱乐的。现在天津的报纸在娱乐和体育上都没做足，难以满足城市读者对这方面的阅读要求。如果我们在体育和娱乐上打开局面，或者首先打开局面，很可能是我们这张报纸区别于其他报纸的一个点。它跟《假日100天》不一样，娱乐和体育是天天新闻。比如我们刚才说时政，城市新闻、要闻，它很可能和《每日新报》撞车，这是一样的，无论是它的表现形式还是它的丰富性还是内容，很可能都一样，你比如说巴基斯坦核武器泄密，很可能就都报这个事，只是角度不一样、背景不一样。但有一条，**《城市快报》至少在天津，是以体育和娱乐为重心和主打的一张新闻纸，这不是单纯一个量的概念**，不是说我要占多少版面，当然也有量的概念，要加大这方面，但关键是它的质。它是新闻，它报道大家最需要、最快的体育新闻、娱乐新闻以及它的背景。这很可能涵盖一大群读者。**我历来主张，办报纸无论是做一个版还是做一张报，最忌讳的就是“平均用力”，都使上劲就坏了，你一定要有主打的东西**。《每日新报》创刊时我们非常明确，就主打那些最社会的新闻，当时对政治时事我都不让它碰，你比如说市委、市政府的东西，《每日新报》从来不登。而《天津青年报》开始没有解决这个问题，版面少，《天津青年报》的报名也很限制。

城市人群是体育人群和娱乐人群，每天应该有大量的体育新闻和娱乐新闻给读者，都是最新的东西而不是网上抄的东西，是我们独家的东西。我希望在这方面多投资，真正把我们记者拿出去，把好的娱乐新闻和体育新闻拿进来，这很可能是这张报纸一个最大的卖点。这是我说的第二个重点，城市化问题和娱乐问题。

新闻的本质是娱乐的，城市的本质也是娱乐的。城市和农村有什么区别？农村到7点就黑灯了，城市还灯火辉煌，到处都是霓虹灯，城市有星巴克，有披萨，有大圆碗，有好多地方，它是娱乐的，有各种各样的演出，它是城市特别明显的一个标志。农村人不会欣赏F1，不会看法网，而城市人看这个，卡通和动画只有对城市人才起作用，对农村人不起作用。新闻是娱乐的，城市本身也是娱乐的，城市新闻也要把它的娱乐性做出来，不要去抢那些零碎的社会新闻，没有意义，打不过《每日新报》的。**你这瘦报28版拿出来很洋气，但是我不认为这张报纸要做得特别高端，《新京报》太高端了，不好做，需要太高的水平。新闻纸本身有政治性但不要政治化，又不是机关报，没有必要。它就是一张新闻纸，是深层阅读的，阅读本身是快乐的，是提供心灵快乐的。**

我刚才说**生存方式、生活状态，最后一个应该是生活人群**。美国报纸最重要的都是人，版面上全是人，大的人物是布什和克里，小的人物各种各样的都有，大小图片都是人的表情，**城市表情就是人的表情**。人物要放在第一位。但是现在我们非常缺乏这种真正独家的人物、好的人物新闻，太少了，你们关注一下城市人。原来天津有一本刊物我觉得不错，就叫《城市人》，但它没把城市给做出来。大家一定要关注人物，独家的人物新闻是特别能打动人的，你看中央电视台《面对面》、《新闻调查》、《生活空间》这些栏目，都是人的事。我在一个恳谈会上讲过，**新闻做到现在有三点特别大的变化，一个就是新闻变得更理性化，第二就是更人性化，第三就是更技术化。技术进步技术发展，强加给媒体的东西越来越多，这使我们媒体不得不应对技术上的变化，但我觉得两个更重要的就是理性化和人性化，在这"三化"当中，重要的还是人性化，要讲人的故事，要有人的新闻，要说人话。**

最近有一个电视剧，我觉得很像《城市快报》的这种风格，就是《浪漫的事》，它就是讲生存状态、城市状态的，但它那个轻

松的风格，让人特别易于接受。这个电视剧很轻松，三个女儿一个母亲，讲三个女儿的故事。我们的报纸如果办到这么一种轻松感，这么有艺术，这么城市化，这感觉就不一样了。这是一部非常好的电视剧，讲的是很老的故事，但它为什么给人感觉新呢？因为它让人很轻松，这个片子里没有你痛恨的人物，没有你觉得过不去的大喜大悲的东西，其实我们的生活就是这样的。

图片就学《中国时报》，尤其后面的副刊版，那个特别适合城市人读，而且它又不是很俗又不是很雅。我们这个报纸不管你怎么办，千万不要办雅了，这报可不是给自己办着玩的，咱们自己好看就行，自己看着美，那不行，是给读者办的，永远考虑到我是给哪一层读者办的。《北京青年报》和《北京晚报》太适合城市人阅读了。**我如果有什么第一的要求就是千万不要办雅了，要记住我们是城市里的俗人，我们是办给那些城市里的邻居而不是我们自己新闻人欣赏的，包括你们用一些图表都可以，但千万要拿捏这个度，这个报是瘦报、是大报，当然要做得好看一点，但好看和脱离群众是两回事**。为什么要学习《中国时报》呢？它好看但不脱离群众。比如开设一个"城市健康"，我们就关注城市人的健康，有好多东西可以做的。

如果是我，我就拿出多多的版做体育和娱乐，肯定有人看，什么时候让城市

人拿到手里感到是一份轻松的报纸,这就对了;不像《天津日报》,这么沉重;也不像《每日新报》,给人感觉发生那么多事累得慌,快报就是很轻松的一份报纸,体育和娱乐放大了。当然我也不干涉你们版面,你们自己定,我就是说有量上的要求,但如果你们没有那么多版面,再换一句话就是在质上要求。就是别的新闻可能不是独家的,娱乐和体育一定要是独家的。我甚至觉得你们要把有限的资金用在体育和娱乐独家新闻上,你要让人感觉到只有打开《城市快报》才能看到独家的东西,你看咱报纸卖不卖得出去！将来地铁出来以后,上了地铁拿着28版或32版报纸,我特别希望看到这种状况:在一沓报纸里,读者最好是把体育版和娱乐版抽出来,把前面的都扔到纸篓里;或者还有一种人,把前面都看完了,把体育版和娱乐版拿出来装到兜里带回家了,这可能就是你这个报纸做出来了。当然新闻也很重要,有一群人专门奔卖点来的,大家试试,强化娱乐和体育,该弄的独家新闻全部都弄到,然后再跟"城市春天"的演出,跟整个活动再结合起来,就是品牌了。

一版里面有没有跟《城市快报》贴题的栏目?比如每天有一条"今日城市"、"天津主打",或者是城市的资讯,我们这个《城市快报》头一版一拿,跟《天津日报》、《每日新报》新闻有不同的地方,可能这个是比较容易做的,得有一帮人专门做这个。今天的城市有什么事?昨天的城市有什么事?就是这个报纸一版的LOGO形象标志。就跟《今日美国》一样,当初《北方市场导报》就是学《今日美国》。《今日美国》特别有意思,它的图表图片集中在报肚子位置,中间有一堆图,一看就是《今日美国》。《城市快报》是不是每天对这个城市,对读者,要有一个交代?第一版打开就是城市,你们要研究,老百姓每天一打开这份报纸能够看到我们这个城市是怎么回事,今天有什么事。一版得有不同的东西,

《新京报》、《京华时报》,包括《每日新报》都有个主片,有的比较成功,比如《京华时报》今天用的是王岐山的一组表情。我觉得《京华时报》比较成功,我估计他们每天有大量的人力投入在这个片里面。如果你们这么做,当然能做到最好,但我觉得千万不要凑合,不要为了这张图片去找图片,这个我比较担心。**因为这个东西是能够把版面调动起来的最好的元素,可是使你的版面完全空空荡荡什么都没有,这可能也是一个很不好的图片。它是双刃剑,没什么东西了,就发一张大而不当的图片是不好的**。我是个图片主义者,我1998年到《天津日报》主持工作以后,提出"以图片带版面,以版面带新闻",这个观点在全国还很有影响。但我跟大家提示一下,《读卖新闻》是发行量最大的一张报纸,这张报纸没什么大的图片。一版很碎,我大概算了算,它一版大概有30多条新闻,它也是张城市化的报纸,它就完全把新闻资讯化了,是短新闻,是我们过去传统的新闻,讲条数,讲跳跃感,它没什么图片也好看,主打主文主片。我就怕咱们今天有了明天没有,坏

了。天津这个城市又跟别的城市不一样,大的事也不发生。煤矿矿难天津没有,灾难也没有,喜剧也少,悲剧也少,这个城市没什么喜剧没什么悲剧,是个非常易于生活的城市,所以要想找一个主片可能很难很难,这是个问题。如果一张片子能把版面调动起来就太好了,比如刘易斯来了,和王思懿参加某品牌皮装的活动,这片好看,这张片放在那儿,把整个版面调动起来了,但明天没有了,就怕这个,一定要想一个别人没有的。你们研究这个一版别人没有的,你们要告诉读者"今天城市有什么",他不看《城市快报》都不行,今天有什么事他得从这来找,你就给他摞,这个事可以做整也可以做碎,这不就在我们了吗?

我们做报纸最重要的一个事就是始终把主动权掌握在自己手里,被动的事不做。比如《城市快报》做了一件被动的事,定28版,首先成本搁那了,我从来不说《每日新报》有多少版,这是一点;**受累不讨好的事不要做**,比如你天天登世界气象,这就是受累不讨好,谁每天去蒙特利尔啊,不可能!你看着挺好看,实际上没人看。这是两件事不能做。当然还有一件事:**受制于人的事不能做,办报纸主动权要控制在自己手里**,就是我要做什么,像《今日美国》肚子那一块,它每天都可以拼出来的,它就是告诉人们美国今天有什么事,今日美国发生了什么,今日美国港口吞吐量突破多少多少,当然我们《城市快报》尽可能少做这些东西。但比如"今日低保人员得多少钱",这可能是读者关心的,我们就是把城市最抓人的东西告诉给城市人。我们的城市新闻想一个好的栏版,当然主片要有的话那是皆大欢喜。主片很难做,应该努力做,但不要被它束缚住了,不追求它。刚才我说的这些不是否定图片,而是要高度重视图片,一张报纸要是没有好的图片,那这张报纸太难看了。**要调动版面语言,版面语言是什么?新闻标题、新闻图片、版块,这是形成版面语言的,你这些东西都没有,图片没有,那根本没法看**。

二版这个更正自己的栏目,给人一种总出错的感觉。也可以,无所谓。要是更正别人的新闻更好,比如中央电视台报错了,美国之音报错了,更正这个,读者从这能找到一个正确答案。

市委、市政府的东西不要全发,但我主张也不要像《每日新报》那样不碰,比如今天书记有一个什么重要讲话,比如纪检提了几条,或者市长做什么,这个还得有人把关。这个《北京青年报》做得特别好,《北京青年报》在做这种新闻的时候,它做的跟《北京日报》一点都不一样,但是领导特别高兴,它把那个核心的东西做出来了。我让《每日新报》原来做过,危改(即天津危陋平房改造工程)演出的时候,立昌同志掉眼泪了,因为他亲历了指挥,就做了一个《书记落泪了》。但政策上怎么做这要研究,我想最好有,最好做,但是没想好怎么做就先不做,想好了、想透了再动。

"主打"和"直击"的边界不好划分,**新闻的现场情况和它的背景新闻不矛盾,**

所有的新闻应该都是现场，都是动感的。“主打”和“直击”说起来好说，但做起来不知道能不能做？这个词能不能叫做“城市表现”？这次北京到法国巴黎搞了一次“北京文化周”，我就特别感觉北京人聪明，北京人想在巴黎表现的不是中国，而是北京这个城市。我总去上海，上海的酒吧都是属于一种“城市表现”的概念，是有意无意的。我就是觉得“主打”和“直击”不好分，都是现场的，直击的不会是主打的吗？主打的不可能没有直击呀！所以我想请大家关注一下“城市表现”，天津现在也缺少这么一张报纸，我可不是想做雅了，千万别做雅了！**但我想天津所有这些报纸和上海、北京的报纸比起来缺少一种挖掘的东西，就是属于“城市文化”的东西**。天津的城市文化在哪里？这是一个非常有底蕴的东西。我这个文化是宽泛的，是渗透在城市人的性格、城市的状态、城市的建设、城市的管理、城市的纠纷处理应变能力之中的。这次市委开宣传工作会议特别讲了城市文化的一个狭义的方面，比如天津人不穿背心、光着膀子这些东西。属于现代城市文化的我们要提倡什么？这是我要讲的一个，是“城市表现”。另外我们这张报纸是要跟《每日新报》有区别的，**为什么我特别强调轻松感呢？就是健康城市的概念，我们倡导的、追求的，无论是新闻还是版面都是健康的**，当然我们也可以报道一些案件，也不能回避这些，这些重大新闻，但一般的琐碎的东西我们不去做，法制的东西要有，不能没有，我说的意思是要表现一种健康的东西，属于城市表现的一种东西。比如《浪漫的事》这部电视剧，它也是表现城市文化，**城市表现的核心是文化，文化不是一个狭义的文化，而是很宽泛的文化**。

4
城市快报
METRO EXPRESS
一流比赛 一流媒体
两军将士 蓄势待战
绿茵场上 龙争虎斗
中甸之战 点燃激情
周海滨：头球定乾坤
■媒体承办 好评如潮
■球员投入 球迷激情
■翘首企盼 中马大战
球迷表情
对手
激情燃烧

另外你在概念上不要太雅了，报眉的设计一定要让老百姓一眼就能看懂了，你看《北京晚报》，“法制”就是法制，“社区”就是社区，别绕老百姓，它是什么就是什么，毛主席多有学问，“计划生育是基本国策”，它不绕你；“少生孩子多养猪”，简单！它是一种最朴素的新闻注解。新闻更要归于朴素，因为它是受众的东西。

这法制要占很大的量，公安题材历来是好题材。你看长久不衰的小说《红楼梦》、《水浒》等都跟官司有关，《儒林外史》、《三言二拍》都是跟官司有关系，都跟警法题材有关。爱情、警法是历久弥新的题材，永远是这两件事，一定要高度重视警法，《每日新报》起家就靠这个；现在提倡精神文明、物质文明、政治文明，什么含义？民主和法制化进程特别关注这个。

市民版好，有没有市民生活的东西？应该有这个，网络 BBS 就是“讲话”，可以就做“市民讲话”，不是“市

谭咏麟为《城市快报》创刊演唱会"城市春天"献唱。

长讲话"，一个市民声音、市民广场，一个舆论监督。这很可能是这个版四个支柱之一。**市民的声音和舆论监督，加大批评量**。体育、娱乐、警法、市民的声音，这四个支柱就把这张报纸挑起来了。《焦点访谈》、"3·15"晚会不就是为民请命吗？而且老百姓有多少人愿意去啊！有多少老百姓有冤无处诉啊！老百姓讲不上话，我们这张报纸就替老百姓说话，**"三个代表"的根本利益是人民群众，要站在老百姓的立场上。这件事我说得很严肃，你这个舆论监督千万公正，跟广告无关，跟关系无关，公正地站在老百姓的立场上，监督那些不公的事，"路见不平一声吼"，千万把握公正这个原则，代表老百姓，代表市民，做舆论监督的人要水平高、品质好、政治敏感性强**。

有几个名字确实不错：城市餐桌、城市健康、城市爱情、城市阅读，都跟"城市"挂上，"城市春天"演唱会、城市论坛、城市管理，你想城市人能不关注这个吗？这太有意思了。比如"城市餐桌"，就做很实的资讯的东西，通知哪的火腿肠不能买，这是很碎的东西，但老百姓很关注这些事；"市民声音"得让市民高兴、让坑害老百姓的这些人头疼，不敢惹《城市快报》，一想《城市快报》就头疼，让老百姓觉得这确实是一张伸张正义的报纸。就跟《东方时空》、《焦点访谈》一样，闯几次，允许闯几次祸，搞几次大的批评，这张报纸的品牌就打出来了。

我们那时候《个体餐馆吃吃看》，21 个执法干部吃垮个体餐馆，那是本人搞的，最后该抓的抓，该判刑的判刑；《26 万斤鲜菜烂在冷库》，当时大白菜多值钱；《国际商场开门卖票》，一个商场卖票，叫人买票逛商场，我们就登了这个。要做重大批评，《天津服务行业为何萎缩》、《天津吃早点难》，这种批评有人有事，抓三次两次，把《城市快报》打起来。你们在三个月内如果没有几件有份量的事，《城市快报》的牌子出不来，新闻吃快功不吃慢功，《天津青年报》的教训，不怨你们，《天津青年报》如果要再起那很难，我办《北方市场导报》就因为被压制了就完了，埋在里边了。《每日新报》吃个快劲很快就起来了，《假日 100 天》也是。

城市调查叫"市民城市"或"市民广场"都可以，就把市民推出来，就是老百姓说的话，就是真话，别编，有几次就把《城市快报》当成大报看了。什么叫小报？小报就是没声音，没有权威性。法国《解放报》那么点小报，登的可都是天大的事啊，都是查尔斯王子的事，戴安娜的信就是它发出来的，都是大事。**要有声音，但千万不要一地鸡毛，要突出“市民声音”**。舆论监督要做起来一定要打几次大事，报纸都得有点格斗力、战斗力，黑白两道都得经过，没有不行。起名字上我提四个字，报眉至少要做到“雅俗共赏”。

国际大事还要关注，不能跟世界格格不入。我还要重复这句话，先把宝压在娱乐和体育上，因为国际新闻在中央电视台和网上都是，7点一开电视新闻就有了。把精力用在体育和娱乐上，可能独家的东西就多了。

连载一定要是城市连载，所有连载都要适合城市阅读，不是《天津日报》那种连载，应该是《北京青年报》那种连载，跟城市人生活有关的那种连载。当然，也不能太城市化，像石康前一段时间出的那个《心碎你好》。我觉得像《手机》这样，再比这个靠下一点的连载很重要。**连载和电视栏目已经是新闻的一种很重要的组成部分，连载要高度重视，得有人做，千万不能做水了**。你给提供的连载阅读量得像《北京青年报》，大概20分钟、半小时，太短了他就不看了，太长了他又疲劳，他不买书所以看你这个。建议你们这样，连载有一半是城市的，一半是新的，因为你是《城市快报》。我举个例子，连载库切的《耻》，库切是诺贝尔文学奖获得者，小说写得非常好，语言也漂亮，你可以拿出一个角来连载这种前卫的小说，就是最新的、最前卫的，能有一部分读者，这种小说娱乐性很强。

经济版还做企业新闻吗？我觉得经济新闻最难做了，做不好版就白浪费了。股市、资讯都可以做，但最好做些跟城市生活有关的企业，特别是地产，是个大的方面，跟广告有关。金融这方面也是很重要的，多研究一些跟老百姓

《每日新报》主办的美国前NBA明星队中国巡回表演赛，为津门球迷献上了一场精彩比赛。

城市置业有关的东西,投资当中的一些东西,更城市化。我不主张做太多跟《天津日报》一样的经济新闻。**资讯、置业、商务、理财、股市,十个字。我建议《城市快报》的经济新闻面要窄一点,定位明确一点、具体一点,别就是"经济新闻"四个字,要很具体**。做股市我同意,投资和置业已经成为城市生活当中一个非常重要的方面。经济版定位一定要明确、具体,操作性和可读性都要强。

体育和娱乐每天至少是四块版的量,要做就打"独家新闻"四个字,就像《羊城晚报》一样,《羊城晚报》的娱乐版我最爱看。做独家的,想看娱乐就到我这来看。娱乐、体育新闻,一个是它的新闻性,一个是它的健康的东西,城市的,更重要的是明星。你不能否认,一个普通人的目光一定会被明星吸引。"城市春天"不就是请来几个腕儿吗?都关注明星,像我这种特别没低级趣味的人还特别愿意关注明星呢。孩子现在就关注周杰伦,你们不爱听周杰伦的歌,可小孩子爱听周杰伦。谢霆锋来的时候就跟我坐在主席台上,小孩喊着往上扑。他就是明星啊!男明星都这样,女明星不就更可爱了吗?你就做明星,比如体育明星。当初没有人不关注乔丹的,最近我看到中央电视台报道乔丹的节目,很感动,一是感动他人生的道路,再一个感动他的技术确实是太好了,篮球打得出神入化。姚明,咱一个姚明搞一场比赛赚了170多万,不就卖门票嘛!我的豆豆的同学和他爸,爷俩花2000块钱买两张票,座位还很次,但愿意花这个钱,他去看什么?看姚明去了。所以就要关注明星,娱乐的独家新闻从本质上说也是明星的独家新闻。我在台湾的时候,张国荣去世,整个台湾的报纸全部都是张国荣,没有任何别的,而且单行本出得之快,图片用得之好,难以想像。梅艳芳去世,《假日100天》做了这个,关注的读者多呀!张国荣的全集,梅艳芳的全集,连我这种人都买了,那么比我再年轻的呢,他们更买呀。我主张《城市快报》的娱乐新闻、体育新闻,除了独家新闻和明星故事这些动感的新闻之外,再兼顾一点新的东西,新的赛事什么的。明星,我觉得,年龄往下走点,有一部分是童安格、张学友这一代的,有一部分是孩子买回去给他爸看的,小孩对明星的冲动和欲望是很强的,他要把这个报纸带回去。我觉得你们考虑考虑这个事,年龄往下走一点,都兼顾到。这八块版一定要做出冲击力来,在版式上要做出冲击力来,这特别特别重要,对图片的选择、对版式的要求可能更高,对色彩、标题要求也很高。还要做一些新的,比如高尔夫,环法自行车比赛,这不是新的,有上百年的历史了,但对于我们来说是新的。还有些城市新兴的体育健身项目,比如跆拳道、攀岩、瑜伽,有一个版是可以关注这些东西的。剩下的还是大赛事、重要赛事,独家的东西。但是现在特别难弄的是,这个报纸早晨出,好多比赛都是晚上的,比如德甲、意甲夜里踢完了,感兴趣的人看到夜里一点两点踢完了再睡觉,转天还做什么?签付印时间早,那就得有所为有所不为,把体育和娱乐摆到最前边,甚至舍掉一些新闻。**我建议打这个独家,打娱乐和体育这**

张牌，舆论监督这张牌，民生这张牌。娱乐的评论，我用两个字概括：尖叫！一定是尖叫。就像娱乐场一样，这个声音非常刺激人，非常刺耳，让读者看了特别有意思，解恨，让明星看了，亲者痛仇者快。它和我们写的一版评论不一样，那是非常哲学的、非常深刻的、顿悟的，而这种是“一声尖叫”，营造剧场效果，与明星共舞，跟他们同台演出，跟他们进入一个状态才行，要特别“炫”，娱乐版就是这么一种概念。言论要有，每天像《羊城晚报》一样有一个“一声尖叫”。实际上所有的娱乐新闻都可以归结为“一声尖叫”。《北京青年周刊》就做这种东西，它把政治化向娱乐化方向走，它也不做什么服务，就完全是明星化，就卖得好啊，现在就赚钱了。就连《时尚》这种杂志都明星化、娱乐化，讲明星的故事。时尚家居就是“明星家居”呀。《艺术世界》也是讲明星的东西。

作者与著名漫画家朱德庸夫妇。

四个版“阅读”多不多？有没有那么多好书可做、可读？当然现在书出得越来越多。这周我买了三本书，哪本都不好看。我就怕你做水了。另外还是那个顾虑，别太雅了。你到周日是个杂志，是要给人看，要有耐读的东西。可以再想想，可以是这么一种定位，但未必都是读书的东西。

有没有漫画版？我估计现在城市阅读里面，漫画很受欢迎，比如《旗魂》，很好看的漫画，我有时专门爱到北京雍和宫附近那条街，有个小店专门卖动漫作品的，我总到那去买一点漫画书。好看，包括漫画人物都特别好看。你们看需要不需要，我觉得城市人可能比较喜欢，有一部分读者看漫画，你们在座的很多人可能看漫画，你们考虑考虑，在周日那天是不是赏心悦目一点，有一版漫画。但必须做那种特别好的漫画，必须是像《旗魂》的那种故事。周日没事看一点漫画多有意思，它讲城市故事，它还不浅，而且阅读起来非常放松。

关于网络，**一个是网络生存是个状态，网络的事大家关心，关键是网络还创造了一种语境，它是城市阅读人群的一个很重要的新的语境，语境是改变人最多的，你们得让城市人用这种新的语境来读你们新的新闻。**

大家讲到团队的问题，还是非常重要的，其实做一件事，能不能做成，团队非常重要，团队的状态非常重要，团队的基本素质非常重要。刚才说到《21 世纪经济报道》,还有《经济观察报》,至少我接触到的他们那些记者和领导层,都是新闻虫子,对所从事的职业有一种近乎图腾的热爱。对于大家,信心非常重要,但是我觉得对于《城市快报》来讲,怎么打造好我们这支团队,使我们这支团队始终在一种很好的状态下工作,是非常关键的。

前两天《中国企业家》杂志为了报道顺驰集团来采访我,我说了20分钟,他认为我和孙宏斌之间有一个共同点,就是我们是一种比较理想化的人,支撑一个团队、支撑一个人,物质的东西是重要的但不是最重要的,钱这东西是重要的但不是最重要的。这个人、这个团队为什么能干成一件事?宏斌为什么能干成顺驰?顺驰为什么能成就了孙宏斌?包括这几年我操作天津日报,原来没有集团,现在成立了,我做了那么多的事,我觉得我们俩有个共同点,就是“理想化”,**我们都有理想,我们在操作这个事的时候可能很具体,其实我们自始至终都在这么一种理想化的状态里面**。

我希望大家做事的时候现实一点,但在我们从事这个事业的时候,比如干《城市快报》的时候,我们要怀着一种理想,一定要干最好的、干第一流的媒体!我觉得我这个人就是始终被一种甚至盲目的理想支撑着,我还是比较执着的一个人,比较坚毅的一个人,性格上比较刚强,**在做任何一件事的时候,最先让我进入的是一种状态,这种状态就是一种追求、奋斗,一种理想化的状态**。琐碎的事我很少想,我不是个琐碎的人,我这个人可能傻乎乎的,但好多事就做成了。所以我觉得《城市快报》一定要创造一种理想化的状态,团队的状态、个性化的状态。其实人的一生很短暂,做一件事的时间很有限,你如果被很琐碎、很物欲、很个人的东西给淹没了,你很难做成一件事情。为什么有的人就能永远保持一种活力,永远保持一种向上的状态,在任何困难下压力下,他都能在回头的时候给人一个微笑,最难挺过的一关他都能挺过去了,就是有理想!

其实人这一辈子无论办一张报、做一件事、做一个企业,大概的行为方式都一样,但关键时候的较量就那么两步,而这两步最较劲的就是信念和理想。办《每日新报》的时候,我就怀着一种“一定要做成一份全市发行量最大的报纸,一定做一份最好的市民报纸”的信念。我接手天津日报社的时候,《天津日报》严重亏损,我就相信,张建星做《天津日报》,绝不会亏损,我三年时间做了十张报啊。所以我觉得对于《天津青年报》,我们集团掏了点钱,付出了一些学费,但我觉得最珍贵的还是我们这个团队培养了一批人,而这个团队的核心、这些人的核心,给我的感觉就是有理想。我觉得一个人,特别是年轻人,或者说特别是男人,得理想化一点,这是你避免琐碎惟一的一个途径。我希望咱们这个团队一定理想化一点,把这个事做成。《每日新报》在春节前表彰的时候,我讲话用了林则徐一句诗“山登绝顶我为峰”。做就做第一,与其在这拖拖拉拉、琐琐碎碎,还不如一跺脚就把这件事做成了，就这一步。希望大家保持一种好的状态，希望这个团队一说“我是《城市快报》的人”就不一样，洋溢着一种激情、自豪、信心和胜利，一定要有把这份报办好的信念。

第二，一定要提高自己的素质，现在这个时代的较量就是高素质和低素质的一种较量，这就需要学习，需要培养自己的一种敬业精神，需要除了能掌握一种专业的技能之外，需要你个人的偏好、取向、行为方式上都是高素质。这非常重要。**人和人就是不一样，什么叫气质？什么叫洋溢出来的一种东西？人最吸引人的地方是什么？是属于一种核心的东西，是渗透在你血液里、骨头里的一种东西，这就需要我们自己培养，从一点一滴，从细节的东西当中，培养自己那种理想化的气质。**

第三我希望大家能有一种特别能吃苦的精神。其实比别人多走了一步、多干成了一件事，说到底就是把良心账拿出来摆在这算，就是我比他多吃了点苦。我一天工作那么忙，回去后我还要看好多片，看好多书，这就是吃苦，但我还是很高兴。1994年的时候真想不到今天。我这个人讨厌懈怠，我是属于办事很认真的人，我喜欢那种作风艰苦、工作艰苦的人，这个非常非常重要，我讨厌斤斤计较、大事干不成小事又不做、非常小器的人。大家要咬住牙把这张报打出去，要有吃苦的精神，一定要有这种坚韧性，人这一生最后的较量就是品质的较量，品格的较量。我从一个普通记者做到今天，位置不重要，我对这个越来越不看重，但这也是一种品质的、品格的胜利呀！**我从来没有气馁过**。我现在不爱下棋了，我小时候特别爱下棋，不见输赢不下赌场，这棋我要输了我天天和你下，直到下赢了。人就是要有一种韧性，就是坚毅。**我觉得成就一个事业的同时，最后成就的一定是你自己**。比如说我把天津日报的事业办起来了，《每日新报》办起来了，《城市快报》办起来了，可能我自己也成长起来了，我觉得我比以前更自信了。在成就《城市快报》的时候，大家不仅仅是物质上的收获，还不只是利益上的东西，它使你感觉到办成这件事、建成这座大厦的同时，我是一个参与者，我同时被成就了。

城市快报
METRO EXPR
遇扬尘洒漏快举报
台海局势紧张根源并未消除
大吊车变形
新闻界公布自律公约
继续监督噪声
进入防汛期
顺驰力争今年上市
要找工作快打电话
津报集团承办国际A级赛事 精彩大赛6月9日举行
中马大战组委会昨成立
车祸频发
天降甘霖
南勇 中马之战意义重大
黄东升 为北京奥运打基础
揭露枪手请打热线
快报为宝宝送欢乐
汛期公房抢修求助便民电话

我今天说的都是心里话，希望大家一定咬住牙，不蒸馒头争口气，要不咱就不干，干了就干成了。另外于细微处见精神，大家把自己份内的事做好，把自己那一点一滴做好了，这非常重要。我当了总编辑，还希望从“一”做起，任何一件事我都是从“一”去做，我绝对不从

作者在清华大学EMBA课程开学典礼上致辞。

"二"去做，我不绕。

新闻上我想是这样，我还是那么短短的简单几句话，你们考虑：**超市人群、城市状态、健康风格、民风民情**，刚才你们说的"高品质、城市化、全新闻"没错，我觉得再细化一点："超市人群"是我们定位在这一个人群，我反映的是一种"城市状态"，我们提倡的办报风格是一种"健康风格"，我们反映的是一种"民风民情"。然后我还有六个字：**丰富——一定要追求新闻的丰富性，这不是平均用力；独家——一定要提倡独家的东西；娱乐——这个娱乐是宽泛的，我希望读一份健康风格的轻松的报纸**。如果再加两个字成八个字的话，就是要注意**"语境"，不能太雅，但语境是另一回事，是城市人的阅读语言、年轻人的阅读语言，甚至是网络的阅读语言**。

今天听了汇报，整个准备的挺好，但到了真较劲的时候，大家一定要"奋不顾身、全力以赴"去做这份报纸，一定要在三个月到半年之内大获全胜。不能再拖了，我是非常有信心的，看到这个团队我也非常相信大家。

（2004年2月21日根据录音整理）

前卫性的灵魂是个性化
——在《假日100天》骨干员工会议上的即兴讲话

2001年，作者再一次瞄准天津报业市场的空白点，定位于时尚娱乐休闲，创办了天津第一张时尚类周报《假日100天》。该报于2001年7月31日试刊，8月8日正式创刊。试刊号7万份、创刊号10万份都在一两个小时内被抢购一空，报纸一炮打响。该报紧密联系市场，采取全新的报纸运营模式、资本介入媒体的公司化运作，靠品牌赢得市场，橙色风暴一纸风行，为天津报业市场创造了又一个奇迹。2004年6月，《假日100天》正式进军北京，在北京同步发行。

我对《假日100天》有很多想法，对《假日100天》虽然有肯定的地方，但是也有些不满意的地方。《假日100天》经过一段时间的运作，公司已经组建，还有一些技术性问题等待处理，班子也在磨合之中。《假日100天》从8月8日创刊到现在，这段时间里大家付出了艰辛的努力，报纸也做出了成绩，在整个市场上也有一定的影响力，尤其可贵的是，一支全新的队伍全身心地投入在这张报纸中。虽然一段时间有点停滞，总的来说报纸还是有改进，还在往上走。我也非常理解大家，大家和我的心情一样，都希望尽快把这张报纸办好，牢牢地占领周报市场。在这里有两句话要说，一句话就是，这种焦急是应该的，大家应该有这种紧迫感，我们为什么在7月31日把这张报纸出来，就是为了抢点，或叫抢抓机遇，我们必须要有紧迫感。**从整个报社的构思上看，我们的思路是"三足鼎立、两翼齐飞"。"三足"是：第一要办好一份在全国真正一流的日报，追求的就是大报风格；第二要办好一份都市报，一份早报，就是新报，追求的是绝对的市场优势；第三要办好一份周报，就是《假日100天》，追求的是天津乃至北方最好的周报**。这三份报办好了，天津日报就完成了向规模发展的第一步，并在未来的竞争中以规模的优势占领市场。我前几天在北京开会，《解放日报》总编辑宋超讲，《申江服务导报》今年的纯利润至少在4500万，每周48至72版，视广告情况而定。无论是从竞争角度讲，还是从天津经济状况和天津日报发展战略来讲，

作者在报纸上随手写下的点评。这些点评后来被整理成集，即《新闻的创意时代》。

《假日 100 天》的位置与《天津日报》、《每日新报》是平等的，重要性是一样的。大家要有这种眼光，这叫战略眼光。

我原来的想法过于乐观，希望在半年之内拿下周报市场，覆盖性地拿下，为什么没有拿下？任何事物都要有一个发展的过程，要有一个不断克服困难的过程，要有一个渐变和磨合的过程。现在出现这样或那样的问题，有些是可以避免的，有些是不可以避免的，有的是客观规律使然，是不以人的意志为转移的，这符合辩证法。我相信有些问题是过程中的问题，比如班子的磨合，人与人的磨合，办报与广告的磨合，发行与办报的磨合，新闻与信息的磨合，办报总体风格与创新的磨合，这都需要有一个过程。希望大家既要有紧迫感，还要有信心。我们目前要做的就是要缩短这个过程，以最快的时间拿下我们要拿下的东西。**我们承认过程，但重要的时机不能失去；承认困难，但有些困难必须要战胜**。留给《假日 100 天》的机会只有 40 多天，明年 1 月 1 日另外一份周报就要出来，无论这份报纸采取何种运作形式，办成什么风格，有一个事实是不可改变的，与我们一样是一份周报，要分的市场蛋糕、要争夺的市场与我们是一样的。

困扰《假日 100 天》的问题有两点。第一个问题是办报的问题。决定发行和广告的最终还是报纸。第二个问题就是发行。这两个问题是互通的。我们自己要投入，要去做，到年底订阅和零售要达到报社确定的指标。我们不能因为种种技术上的问题而耽误我们自己的报纸，扯皮是在扯我们自己的皮，牺牲的是我们自己，是报社的事业，这份报纸办不下去，我们往哪儿站？把大家放在这个位置，都是委以重任。要把《假日100天》当成天津日报自己的报，不允许本位主义，不允许内部不团结。我最讨厌搞小圈子，搞小动作，谁在《假日100天》搞小团体，搞你一派我一派，谁就离开《假日100天》！我最讨厌婆婆妈妈，鸡吵鹅斗，我不允许这样，不要因为个人的矛盾而影响了报社的事业，你该去哪去哪，天津日报缺人才，不缺你。《假日100天》的团队不错，有这么好的团队，班子必须团结。**凡是能干成事的人，都是善于团结的人**。发行必须搞上去，要想尽一切办法。

我今天要说的重点是办报。这份报纸总的感觉还不大像份新闻纸。要知道，新闻单位的任何一张纸都应是新闻纸。这份报纸明显的优点说不出来，明显的缺点也说不出来，这就坏了。首先我对报相不认可。这一期除了内容有区别外，形式和阅读的感觉没有变化，这是一张没有变化的报纸，从办报来讲这是最可怕的。我当记者时间不长，当年我的老师对我讲：新闻要跳跃。这句话我一下子就记住了。**报纸要跳跃，新闻要往外蹦**。现在第1版和第52版是一模一样的，这样不行。《每日新报》为什么能卖出去？就是有强烈的视觉冲击力和新闻冲击力。我是新闻的视觉派，是讲究图片的。我1998年从中央党校回来，**提出的风格和操作思路是：以图片带版面，以版面带新闻。这个操作思路是从形式入手，形式是从图片入手，最后来解决新闻问题，解决内容问题**。我们提出这个操作思路，改变了《天津日报》的面貌。《每日新报》的报相就是很西化的报相，有两点创刊时的决策做对了，第一就是报相和风格，《每日新报》首先解决的是识别系统，是视觉冲击力，突出了图片，突出了视觉冲击力，新闻冲击力；第二个决策就是下决心做了一份"小报"（开型），这一点十分重要，一是天津没有"小报"，二是"小报"可以更贴近普通读者。

由《假日100天》主办的文化体制改革与城市周报发展峰会。

《假日100天》的问题在哪？报纸的形式是大问题。我不否认《假日100天》追求现代风格，很新颖，很有独创性，但影响力还不大，为什么？它更像一本杂志，而且问题是现在杂志都不这么办。有些杂志很漂亮，都在向图片靠拢，向冲击力靠拢，向强化了的新闻感觉靠拢。我随便拿一版《经济观察报》，没有图片就用实黑反白来解决问题。娱乐新闻也要跳出现在的圈子。形式必须要改，《天津日报》和《每日新报》可以发消息，做新一轮炒作。《假日 100 天》的报头设计是成功的，是前卫的。报纸的形式我感觉是最严重的问题。怎么做呢？我提三条意见：

导读
假日100天
Holiday100
127
2004年1月16日[星期五]
新闻
春风第一丝
泡脚夜话
贺岁片 春节的年终节目
Twins 开年04真的好玩
新年 8:00 从卫生间开始
数字新年 网络游戏 全面贺岁
世界商务策划师
留言板
休刊通知
假日编辑记者辞旧迎新大拜年
344分一副牌
中国烟花之都浏阳 烟花不夜城/专访
一场纸做的行为艺术
程序拜年吧 亲爱的，让我们按
花炮一家亲
中国人 饺子情结
四世同堂压岁钱
麻将声中一岁除
口腔里的抽奖游戏
别没事瞎忌讳

一、首先确定它是一张新闻纸。所有的版面都是新闻，要研究和讨论什么是新闻纸。很多年轻人不懂这句话，《天津日报》每一版都是新闻纸，它所表现和给予的都是新闻的东西。这个时代，既是个创新的时代，也是个模仿的时代，由于互联网的发展，所有技术上的屏障基本打破，没有门户和屏障，你拥有我，我拥有你，今天出来的东西明天就可以模仿，关键是在模仿中要有创新。《体坛周报》为什么办得好？《环球时报》为什么办得好？《环球时报》做的都是深度报道、背景新闻，**周报是对大事的深度的解释、评析和追踪**。现在世界每周都有很多大事可以做。今天的《每日新报》我很陶醉，72 个版都很好。

二、服务性包括实用性。办报要有用，要实用。很多年轻同志生活阅历不深，写的东西太有点形而上的美。给白领看的报纸也是实用的。**这个时代没有一己悲欢，都是趋同的东西。要在实用上**

下功夫，怎么有用怎么做，怎么给读者提供更多的服务怎么做。今天我在一份报上看到一位领导同志的三句名言：创新性、坚韧性、操作性，就是这样，做大事没有创新不行，在困难中没有坚韧性不行，思路再好不可操作不行。同样，报纸再好，还要有操作性，这是张“假日”的报纸，通过各种互动的服务把报纸搞起来，关键是服务，关键是实用，比如《每日新报》的“新帮办”就很好。可以搞大的服务性活动，提高知名度，这是名利双收的事情。

三、**一定要保持前卫性**。我在北京看了一份《华夏时报》，在北京卖得很好，自称是前卫媒体，全部是深度新闻。**前卫性的灵魂是个性化，什么叫个性？个性就是风格。什么叫风格？风格不是从第一期开始从第一版开始就一成不变。个性和风格的生命力就在于创新，不断地求变。真正办一份很前卫的报纸，从个性上、从风格上、从报纸的总体感觉上都要创新，要不断地创新。**

报纸最重要的是新闻，除了新闻还是新闻，消费也是新闻，服务也是新闻。《新周刊》、《三联生活周刊》、《万象》我一定要看。《时尚》里面的健康、旅游、家居，我都要看。《时尚》的特点就在于“时尚”这两个字，永远是新闻时尚，领导时尚，实用而不陈旧。**新闻要怎样做？它有几个属性是不能变的：第一个属性就是原创性，不要从网上抄；第二个属性是时效性，要研究周报的时效性在哪。**《北京晚报》为什么卖得好？就是当日新闻，要研究第一时间的服务新闻；**第三个属性是短，除了重大新闻可以长，即便是长也是缩水的长。好新闻完全是集约的、压缩的，是最干净最纯正的，不是糖，是糖精。新闻必须短。**《假日100天》的东西太长了，有的还有点水，不知道写的是什么，闹不清楚要告诉人们什么。**就是背景新闻也要短，也要干净。解决这个问题要从短开始，短就有跳跃性，好看的版面至少要有十一二条新闻，包括图片。**从网上下载，东抄西抄，根本没有人看，也没有时间看。还要有真实性原则，尤其是你们这张报纸，没有比真实更可贵的了。**怎样保持真实性？第一，广告与新闻要严格区分。第二，要遵守职业道德。新闻比别的行业更讲究职业道德，千万要管住自己，要先生产后生活，无论谁在这方面出问题，有一个开除一个。**发一个饭店的稿子，不会影响广告和发行，但关键是长此以往，国将不国，报将不报。《假日100天》不同于别的报纸，满纸都是利，如果在这方面抓不严，就会把队伍带坏，要讲究操守和道德。**新闻是最危险、最艰苦、最富有激情和创造性的职业。第三，要全心全意为读者服务。考虑读者需要什么，迫切要求我们回答什么问题，真正想老百姓的事情，满足老百姓的需求。**

其他的版面我就不多说了，有些服务性的版办得还可以，好的要保持下去，还要做实。娱乐新闻是我们比较重要的部分，还要调整。我对封面一直耿耿于怀，将来做成什么样子，也可以这样保持，但要研究，如果有新的东西也可以变。娱乐的内容要更放开一点，不能重复别人的，要最新的。目前娱乐新闻办得好的有几

总有一种声音能让你泪流满面
假日100天

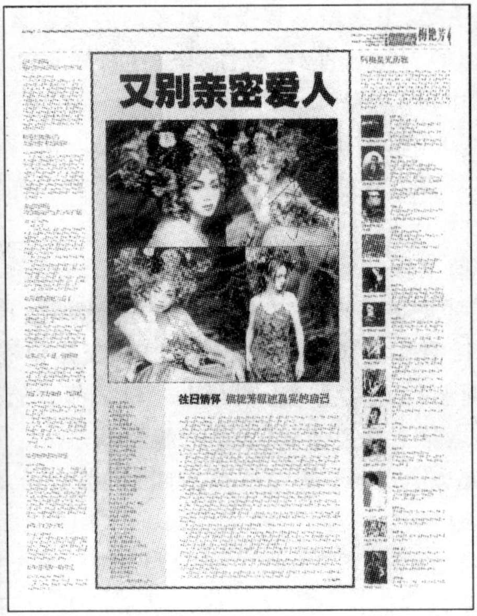
又别亲密爱人

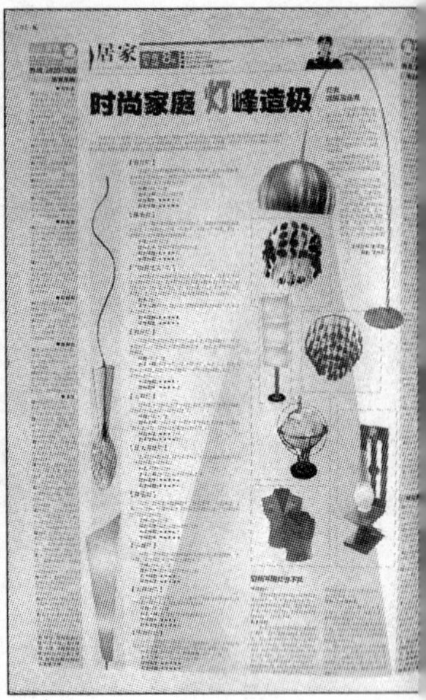
居家
时尚家庭灯峰造极

种特色,《羊城晚报》算一派。首先要研究《假日100天》的特色是什么?《假日100天》的娱乐和体育与其他报纸有什么不一样?《假日100天》做什么样的娱乐?与《精品购物指南》有什么区别?与《申江服务导报》有什么区别?天津媒体缺少娱乐,我以娱乐新闻为例,就是要大家研究自己版的特色,办出自己的特色,要办成《羊城晚报》那样有影响。不要放弃娱乐新闻。如果有一沓是大事新闻,有一沓是娱乐新闻,其他的都做成服务新闻,这样的周报就有意思了。报纸要有抓人的地方,拿什么抓人?不能平均使劲、平均用力。办报没有太多的框框,还是要创新。

最后还要说一句,要团结,我们都是来自五湖四海,都是为了办好《假日100天》,使它真正成为天津惟一的最大的周报。

(2001年11月11日根据录音整理)

高标准、创造性地开展工作。标准问题至关重要，如果没有一个带动集团整体事业向前发展的高标准，我们的事业就不可能发展，我们的干部也不可能真正地成长起来，真正地长本事。

人可以陶醉，可以自豪，但不能有一时一刻的不清醒。见微知著，要能够对形势永远保持一种清醒的认识和判断，对发展永远保持一种冷静的观察和估价，这是做成一件事和做好一个企业的必备的素质或叫能力。如果我们沉浸在这种成绩当中，觉得我们是很不错了，惶惶然，昏昏然，飘飘然，那我们很可能就是倒霉的时候，吃败仗的时候，走弯路的时候，摔跟头的时候。一个企业是这样，一个人是这样，一个民族是这样，一个国家也是这样。

天津日报报业集团于2002年8月21日成立，现在拥有《天津日报》、《每日新报》、《城市快报》三份日报，《假日100天》、《采风报》、《球迷》报、《车天下》四份周报，《蓝盾》、《新广角》两份期刊，以及《北方经济时报》、《新财讯报》、《天津政法报》，形成十报两刊一网的格局。同时还拥有四家股份制公司，一家教育学院。所办报纸最高期发量达150多万份。在传媒实力、经济实力等方面形成了一定规模，成为天津市场绝对的传媒航母。

本书特别甄选了作者自2000年任天津日报社社长兼总编辑以来，在每年年初总结表彰动员大会上的讲话。这五篇"炼曲"绝大多数为脱稿发言，其观点鲜明，脉络清晰，读者可以从中深刻体悟天津日报从扭亏为盈到跨越腾飞的发展足迹。

困境是怎样突破的

——炼曲 2001

本文为作者在2001年度天津日报社总结表彰动员大会上的讲话。原题为《振奋精神、团结一致、坚定信心、顽强拼搏，创造天津日报光辉灿烂的未来》。

今天，我们在这里举行隆重的总结表彰大会，其目的就是要认真总结近一时期报社的各方面工作，把成功的经验好好总结出来，表彰为报社事业发展做出突出贡献的同志，从而在全报社进一步弘扬正气，鼓舞士气，倡导团结协作、不畏艰险、大胆改革、谋新求变、拼搏奉献的精神，为新世纪天津日报社的振兴和长远发展鼓劲加油，为真正实现社委会提出的"一年扭亏、二年改观、三年发展"的目标再次谋划，为开创天津日报社各方面工作的新局面奠定坚实的基础。今天的会议非常重要，报社多年没有开过这样的会议了，我们应该把这种好做法恢复起来。**一个朝气蓬勃向前发展有长远打算的单位，也应是一个善于总结的团队**，这就要至少必须在年底年初有一个好的大会，总结经验，找出差距，认清形势，清晰思路，确定任务，绝不能忽视这种总结。**去年干了什么要有个交待，今年要干点什么要讲明白，绝不能让职工过糊里糊涂、不明不白的日子**。

去年以来，特别是第四季度以来，报社各方面工作都开始逐步发生变化：(1)《天津日报》和《每日新报》改版成功包括新报创刊成功，受到上上下下的广泛好评；(2)发行大征订战役取得历史性的突破性进展，为报社下一步的发展奠定了好基础；(3)日报广告工作明确了思路，以理顺价格和管理为切入口，开始步入正轨，新报广告与有眼光的广告商

合作成功，形成新报模式；(4)印刷设备的安装、调试和开印陆续完成，为报纸改版、彩印、扩版打下基础；(5)党政工团和机关后勤工作紧密围绕报社大局，发挥了重要作用，警示教育活动开始起到作用，报社的风气开始有所好转；(6)经营管理工作逐步理顺弄清，开始摆脱极其混乱的危机局面，正在向良性循环转化。这几个月来，我们总结了“三没”，**第一没有再向市委要钱，第二没有再借债，第三没有减版。原来社委会考虑把新报减到 16 版，也就是大报的 8 个版，实际上我们不但没有减版**，而且新报在加版，日报这么多年二、四的 12 版加到 16 版，我们这半年的成绩可以用这“三没”来概括，这个概括还是非常准确的。更为重要的是，全报社正气不断上升，正在形成一种人气旺、心气高、干劲足、志气大的良好氛围，想干事、能干事、会干事的人越来越多，报社的光明前景已经展现出来。所有这些，都是大家辛勤努力的结果，都是大家艰苦拼搏的结果，都是大家团结协作的结果。下面，我讲三个问题：

一、艰难的起步与清晰的思路——对去年工作的简要回顾

对去年工作的回顾，简而言之，就是要有一个好班子和一个好思路，要有一支重新焕发朝气的职工队伍，才能使报社各方面工作都发生深刻变化，主要有以下三个方面。

第一方面，办报工作取得了重大成绩。

2000 年报纸工作在 1998、1999 年工作的基础上继续整体推进，又迈上了四个新台阶：一是紧密围绕中央和市委中心工作，组织策划水平不断上新台阶；二是立足办出大报风格，报纸整体水平不断上新台阶；三是投身市场竞争，市场运作能力不断上新台阶；四是引入竞争机制，采编队伍建设不断上新台阶。

天津日报的经营管理工作是从今年 8 月 21 日调整班子后才开始清整，其实还没有达到整体推进，天津日报能有今天这个情形，是有 1998 年和 1999 年两年的基

浙江台州吴子熊玻璃艺术馆精心制作的玻璃版《天津日报》荣获吉尼斯世界纪录。该馆将其无偿捐赠给津报集团。

作者欣赏著名雕刻家、吴子熊玻璃艺术馆副馆长吴刚先生的作品。

础。**报社的经营管理工作与报纸工作比起来，基础太差，问题太多，我这里用了一个整体推进，要整体推进必须有很好的基础**。社委会研究这个总结的时候，用了九个字"**思路精，决心硬，下手狠**"，我觉得有道理，我可以跟大家讲这是刚刚下手。编委会在确定办报思路上非常明确，使整体工作上了四个新台阶。体现报纸工作踏上四个新台阶的七个标志是：

1.去年报纸工作受到中宣部、中国记协、新闻出版总署、市委主要领导同志肯定表扬近70多次。

2.新千年第一个全国总编辑年会在津召开，全国31家省级党报社长、总编及人民日报、文新集团等总编齐聚津门，市委书记张立昌发表重要谈话，在全国新闻界引起反响，天津日报再次受到全国新闻界瞩目，认为我们在探索党报改革发展中迈出了可喜的步伐，走在了前列。

3.《天津日报》的权威性不断增强。去年我们发表评论员文章近百篇，许多配合市委中心工作的言论不仅多次受到立昌书记、峰岩副书记、保铭部长的肯定表扬，立昌书记还两次批示，要求市领导至区县局领导同志认真学习我们的评论员文章。中央"三讲"巡视组领导张云声同志也高度称赞我们的言论有深度，说理性强，有理论水平。

4.与世纪英模共跨新世纪活动不仅受到市委、中宣部领导及英模、新闻界同行的高度评价，也将我们去年实施的一系列社会活动推向高潮，产生了良好的社会效益。

5.完成了报纸改版工作。报纸改版非常成功,体现了编辑记者的整体水平和素质,体现了报社全体职工的团队精神,迈出了《天津日报》历史性的一步,不仅赢得了读者称赞,也为报纸走向市场奠定了十分坚实的基础。

6.新报成功运作一年,创下至少是都市报业史上的奇迹,为报社参与市场竞争及今后发展提供了经验,奠定了基础。

7.加快了采编队伍建设。一批有知识、有活力、有干劲、朝气蓬勃的青年编辑记者走上采编指挥岗位,为报纸长远发展奠定了基础。七位同志获得多种殊荣,林楠同志获全国百佳新闻工作者称号, 牛一兵同志获天津十杰青年称号, 魏月蘅、王立文、庞晓敏、杨光、周湘华同志获天津市优秀新闻工作者称号。

从思路和工作的角度看,四个上新台阶的具体内容是:

(一)紧密围绕中央和市委中心工作,组织策划水平踏上新台阶。

2000 年报纸工作,我们始终围绕江总书记提出的"唱响主旋律,打好主动仗"这一关键要点策划组织报道。不断强化政治意识、大局意识和主动意识,去年编委会尤其强调要有主动意识。总书记今年在全国宣传部长会上的讲话与去年有所不同,非常重要,有一点非常关键,再次强调打好主动仗。去年我在编委会上讲,唱响主旋律是我们一贯的要求,而打好主动仗是根据新的形势变化而提出的新要求。编辑部上下已形成一个重要共识:机关报怎么走? 怎么办? 机关报优势在哪? 从 1998 年就开始探讨,1999 年我做总编辑时开过三次总编辑恳谈会,研究的就是这个问题。**我们办的是机关报,报纸的报性、难度和高度都摆在这里,办机关报有三度:高度、角度、尺度。我们晚上值夜班,实际就是怎样把握高度,从哪个角度切入,最重要的是尺度如何把握**。三年的实践或者说是去年的实践证明, 机关报最大的优势就是权威性。**天津日报究竟要办到什么位置,我想在天津这个市场上我们不是可有可无的,而是顶天立地的**。我们就是第一大报,不是册封的,也不是自封的,是我们干出来的。**把权威性作为我们的定位和优势,以此走向市场,把中央和市委的重大决策、重大新闻作为第一重点,或第一卖点去做。这也是读者关注和要求的,也是我们这张报纸最强的个性。媒体的变化有几点很重要:层次提高、个性张扬、规模扩张、资本运作**。这四条非常重要。因此,自新千年第一个不眠之夜开始,我们就不断地进行策划,精心处理、精心包装每一个中央和市委的重大部署、重大决策和重大新闻。**我们深深体会到,调动一**

首届中国中医药文化节上，作者与时任天津市委书记张立昌、市长李盛霖、市委副书记刘胜玉合影。

切新闻手段，运作处理重大新闻，把大事做足、做透、做精彩，就是发挥了机关报正确的也是强有力的舆论导向作用，就是服务了全党工作大局。回顾一年的报道，我们的精彩策划可谓接连不断，佳作频出，从市委七届五次、六次、七次全会，到党的十五届五中全会，我们都有精彩之作。

“乘势而上，开拓创新，全面上水平”，是市委七届五次全会确定的工作基调，是天津发展到一个新阶段的新跨越，围绕这一重点，我们的报道贯穿全年始终，先后策划了“十论全面上水平”评论员文章，开辟了“全面上水平百人百事专栏”及“区县局领先之笔”，撰写了“七论贯彻五中全会精神实现跨越式发展”的评论员文章，其中《选准重点、明确目标、真抓实干》、《一要速度快，二要水平高》、《开放不坚决不行》，立昌书记都在见报当天批示，要求市领导和部委办区县局长认真读一读，这在天津日报历史上是没有的，我们确实领会、贯彻、准确表达了市委的声音。

在新闻实践中，我们强化了主动意识。主动就是一种创新的精神状态，就是体现一种理直气壮讲大道理的勇气。主动才能领先，主动才能超前，才能使报纸

16 编读有约
贴心服务每日新
真情相伴读者情
央视媒体广场
主编点评
《城市快报》2004年度订报优惠政策

焕然一新，才能闯市场、打市场，赢得读者。

（二）立足办出大报风格，报纸整体水平不断踏上新台阶。

去年在全国版面评比中，我们取得了两金一银的好成绩，“国庆50年庆典”的一版版面问鼎中国新闻最高奖，实现了历史的突破，零的突破，十年评选，首获一等奖，而且是全国报纸惟一版面，全国省级报纸惟一一等奖，证明了编委会1999年提出的“以图片带版面，以版面带新闻，以新闻带记者，以记者带队伍”的报纸版面改革思路是完全正确的。**我为什么要讲思路？干什么都要有思路，今天为什么要开这个总结会，就是要把社委会的思路跟大家讲清楚，明年我们怎么干？要使大家的收益和报社的发展达到什么位置？不能说我连总结也不总结，糊里糊涂就亏损了，糊里糊涂就失败了，那不行，要让大家清清楚楚，就像家里过日子一样，报社也是日子！**这个操作思路在2000年进一步得到了深化，就是“办出大报风格”。**“办出大报风格”既是操作思路，也是改革理念；既是报纸全面提升品质的途径，也是投身市场竞争的前提；既是报纸形式的创新，也是新闻内涵的深化；既是报纸品位的证明，也是报纸个性的张扬。这是编委会对大报风格理论性的、概括性的、定位性的总结**。因此，在2000年我们将“以图片带版面，以版面带新闻，以新闻带记者，以记者带队伍”的操作思路进一步深化、提升为“**主打新闻，深度报道，精作副刊，提高品质**”这次改版就是这个思路。沿着这个思路，2000年《天津日报》做活了三篇文章，一是追求新闻的特殊性，张扬新闻表现的个性；二是追求报纸在新闻宣传和信息传播中的权威性；三是新闻在版面上的组合体现大气，在表现大报风范的同时与市场和读者需求有机结合起来。报纸已经发生变化了，这种变化我概括为三点：**(1)需求，历史性地决定了报纸的成败，媒体实际已经进入了买方市场。(2)报纸层次提高，追求个性。(3)以报为本，规模扩张，资本运作。概括这三个变化，就是市场壁垒越来越少，贫富悬殊越来越大**。北京日报今年六亿五，我们广告多少？哪个贫？哪个富？大家心里十分清楚。我们的日子怎么过？20多岁的人可以一拍屁股到网站，我们这些人怎么办？不要以为好日子来了，我们去年全面下滑，没有一个在长，就是支出在长，年底拿出钱给大家发双薪发奖金，就是让大家觉得天津日报还要过好日子，实际上没有钱，同志们，这是明账，除了西藏日报、青海日报这些边远地区的报纸，沿海地区报纸亏损的可能就我们一家。这种日子怎么能跨世纪？

首先，大报风格必须有新闻宣传的“大意识，大格局，大境界”，把握正确导向，讲究大策划，打好主动仗。2000年报道，是我们新千年报道的第一个碰头彩。我们出了100个版，出了上下午版，两张报皮，1版、13版做得都很大气，很有个性，把新闻做足、做大、做活，把个性张扬到极致，特别是13版（下午版），把"第一缕阳光"的照片发了一个整版，这种大胆创意，就是我们2000年追求报纸个性，追求大报风格的先声，第一缕阳光朗照了天津日报一年。同样我们在内容上，100个版，版版都有策划，版版都可读，都有特色，**每逢大事都有大手笔，都有大策划，都体现着大局意识，大新闻概念，这是大报风格内涵所在。**

进入2000年，我们围绕市委工作思路，围绕新闻改革做了一系列文章，比如，上面提到的围绕市委"全面上水平"工作基调，我们策划了"全面上水平百人百事"专栏，推出了一批"上水平"典型。随后我们又不断深化，围绕市委提出的"跨越式发展思路"，又策划了"区县局领先之笔"的系列报道，充分发挥了机关报的优势，不但有力地促进了发行，在社会上也引起了强烈反响，受到全国总编辑会的高度评价。再有我们的"重中之重系列报道"，宣传了一系列思想政治工作的典型，既服务大局，又讲求宣传艺术，典型引路，事实鲜活，中宣部新闻阅评小组的评价认为"其经验新鲜，图文并茂，有声有色，生动体现了思想政治工作的精神动力转化为物质成果的经验。"另外，我们在主打新闻上，也有不少可圈可点之处，**新闻的职业道德是当仁不让，新闻的价值是独家，这也是大报风格的一个标志**。今年，"子牙河勇救落水儿童"的报道，群众关心的高考、中考分数线的报道，以及经济新闻对"樊钢、创业版创意人"等著名经济学家的独家专访，专刊部关于沙尘暴、婚姻法、禁毒等系列报道，国际新闻中叶利钦辞职普京出任代总统、"两金"平壤首次握手、中东和平举步维艰、协和空难、库尔斯克号沉船事件、美国大选等报道，我们都抢点到位，都使我们这张新闻纸有读头，有独家的东西。干记者就应该这样，最没有面子的就是空手而还。

另外一点，大报风格还体现在对重大新闻报道上的大气和权威性。比如，我们对中央经济工作会议等重要会议的报道，对本市重大会议的报道，都体现出鲜明的权威性和版面处理的大气风格。比如对中央经济工作会议的报道，编辑做了很准确、很精炼的提要题，帮助读者了解和准确把握会议精神。再比如对市委七届七次全会的报道，不但会议报道充分，我们策划的四个版"全会解读"、"专家访谈"，成为全市人民准确把握和深刻领会全会精神的教材，不仅受到市委的好评，也得到了读者的广泛好评，这就是党报的优势，这就是党报的权威性。**权威性不但体现在大新闻大处理上，更体现在把内涵深刻的大新闻做足、做活、做准、做出独特的指导意义来。**

还有，大报风格在新闻的定位上、版面的编排上要体现时代气息，要讲品位，要张扬个性风格。这种个性，表面上覆盖了一层操作的色彩，但灵魂深处就是创新二字。这种创新精神，加上独到的刻意追求风格的操作，就形成了一种鲜

作者很喜欢艾敬的歌。

明的个性的东西。我们这次改版成功的经验，就在于张扬了个性，创出了个性，发展了个性。如果这次改版不成功，就是在个性上有欠缺。

2001年改版，是2000年策划、孕育、升华的集中亮相，果然不俗，大气，前卫，权威。副刊改版获得了极大的成功，显示了编辑队伍的水平，证明了天津日报的队伍是一流的，办报的精英，在天津日报。我们提出的“主打新闻，深度报道，精做副刊，提高品质”的思路，不但能被我们的编辑记者操作，而且还能升华，升华成一种品位，一种个性，一种大报风格，大报风范的品质。“理论创新”、“城乡报道”及“每周活页”、“生活频道”、“卫视剧情”、“满庭芳”、“财富观察”、“七色社会”、“健康关怀”都很有个性，尤其是“理论创新”版，比预期目标要好，不但下了工夫，而且显示了水平。为什么以前版面不好看？回过头来说还是思路不行。本来水平很高，在一种陈旧的思路指导下，当然做不好。**把副刊做雅、做活、做得很现代，做得融新闻于品位之中。视角高，眼光远，落脚实，品位雅，这是我们对这次专副刊改版总的感觉**。当然现在只是在全面体现大报风格、体现报纸个性上迈出的第一步，这一步可喜，这一步很实，希望我们的编辑记者乘势而上，锐意创新，亮出你们的水平，释放你们的潜能，发挥你们的才干，天津日报永远是能人的舞台，是敬业者创新的舞台。

新闻版从1999年改版，经过2000年的磨合，现在基本风格形成了，这就是节奏明快、个性突出、时代感强。这次改版从版面分工上，从版性上又做了进一步细化，增加了“今日视点”和“综合新闻”版，主打新闻的思路更加清晰了，剩下的就是我们如何主打、怎么操作的问题了，而且我们和新报完成了分工。日报和新报都是早报，怎么定位？编委会决定日报的定位往上移，给白领、企业家等读者，新报定位往下移，更贴近普通读者、青年读者。

第四点，大报风格还体现在社会影响力上，这就是要不断地策划读者关注的社会活动，扩大影响，增加社会效益和经济效益。去年我们策划了一系列备受读者关注、报纸又很有面子的活动，如大型危改摄影展览、全国总编辑年会、华北六报会、乒球国手津门誓师、天安门升旗手和军中姊妹花作客本报为读者签名、“满庭芳”2000期中外名篇朗诵会等多达20多项活动。报社没有投入，不但带回了不小的社会效益，还带回了不小的经济效益。危改摄影展、时代英模活动、总编辑年会等，许多媒体都突出做了报道，扩大了天津日报的影响，许多活动在天津的青年读者中是爆炸性的。时值岁末，又特邀21位时代英模与本报职工共度世纪良宵、与大学生座谈，这些活动影响很大，反响很好，毛新宇还高唱《在北京的金山上》、《浏阳河》。

总之,"办出大报风格"这句话内涵很深:要观念新,思路清;要方针对,定位准;要落脚实,新闻好看,形式现代。围绕办出大报风格,我们动了脑筋,下了工夫,见到了实效。

(三)投身市场竞争,市场运作能力踏上新台阶。

2000年是天津日报全面投身市场竞争的一年,**天津日报走出了决定性战略性的一步:创建《每日新报》,为天津日报进入市场,开拓党报新的经济增长点,扩大天津日报作为党报的整体实力,重新审视并切割天津报业市场格局迈出至关重要的一步。新报的创刊,是天津日报战略性的一步。**大家今年的奖金与新报有很大关系。没有《每日新报》,天津日报社如果仅仅是一张《天津日报》,根本不可能有跨世纪的发展,很难扭亏为盈。

《每日新报》1月1日创刊,以一种朝气、前卫、充满活力的进攻姿态,以一种实用、可读、充满激情、敢于触碰焦点的新闻理念,以一种简捷、明快、富于创新色彩的报纸形象和识别语言,以市场化运作,以年轻人的敢于突破,以编辑记者全身心的投入和不辞辛苦不分昼夜的拼搏奉献与进取踏入天津报业市场。我对他们的评价是:青春如火,豪情万丈。在短短的一年时间里发行突破40万,稳稳立足于天津报业市场,在国内也创造了报业运营的奇迹。新报能有今天,是在1994年《北方市场导报》创业的基础上发展起来的,导报不但创立了市场化的理念,而且培养了一支很好的队伍。

新报的成功显示了天津日报的潜力,更显示了一种新报精神,这种精神是目前乃至今后一段时期我们应当大力提倡和弘扬的。社委会认为,在全报社要提倡新报的五种精神:**(1)新报精神是奉献精神**。一支年轻的队伍,一支朝气蓬勃的队伍,从1999年末开始至今,没有人歇过一天班,许多人每天工作时间常常达到15~16个小时,大年三十也是在报社度过的,他们不计报酬,不计名利,不计位置,一年多就一个处级一个副处级,只是想着报纸是否能更好,事业能不能再发展;(2)**新报精神是一种创新精神**。新报的厚报概念、早报概念使读者耳目一新,新报由牛一兵、李锋、邓效锋等许多同志在《北方市场导报》这种风格的基础上,一手设计的包括报相、版式等在内的报纸识别系统清新大胆,有前卫的美学效果和阅读快感。新报正是有了这样甘于奉献、敢于创新且能力出众的人才,这些人才在关键位置上起了关键作用,才使新报迅速成长一举成功;(3)**新报精神是一种敢为人先的精神**。做别人不敢做和不敢想的事。在全国的都市报中,只有新报在一年里发行突破40万,广告突破4000万;(4)**新报精神是一种拼搏精神**。新报的成功是所有新报人用汗水、用心血一点一滴浇灌出来的,是新报人不辞辛苦、夜以继日地工作换来的。(5)**新报精神更是一种市场精神**。是把自己抛入市场,敢于让这张报纸下海。新报正视市场规律,遵循市场规律,摸索市场规律,因为**新报**

一直按市场的游戏规则办事，而且参与制定新的游戏规则，这是至关重要的，天津日报将来也要这样。所以它能在市场中如鱼得水，一炮走红。社委会要提倡、表彰、弘扬新报精神。**奉献、创新、敢为人先、全力拼搏和市场精神这五种精神是新报这一年来收获的最为宝贵的财富，也是新报今后务必珍视力求发扬的，同时也是日报目前正需要提倡的一种精神，应当在全报社提倡这种精神**。

大家可以看看现在竞争十分激烈的报业市场，需求已经历史性地决定了报纸的成败，传媒进入了买方市场。**新报的成功是市场化运作机制的成功，按市场标准操作，才有了新报的新闻取舍原则是在坚持正确导向的前提下是读者，是市场，是报商，是一个发行人的报业框架和基本概念在操作报纸；同时，新报在报纸机制上也走出了有自己特色的一条路，通过策划人制度，减少中间环节，最大限度地追求新闻时效率和有效率；透过多种多样的活动，启动市场，让新报在市场上始终占据着进攻姿态和主动意识，咄咄逼人，让竞争对手乱了方寸，为日报向前挺进提供了一个时机。新报的成功另一方面是新闻理念和操作的成功，从开始新报就确立了晨报概念和厚报概念，具体的方针是"新闻做碎，版面做厚，发行做大，广告做精，投递做早。"**确立了追求可读性、实用性的新闻个性，即使在报社经济最困难的时候，新报也为保持个性咬住牙。由此出发操作新闻，一年之中新报不仅在水上蹦极、子牙河救人等社会新闻战中，几乎全部都遥遥领先于竞争对手，也做出了"新球刊"、"新娱乐"等一批品牌性的栏目周刊，形成了很好的读者影响。新报第三个成功因素，也是至关重要的成功因素是**新报有一支非常能战斗的队伍，这支队伍有活力，有激情，有拼搏精神，有新闻冲动，在冲动的时候冲动，就能产生创造的激情，就能发挥自己的潜能，就能调动一切活跃的东西**。有敢打敢想的做事原则，这支队伍在牛一兵、李锋同志的带领下，正迅速成长，十分团结，已经成为了天津新闻界一支不可小视的力量，一支最富竞争力的力量，一支最有希望的力量。这种收获不亚于收获了一张报纸。

进入2000年，新闻的操作实际上是市场化操作，这种操作不该局限于平面媒体操作了，报纸不仅仅要在纸面上做好，还要把报纸做成品牌，做成活动，做成和读者交流互动的平台。有线电视和宽带网发展很快，证明天津电子媒体的发展会向前推进，发展不会太慢，天津日报不能不做好准备。

（四）引进竞争机制，采编队伍建设踏上新台阶。

这届编委会做了一个很重要的工作，就是针对报社现状提出了"带出一流队伍"的总体思路和"以新闻带记者，以记者带队伍"的具体工作要求。围绕这个思路，编委会今年重点抓了采编队伍建设，可见对队伍建设重要性的认识。没有好的职工队伍，天津日报不可能有发展。很多位置都在等人。一是不拘一格选拔人才。在2000年即将结束的时候，编委会对中层进行了一次比较大的调整。这次调整一个突出特点是让一批有知识、有活力、有干劲的年轻人走上了新闻指挥岗位，其中有七名是研究生学历，有刚刚工作一年的年轻同志。有的同志上任后，可能还有一些非议，但实践证明，这些同志走上工作岗位后，很有干劲，很有思路，尤其是很有朝气，突出表现是在这次改版中发挥了重要作用。这次调整使我们干部队伍的知识、年龄结构都发生了很大变化，为我们今后的事业发展奠定了良好基础。

MORNING POST
每日新报®
2002年9月11日 星期三
28201828
保证飞机和旅客安全 制定工作预案和相应措施
中国民航反劫机
9·11
惊回首
硝烟渐远
记忆犹新
假日100
偷心之旅
有奖征文今公布名单
世界名猫展开始售票
详见4版
从现在到年底本市严打经济犯罪
涉税违法犯罪者 急了
重庆一市场
五间爆炸声
孩子敬老师
献花也偏科
5 急救中心搬到大街上
10 邮政汇款收“附言费”
17 家长开学盼“减负”

二是利用机制打造人才。在“50年工作室”成功运作的基础上，今年初编委会又成立了“重中之重及教育新闻工作室”和“都市新闻工作室”。这三个全新机制的工作室在一定程度上解决了原有机制下一时不好解决的一些问题，也为报社的总体改革进行了有益探索。天津日报很长一段时间是划地为牢，以部门为界，成立工作室后同一个主题的策划报道，由工作室牵头，不同部门的主任和记者或者叫不同的资源同时整合，这种机制有一个能人优先的原则。编委会还可以根据不同的报道重点成立工作室，而且三个中心的成立会强化工作室的作用。

三是强化学习意识，培育人才。为了在报社形成一种学习的氛围，一种读书的氛围，我有意识地不厌其烦地在大会小会上讲学习。去年我们还请中国驻美大使李肇星、经济学家董辅礽、国际政治关系评论专家张召忠及刚刚被中央电视台评为2000年中国十大经济人物的万科老总王石以及李宝金检察长来报社为编辑记者举办专题报告会，也是希望大家打开眼界，眼界宽了，知识丰富了，我们的报纸才能为读者喜爱。21世纪是个学习的时代，学习太重要了。尤其部主任、社委会成员、编委会成员一定要学习，“三个代表”的重要思想要学，这很重要，其他的东西也要学，**学习没有捷径，就是读书和思考，一个人要眼界宽广，必须学习、学习、再学习**。现在不仅是科技发展迅猛，精神领域也发生了重大变化，思想战线的斗争也越来越复杂和多样，媒体之间的竞争说到底是人才的比拼，实力就在于知识。

四是利用典型带出人才。2000年编辑部共有七名同志获得各种殊荣。这既是他们个人努力工作的结果，也是对天津日报爱才、用才、为青年成才搭好舞台做法的肯定。我们报社正是由于有了以他们为代表的一批埋头肯干、甘于奉献的编辑记者，我们的报纸水平才不断踏上新台阶。

第二方面：经营管理方面发生了重大变化。

服饰
色春鞋 走极端
怎么能
减肥通知
寻找100名减肥失败者

市委调整天津日报领导班子后，社委会连续召集八次会议，听取各部门汇报。当时，我们面临的局面令人心惊胆战，印报的纸张已经所剩无几，贷款已经告贷无门，该抵押的都抵押出去了，报社经济已面临极其严峻的局面。针对存在的问题，新一届社委会立即采取了一系列紧急措施，并确定了“一年扭亏，二年改观，三年发展”的近期奋斗目标和“合闸、整顿、改革”的近期操作思路。通过报社上上下下的共同努力，我们一没向市委要钱，二没伸手借贷，三没减版，而且生产、经营、管理各方面的工作开始步入正轨，都取得了可喜进展。

发行工作取得了令人振奋的成绩。**发行是报社发展的基础，是报社形象的重要体现，发行数量上不去就谈不上经营和规模经营，更谈不上报社的全面振兴和长远发展**。为此，新一届社委会决定以发行为突破口，并确立了“举社发行”的大格局，**明确提出了“主打公费、扩大私费、突出零售”的基本工作思路**。我这里又讲到了思路，没有思路什么都干不成，原来发行部的思路是主打私费，错了，应该“主打公费、扩大私费、突出零售”，结果是发行量大幅增长，一箭双雕，一举三得，可见思路就这么重要。与其他报争私费，公费市场就没有了，市区发行很少，市区发行很少不能有效带动广告。十年发行建了十个报亭，大大低于肉联厂的酱货亭。20 件实事给我们建 550 个报刊亭，这才是大手笔。自办发行十年，亏损 1000 万，掉了十万数，从会长降为副会长。这怎么行？在这个背景下，动员和组织全社职工积极投入“对接”工作，举办了一系列有声有色的读者服务日活动。发行工作的声势是前所未有的，社委会开发行扩大会 10 多次，我在发行简报上前后总共批了 30 次，每次都像写作文一样，批的简报连夜送到社委会成员家里，每个人都有任务。我批在简报上的全都是微观的操作，都是具体的工作，找谁，从哪条路走。社委会经过近四个月的艰苦努力，截至 2000 年 12 月 31 日，发行总收订量达到预期目标，比上一年的期发量增长八万多份；长款率(全年订户)增长了五个百分点，达到 83%；零售比例也有增长。**尤其值得指出的是，在这个成绩的背后，天津日报的影响力大大增强了，天津日报的知名度大大提高了，天津日报作为天津最权威媒体的第一大报地位大大巩固了**。

发行工作之所以取得这样大的成绩，首先是营造了一个很好的大“势”。“举社发行”以前所未有的力度展开，全体社委会、编委会成员一齐出动，全体编辑记者和机关后勤的同志个个出力，人人背指标，个个搞发行，在全市方方面面创造了一个良好的发行大环境。在“举社发行”的过程中,全社的同志心往一块想,劲往一处使,焕发出一种前所未有的士气,这种士气又给社委会以底气,有了这种士气和精神,我们就可以战胜原来以为战胜不了的困难。我看到大家这么卖力搞发行,我张建星没有理由做不好这个工作,我必须做好。发行带给天津日报的凝聚力是不能用语言来形容的。**天津日报有两件事给我们带来凝聚力,一个是新报,一个就是发行**。发行工作取得这样大的成绩,还在于发行队伍表现出了高昂的士气,全体投送员早晨送报上楼,下午入户收订,每天要工作12小时以上;各发行站长转变作风,更新观念,不辞辛苦,一线指挥,亲自上阵,连续四个月不分昼夜地工作,很好地完成了任务;分发工作盯紧盯死,不出差错;车队运输全年50万公里无事故。取得这样大的成绩,还有一个十分重要的方面,《天津日报》的发行工作得到了市领导的全力支持,立昌同志亲自讲发行,峰岩、保铭同志经常过问发行,李宝金、肖凤祥等同志真诚支持我们发行。所有这些,汇聚成了宣传党报、支持党报、订阅党报的主旋律,使《天津日报》的发行一跃上了大台阶。

广告是报社的经济支柱,是我们赖以生存的命脉。去年比前年少了2000多万,主要是社委会的思路出了问题,**一个是受客观环境和各种不利因素的影响,广告创收工作无法适应报社事业发展的需要**。为了尽快扭转广告经营工作的不利局面,社委会及时调整了广告处领导班子,并果断决策,停止广告换房,砍掉了报社名下三产性质的所有广告公司,为什么要砍?不需要理由,不赚钱就要砍。给我的账全部是亏损,不管营业额是高是低,我们不是没有教训。公司的同志非常配合也都有觉悟,1月2日全部上班。报社老大楼问题也在解决,5000平方米,满目疮痍,我从四楼是流着眼泪下来的。当年我在413房间当的记者,经历了很多大事,能不动感情吗?**在座的同志都要享受报社发展的成果,损失报社的利益就是损失大家的利益,对报社不负责任就是对大家不负责任**。中止了与广告纠缠不清的专版,采编经营真正实行两分开。广告处新班子上任以后,工作卓有成效,提出了建立新的价格体系;建立科学的管理体制;强化策划功能;提高广告从业人员素质等举措,并推出了“世纪之窗”和“世纪精品”广告系列特刊。2001年的广告将实行全面代理制,维持稳定的价格体系和管理体系,坚持走市场运作的道路。相信广告处的同志完全能够完成社委会定下的任务目标。

印刷的数量、质量和时间,直接体现作为文化商品的报纸在市场上的竞争形象。为了适应新形势下报纸印刷和改版的需要,报社在技术改造方面,引进了德国曼·罗兰公司出产的八色高速轮转胶印机,2001年1月1日其中一组投入生产,春节前另一组试车后,使印刷厂的生产能力明显增强,小时产量增加24万,印彩报能力翻一番,为报社的发展增强了后劲。

报社的财务管理和资产管理十分重要,没有高素质的管理人员,没有严密的

管理制度，"跑冒滴漏"将把天津日报拖进深渊，挣的不够花的，花的赶不上赔的，这就是以前的天津日报。在这方面，社委会制订了"合闸、整顿、改革"的近期操作思路，经过几个月的运作，也取得了显著成效。首先是实行了严格的资金运作制度，本着"**追求有限资金的高效运作**"这一原则，认真研究并逐月安排用款计划，按照保证工资奖金和报纸出版及原材料供应等几大方面，分块协调资金的使用，做到既保证日常报纸出版的资金需要，又保证合理数量的纸张库存，同时职工的工资奖金能够按时发放，保证职工队伍的稳定，保障报社各项主要开支的落实。与此同时，财务工作在加强管理和厉行节约方面下了大工夫，在差旅费、餐费、打的费、医药费等报销方面，实行暂时一支笔制度，严格控制，真正合闸；在大宗物品购买方面，公布了《大宗物品采购价格》，货买源头，加强监督，加大透明度，控制开支，减少库存，减少资金占压；在新闻纸库存方面，社委会想方设法筹集资金，增大库存量，保证了报纸正常出版，现在新闻纸库存量已由过去的1000多吨增加到近3000吨，恢复到一个比较安全的库存量。在职工看病就医方面，采取增加门诊时间和为老同志巡诊医疗制度，去年10~12月医药费开支与去年同期相比，留出职工未报销部分，少花了十几万元。**在子报管理方面，成功地在年底之前完成了新报、采风报、球迷报、新广角的预决算制，历史性地扭转了亏损，新报除去成本，明年按月上交1500万纯利润。采风报、球迷报2001年限其当年扭亏，第二年盈利，向报社上交利润**。报社所属房地产经营公司在"了旧事，了旧账"方面加大了力度，清理了不合理的合同与合作，如圆形餐厅、川王府等；追缴了报社所属房产的房租和水电费欠款；加强了对三产公司的管理，堵塞漏洞，这些都使报社的财务状态见到实际起色，财务的运转逐渐开始进入正常。

发行、广告、印刷、财务、三产等为什么发生这么大变化？这些变化说明了什么？体现了什么？**它说明，我们有一支很好的队伍，广大干部职工在多方面改革和调整中很配合，很自觉地以报社大局为重，很主动地理解报社的困难，很主动地服从社委会的决定，这就是党性强、觉悟**

天津日报老印刷车间。

高、有能力、有水平的体现，就是主人翁精神的体现，就是开拓进取精神的体现。人心思变，人心思改，人心思富，人心思大发展，这就是我们的工作基础。有了这种精神和基础，我们对未来就会更有信心，我们就一定会拥有光辉灿烂的未来。

第三方面：党政工团和机关后勤工作紧密围绕大局，工作做得深入细致，协调服务功能不断增强。

社委会最重视的是以人为本，一方面抓好高素质干部队伍建设，将一批年富力强、政治强、业务精、符合干部“四化”标准的同志推到了办报、经营的第一线，为搞好天津日报的各项事业提供了组织上的保证。另一方面，按照“三个代表”的重要思想，抓好干部队伍的学习和警示教育活动，使广大干部和编辑记者的思想理论水平有了很大提高，为把握宣传基调、干好本职工作打下了良好基础。

社委会首先对经营管理部门的几个重要岗位进行了调整，将编辑部的几名优秀采编人员充实到了发行部、广告处、房地产经营公司等主要的经营和创收部门，在短短几个月时间内，使这几个部门的工作有了较大起色，逐步走上了正规化、科学化的管理轨道。为了适应新世纪报纸面临的激烈竞争，社委会对编辑部中层干部进行了调整。在调整中，充分体现了革命化、知识化、年轻化、专业化的干部方针，人尽其才，五湖四海，不拘一格降人才，将一批有能力、有才干、有知识的年轻人提拔到领导岗位。报社的事业需要年轻人去闯去创，但也离不开老同志的支持。**这次调整，许多老同志以大局为重，为年轻人的成才甘愿做人梯，非常让人感动。特别是在这次调整中一些老中层面对编委会的决定，毫无怨言，坚决服从，高高兴兴地在新工作岗位上开展工作，很值得敬佩。老同志是报社的宝贵财富，也是我们值得学习的榜样，我们要充分发挥好他们的作用，好好地关心他们的生活。**

在这次编辑部中层干部调整聘任中，主要有以下几方面的特点：

1.年轻化。本次提拔聘任的处级干部26人，平均年龄为36.2岁，其中年龄最小的27岁。经过调整后的编辑部中层干部平均年龄41.3岁，比调整前的平均年龄45.3岁下降了4岁。现在编辑部中层干部35岁以下的共有19人，占编辑部中层干部总数的32.2%。

2.知识化。本次提拔的干部中，具有硕士研究生学历的有七人，具有本科学历的有12人。现在，编辑部中层干部中，具有大学本科以上学历的共有41人，占整个编辑部中层干部的69.5%。

3.专业化。在编辑部新一届中层干部中，既有经验丰富、有多年办报经验的老同志，也有近年来涌现出的出类拔萃的年轻人，都是报社的业务骨干。其中具有正高专业技术职称的四人，具有副高专业技术职称的32人，共占编辑部中层干部总数的61%。

4.不拘一格选人才。在酝酿新聘任的中层干部时，做到一视同仁，不考虑背景，不考虑资历，不搞论资排辈，不搞小圈子，将那些有真才实学、工作业绩突出的同志选拔到中层领导岗位。如将一名聘用制记者破格聘任为副处长，在这次聘任的副主任中，有两名同志是1999年分配到报社的硕士研究生。**“我劝天公重抖擞，不拘一格降人才。”不要年轻人就是不要天津日报的未来，不要老同志就是放弃天津日报的财富。这次调整干部没有按拳谱出拳，没按棋谱走棋，做得简单到位，工作有了起色。还要动，还要交流，还要轮换，在体制解决不了的时候让机制先活起来，要产生竞争力，让老实人过得去，让平庸的人动起来，让既无德又无能的人一边呆着去。**

在去年做好各方面工作的同时，报社还成功地组织了一系列重大的、有影响的活动。主要包括：主办了华北六报协作会议；承办了2000年全国省级党报工作交流年会，立昌同志会见了会议代表，会议通过了具有重要意义的《全国省级党报关于互联网新闻业务合作与发展研讨纪要》；成功地策划了“世纪危改大型新闻摄影展”，立昌同志等市委六位书记参观了展览，给予极高评价；“为服务读者，与读者沟通”的宗旨，组织了接连不断的“读者服务日”活动，比如“剑指悉尼，再铸辉煌”、“军中姐妹，相约日报”、“名篇朗诵，满庭芳”、“爱心演绎，光明使者”、“20世纪中国经典名曲音乐会”、“华夏龙情”大型巡回演唱会、“邀约国粹，答谢知音”等等，这些富有意义的活动，增进了天津日报与读者和方方面面的感情，同时扩大了天津日报的影响。

二、汗水的结晶与宝贵的经验——对去年工作的几点体会和经验

艰苦拼搏了近一年，我们看到了许多实实在在的、有形的变化。但更为重要的是，我们积累了许多深刻的体会和宝贵的经验，这些既是我们辛勤汗水的结晶，更是对今后工作有着巨大意义的精神财富。把这些经验总结起来，用于对今后工作的指导，全报社才能在一个更高的台阶上发展。我们的体会和经验概括起来有七条：

津报集团印刷厂现拥有国际最先进的印刷设备。

1.要有坚持改革、敢打硬仗的信心和决心。改革是发展的惟一出路,改革是打破旧有的平衡、求得更大更快的跃升。实现落实市委跨越式发展思路,必须大胆创新,大胆改革,改革必须有无私无畏的精神。天津日报社之所以有各方面的进步,就是因为我们坚持了不断改革,下大力气破除了许多阻碍我们发展和前进的落后因素,顺应了报社上下人心思变、人心思进的要求,较好地处理了改革、发展、稳定的关系。没有改革,就没有今天的局面。在今年以及今后的工作中,我们必须永远高举改革的旗帜,不断地加大改革的力度,不断地开创各方面工作的新局面。

2.要有齐心合力、团结拼搏的精神、境界和人气。“人心齐,泰山移”,团结协作是干成事业的基础和前提,报社的各方面工作都是一个系统工程,无论是改版还是发行,无论是广告还是印刷,哪方面都不是一个部门的事情,离开了团结协作哪件事都干不成。比如“举社发行”,如果没有编辑记者和机关后勤同志的共同努力,没有上至社委会成员,下至发行员一齐上阵,没有一盘棋和顾大局的观念,根本不可能有今天的发行量;再比如印刷厂工作,如果没有从采访到编辑到排版、制版、印刷等各环节的衔接协作,不可能有好的质量和准确的出报时间,因此,团结协作极为重要。我们在今后的工作中,必须高举团结的旗帜,团结一切可以团结的力量,五湖四海紧密配合,将天津日报的事业推向前进。

3.要有敢担风险、能干实事、觉悟高的干部和班子。任何一个单位,想把工作干好,想出成绩,出大成绩,必须有一个好的领导班子。**这个班子必须是担风险、担责任、能干事的班子,必须是一个不养闲人、不养庸人的班子,是干事而不是当官的班子,是当报社公仆而不是高高在上、不哼不哈、指手画脚的班子。从某种意义上讲,庸碌无为、不负责任也是严重的腐败。**天津日报几个月来发生这么大变化,有了一个愿意带领大家渡难关、闯险关、奔光明、奔美好前途的领导班子,是最重要的一条。社委会一上任就根据报社实际提出了“七停”、“三理”要求,即:**停止广告换房,停止赠阅采风报,球迷报,停止经营广告公司,停止经营性专版,停止财务多头审批实行一支笔,停老大,停农民报,理顺广告价格,清理不合理合同,理顺不顺畅的班子。**如果没有敢冒风险的精神和大无畏精神是不可能的。新一届社委会班子还强调要重塑社委会形象,带头讲学习、讲团结、讲正气、讲大局、讲奉献,带领职工真抓实干。根据报社特点和需要,社委会对每位成员加大了责任力度,重新分工,使每人的职责更加明确。报社各部门发生了大变化,根本原因也是各自有了一个心齐气盛的领导班子。**因此,在今年乃至今后的工作中,我们必须十分重视领导班子建设,使各级领导班子在工作中都能“识大局、知关节、得要领”。使报社从上到下,从社委会、编委会到各部、处、室都有一个坚强的领导核心,团结和带领大家开创天津日报辉煌的明天。**

要对大局有清醒的认识,对天津的大局和报社的大局、对我们今年的经济形势要有清醒的认识。2000年的经济运行整体是好的，尤其是出口创汇，创历史新高，软着陆成功，国有企业三年脱困基本完成，但潜在的问题有没有？这些问题与报社的发展有没有关系？举两个例子，一是在一片好形势下，物价和零售额低于GDP的负增长，证明我们还在通货紧缩的影子下，一些经济运行上行的正数都是靠国家投资和政策拉动的，而最能体现市场的零售产品总额和物价始终低于GDP的发展，这就是形势之一，这个形势说明我们今年的广告不能太乐观；二是民间投资问题。现在看我们所有的拉动是靠政策拉动，要靠积极的财政政策拉动民间投资，这对我们有利，将来我们搞多元投资可以找民间投资，还是要刺激消费，扩大内需，这也给我们带来好消息。所以大家要识大局，了解这些大局。知关节，要知道关节部位。得要领，要拎得起来，要善于牵一发动全身。

4.要有思路清晰、重点突出的目标和方案。做好任何工作，都必须有符合客观规律、符合实际情况的工作思路，在复杂的头绪中抓住工作重点，针对不同情况策划详尽周密的方案。当领导要多谋善断，**要有十分清晰的思路，思路和重点都很重要，没有思路，瞎碰乱撞，根本不知道干什么；没有重点，不知道从哪抓起，往往事倍功半。好的思路和准确的重点必须经过周密思考，经过科学化、民主化的决策。有了思路，选准了重点，还必须有周密的策划，没有策划，好事办不好，办不漂亮**。我们之所以在改版、发行、广告及机关后勤和经营管理等各方面取得进展，得益于有一套工作思路和周密策划、具体运作。比如，对办好报纸工作，我们有"坚持正确导向、投身市场竞争、带出一流队伍、办出大报风格"的整体思路和"以图片带版面、以版面带新闻、以新闻带记者，以记者带队伍"的近期思路，有"主打新闻、深度报道、精做副刊、提高品质"的报纸改革思路；对发行工作，我们有"主打公费、扩大私费、突出零售"的操作思路，有"举社发行"的大格局，有详尽周密的"对接工作方案"，在管理上提出"清理、剥离、建立"的工作步骤，具有很强的操作性等等。事实证明，无论是对每一个大方面的工作，还是对每一块版面的处理，只要我们有清晰的思路，有明确的重点，有认真的策划，无不取得成功。因此，我们在今后的各项工作中都必须始终坚持这一套行之有效的做法。

5.要有以人为本、知人善任的勇气和魄力。事业兴旺取决于人才辈出，政治路线确定之后，干部就是决定的因素。按照"三个代表"要求，建设一支高素质的干部队伍，我们的事业才会蓬勃兴旺。我们做任何工作，必须首先以人为本，重视调动人的积极性、主动性和创造性，重视人尽其才，重视不拘一格选人用人。**在人才和干部问题上的不负责任，是最大的不负责任，也是最大的浪费，它不仅是对报社、对事业不负责任，也是对每一个同志的不负责任**。现在，报社的干部队伍已经大致分出了四个层次：老同志作为我们的财富，在社内和社外支持着报社工作，许多人还在重要岗位上辛勤工作；40岁刚过的一批人，处在社委会、编委会

彩色的报纸带着油墨的芬芳从崭新的印刷设备中瀑布般倾泻而出。

和各部主任的关键岗位上；一批30多岁的干部已经陆续走上领导岗位；还有一批崭露头角的20多岁的年轻人，已经显现出很强的事业心和能力水平，这是为报社未来发展储备的最重要财富。**青年人是我们的未来，老同志是我们的财富**。我们之所以取得今天的成绩，是因为我们培养、选拔和大胆启用了一批想干事、能干事、会干事的年轻人；是因为许多老同志不仅带出了年轻人，而且富有无私的精神，对年轻同志支持、帮助、指点，扶上马送一程。现在，在报社的诸多岗位上活跃着一批经验丰富的老同志和年富力强的新人，他们不分昼夜，献身事业，撑起了报社的今天，托举着报社的明天。**我们在今后的工作中，必须始终重视这项工作，按照“三个代表”的要求，不断培养高素质的干部队伍，让越来越多的人找到发挥作用的舞台，为各类人才提供发挥作用的更大舞台**。

6.要有刻苦钻研、联系实际的学习与思考。学习问题至关重要。作为站在党的宣传思想工作最前沿的新闻工作者，学习好理论、联系实际，学好各种相关的科学文化知识，是必不可少的。必须坚持理论联系实际的好学风，把所学与所用结合起来，使我们的新闻宣传工作有正确的政治方向。与此同时，我们还必须学好各类相关的历史和科学文化知识、现代科技知识、法律知识等，使我们的新闻工作保持深度和广度。在今后的工作中，我们必须把学习放在更重要的位置上，使学习的空气在报社日益浓厚起来。

7.要有不辞辛劳、肯于吃苦的意志和干劲。“世上无难事，只要肯登攀。”然而，登攀的过程必然伴随着艰难的拼搏和辛勤的汗水。没有无私的奉献精神，没有任劳任怨和肯于吃苦的意志和干劲，就绝不可能有成功。**奉献精神和吃苦耐劳、艰苦奋斗，在报社困难时要有，即使将来富裕了，也仍然需要**。天津日报之所以能有今天的局面，是许许多多记者奔走于工厂农村，许许多多的编辑挑灯夜战，一字字一句句编织出来的；是许许多多的发行员起早贪

老同志是津报集团的财富。图为集团组织离退休老同志踏青时合影。

黑、顶风冒雨，一份份递送出来的；是许许多多同志认真细致地做好本职工作，一环一环地串接起来的。没有任劳任怨、吃苦耐劳的奉献精神，这一切都是不可想象的。在今后的工作中，我们还会面对各种各样的挑战，还会遇到这样那样的困难，但只要我们不畏艰险，顽强拼搏，我们就一定能把困难踩在脚下，跨上一个个发展的台阶！

三、严峻的挑战与光明的前景——对今年工作的几点打算

今年工作概括起来是五个方针、三个方面工作、十件大事。

2001年是新世纪的开元之年，是“十五”的开局年，也是天津日报社能否在新起点上实现跨越式发展的关键一年。适应形势，抢抓机遇，战胜挑战，我们将迎来无比光明的未来；无所作为，错失良机，坐吃山空，我们将进一步走向衰败。全体干部职工一定要认清形势，振奋精神，再接再厉，努力拼搏，让我们共同迎接天津日报发展的美好明天。

2001年，我们面临着许多困难和挑战。这些困难和挑战主要来自两大方面：首先，从我们面对的形势来看，能否适应报业市场日趋激烈的竞争，能否与各方面的同行进行办报和经营管理上真刀真枪的较量，能否应对“入世”的挑战，能否很好地完成市委交给我们的任务，这都是我们必须面对而且必须战胜的挑战；第二，从报社内部的情况看，历史沉淀的问题不少，管理体制特别是运行机制方面还有许多亟待理顺的方面，经营上还很单一，缺乏效益增长点。

细划有五个挑战：**(1)快速发展的挑战；(2)市场竞争的挑战；(3)新经济的挑战；(4)人才比拼的挑战；(5)"入世"的挑战。**

具体来看存在的问题至少是：(1)是管理疏松混乱，界限不清，责任不明；(2)是规章制度不健全，监控措施不力，监控手段匮乏；(3)是不计成本，不考虑投入的合理性和规范性，"跑冒滴漏"甚至腐败现象严重。(4)是激励机制不健全，大锅饭严重，干部职工心气不高，工作活力低下。(5)是经营模式单一，缺乏效益增长点，无形资产的开发利用严重欠缺，无法形成规模效益和扩张。这些问题，是在多年的发展中逐渐积累起来的，解决起来也不是一朝一夕就能成功。但是时不我待的机遇、挑战逼面而来，出于生存和发展的需要，为尽快达到壮大报社事业、提高职工收入的目的，对于这些积弊，只能大刀阔斧，痛改前非，在最短的时间内，搞清关系，理顺机制，为报社发展打造全新的起跑线。长痛不如短痛，只有在今年内解决这些问题，才可能使报社面貌焕然一新，以全新的姿态挤上健康快速发展的快车道。**当前媒体值得注意的倾向是：规模扩张，资本运作，个性张扬，媒体的决胜一靠决策，二靠实力，三靠人才，四靠体制，五靠机制。**

为此，社委会对2001年全报社工作总的要求是：更加紧密地团结在以江泽民同志为核心的党中央周围，高举邓小平理论伟大旗帜，以"三个代表"重要思想为指导，深入贯彻中央精神和市委七届七次全会总体部署，在办好日报、办好子报，为全市发展创造良好舆论氛围的同时，继续加大报社内部改革的力度，抓住机遇，加快发展，为实现社委会提出的"一年改观，二年爬坡，三年发展"的目标而努力，为开创天津日报工作的新局面而努力，为建立报业集团或新闻集团打下坚实的基础。

2001年工作的基本思路是：日报宣传打好主动仗，在原有办报经验的基础上，继续努力，不断完善，提升大报风格；盘活子报，推向市场，自负盈亏，上缴利润；经营管理上，根据"一年扭亏，二年改观，三年发展"的总体方向，"剥离部门，盘活资产，理顺关系，强化管理，活化机制"，力求在最短的时间内，革除旧习，订立新规，使经营和管理上一个新台阶。

2001年工作五个总的方针是：办好报纸为中心，强化管理为保障，体制创新为动力，扭亏增盈为目标，跨越发展为方向。

2001年三个方面工作：(1)发行以投递时间、服务质量、组建公司为重点，确保发行任务数基本稳定。(2)广告全面代理制为方向，确保完成社委会下达的广告创收指标。(3)新报以稳固地位为目标，使办报、发行、广告再上新台阶。

2001年报社经营的具体目标是：力争实现利润增长175%，彻底走出危机并开始资本利润扩张，提前实现"一年扭亏，二年改观"的工作目标，为"三年发展"以至腾飞打下良好基础，扎扎实实地构建报业集团或新闻集团。

为实现这一目标，2001年将着重办好十件大事：(1)了旧账，办新事。(2)建立以财务为中心，以资金为纽带的运行机制。(3)建立财务管理运作中心，尝试资本运作。(4)理顺关系，调整结构，定岗定编。(5)盘活房地产，理顺管理层次，尝试以楼养楼的经营之道。(6)建好管好运行好经营好天津日报报亭。(7)办好子报，使其成为本报新的经济增长点。(8)调整职工奖金总额。(9)调整职工福利。(10)重整外部形象，改善办公环境。

为实现社委会提出的2001年工作目标，完成上述10项任务，各部门必须密切配合，做好本职工作，协调一致，共同努力，各司其职，苦干实干。编辑部要站在经济、社会发展的前沿，使各类稿件科学、准确、超前，使各专副刊可读、精彩、有深度。《每日新报》、《采风报》、《球迷》报、《新广角》在办好报纸的同时，要认真履行社委会下达的目标责任书，按时上缴利润。发行要确保提高投送质量，做好对内、对外两个"熨平"工程，从今年年初开始，就为2002年收订工作打下良好基础。广告要切实解放思想，转变观念，在实现代理制方面走出新路子，切实办好16版以外的广告专版，最低保证完成16版以内社委会确定的广告指标。财务部门要把好关，当好家，杜绝"跑冒滴漏"，建立科学规范的规章制度，使整个报社财务管理和财产管理正规化。印刷厂要保证新老设备都正常运转，绝不能喜新厌旧，保证印刷时间。从编辑部、出版部到印刷厂环环相扣，使天津日报的出版时间、印刷质量再上新台阶。党政工团及机关后勤工作要紧密围绕全报社工作的大局，立足服务，突出服务，重点服务。以报为本，以报纸为中心，经营围着报纸转。加大反腐倡廉工作，在继续开展警示教育的基础上，开展纪律教育、作风教育、人格教育。

全社上下要认清形势，振奋精神，团结一致，充满信心，再接再厉，顽强拼搏，把天津日报各项事业不断推向前进，创造天津日报光辉灿烂的未来！

(2001年1月17日
根据录音整理)

奇迹是怎样创造的

——炼曲 2002

本文为作者在2002年度天津日报社总结表彰动员大会上的讲话。原题为《团结拼搏,形成合力,续写辉煌,再创报社事业新局面》。

2001年,是新世纪的开元之年,是“十五”开局年,也是天津日报社落实市委七届七次全会精神,抢抓机遇,实现跨越式发展的关键年。对天津日报来讲,也是发展的关键时刻。因为2001年摆在天津日报社全体职工面前的只有一条路,或者完全摆脱困境,真正扭亏为盈,使报社的事业基本步入良性循环;或者继续亏损下去,在激烈的竞争面前彻底败下阵来。这两种情况,两个结果,都有可能出现。这一年,在市委的关心支持和正确领导下,天津日报社抓住天时、地利、人和的发展时机,全社职工齐心协力,克服重重困难,不但完全实现扭亏为盈,而且创出了一个又一个天津日报社发展史上的奇迹,使这一年成为天津日报50多年历史中又一个最精彩、最难忘的时期。

这一年,天津日报社是按照**“办好报纸为中心,强化管理为保障,体制创新为动力,扭亏增盈为目标,跨越发展为方向”**的工作总方针开展工作的。现在回头看,这五句话方针是非常正确的。我们社委会这个班子,还有编委会这个班子,是指挥部。指挥部是做什么的?是做头脑工作的,头脑工作是做什么的?就是要做正确的决策。我们突出抓了**办好报纸、扭亏增盈、资本运作、做大子报、内部改革**等事关报社发展的**五个方面25件大事**,许多事情在天津日报历史上都是突破性的,报社发展开始步入良性循环,“十五”开局很好,为天津日报今年和将来的跨越式发展奠定了基础,搭建了平台,积蓄了后劲。

大家都知道,今年党的十六大要召开,市委八次党代会也要召开。党的十六大是我们党在新世纪召开的第一次党的大会,它和十五大不同,是我们第三代中央领导集体带领全国人民、带领全党同志克服重重困难,跨过了新世纪。而天津市要在十六大之前召开八次党代会,也是新世纪第一次党代会,而且是一次换届的大会,这是我们在今年政治上要面临的最基本的情况。

在经济上今年的形势是不大明朗的一年。我在例会上曾经讲过这个话,昨天凤凰卫视播报的新闻证明我说的是对的。日元贬值,布什访问日本与小泉会谈支持日本的经济政策,实际上这个政策是打压亚洲、打压中国的一个政策,一个表

面的体现就是对我国出口的影响。

此外,大家是不是有所体会,即除了我说的股市、降息等事情之外,我们搞经济报道这么多年,发现今年是价格最不明朗、最不敏感的一个时期。在整个市场经济运作中,在整个经济活动中,价格应是最敏感的杠杆。我们研究《天津青年报》的价格，怎么定价？我们希望这个价格对市场能够有一个刺激。但是大家可以看看，到现在为止，整个国内市场最不敏感、最麻木、反应最迟钝、最模模糊糊、最朦朦胧胧的就是价格。夏利降价走对了一步，但后面其他品牌所有的价格变化都起不到它应该起的作用。今年是“入世”后的第一年，我相信今年的竞争要激烈于去年，今年的困难要大于去年。

希望大家能够正确地分析形势，只有正确地分析形势才能正确地看待我们所取得的成绩。无论我们取得了多少成绩，扭亏为盈也罢，大报做得好也罢，系列报做得好也罢，我们的收入上来一点也罢，都要保持特别的清醒和冷静。我们只不过走出了一步，而这一步兄弟报社早已在几年前就走出去了；而且我们刚刚走出了一步，就面临这么一种经济形势，这么一种环境，这么一种氛围，这么一种竞争的状态，因此大家，要特别清醒，特别冷静。我要求班子里的同志跟我一样要特别冷静，成绩面前不能飘飘然，但在困难面前也不能惶惶然。**现在摆在天津日报、摆在班子面前、摆在全体员工面前这样一种情况，大家还得要清醒，还得要冷静，还得要咬住牙，宁可把困难想得多一点，把压力想得大一点，把竞争想得激烈一点，把危险估计得多一点，也不能觉得我们已经怎么样了**。

文汇新民联合报业集团社长赵凯同志跟我讲，去年文新集团的纯利润4.5亿元，而我们天津日报社的总体收入（销售额）跟人家比还有一定的距离。当然这里面有多种

津报集团成立时，形象广告遍布天津的大街小巷。

2002 年 3 月 31 日，“天津日报号”首航成功抵达上海，文新集团特意举办了庆祝酒会。

原因，有的原因不是我们自己的事，但有一个原因是**我们丢掉的时间、失去的机会太多了**。我们丢掉的是发展的时间，失去的是跨越的机会。比如《每日新报》的问题，我们如果早决策，今天的局面不是这样，或者换句话说，我们幸亏在 1999 年有那样一个决策，要办一份都市报，亡羊补牢，追回来时间，否则我们今天的局面很难说。这就是一个决策的问题。

但是都市报的发展、都市报的崛起不是 2000 年的事情，而是 2000 年以前的事情，《华西都市报》、《南方都市报》、《三秦都市报》的发展在时间上已经早早超过了我们，包括《钱江晚报》。我现在出来进去，跟领导在一起，跟其他部门的同志在一起，大家都说好话，都鼓励报社，但是我一直要求自己清醒。**人只有在清醒的时候，或者说在比较清醒的时候，才能不做错事。我在报社这个位置上，尤其不能做错事，尤其不能出错主意，尤其在报社的重大决策问题上，我要对报社的发展、对报社的全体职工、对报社的未来负责。**

现在把去年我们做的“办好报纸、扭亏增盈、资本运作、做大子报、内部改革”这五个方面 25 件事情向大家通报一下。

一、以办好报纸为中心，报纸工作再上新水平

根据社委会**“坚持正确导向、投身市场竞争、带出一流队伍、办出大报风格”**的总体思路，强调以**“做好日报、做大新报”为目标，提出了“主打新闻、深度报道、精做副刊、提高品质”**的操作思路。现在回头来看，这个思路应该说是正确的。《天津日报》的定位在什么地方？在于办出大报风格，这个定位就确定了《天津日报》在全国省级机关报的地位、在天津新闻界的地位、在整个天津日报报业集团中的地位。社委会根据这个整体方针，确定了八个字的操作方针：**做好日报、做大新报**。大家可以看看，这八个字现在有没有做到。**我经常强调思路是非常非常重要**

的，我们没有讲做大日报，而是做好日报，"好"是什么标准？"好"不是拿"大"来衡量的，我们做好了，要政治上不出问题，读者喜闻乐见，这是"好"的标准；做大新报，"大"与"好"的标准也不一样， "大"就是发行量，"大"就是广告量，"大"就是影响力。这就是思路问题。我们的系列报《每日新报》、《假日100天》、《天津青年报》、《球迷》报、《采风报》，包括很多部门，都有一个思路问题，你在这个部门做负责人，你就要根据社委会的总体思路确定本部门的思路。**决策之重要就在于确定思路之重要，正确的决策实际上就是正确思路的体现。什么是正确的思路？符合辩证法，符合规律，符合发展要求，既符合事物发展内在规律的，又符合广大干部职工心愿的，就是好的思路**。

去年天津日报社面临严重亏损的状况，实际的亏损比账面上亏损还要多。那天市委宣传部肖怀远部长讲，**天津日报社一正一反赚了一个多亿的利润，这在财务上讲叫相对利润，相较利润**。我们去年面临这样困难的情况怎么做？一个企业的核心竞争力是它的产品，**天津日报社的产品是什么？我们的产品就是《天津日报》，就是整个系列报，我们这个企业的核心竞争力就是办好报纸**。那么去年社委会确定"做好日报、做大新报"这个思路非常正确，就和我们今年发行的思路一样。大家可以想一想，今年报社1月份的报款同比增加了100多万元，怎么增加的？通过报纸提价。报纸今年的发行量比去年少了1万多份，但是我们收到的报款增加了。如果报纸不提价，社委会不制定提价的方案，今年的日子会更难过。决策的重要性就在这里。

1.围绕中央和市委中心工作，多组言论和重大典型受到中宣部和市委的肯定表扬。坚持正确舆论导向，围绕中央和市委工作大局办报。**几年来《天津日报》形成的最大优势就是言论和重大典型及深度报道，我们的言论依然在全国省委机关报当中保持优势**。我办报受老报人的影响很大，老的《大公报》就以社评取胜；西方的报纸如《基督教箴言报》、《纽约时报》每天都有重要的言论、好看的社评。**大报风格，如果没有足够的、与之风格相匹配的言论来支持，就不叫大报了。《天津日报》一年没有100多篇好的言论，就不叫《天津日报》了**。中宣部表扬我们最多的就是言论。**正因为我们的重大典型报道、言论报道突出，才使《天津日报》在全市的思想战线、宣传战线始终保持着权威的优势。《天津日报》的第一卖点就在于重要的政治报道，通过我们的言论、我们的版面、我们的报道，形成权威的优势，或叫一种立场的优势**。

围绕市委中心工作，《天津日报》上半年重点撰写了四组言论和典型：一是"新春走笔30篇"，二是"春风三月话开局"，三是"为什么做好二季度至关重要"，四是在宗旨教育中撰写了《要高度重视宗旨教育》和关于模范领导干部陈钟槐的通讯《用生命书写对党和人民的忠诚》等。

江总书记“七一”讲话和党的十五届六中全会之后，我们立即把深入宣传“七一”讲话和贯彻十五届六中全会精神作为第一位任务和头等大事来抓。全神贯注，认真学习研究，精心组织策划，力争用强有力的舆论引导全市党员干部和群众把思想和行动统一到讲话和全会精神上来。其中**最突出的是五论深入学习“七一”讲话，刊发了市委书记张立昌同志亲自组织撰写的特约评论员文章：必须抓住“三个代表”这个核心，必须理解党的先进性的时代要求，必须把握创新这个灵魂，必须牢记共产党人的崇高使命，必须大兴学习之风。市委书记亲自为日报组织撰写高质量、高水平的特约评论，进一步增强了《天津日报》的权威性和言论优势，引起了中宣部的关注和强烈的社会反响**。日报编委会也及时策划、组织撰写了七篇“结合发展实际，学习七一讲话”的评论：《不走过场》、《决策依据》、《一条主线》、《科技跨越》、《创新精神》、《典型引路》、《工作标准》，联系天津多年的工作经验和跨越式发展的实际，深刻论述了实践江总书记“三个代表”重要思想的必要性和重要意义。七篇评论从不同侧面反映了天津的变化，天津的发展，天津的思路，天津的未来。

党的十五届六中全会和市委七届八次全会后，《天津日报》发挥机关报的特殊作用，在一版开辟了“实践三个代表，加强作风建设”专栏，精心组织刊发了一组统一思想行动加强作风建设系列评论和多篇系列典型，用言论指导，用典型引路，形成了贯彻中央六中全会和市委七届八次全会的宣传强势。

2.纪念建党80周年报道创下全国三个第一。为了做好纪念建党80周年报道活动，去年初编委会抽调专门人员组成了80年报道活动策划工作室，力求在工作机制创新的基础上，在报道上创新。3月15日，本报《“凯歌行进80年”大型报道活动启动》消息率先见报，在全国同类报道活动中抢先领跑。峰岩副书记、保铭部长立即批示，峰岩同志批示：“点子好，思路好，重大题材，搞好了影响大。”保铭同志批示：“这又是一个高水平的策划。”**立昌同志在贺信中说：“你们这次大型采访活动，确定以邓小平理论和江泽民总书记提出的‘三个代表’为重要指导思想，定位准，立意高，主题鲜明，时代感强。**”国家新闻出版总署主办的《中国新闻出版报》4月16日也在一版头条位置介绍天津日报这一活动，该报言论《一场大戏、一份厚礼》，**称赞天津日报“凯歌行进80年”报道是一次别具特色的高水平的采编策划，是一场浓墨重彩、有声有色的歌颂党的丰功伟绩的重头戏**。中宣部专门刊发新闻阅评，称天津日报此项活动选题精细准确，史料丰富权威，叙述脉络清楚，使读者在短短的82篇报道中受到一次生动的深入浅出的党史知识教育和革命传统教育。

概括起来，纪念建党80年报道活动创下了三个全国第一：**第一个在全国地方媒体中隆重推出纪念宣传活动；第一个地方媒体与中央党史研究权威部门联**

合进行宣传报道，由于邀请到了中共党史专家龚育之、石仲泉担任总顾问，增强了此次活动的权威性和影响力；**第一个派出近百名记者沿着党的足迹进行大型采风活动**。

天津日报社一定要有第一的意识，这个第一就是时间上的第一，时间上的第一很重要，要当仁不让，新闻就是要快。我跟《天津青年报》的同志们讲，对于你们来讲，就是要快、实、深，快要永远摆在第一位，我们要做第一个。**干新闻，暂且不讲经营管理，就新闻来讲，一定要有抢半拍的意识，永远要抢，永远要意识到：对手不是在我前，就是在我后；不是在我左，就是在我右，永远有竞争的压力**。我本人很敏感，我常常感到其他报纸给我们带来的压力，大家要研究竞争对手。

3.按照立昌书记"办出大报风格"要求，《天津日报》改版再获成功。2001年1月1日，按照市委要"办出大报风格"的要求，《天津日报》在2000年8月2日改版的基础上，再次整体改版。**改版后的《天津日报》一是实现了彩色印刷，版面的视觉冲击力更强了；二是从原来的每周一、三、五出版16版，增至为周一至周五每天都是16版；三是可读、好看的版面更多了**。有的版还在全国产生了影响，受到同行关注。如山东省委书记吴官正同志看到本报改版后新增加的"理论创新"版大加称赞，并要求《大众日报》要学习我们的办报经验。2月12日"理论

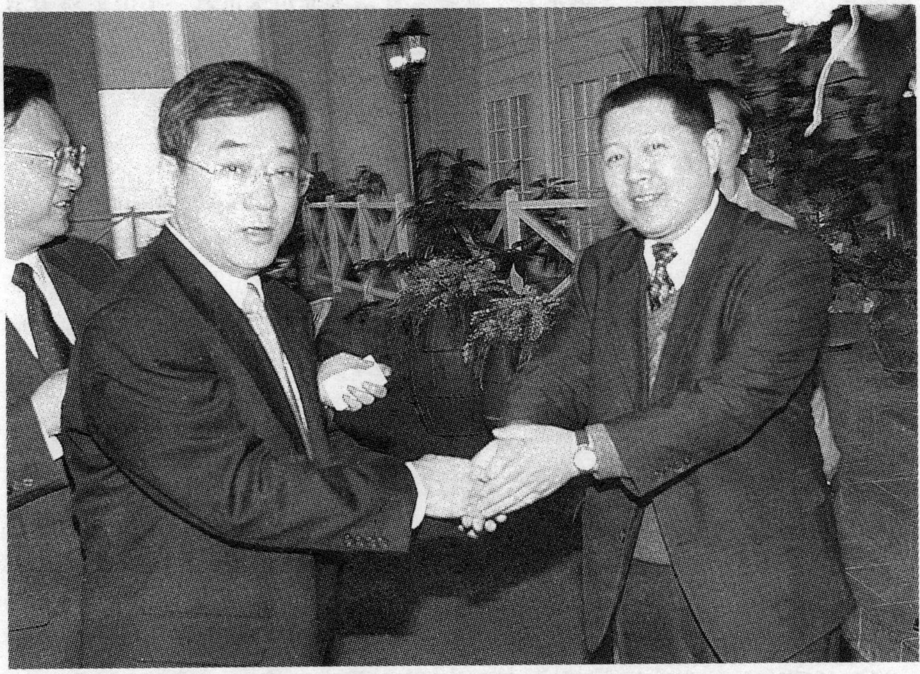

上海市委常委、市委宣传部部长王仲伟出席了"天津日报号"首航庆祝酒会。

津报集团形象广告。

创新”版发表的《第三代中央领导集体的发展观》一文，很快被中共中央主办的《求是》杂志在显要位置刊登。5月份进行的读者调查表明，调整后的专副刊大多数赢得了读者的喜爱，印证了编委会**“围着市委转、围着读者转、围着市场转”**及时调整版面的思路是正确的。

4.创新思路，策划活动，引起全国媒体关注。在精心办好报纸的同时，近两年我们尝试策划了一系列重大社会活动，有效地增强了党报与读者的亲和力，扩大了党报的影响力，产生了良好的社会效益。去年上半年，我们再次与天士力集团成功地举办了中国首届中医药文化节。**这是本世纪本市第一个国家级大型活动。由地方媒体参与主办国家级文化节，这在全国还是首次**。我们未投一分钱，靠智力和能力创造了如此大的社会影响，引起全国许多主流媒体的关注，称《天津日报》思路创新，走在了全国报业经营改革的前列。

5.整合资源，组建中心，建立高效有序的采编环境。人才是一个企业兴衰的关键，知识经济时代，竞争的核心实际就是人才的竞争。天津日报社2001年在继续大胆启用有知识、有能力的年轻人，创造条件拴心留人的同时，结合深化内部改革，围绕办好报纸，重新整合了采编资源，组建了采访中心、副刊中心和出版中心。各中心由一名副总编和一名编委分管，满足了报纸出版对采访、编辑各环节再上新水平的要求，建立了高效有序的工作环境。

我们报社有一批老同志、中年同志、中层的同志，为了报社的事业与发展，不计个人得失，不计个人荣辱。《天津青年报》12月31日归属天津日报社，在债务、管理、办报等巨大的压力下，《天津日报》同志不计报酬，什么都不计较，该支援什么就支援什么。天津日报社有很强的亲和力。我可以跟大家讲，大家**不要小看我们《天津日报》这支队伍，我们这支队伍可以用12个字来概括：甘于奉献、顾全大局、遵守纪律。是一支高素质的干部队伍、记者队伍。《天津日报》是大家事业的、感情的聚集地，是我们智慧和财富的大本营。正因为有了《天津日报》，我们才有这样强的凝聚力和亲和力，《天津日报》是我们事业发展的根基，是母体**。**正是因**

为《天津日报》形成的这种合力，正是天津日报人这种团结协作的精神，才使我们做成了许多难以想像的大事。所以我要对大家尤其是新来的同志讲，要知道天津日报社的事业是怎么来的，要向这些老同志学习。我本人非常看重用年轻干部，用年轻人，第一是因为我本身就处在比较年轻的这样一个概念上，第二是我认为我们的事业、我们的未来需要年轻的同志。但是我觉得，我刚才所说的12个字，正是我们有些年轻同志所缺少的。

《天津日报》整体广告收入和发行量处在一个相对稳定的水平，还很可能处于亏损的边缘。但是这不是办《天津日报》的同志水平低，没能耐，而是他们要担负这样一种职责，处在这样一种牺牲、奉献的位置上。大家都是办报的，心中都有一杆秤，如果在整个报社中推选出一些奉献者的话，就是《天津日报》这些同志。

《每日新报》发展起来了，《假日100天》发展起来了，《天津青年报》也会发展起来，很多年轻同志都找我，找社委会、编委会的其他同志，要求到这些报纸工作。这些我非常理解，因为这些报纸是朝阳报纸，有很强的吸引力，成长性很好，而且有很好的团队。我非常理解年轻同志的这些心理，如果我处在你们的位置上，我也会做出这样的选择，**但是我要和大家讲，我们在做这种选择的时候，我们在其他岗位工作的时候，千万不要忘了在《天津日报》这张报纸上工作的，包括经营管理、保卫安全、后勤保障、行政支持的这些同志们**。这话是必须说的，这是我一整个春节都在想的事情。《天津日报》要办不好，要出问题，就全玩完了。为什么市委这么支持我们，又建报刊亭，又支持《每日新报》，又同意把《天津青年报》给我们，《假日100天》也很支持，为什么？**谜底只有一个，那就是我们《天津日报》始终服从服务于中央、市委的大局，政治上始终走在前面，报纸办得好**。正如立昌同志所说的，《天津日报》不但不能做出让市委不放心的事，就是有让市委不放心的感觉都不行。正是这张报纸让市委放心了，市委才支持我们。我永远不会放弃《天津日报》。

我们《天津日报》的同志们不仅有很高的修养、学养，而且有很好的人品，这人品包括政治品质和个人品质。国务院新闻办主任赵启正同志说《天津日报》办得不错，把报头"天津日报"这四个字盖住，还是《天津日报》，有自己的风格。胡锦涛同志到天津视察时，中办副主任令计划同志讲，《天津日报》是省委机关报里面最好的报纸之一，可见《天津日报》确实是不错。

二、以经济效益为重点，提前实现扭亏增盈目标

去年初，社委会针对成本意识不强、管理环节漏洞多、经济效益不佳、亏损情况严重的现状，提出了"**办好报纸为中心，强化管理为保障，体制创新为动力，扭亏增盈为目标，跨越发展为方向**"的工作方针，并要求"发行以投递时间、服务

质量、组建公司为重点，确保发行任务稳定”和“广告要以全面代理制为方向，确保完成社委会下达的创收指标”。**2001年，天津日报社的销售额比去年增加了1.5亿元，成本支出费用比去年下降近40%，实现利税突破5000万元，提前实现了扭亏增盈的目标。**去年报社的效益不错，在那样亏损的状况下能够翻过身来，**我特别感谢社委会、编委会和全社的同志们。所以我说，大家放心吧，日子会越来越好，只要有我们这支队伍在，叫做人在阵地在、人在事业在。**因此我今天看到《天津青年报》搞的“青春绽放，火样年华”这个活动时非常激动。**大家都要有信心，只要我们咬紧牙关、攥紧拳头、一致对外、一个声音，《天津日报》一定会越办越好。我不允许《天津日报》出两个声音，不允许《天津日报》有内讧，《天津日报》没有这个传统，如果出现内讧、出现不团结形不成合力的时候、出现声音不一样的时候，《天津日报》就离倒霉不远了。**

6.依靠各级党委，“举社发行”，发行量增长40%。新的社委会领导班子以发行为突破口，按照“主打公费，突出零售，扩大私费”的正确思路，依靠各级党委采取“举社发行”的有力措施，使2001年发行量比2000年同期增长40%以上，并按照社委会下达的任务指标按时上缴报款。

7.调整思路，精心运作，广告量增长30%。在广告市场竞争日趋白热化、全国大多数党委机关报广告普遍下降的情况下，《天津日报》经过精心运作，2001年广告现金收入比1999年增长30.74%，《每日新报》广告比1999年同期增长6倍以上。

8.不断挖掘潜力，报纸的日印刷量由200万对开张增长到300万对开张。2001年，随着报社事业的整体推进和快速发展，报纸印量增长很快，**仅1至7月份，印刷总量就为4.7亿对开张，比前年同比增加近一亿对开张。**印刷厂团结一致，齐心协力，挖掘潜力，保质保量地完成了任务，为报社大局的发展做出了应有的贡献。

9.敢于碰硬，合闸整顿改革取得成效，经济状况步入良性循环轨道。继前年年实行“合闸、整顿、改革”的近期操作目标后，**去年年社委会又在报社历史上首次实施了“预决算制”，并成立财务管理中心，结束了财务管理多年十分混乱的局面。**编辑部、经营管理、行政后勤加强成本核算，切块包干，包死管理成本，节约归己，并确定责任人分块负责。同时加强财务管理，对切块和独立核算部门由报社派驻会计。由于财务监管有力，去年报社经济状况已步入良性循环轨道，**彻底扭转了前年账面没钱、库里没纸、心里没底、职工没劲的局面。**我们去年很成功，**今年我说包死包到底，包干净，就是说，盘子里要干净，端盘子的手要稳。**敢于碰硬，合闸整顿。一个单位没有预算不行，没有决算不行。没有成本概念，怎么叫现代经济?！怎么叫市场经济?！**市场经济就是成本、管理、营销。**

10.激活房地产,尝试以楼养楼经营之道。去年本着"了旧账,办新事"的原则,通过法律手段,了结了报社老大楼、川王府、星海赛等严重损害报社利益的租赁合同;2001年4月份将物业收回,由报社自营管理,进行公司化运作,是社委会去年改革的一项重大举措,在不降低服务水平的情况下每年至少节省200万元。房地产出租收入达300多万元,比前年同期增长46%。用报社部分地产和广告与登发装饰城谈判,成功将服务楼前两亩优质地块置换成报社所有,为报社未来扩大发展、调整结构奠定了基础。

11.调整结构,遏制亏损,清理整顿三产公司。为了清理整顿脱离党报的经营项目,调整经营结构,遏制亏损和维护报社声誉,去年初撤销停办了一批与党报主业冲突的三产公司。这些公司有的是十几年未能解决的老大难问题。经过审计,公司的财产、资金上缴报社。这么多年,这些公司打着天津日报社的牌子,找天津日报社借钱,注册一个公司,公司注册完了,理论上是"我们也有两只手,不在报社吃闲饭",然后就是每年都亏损,自己的东西卖不出去,就卖给天津日报社了。我上来之后,第一件事就是把亏损公司停了。我在这里要表扬盈利的公司。这事不是一刀切。**天津日报的同志就要有这种精神,遵守纪律,听从指挥**。

三、以报刊亭建设为契机,成功尝试资本运作

2001年,在"以办好报纸为中心"的前提下,天津日报社成功尝试资本运作,在全市建立了550个报刊亭。报刊亭建设的意义已远远超过其报刊经营本身,是天津日报去年工作的又一亮点,是贯彻"三个代表"重要思想的具体体现,是办好提高人民生活水平新三件事的实际举措,也是报社尝试资本运作的一个重大成果。报刊亭公司的建立有益于整顿规范文化市场,抵御西方文化渗透,并为天津日报社跨越式发展提供体制、思路和资金储备。

12. 报刊亭建设列入

"天津日报号"飞机首航仪式上,作者将丝绸版《天津日报》创刊号赠送给新华航空公司。

《每日新报》千期纪念创新推出“媒体挂历”，当日发行量突破性创造106万份高点。人们一个多小时就将这一期特别的《每日新报》抢购一空。

改善城乡人民生活20件实事之一。天津日报报刊亭建设被市政府列为今年改善城乡人民生活20件实事之一。这在天津日报历史上还是第一次。按照立昌同志应对入世，占领意识形态阵地，建立多元投资发行公司的思路，在高水平建设报亭的同时，盘活这一资源，尝试资本运作，连锁经营。李岚清副总理在津考察时对天津日报新报亭实行公开招标、连锁经营的思路和做法，给予充分肯定，认为连锁经营统一配货，抵制不健康文化产品，决策对，思路好，有益于整顿和规范文化市场。立昌同志批示：“我们一定办好，设计一定美观，具有天津特色，不仅白天美，晚上也要亮。这又是一个改善环境，提高文化品位的举措。”市长李盛霖同志非常重视，亲自批示：“此事列入了今年20件实事。请你们尽快研究一下，按照立昌同志的批示要求，切实把这件好事办好，办成天津的又一特色。”市委副书记刘峰岩同志称：“这是一件好事、喜事、实事，做好了，对天津日报发展是个很好的机遇。报刊亭的运作，是报社用新的创意和新的理念来发展的事业。”并亲自坐镇指挥，督察进度，全力推动这件大事顺利进行。

13.组建每日新传媒发展有限公司，成功尝试资本运作。根据立昌书记2000年7月19日在报社视察时提出的多元投资的思路和指示精神，我们立即着手报刊亭建设、经营，也是报社尝试资本运作的一个成果。为了把报刊亭经营好，去年8月份成立了天津每日新传媒发展有限公司。公司由天津日报社、天津天药药业股份有限公司、天津天士力集团股份有限公司、上海复星发展有限公司共同投资5500万元发起成立，其中，天津日报社以550个天津日报新报亭和5报2刊独家经营权以及日报、新报两支发行队伍的无形资产投入，占51%绝对控股。以此整合发行资源吸引资金，为报社跨越式发展提供体制、思路和资金储备，应对WTO挑战，建立全国最大的传媒终端产品销售配送区域网络。

14.盘活资源，尝试媒体公司化市场运作，组建假日传媒发展有限公司。天津日报社以《假日 100 天》刊号的经营权和使用权，在公司中占 51%的绝对控股权，同时拥有办报、经营、管理和人事任免的决定权。公司对报纸没有任何干预权和参与权。

四、盘活资源，走进市场，子报成为经济新增长点

2001 年是天津日报社子报子刊发展速度最快的一年。经过这一年的努力，不仅使天津日报成为本市拥有六报两刊数量最多的媒体，而且形成了本市日报、都市早报、午报、周报较完整的市场格局和报业经营规模。

15.《每日新报》用一年时间走完三年路程，创造了中国都市报发展奇迹。“做大做强《每日新报》，以增强党报整体实力”是社委会 2001 年的重要决策。**由于决策正确，机制灵活，定位准确，市场化运作，报社上下全力支持，新报同志奋力拼搏等，《每日新报》异军突起，其发行、广告已呈强劲上升势头，已成为天津零售量最大的报纸，被称为中国都市报业史上的奇迹。**我们必须承认，《每日新报》有一个好的机制，我们要保护这种机制。天津日报社是一个整体，在这个整体范围内，我们要强调机制活，体制创新，定位准确。我们的《每日新报》定位准确。另外还有一个很重要的是，《每日新报》同志苦干实干，有一种拼搏精神，有一种朝气，拼出一个天地，再加上报社上下高度共识，形成合力。**形成合力是非常重要的，我们之所以能做出《每日新报》，之所以能使《假日 100 天》半年多的时间突破 10 万份这么一个发行量，之所以能顺利地接收《天津青年报》，之所以能干成那么多大事，都是形成合力的结果。什么时候天津日报社合力强，凝聚力强，心往一处想，劲往一处使，什么时候天津日报社的事业就会蒸蒸日上。没有天津日报社全体同志的支持，没有这么高的共识，没有天津日报社全体同志的眼光、胸怀和付出，没有《每日新报》同志的苦干和拼搏，没有《每日新报》全体同志敢打必胜、必攻不守的精神状态，就没有《每日新报》的今天，正因为她是我们大家捧起来的、扶起来的，是我们的心血和结晶，是我们的希望所在，是我们的未来所系，那么我们大家以前支持了、扶植了、付出了，今后还要一如既往地支持《每日新报》，支持其他系列报，继续做大《每日新报》是天津日报社委会、编委会不变的决策。《每日新报》是我们的经济支柱，去年交了那么多纯利润，今年还要翻，至少翻**

每日新报
28201828
送大师
私彩歪风还要吹多久
骄阳烤津城
高温破纪录
法国国庆
暗杀总统
街头抢战
恶匪落网
草签埃弗顿
李铁奔英超
新发国债
这回还能热？
独居老人
连出意外
小肥羊

75%。天津日报社全体同志,包括社委会和编委会的同志,有责任继续支持爱护我们的新报和我们的其他子报。在发展当中出现矛盾这都是很正常的,关键是我们能不能正确认识,能不能恰当把握,能不能因势利导,这是考验社委会、编委会领导水平和决策水平的事。

16.《天津青年报》整体并入天津日报社,完善了天津日报社办报结构,增强了整体实力,使我们成为拥有三份日报的省级机关报。

17.整合《采风报》、《球迷》报资源,广告、发行大幅增长。去年,天津日报社还采取放飞、剥离等措施,整合了已有10多年历史的《采风报》、《球迷》报等子报资源,2001年《采风报》、《球迷》报广告、发行大幅度增长,结束多年亏损局面。

18.盘活资源,《假日100天》填补天津市周报市场空白。在《天津日报》加强农村报道的同时,盘活了原有的《天津农民报》刊号,创办了《假日100天》。经过半年左右时间的运作,该报已经成为本市周报市场上的一匹黑马,并呈现出强劲增长势头。

五、以深化内部改革为动力,报社管理迈上新台阶

2001年初,社委会制定了基本工作思路,提出在经营管理上**“一年扭亏,二年改观,三年发展”**的总体方向和**“剥离部门,盘活资产,理顺关系,强化管理,活化机制”**的操作目标,并不断加强领导班子建设,身体力行“三个代表”,狠抓廉洁自律,力求在最短的时间内,革除旧习,订立新规,使经营和管理上一个新台阶。上半年又提出了以定岗定编为基础,加快改革步伐:撤并机构,减员增效,淡化身份,强化岗位,职工能进能出,干部能上能下,收入能高能低,彻底打破分配上的大锅饭,鼓励一人多职、一人多岗,分配向一线倾斜,在全报社形成人人当家做主,人人增收节支,人人肯于奉献,人人锐意创新的局面。

19.强有力的领导班子形成强大的合力,推动报社各方面事业全面上水平。2000年8月21日,市委对天津日报社社务委员会领导班子进行了调整。**2001年,新的社委会班子在对报社经营管理和行政后勤的整体情况心中有数的基础上,有的放矢地、有步骤地推进各项改革工作,带领报社全体职工与时俱进,谋求事业的更大发展,在报社上下形成了团结向上、群策群力的好局面,除了从讲政治的角度努力办好报纸,在经营上扭亏增盈之外,还提升了管理体制、竞争机制、用人机制、分配机制等方面的总体水平,达到了统一管理、统一政令、统一编采、统一经营的捆绑式发展,尤其是解决了多年采编与经营管理分离、脱节和相互扯皮的现象,创造了一种更适合报社发展的决策机制,为更快更好地壮大党报实力,做大做强党报事业提供了领导和决策上的保障。**

20.深入学习“三个代表”,加强改进作风建设。

青年报 YOUTH DAILY

孙犁大师 我们怀念您

今晨飘零的雨 是白洋淀的湖水

孙老走好！

后生晚辈忆孙老

孙犁最后岁月

孙犁与方纪

文坛名家评说孙犁晚作

21.按照“八个坚持、八个反对”，抓好抓实党风廉政建设。

22.强化管理制度，确保报纸安全生产。去年重点出台了《天津日报出版流程法》，强化每个环节的生产责任，规定了编辑部各岗位、激光照排、技术处、印刷厂、供应中心、发行部等部门的岗位职责，**解决了多年报纸出版时间晚的问题**，创造了难以估价的社会效益。同时，为了加强管理，确保首先不出政治错误，编委会进一步修订完善了各项管理制度。如《每日好稿评选办法》、《关于审稿、发稿程序、发稿时间的规定》、《关于大样审读、付印的管理规定》、《关于漏发新闻的规定》。

23.首次实行预决算制，管理成本大幅降低。为使人人都有成本意识、当家意识，促进部门管理与报社宏观调控相结合，各项支出处于严格监控之下，变输血为造血，报社各部门实行了切块包干，全部自负盈亏。物业管理也实行二级核算，按公司化运营，年降低成本200万元。制定出台了《机动车管理办法》，近100部车辆实行切块包干制，除社管车辆18部外，一切费用归使用部门，年节省费用50万元。制定了大宗采购公开招标和加强审计监督的制度，所有基建工程归房地产公司、所有电脑设备采购由技术处负责，各项集中采购的物资都采取招标制度。出台了《社内用报管理规定》，每月节省费用近2万元。出台了《电话授权码规定》，每月降低49.1%话费。出台了《医疗改革方案》，采取现金发放、定额报销和超额分担相结合的改革办法。重新签订协议书10个，进一步明确了下属部门对报社承担的义务。

24.定岗定编定责，职工精神面貌焕然一新。根据社委会的总体思路，以精干高效为原则，能合的合，能并的并，需加强的加强，该剥离的就推向市场。成立了思想政治工作中心，撤销行政处。将食堂和医务室由福利型转变为经营型。现在部门设置由原来的13个精简为8个，精简后的部门全部进行了岗位核定。189名职工进行了岗位竞聘，67名职工内退，包括8名处级干部，29名干部，30名工人。20名职工转岗，其中两名由干部转为工人岗。为安排转岗人员，辞退了16名临时工。这次人事制度改革，力度之大，涉及范围之大，在报社历史上是没有的。改革后，职工士气高涨，精神面貌焕然一新。

25.加强队伍建设，努力建设一支政治强、业务精、纪律严、作风正的干部队伍。根据市委的要求，社委会一班人认真学习江总书记“三个代表”重要思想和

"七·一"重要讲话,提高认识,统一思想,奋发进取,扎实工作。在注重自身学习的同时,社委会还狠抓干部队伍建设,多次举办各种学习报告会,并走出去到经营好、有创新精神的企业参观学习。去年建党80周年前夕,社委会主要领导还亲自为新大学生、新提拔的处级干部上党课,进行马克思主义新闻观教育。报社的基层党组织建设也得到加强,党支部书记都是各部门的主要负责人。社委会不拘一格选拔人才,提拔了一批符合"四化"条件的年轻干部充实到办报、经营第一线。

六、几点经验与不足

回顾2001年的工作,我们有成绩,有经验,但仍有不足之处:

(一)虽然较之以前在管理上提高了水平,但总体上还处于由粗放型向集约型转变的过程中,某些环节仍然存在严重漏洞,整体管理尚处于较低水平,这已经成为制约报社进一步发展的瓶颈。

(二)虽然初步建立了激励制度,但真正完善的分配机制还没有建立起来,某些程度上还存在吃大锅饭的现象。在大报和子报之间、干部和职工之间、采编部门和经营管理部门之间、生产一线和行政后勤之间还存在一定程度上的分配不平衡问题,没有达到既要强调激励、奖励先进,又不能造成太大落差的要求。

(三)在人力、技术、设备等方面还没有完全实现资源共享和合理的资源配置,某些地方仍然存在重复投入和有待理顺的问题。资源共享是为了降低成本、提高效率,但更是为了在政治上形成一股强大合力的要求。毫无疑问,资源共享已经成为报社跨越发展的必由之路。

YOUTH DAILY

青年报

一代仰文宗菡萏馨香充宇内 百年留正气苍松风骨贯寰中

今晨荷香送孙老

悲情送大师

Monday 星期

北京奥运场馆设计方案昨揭晓

(四)虽然社委会从自身做起,要求全社党员群众、干部职工讲学习,但仍然还有少部分同志在学习上不主动、不自觉、不认真、不深入。

(五)在个别问题上,仍然存在保障措施不力、落实不到位以及虎头蛇尾的情况。

(六)大型活动的策划还存在不力,报社的整体包装、对外形象推出方面还做得很欠缺。先声夺人是什么意思?就是对外宣传。《天津日报》和系列报之间、系列报和系列报之间要形成互动宣传的优势。

这里我要特别讲一下青年干部。青年干部要特别虚心地向老同志学习,要乐于奉献、德才兼备,要讲大局。青年人有很多优势,有很多长处,但是也不得不承认,有些同志要加强政治思想的训练和素质的提高。无

论老与年轻，德永远是第一位的，德是立人之本，德是立业之基。人不能自私，要多替他人着想，要多替事业着想，要互相包容，无论任何时候都要正确对待组织，正确对待群众，正确对待自己。我上任后在不断启用年轻人，老同志都支持我，今天我要特别跟年轻同志强调，一个人的发展，一个人的进步，要经过无数次的坎坷和考验，都是对个人品质的考验，人生最后的较量说到底是品格的较量。年轻的同志要让老同志放心，让报社的事业放心，要踏实。既要看到自己的优势，又要看到自己的不足；既要看到自己的贡献，又要看到同志们的支持。这里我还要提到报社的老同志，这些老同志很少计较个人的得失和升迁，年轻的同志一定要加强个人的修养，提高自己的水平，不仅是政治水平、工作水平，重要的是操守，是德性。我们有些年轻同志的确太顺了。江泽民总书记在全国纪检工作会议上的讲话，张立昌同志在十三次纪检工作会议上的讲话，虽然讲的是党风廉政建设，实际讲的是用人。“三个代表”是什么意思？就是怎样建设党，建设什么样的党。党的十六大要解决什么问题？就是从组织建设上解决执政党的执政问题。我们党用人是把德放在第一位的。任何一个事业的发展，都是无数甘于奉献、顾全大局、有真本事的人托着发展起来的。年轻的同志一定要珍重，要好自为之，要懂得向老同志学习。天津日报社 50 多年历史，半个世纪风风雨雨，几代新闻人薪火相传走到今天，那时候老同志们谁计较个人的得失！我 1983 年到报社，1985 年当部主任之前，最高奖金 10 块钱。当然时代不同了，我强调利益，我还是“效率优先，兼顾公平”主义者。我是强调效率强调利益的人，但你不能只看利益，也不能得到很多好处了还一肚子不满。看看后勤的同志，我们讲向一线倾斜，向脑力劳动倾斜，他们也贡献了，他们提出过什么吗？说到底，谁也不欠谁的，谁也不该谁的，谁也不比谁短几尺短几寸，在精神境界和人生平台上，大家都一样高。保铭同志就说过，有些时候要学会换位思考。在一个集体里工作，人与人之间要讲为人，要讲天地君师亲，要讲孔孟之道，要讲伦常伦理。我越是看重年轻同志，就越是希望年轻的同志自重，自珍，自立。

回顾 2001 年，我们的几点体会是：

（一）必须善于准确、深入地领会中央和市委的精神和工作思路，结合实际把握精髓，抓住实质，才能保持政治敏锐性，正确地认识形势，抓准宣传重点，把新闻工作做到点子上，做到与时俱进，导向正确，宣传深入，效果明显。特别是真正领会市委的重要发展思路，并真正用以指导工作，就会收到好的效果。

（二）必须树立强烈的创新意识，把主要精力用在开拓创新求变上，在宣传内容上抓住市委的中心工作不跑题，在宣传形式上讲求创新策划，才能真正办出大报风格，为提高宣传效果打下良好基础。

（三）必须善于抓住机遇，适应快速发展的形势需要，乘势而上，以新的经

营理念、新的管理方式、新的标准要求，必攻不守地实现报社事业的跨越式发展。许多大事之所以能够做成，依靠的是团结协作、打破界限、服从大局、形成合力的整体优势，必须继续发扬和巩固。

（四）必须善于提出正确的发展思路，用明确的目标鼓舞人，用科学的制度规范人，用明显的变化激励人，用率先垂范的带头作用凝聚人，把人心凝聚在发展这件大事上。

（五）必须善于总结经验，时刻保持清醒的头脑，面对困难，要看到成绩，看到光明，鼓起勇气，鼓舞士气；面对成绩，要常想不足，冷静审慎，提高标准，自加压力。

（六）必须善于不断改革，顺应形势变化的要求，顺应报社事业发展的要求，顺应广大干部职工的要求，破除旧体制，建立新秩序，该分的分，该合的合，以制度建立为基础，盘活资产，理顺关系；以财务监督为保障，强化管理；以激励制度为手段，活化机制，逐步实现程序化、规范化、制度化、科学化，促使报社事业向集团化方向发展。

（七）必须善于知人善任，用好的作风选作风好的人，给大批想干事、会干事、能干成事的人搭台击鼓，逐步造就一支政治强、业务精、纪律严、作风正的干部队伍，特别强调年轻干部必须德才兼备，讲政治，讲大局，讲奉献，不能过多考虑个人得失，正确对待组织、群众和自己，团结和带领大家不断夺取新的成绩。

七、2002年的重点工作安排

2002年是我们党和国家发展历史上具有重大意义的一年，也是天津现代化进程中至关重要的一年。我们将迎来党的十六大和市八次党代会胜利召开，也是我国"入世"的第一年。对于天津日报社而言，我们经历了全社职工齐心协力，克服重重困难，抓住"天时、地利、人和"的机遇，实现历史突破性跨越发展的2001年。今年要按照江总书记"七·一"讲话精神，六中全会决定和市委七届八次全会精神，按照市委"标准要高、起步要早、作风要实、效果要好"的要求，按照立昌书记、峰岩副书记、怀远部长对新闻工作的要求，**面对今年是发展年、效益年的新形势，社委会班子、全体党员和全社职工必须进一步统一思想，坚定信心，增强凝聚力，巩固团队优势，使报社上上下下形成一股强大的合力，审时度势，冷静清醒，迎接新挑战，开创新局面，把天津日报社的整体工作推上一个新的台阶。**

2002年天津日报社各方面工作的指导思想和要求是**标准要高、起步要早、作风要实、效果要好**；发展思路是**四轮驱动，两翼齐飞，整体推进**；工作的着力点是**制度、效益、激励**。本着**制度是基础、效益是目标、激励是手段**的要求，继续加强巩固管理机制,着眼管理,重点突破,通过**管理严格、统计真实、制度规范、目标明确**的具体操作手段,尽快使得报社的管理达到**程序化、规范化、制度化、科学化**的高水平要求;在分配机制上继续坚持**效率优先,兼顾公平**的原则;与时俱进,开拓创新,实现天津日报社新的历史性飞跃。

今年我们要团结拼搏,形成强大的合力,做好以下三个方面18项工作:

(一)"四轮驱动,两翼齐飞,整体推进",继续做大做强报社事业

1.以办好报纸为中心,以绝对优势为目标,继续做大做强报社事业。报纸整体布局实现"四轮驱动,两翼齐飞,整体推进"的目标(四轮驱动包括日报、新报、青年报、假日四张报;两翼齐飞既指采风、球迷这两张报,也指办报和管理两方面工作;整体推进则是指超前地考虑到形成合力的重大问题)。自2000年提出"办出大报风格"的要求以来,经过2001年一年的运作和努力,**《天津日报》的大报风格已经在全国省级党委机关报中打出了自己的牌子,形成了自己的品牌,创造了一种良性发展的机关报模式,要把这种模式推广做大,"大报风格"是我们永远不放弃的目标。今年要继续坚持正确舆论导向,精心宣传好中央和市委的中心工作,迎接十六大,宣传十六大,贯彻十六大;以市委八届全会为重要契机,认真学习"三个代表",深入宣传"三个代表",身体力行"三个代表"。**在新闻组织策划上,在重要典型、言论、深度报道上再上新水平,让市委放心。办好副刊,提高档次,办出大报风格,让读者喜闻乐见。大报的同志们特别是许多老同志,甘于奉献,服从大局,遵守纪律,值得我们尊敬和学习。

2.以主流媒体为方向,做大做优《每日新报》。全报社上下要从形成合力、顾全大局、着眼发展的角度出发,继续全力支持帮助《每日新报》。**要以主流媒体、大众新闻为目标,以创新的形式唱响主旋律,完善、保持新报的风格和定位,继续把《每日新报》作为天津日报强劲的经济增长点,下大力量提高报纸品质,发行量要占据市场绝对优势,优化发行结构,使读者构成更加趋于合理,按照分三步走的战略,一年打品牌,二年打发行,三年打广告,使其成为一张真正主流媒体和全国名牌。**

3.以《天津青年报》发展为契机,完善、巩固系列子报结构,推动系列报全面上水平,牢牢占领天津报业市场份额,力争成为报社新的经济增长点。《天津青年报》

天津日报新报亭。在天津,每步行10分钟就能看见一座。

每日关注

每日新报

清荷凝香露 且伴斯人归

社会各界为孙犁先生送行

每日新说

孙犁先生二三事

45枝荷花陪孙老远行

生死之交泣离别

我为孙老化的妆

全球首款“来电防火墙”手机 海尔天智星6000，火爆津门

招聘启事

并入天津日报后，成为今年报社办报发展的重中之重，是报社的一号工程。要加快各项筹备工作，一定要确保3月28日复刊，一定要调集精兵强将，**办出一份真正导向正确、特色鲜明、在全国有影响的青年报。报社各部门一定要像支持《每日新报》一样支持《天津青年报》，做到全力以赴，一路绿灯，鼎立支持，共同做好这张报纸。**

4.重点扶植《假日100天》，使这份本市惟一的精品服务类报纸迅速成长，形成党报、早报、周报绝对优势的格局。《每日新报》、《天津青年报》、《假日100天》、《球迷》、《采风报》等子报要研究各自的定位，细化不同的市场分工，一致对外，形成互补、互动的攻势；充分利用《每日新报》既有的品牌优势基础，突出《每日新报》、《天津青年报》、《假日100天》、《球迷》、《采风报》等子报品牌，在强调每一张报纸品牌独特性的同时，打造天津日报这艘“航空母舰”的整体品牌，完成天津日报系列报在市场份额占据主导地位的历史使命。抢抓机遇，快速发展壮大，以强大的实力规模迎接加入WTO后国内乃至国际传媒业的挑战。

5.加强新闻信息的资源共享，突出“经营新闻”的概念，在新闻业务方面也要形成整体作战的集团优势。时刻关注、研究竞争对手，做到知己知彼；把市场调研、商业分析形成一种动态的、长期的机制。我们在飞速发展，竞争对手也并没有停滞不前，挑战和威胁始终存在。一定要认识到，研究、分析竞争对手绝非一事之需，而是一个企业必须长期坚持不懈的工作。酝酿本着整合资源、信息共享的原则，在现有各报“舆情调查小组”的基础上，从办报和经营两方面入手，成立与“经济运行工作室”相呼应的“新闻业务研究室”，从具体调查分析中提供材料，找出规律，供社委会决策参考。同时，研究在新闻线索、新闻资源、新闻队伍建设(驻外记者站)方面实现共享，降低成本，提高效率。**同时，以“名师家教”的成功经验为基础，带动版面延伸的推广和深化，走出一条编辑部各部门互相借鉴、互相学习、共同进步的良好发展道路。**

(二)完善管理机制，提升管理水平，管理是金，向管理要效益

6.制定天津日报社2002年预算，确保各部门本年度经济任务指标的完成。2001年天津日报社历史上第一次开始实行预决算制度，在社委会的正确领导和全报社职工共同努力下，胜利地完成了预定目标，管理成本大幅度下降，将报社经营管理带入了一个实实在在按照市场经济规律办事的时代。**企业竞争最后拼的是管理,管理是真金。在报社,管理是历史欠账,也是快速发展的需要。今年将由"经济运行工作室"具体操作,继续实行预决算制度,吸取去年的经验,完善去年的不足,把这项工作做得更科学、更合理、更准确、更规范**。其中,涉及到各承包切块部门的**经济任务指标,要经过科学论证,重新确定,既不能拔苗助长,更不能低水平重复,标准不能低(标准低的原因有三:水平低;小团体利益;小富即安),否则不利于报社整体发展,也不利于自己的成长。指标至少要跳一跳才能够得着,要增加75%或者翻一番,要使得这项工作成为报社整体经济核算中可以量化、可以考核、具有极强操作性的有机组成部分。**

这里还要强调,制定财务预算是为了平衡支出、确保盈利和控制成本,需要各部门和各级干部统一认识,齐心协力。**因为一个再好的预算如果没有好的支持气氛和保障措施,即使思路再正确,办法再科学,手段再先进,恐怕也很难达到预期的效果。同时,由于报社事业的发展,在特定时期分灶吃饭,既是成长的需要,更是事业进一步快速发展的需要,但是如果不分时间、地点分灶吃饭、各自为政、重复投入,将使报社不堪重负,造成很大的资源浪费。我们要将改革进行到底,将管理进行到底,真正按照集团化的标准抓好管理。**

7. 加快天津日报报业集团组建工作步伐,使报社走上传媒产业化发展道路。天津日报社组建报业集团在全国省级党委机关报中不能算早,但是实事求是地讲,就我们的具体情况而言,能够在短短一年多的时间里,从"库里没纸、账上没钱、心里没底"的困境中走出来,实现扭亏为盈,继而把这个问题提到日程上来,也是一个奇迹,依靠的是正确的决策和优秀的团队。**我们虽然晚了一些,但是我们拥有三份日报的优势,以及六张报纸两份刊物的互补结构却是其他机关报所不能比拟的,具有得天独厚的条件,我们坚信,凭着这些,天津日报社一定会后发制人,在天津乃至全国的报业市场上异军突起。相信在天津日报报业集团组建之后,我们的发展一定会快马加鞭,一日千里。**

8.加强财务监督、审计,实行全过程管理新机制。资金不论大小,要做到进出有序,花钱事先要申报,事后要审批;全程监控,归口负责,专人审批,实行招标,该花的钱花在刀刃上,不该花的钱一分钱也要卡住。报社管理必须进入全过程成本管理、全过程财务监督的阶段。各承包部门按月上交收入和分类支出的报告,既要体现有层次的放权,实现扁平化管理、更要严格规范财务制度,加强监控和制约,还要兼顾不同机制各部门之间的平衡和激励。我们将很快出台《天津日报社财务审批制度》,要本着**"管理严格、制度规范、统计真实、目标明确"和"强化财务管理、加强审计监督"**的原则,做好今年的财务管理和经营管理工作。

报社各项成本要清楚干净,**各承包切块部门的各项费用要担到底,决不能**

游离于报社监控之外，还要保证各承包切块部门的活力；经营收入该上缴的要及时，留下的也不能随意支配，换句话说，**老子的饭不能白吃，自己挣的钱也不能乱花，更不能花出毛病来。盘子要干净，端盘子的手要稳**。要强调部门利益不能影响报社整体利益，特别是在财务制度上更要严格，继续执行统一管理原则，**该放的权一定要放下去，该收的权坚决要收上来，决不能中央控制很严格，地方开支却很宽松**。今年我们要在会计委派制的基础上，**实行会计轮换制，派出的会计坚决不能从被委派部门拿钱，这是铁的纪律**。

我们期望通过上述手段，不仅要把以前欠缺的管理课补回来，而且还要迎接新的发展时期所面临的新的挑战，如此才能**用机制保证不出问题，保证降低成本，保证各部门之间的团结、稳定和利益相对平衡，确保在报社上上下下形成一股强大的合力，在人、财、物各方面实现资源共享、信息共享，并体现效率优先、兼顾公平的原则**。

9.制定《天津日报社部门责任考核月报办法》、《天津日报社经营管理制度手册》等一系列规章制度，做到保障措施有力。要达到完整、有效的管理水平，必须要有明确的指导思想、突出的重点工作，但更要具备有力的保障措施。**从2002年3月份开始，在全报社实行月报制度。按照制度手册考核与奖惩，更是为了使我们的工作有任务要求、有时间表、有量化指标、有考核办法、有奖惩措施**，并且能够帮助社委会以及各部门及时发现工作中的问题和不足，及时调整和改正，为全年工作的真正落实打好基础。

报社管理弱，关键是规章制度太少和有章不循。一个市场经济条件下的现代企业忽视现代化的管理，规章制度不健全，分配机制不均衡，没有市场化的人才机制、企业理念无法贯彻等等问题，实际上都是缺乏一套科学、合理和行之有效的管理模式造成的。

10.逐步实现资源共享，合理配置各种资源。采取放飞、剥离等措施，整合了已有10多年历史的《球迷》报、《采风报》等子报资源，2001年《球迷》报、《采风报》广告、发行结束多年亏损局面，而且改变面貌后的报纸在市场引起了较大的震动，显示出新经济增长点的势头。盘活自有房产资源包括服务楼、报社老大楼和37层旋转餐厅，出租的要求是：**合理评估价值，考虑长远发展需要，提升报社整体形象**。整合资源，立即调整办公用房，本着三个原则：即**有利于发展的原则、整合资源的原则、相对合理公平的原则，切忌重复建设**。技术处负责的采编、通讯等技术设备改造工作也要有长远的眼光，具有一定的超前性，配合调整办公用房工作。**总之既要有规划，更要有计划，还要有步骤**。另外，还要从信息、技术、设备等关系到新闻业务和经营生产的方面入手，**研究市场经济规律，把握市场脉搏，按照市场经济规律办事，目的是降低成本，提高效率**。

11.加强人力资源储备，拴心留人，在去年完成的定岗定编的基础上强调定责，开发人才的真正潜力。天津日报社的团队是一支优秀的团队，但是面临事业快速发展的机遇和挑战，人力资源储备不足的问题越来越突出，**如何吸引更多的优秀人才，最大限度地发挥人的主观能动性，把综合素质很高的人才放到最适合他的工作岗位上去，是今年重点要解决的问题**。经过2000年12月份至今的这段时间，经过2001年定岗、定编、定责的考验，报社大部分干部职工的业务水平和管理水平又上了一个台阶，各自都发挥了重要的作用，为报社做出了贡献。为了适应报社事业进一步发展的需要，为了组建报业集团之后管理层的结构更加合理，为了杜绝“自己干不好还耽误别人事”的现象，充分发挥“指挥前移、工作艰苦、作风扎实”的作用，起到“提神、提速、提高效率”的效果，使报社人员的整体合力更加强劲，**社委会将设立“人才百万基金”，用于对各部门做出突出贡献同志的学习培训**。

YOUTH DAILY

追寻大师生命的足迹

村口的石碾记得大师的音容
乡间的小路留载大师的足迹
故乡
永远因你骄傲

白洋淀的清水流淌文坛清音
荷花淀的馨香诠释淡泊人生
白洋淀
在夜幕中沉默

永恒的音容

(三)抓好生产经营重点，加快发展步伐

12.早着手，快动作，对印刷厂进行股份制改造，建设天津日报社印务中心，为报社事业整体腾飞打下坚实的基础。印刷厂团结一致，齐心协力，挖掘潜力，保质保量地完成了任务，为报社大局的发展做出了应有的贡献。在确保完成好主业——《天津日报》及子报印刷任务的同时，“转变经营观念，竞争印务市场”，巩固老客户，发展新客户，主动找市场，了解情况，沟通信息，副业创收再创新高。**印刷生产的强势增长反映出报社事业的飞速发展，反映出报社整体水平和规模的需求提高，也对我们的工作提出了新的要求**。人无远虑必有近忧，更新、引进印刷设备，建立现代化印务中心，已成为迫在眉睫、必须解决的紧迫问题。目前，我们正在积极进行可行性研究，要尽快从征地、融资、基建、设备几方面着手，全方位启动印务中心建设工程，以适应报纸发展的需要，给报社下一步发展打好基础。

13.整合两支发行队伍，稳定日报发行，做大新报发行，突出青年报和假日100天的发行；规范、理顺每日新传媒发展公司，尽快完善法人治理结构，早日步入按照市场经济规律运行的良性轨道。今年，我们将以每日新传媒发展公司的规范和理顺作为发展的重点，继续严格按照统一形象、统一包装、统一管理、统一进货、统一运营，追求规模效益的思路，加快整体工作推进力度，尽快整合或联合天津市现有的书报刊批销零售系统，利用自己的规模优势统一终端网络。在整合日报新报两支发行队伍的基础上，重点做好报社六报两刊的发行工作，完善报社销售系统和公司运营系统，在确保报社销售渠道稳定发展的基础上，追求公司利润的最大化，逐步利用自身的资金和经验优势，以参股、控股、兼并等手段向各地书报刊、音像制品等配送网络渗透扩张，同时，增强自身的资金实力和运作水平，继续走资本运作的道路，并迅速做大做强，为天津日报社跨越式发展提供体制、思路和资金储备。

14.充分发挥在全国自办发行协会的作用和优势，开展外埠发行。天津日报社历史上有几个"第一"，全国省级党委机关报第一家搞自办发行就是一项。这是我们的荣誉，更是我们的资源和优势，今年必须确立在全国自办发行协会的地位，扩大天津日报社在全国的影响，为系列报向全国市场进军铺平道路。

15.重塑外部形象，完成大厦前厅和前广场改造工程。天津日报大厦是中环线一景，但前厅狭窄，前广场脏乱差，周围配套环境极不协调，不但影响了天津日报的形象，也影响了天津的形象。社委会决定筹集资金改造美化前厅和前广场，目前，市政府及有关部门已通过改造和设计报告，到2001年底为止，资金已经全部到位，勘测、设计、衔接、审批、招标等大量繁杂、艰苦的前期工作均已基本完成，只剩下开土动工，预计3月底前可以正式开工。这项重在塑造报社形象，拓展报社大厦功能的工程将在上半年完成。

16.加强天津日报社整体包装，扩大对外宣传力度。要求突出大型活动和策划，整体形成合力，搞好协调，互相配合，通过一系列对各报有影响的活动，强势打造天津日报品牌，为报社无形资产增值做出贡献。这件事要成立专门的班子来做。

17.继续扩大资本运作，走传媒产业多元化投资的道路，使报社事业在一个高水平、高起点的基础上实现真正的跨越式发展。借鉴每日新传媒发展有限公司成功资本运作的经验，继续扩大对外融资，整合资源，吸引资金，为报社跨越式发展提供体制、思路和资金储备，利用自身的资源和经验优势，以参股、控股、兼并等手段迅速发展，加快增强自身的资金实力和运作水平，应对WTO挑战。

18. 奖金总额翻番工作迅速到位，用激励手段保证制度的有效和效益的实现。要不断细化、完善绩效考核制度，做到责任清晰，奖惩分明，在效率优先的前提下兼顾公平，为报社的内部竞争机制提供一个良好的运行平台。

(2002年2月27日根据录音整理)

台阶是怎样跨越的

——炼曲 2003

本文为作者在2003年度津报集团总结动员大会上的讲话。原题为《深化改革,锐意创新,再创津报集团事业发展新辉煌》。

流光溢彩的天津日报大厦。

每年都得开一次这样的会，去年是正月十六开的,今年是正月十七,整整一年后的今天，我们又坐在这里总结2002年、规划2003年。我在办公室看总结稿的时候，觉得天津日报的同志们的确是很神勇,各项事业蒸蒸日上,蓬勃向前，而且我们做成的事情，现在回过头来想都不敢想。我们2002年做成了14件大事,其中有几件事是具有历史意义的,比如说报业集团的成立《天津青年报》的并购复刊、“天津日报号”昂势起飞、奖金总额翻番、大厦前厅前广场改造等，我随便一说的这些事情，搁在一些单位,放在我们集团过去,很可能历时几年都未必能够做成。**但是天津日报的**

天津日报大厦外100米长的水晶长廊。

同志们，这一年中出了汗，付出了心血，大家齐心协力，为了我们的事业，为了天津日报的美好明天，为了我们的集团更有竞争力。大家的心气、事业心和责任感一年比一年高，天津日报的事业整体推进，整体上水平，无可阻挡。可以讲，2002年的一年，我们彻底摆脱了困境，彻底走出了低谷。我们心里一直非常沉重的阴影、压在我们头上的一些东西都挥之而去。2002年是我们党和国家发展历史上非常重要的一年。这一年党的十六大成功召开，胜利实现了党的中央领导集体的新老交替，将“三个代表”的重要思想写入党章，和马克思主义、毛泽东思想、邓小平理论一道作为我们党长期的指导思想，这是一件非常重大的历史性事件。在这一年，我们天津召开了市委八届党代会，之后召开了二次、三次全会。**在这个背景下，我们天津日报的整个事业发生了巨变，无论是我们的办报还是经营，还是效益，都创了历史最好的水平。我觉得天津日报去年是“天时、地利、人和”，在社委会确定的六字方针“制度、效益、激励”这个着力点下，在“四轮驱动、两翼齐飞、整体推进”思路的带动下，在我们总体思路的指引下，天津日报确实是人气高、士气旺、干劲足，出成果、出人才、出效益！ 2002年是天津日报50多年历史中最辉煌的一年！大事最多的一年！喜事最多的一年！**

我先把一件事提过来讲，着重给大家讲一点分配上的事情，制度上的事情，这也是今年社委会工作的一个重点。去年在奖金总额翻番的基础上，我们年底又拿出1700万，作为年终奖励分给我们集团的全体职工，包括系列报的职工。那么这个1700万的概念是什么？我们是在什么情况下拿出的1700万？我们去年并购了《天津青年报》，青年报需要大的投入；全年奖金总额翻番，在过去的基础上翻了530万，双薪什么都不算；我们的设备投入了2000多万，因为我们现在印刷的瓶颈问题非常严重，所有报纸的问题都集中在印刷上，新报不能早投，青年报必须中午出，都跟印力有关系，我们必须投入；我们还为以前还了8000万贷款。我们是在这样的情况下拿出1700万来进行分配的。我先说这个是什么意思？**社委**

会之所以做出这个决定，没有别的原因，就是想回报集团全体职工一年来的付出，就想让天津日报的全体职工感到劳有所得、干有所报，就希望我们集团全体职工能深深地体会到，天津日报的整体经济上去，整体发展上去，我们大家的日子一定会水涨船高，越来越好！社委会的同志有这么一种感情，希望以此作为一种激励，激励大家在 2003 年干得更好。

下面我把去年的工作简单做一下总结，这里面还有一些观点，然后我把今年社委会定下来的必须完成的 20 多件大事，就是今年要做哪些事情，要为大家解决什么问题、天津日报要发展到哪个位置，跟大家通报一下。

2002 年我们做了这些事情：

1.我们坚持办报的总体思路，坚持大报风格，坚持做强做实做大党报。我们去年报纸办得确实不错，《天津日报》包括我们所属的系列报都出色地完成了自己的任务。**特别是《天津日报》，以一种强烈的政治责任感，一种饱满的政治热情，一种准确、生动、稳健的风格，以一种真正的职业新闻人的策划水平，在许多重大报道中显示了我们的办报能力，显示了我们的报道水平，显示了我们大报的权威优势**。《天津日报》2002 年一年在许多方面是可圈可点的，包括我们的言论，特别是重型的言论；包括我们一些十分重要的解读，比如海河开发的解读，全会的解读，许多省委机关报到我们这里学习，摹仿我们的解读。《天津日报》确实在"权威媒体、大报风格"上下了功夫，确实有创新的思路，确实没有躺在过去，确实是出色地完成了全年市委交给的任务，在政治上跟中央、跟市委高度一致，事实再次证明，我们在政治上是稳健的。当然我们决不能骄傲，**到任何时候，《天津日报》都要保持政治上的冷静，坚持政治家办报的原则，都要十分清醒地看到自己的不足和潜在的危机**。

我们有一支很好的夜班编辑队伍，有一支很好的记者队伍，我们的中层很好，把握有度，控制有度。我早就说过，现在是一个非常敏感的时期，2002 年一年，市委八次党代会前后、党的十六大前后，关于人事上的纷纷纭纭、风风雨雨，都足以使我们这些办报的人坐不住了，**但是《天津日报》的编辑记者，我们这支队伍有定力，坐得住，沉得住气**。**我总是跟夜班的同志说，跟我们一些副总编辑和系列报的负责同志说，每遇大事心先静**。**办报不能没有静气，不能没有激情，不能没有策划能力，但周密细致、稳妥谨慎、善于沉默、十分之冷静、万分之小心是办报人一种天生的理性要求，一种最职业化的要求**。**冷静、清醒、理性，准确、生动、稳健**。**这就是我们《天津日报》！**

去年的《每日新报》发展成长越来越好，报纸办得好、效益好，出色地完成了社委会交给的任务。《天津青年报》5 月 8 日复刊，也非常成功，尽管还有这样那样的困难和不利条件，但是它一步一步走到现在，重要的是已在走向市场。我们的《假日100天》已经完全控制了天津的周报市场，成为津报集团又一个优质品牌。《采风报》影响力越来越大，《球迷》也在努力。我们有些重要评论，七八次评论，立昌同志都是批示全市四大班子各级领导学习。《天津日报》的言论，市委第一书记批示让全市来学习，这是非常难的。**什么叫权威媒体？第一条，准确地反映中央和市委的大政方针，这是最主要的；第二条，及时准确地回答国计民生中重要的热点问题；第三条，在重大问题上不出现任何偏颇。这就是权威媒体的架子。大事上有自己的立场，大事上不失分寸，大风大浪面前不失风度。**所有权威媒体都是这样，它不会今天报道一个，明天就改，不会总登"更正"，不会总道歉，更不会总改变表情，更不会调整自己的政治立场。**市委书记张立昌同志参加报业集团成立大会上的重要讲话，也就是对《天津日报》权威性的权威概括。**

2.《每日新报》市场占有的份额越来越大，报纸越来越成熟，经营业绩非常突出。我觉得新报有几个非常突出的特点，一个是这支团队非常好，是一支富有激情的团队，也正是有这样一支团队，才会不断有新的创意，不断有新的创举。去年新报在千期前后进行大规模的改版，两次改版总的是好的，改版是非常成功的。**办报要不断调整自己，调整自己和市场的位置，调整自己和读者的位置，调整就是创新。**新报这几年的发展我觉得有一条非常重要，就是这么一个激情团队，不断地以创新的精神办好报纸。新报千期活动，还有其他的创新，比如媒体挂历、媒体楼书，一系列创新，使新报不但报纸发行量稳稳地占有全市报业市场龙头的位置，而且效益上完成了社委会交给的任务。那么今年的任务，台阶会更高。**新报始终是我们发展的重点，新报应是全国最有影响的都市报，我们要有这个劲头和志气！**

3.《天津青年报》成功复刊。青年报的成功复刊显示了我们这个团队的整体实力。**在成立报业集团之前并购《天津青年报》，单就一个集团而言，单对一张报纸而言是非常重要的。它的重要不单单在于我们有能力，我们的集团有实力，还证明了我们向规模化发展、向集团化发展、希望把我们的边界做大、把我们的战线做大、把我们的团队做大、把我们的集团做大的整体思路是正确的。此外，我很同意这样一个观点，在商战中，如果不能灭掉对手，最好的办法就是收购对手。**青年报的先天不足就是品牌不行，再加上我们印力不足，出版时间必须调整在中午，现在更早，青年报现在是8点半付印，在全国媒体中没有一张报纸是早上8点半付印，就是4点钟上班，8点半付印。一般来讲，报纸要不然就是夜里一两点付印，要不然就是中午11点半以后付印，8点半付印就是因为我们的印力。在面临这么多不利的情况下，青年报的同志们青春绽放，火样年华，拼一下，5月8日复刊，9月份又改版。**我觉得青年报有三条：第一，把一张没有市场的报纸逐渐让市场接受，"深度新闻、全新概念、城市定位、青春阅读"，"新闻、新知、新生活"的**

天津日报水晶前厅采用圆锥形全钢玻璃幕结构，通体透明，造型美观时尚。

定位逐渐向成熟、稳定上发展。**第二，带出了一支队伍，做出了一份好报的样子**。当然这支队伍还不是很成熟，我们去的人并不多，完全是一支比较新的队伍，从社会招聘的。前一个月我是跟青年报干的，这些孩子不但不会数行，连基本的新闻观、基本的新闻写法、新闻的采编方法都不懂，头一天出报我至今记忆犹新，乱成一锅粥，我可以举一个例子，就在试刊头一天，整个版排出来都不像个版，还不如一般的传单。我觉得我们现在是整个带出一支队伍来了。**第三条，非常重要的一点，青年报在寻找定位、寻找发展的过程中，对市场的理解和了解越来越清晰**。**我一直希望青年报能和新报一样，和假日一样，走一条完全的市场之路，做一张完全市场化的报纸**。现在市场竞争整个格局变了，《北京青年报》的改版给我很大启示，大家可以注意一下它的改版。**北青报的经验有两条，一是打市场，二是靠真正的独家新闻打市场**。青年报在走一条市场化之路，这个报纸总体是完全被读者认可了。但我们究竟能为读者提供多少独家新闻呢？我希望同志们多研究北青报。

4.《假日 100 天》领军天津周报市场。《假日 100 天》到去年 8 月份创刊不过一年，一年是什么概念？50 多期报纸。办 50 多期报纸能够被读者认可，能够牢牢占领周报市场！《假日 100 天》是以一种全新的概念，以**“目标读者、精确发行”**的思路，有一种非常准确的定位**“关注精神变化，追踪物质感觉，放大生活细节”**，报纸变长、橙色，我写过一篇评报，说它完成了从纸型到纸质的变化，是非常前卫的

党的十六大上，作者与刚刚当选为中共中央政治局委员的天津市委书记张立昌合影。

一张报纸。特别是假日进超市，上条形码，意义非常重大，至少从形式上找回了新闻纸的商品和市场的属性。假日2002年一年完成了社委会交给的广告任务的5倍，今年定的指标就不只是5倍了，更高。**假日是非常成功的，我想这张报纸在不远的将来将是我们集团的一个经济增长点，一个好的周报平台，在天津市一定是垄断性的周报，在全国一定是有影响的周报**。所以在今年的工作里，对新报和假日，社委会会有重新的考虑。

5.各种奖项大丰收。 去年得奖很多，祁小龙得荷赛奖的也是去年在青年报发的那张片子。我们为什么今天特别突出地宣传祁小龙？**因为我们觉得天津日报不但要出效益，还要出成果、出人才，形成尊重人才、爱惜人才的好风气。大家应该有这样一种共识，只要我们出了成果，出了人才，就是我们天津日报整体的光荣，就是我们天津日报未来的希望**。去年天津日报的最高标志就是梁凯程同志，我们的出版中心主任，获得中国新闻界编辑最高奖“韬奋新闻奖”，而且去年还是历史上第一年轮空，八个人。这非常不容易，这是全体夜班的骄傲，全集团编辑的骄傲，是天津日报的骄傲！去年周敏他们处理一条日航的新闻，夺得了中国新闻奖二等奖。大家不要小看啊，这完全是靠一种新闻的敏感、新闻的策划，纯新闻的东西，我们自己得的奖。《球迷》还得了个三等奖。天津新闻奖就不用说了，我们遥遥领先。**天津日报这两年经过大家的努力，因为我们思路正确，注重人才，注重队伍的建设，确实呈现了出成果、出人才、出效益“三出”的局面**。

6.经济任务指标圆满完成。2002年是天津日报实施“预决算制”的第二年。预决算现在看起来对集团来讲非常重要。我们长期以来没有这个，挣多少钱和花多少钱都不清楚，在一种非常无序的状态下进入市场竞争，那么首先谁乱呢？首先我们自己乱，挣多少钱自己没数，也没什么具体的要求，挣多少钱该挣多少钱都不清楚，花多少钱就更不清楚了。可能是我对经济感兴趣，性格上还有点优势，我是真定这个数。我们从2001年开始实行“预决算制”，非常成功。**我说的成功实际上就这么几点：一点就是它把我们应该挣的钱，就是我们盘子里需要多少钱，把利润打出来，有一个很好的预算**。**这个预算是从“创”着力，增收和节支，开源和节流，先从“开源”开始**。广告，新报拿多少，日报拿多少，房产拿多少，球迷拿多少，采风拿多少，都有一个数。就这么多钱，然后我们的盘子就分到这儿，先把必须花的钱拿出来。这样预算做好了之后，都有第一责任人；这个责任人就包预算，就是你到年底不能花超了。我们2002年比2001年做得还好。上半年我们在整体比较困难的情况下，综合效益增长了44.7%，我们全年的增长，算实了，增长了接近30%，或叫20%多，整体增长。**那么我们想今年继续加大预决算的力度，现在还在算账，关键是要算准**。我们去年是在奖金总额翻番的基础上，投入2200万买设备，是我们自己的资金。原来历史上遗留的贷款，1.2亿这个大楼，1.2亿贷的流动资金，我们这届社委会还账还了8000万，加上买设备的2200万，一个多亿！这一个亿再加上我们分的那些奖金，我想大概得一亿六七千万，什么概念？**有两条非常重要，第一条，这钱必须是我们挣的，第二条，我们必须有足够的现金流支撑**。**天津日报去年整个经济状况良好，表现了一种非常合理、充沛的现金流**。**所以今年在考核上，各个创收部门，特别是广告部门的回款是十分重要的一项**。我们还了8000万之后，使整个贷款比例非常合适，对一个企业来讲，有一定的负债是非常合理的。此外，我们还的8000万是一个什么概念？如果我们想投入一张报纸，没还8000万的时候利息我都交得起，我再贷4000万呢？我再贷5000万呢，比以前的压力还小。**2002年天津日报最出色的、最成功的就是我们的经营真正走出了低谷**。同志们，非常不容易呀！这里包含着大家的心血，包括我们这些编辑记者、经营管理层的同志，特别也包含我们系列报的同志们。我们的新报、假日，包括刚刚起来的青年报，他们都是一天工作十五六个小时，十七八个小时，甚至

20个小时滚在集团，拼在报社。**正是这些同志对社委会定下来的任务毫不懈怠，不掺沙子，不掺水分，一是一，二是二，才有了今天这样的好局面**。当然这里头和社委会的决策有关，**大家可以回过头来想想，我们从2000年下半年到现在，有哪一个决策是错误的？我自己反复想，我担心自己由于一时冲动，在某一个决策上给集团带来小的或者大的损失，但是到目前为止，我们社委会有一个共识，就是我们到现在为止所做的决策都是正确的**。《假日100天》不正确吗？当然把农民报调整成假日，也体现了市委顺势调整的思路。如果没有这份橙色周报，我们的报纸结构是不合理的。现在我们的报纸结构，很合理，日报、早报、午报、周报，年龄是从16岁到60岁全覆盖，时间是从早到晚全覆盖。

7.广告进入一个高水平。天津日报的广告非常不容易，当然现在还有一些问题要解决，**还要创新机制，创新思路，创新招法，要战略战术并重**。另外我们的广告在经营上开始创新，我们的媒体楼书、媒体挂历，日报的平面房交会，我仍然全额代理广告，比如中新药业这样的，都是非常成功的尝试。**去年整个广告从经营模式到创收能力都进入了一个比较高的水平。广告必须创新思路，特别是在竞争越来越激烈的情况下，必须善于创新、勇于创新，决不能靠天吃饭！**今年还有要求，《每日新报》的广告已经晋升到全国20强，但是现在新报的宣传不力，**我们今年的工作有一项就是全力打造新报在全国的影响，就像打造《南方都市报》、《南方周末》一样，打造这个品牌和形象**。《假日100天》广告完成了指标的5倍，是非常不错的。**由于这两年我们的广告按市场化的路子走，严格要求，从招标到操作到一切，整个过程都和以前不一样，是完全按媒体的特点、集团的规律和市场化的要求来做，而且以效益和集团利益为最高利益，所以我们成长出一批人才，他们已经成为天津市很有影响的、非常出色的广告人。我后面会说，我们需要职业经理人，职业新闻人，职业广告人，职业媒体投资人。广告就是因为这条路对了，是一条市场化的道路，就慢慢成长起来了。**

8.发行公司完成整合，发行量比较稳定地增长。2002年，最重要的就是每日新传媒公司成立之后进行整合，日报和新报两支队伍完成了整合。这是一个历史性的大事。这个队伍整合的意义是，天津日报从自办发行开始在全国创新，进入低谷之后，自身的弊病难以解决的时候，我们以报亭为一个契机，把这种政治资源和市场资源完好地对接起来，成功地进行了两次融资，形成了一个好的公司。这种整合后使我们有可能按照法人治理结构，按照公司化的道路，按照产业化的要求创造一种好的概念和好的盈利模式。这个整合是非常不容易的，整合了2000多人的队伍，这2000多人的队伍全在公司开工资。我们的报纸在这种整合的情况下基本稳定。2002年《每日新报》的发行量增长24%，但是我想它的影响力增长决不会仅仅是24%。《假日100天》的发行量增长了5倍，我想它的影响力

津报集团第九届运动会入场式上，十报两刊彩旗招展。

津报集团第九届运动会上，奥运冠军王义夫为运动会鸣开幕枪。

增长也决不仅仅是5倍。

9. 印刷总量创历史纪录，印务中心开始筹备。**我们的印刷总量在2001年已经大幅度增长了，再次成倍数地比过去增长**。我们以前就一张日报，十七八万份。现在除了日报之外，几十万份的新报、十几万份的假日、十几万份的青年报，这么大的印量，在去年增长的基础上，2002年又增长了28.71%。**特别觉得有两件事，一是在印量增长的情况下，印刷厂高质量地完成了印刷任务，我们的印刷质量越来越高**。**设备比其他报纸差，但印刷质量确实不俗**。无论是《假日100天》还是日报，特别是重大活动期间的图片，比如说党的十六大和市委八次全会，印刷质量都非常好，都是一流的。因此，我们的印刷质量已经进入了全国优质行列。

我们还引进了设备，7月份就安装，缓解印力的紧张。我们现在最紧张的就是印力。我一直在想，有人也向我建议，是这么分钱好呢，还是全体职工，在册不在册的，投资入股做我们的印务中心，成立个公司，然后把这个公司做成一个盈利公司。做公司很好办，印刷厂挣多少钱咱不管，它挣5分钱不够分的，那我把集团好的资产、效益摆在这个公司里面，这样给大家分钱可能比较合适，都心理平衡，外界心理也平衡。这外界首先平衡了，内部也平衡了，按投资比例来分的，我也平衡了，我也不觉得给有些同志多不合适了，他投的多。奖励再说奖励的。可是这个事有个坎儿，有个制度上和体制上的坎儿，这个事我已经跟有的律师在谈，如果做成了是很好的一件事。**这次党的十六大报告里有个概念又比十五大推进**

了一步，"劳动收入"和"非劳动收入"。"非劳动收入"主要讲的，除了智力收入之外，就是投资收入。十六大确定的这个事没有细化，我想如果可能的话，将来在印务公司里面做这样一件事，把大家的资金集中起来，既解决了集团资金紧张的问题，同时又给大家利益，反正比银行要强，而且也是实践党的十六大精神。**总之，深化改革应是党的十六大确定的一个中心任务，也是集团今年的一个中心任务。**

我们很多事情走在前面，比如说每日新传媒公司是全国领先，《假日100天》的融资走在前面。《上海星期三》跟《假日100天》一样都是周报，我到上海开会，文新集团社长赵凯就问我，你那儿融资是怎么回事，我说我主要解决零投入，天津日报没钱，我刚接手没钱，又要办这张报，谁来投入呢？我拿这个报名《假日100天》来让对方投，我们没有投，全部是顺驰集团投，开始投了500万没解决问题，又增加了500万，共1000万，可是钱都在我们这儿了。赵凯问完我之后，我前天看了一条消息，《上海星期三》和春兰签订了合作合同。**天津日报好多方面走在全国前面，所以我想印务中心这个事，或者在职工介入这件事上，如果能走出一步，可能集团就会更有凝聚力，更加能分清责任，干得好你是为大家干，干不好你请走，因为大家利益都在你这儿了。我觉得有可能解决这个问题**。我们要成立一个有限责任公司，投资公司，**我一直想把报业集团变成投资中心，把系列报变成利润中心，把部门变成成本中心**。做投资中心必须有一个公司，什么概念？现在报业集团这个公司是把好的资产不好的资产都混在一起，是混拼的，那么我做一个有限责任公司，把好的资产搁到公司里面，按照中央文件，我们拉进一家企业，给它1%或2%的股份，象征性地成立一个股份制的公司，这里产生了一个技术性的处理，就是怎么把这个公司和大家那个股份制公司对接起来。天津日报确实缺少这样一些真正懂得资本和公司的人才来运作、策划这件事，来解决这些坎儿，这些技术性的问题。这件事没列进今年的事里面，但是今天我把它说出来了，请财务中心研究。

10.拓宽经营宽度，初步形成产业链。一个是每日新公司的整合，一个是《假日100天》的增资，包括成立经报进修学院，而且跟大家说一个消息，**我们通过激烈的竞争，历时半年多，把《天津汽车报》的报号争取传媒到天津日报，这是非常重要的一件事**。为什么？**第一，入世后我国民族工业最活跃的、成为支柱型产业的是汽车，外国进来的不仅仅是技术，而且是资本；第二，全国50%以上的进口车辆在我们天津保税区；第三，我们私家车拥有量在全国第四；同时出租车量按人口比例是全国第一；**一汽和天津夏利又合作了，这些都是对这份报纸极大的利好。我现在和同行的朋友谈起这件事，他们觉得这很可能是天津日报报业集团的一件大事。**我那天和汽车报的几个同志谈，这份报是生产和流通、市场和品牌、品牌和消费完全沟通的一个平台**，所以我们做了这样一件事，这就是我们的经营宽度和产业链，这份报可以带来大量的广告。关于广告，我提前讲几句。**2003年很可能是我们国家最好的一年，也是天津最好的一年，为什么？我们国家的整个经济可能进入一种稳定增长的态势，这是第一；第二，党的十六大确定全面建设小康社会的目标，这个目标的含金量太大了；第三，天津“三步走”战略今年是第一年，这个“三步走”战略是什么意思呢？是3000美金，到多少年后要达到6000美金，这个数字决定天津今年要做到什么位置呢？天津今年GDP增长必须保证在13%以上，我们平常都是11%、12%左右，今年必须是死保13%，才能达到人均GDP3000美金，加上海河开发带来的巨大商机，今年广告应该好。**就看广告处的同志怎么安排，怎么创新了。咱们要做出经营宽度，把产业链下移，如果印务中心再做成了，这个事就完成得比较好了。还有经报进修学院，大家不要小看，教育是个大市场。总之，要把广告真正做好，又不能全部靠着广告，还要讲经营宽度，讲媒体经营和经营媒体。

11.天津日报报业集团隆重成立。8月21日，天津日报报业集团隆重成立，非常成功。立昌同志亲自出席，并给集团工作很高的评价。先说集团成立这事儿，就是把一种不可能的事情给做成了，除了大家很努力，得到了市委的大力支持。第二，我们的整体工作在宣传部的领导下全速推进。第三，我们集团成立得非常大气，显示出天津日报的水平，**出了132版，当天进账900万，30多块巨型广告牌矗立在大街上，包括邀请的嘉宾，他们给我写的总结是“贵宾如云”，那天确实是很提气的一天，很爽、很酷的一天！8月21日成为天津日报历史上值得纪念的一个日子。**

12.以照排中心成立为标志，我们先后成立了财务中心、广告中心，集团化整合顺利起步。我们整个集团的同志们，包括系列报和大报的同志们都有很强的大局意识和全局意识，**我们根据中央文件精神，关键是以生产力标准为标准，以改革为方向，以结构调整为主线，从年初开始就积极稳妥地加快整合步伐。整合强调集团的主体地位，强调主报的主导作用，强调主业的规模意识。大家不要小看这三句话。我们本着“该分则分、该统则统、宜统宜分、统分结合”的原则有序进行。集团成立前后最凸现的一个矛盾就是丁关根同志要求的，怎样使集团不是物理变化而是化学变化，怎样使集团不仅仅是简单地成立集团，而且有集团意识和集团统一的目标。**我们面临着什么呢？事业越来越大，战线越来越长，七报两刊，现在做起来是六报两刊，两个公司一个学院。我们的队伍，用一句最简单的话说，28层楼，装得满满的，现在房子都不够分的，有的部门就一间办公室，汽车报的同志来了，在三楼会议室找了一间房子。**事业大了，战线长了，队伍越来越壮大，这时候管理的问题就突出出来了。首先一条，我们怎么通过整合解决不发生大的问题，不出现大的漏洞，包括经济上的；第二，我特别同意中宣部李从军副部**

长在开会时说的，很容易出现这种状况，现在没有，如果不整合将来一定会出现，就是离心力。不整合，分散的，独立的，一个团队一个团队的，一个部门一个部门的，甚至是一个山头一个山头的，当部门利益、团队利益与整个集团利益发生冲突的时候，很有可能产生离心力。在有离心力之前出现的就是团体的、小团队的经济利益，这也十分可怕，很容易出现问题，甚至是严重问题。我在2002年底就说整合，就强调整合的意义，就给同志们吹风。从哪儿入手呢？从照排入手，照排做起来看着简单，但实际上很难做，这是第一次涉及到各部门利益的整合。设备，谁都知道自己分散着做比较方便，但是我想照排如果不整合，大的方面，不利于技术改造、技术进步，很难发挥整个集团整体技术的优势；小事上，我们订的所有耗材设备，由技术处一支笔进，这个问题解决不了。这里容易不容易出现问题呢？我觉得很容易，这个事有很自然的难度：第一，是第一次整合；第二，涉及利益；第三，比较分散。但是技术处的同志在尹涛的领导下，在社委会的支持下，在系列报和各部门的配合下，这件事做得非常成功。

作者向王义夫赠送“天津日报号”飞机模型。

第二件事，我们整合财务中心，相对顺利一点，因为大家都已经有全局观念了。财务中心整合后大家发现，总体是好的，但有些无意的对财务不太懂的问题就暴露出来了，这种问题现在还是“小问题”，还可以“消化”或叫“化解”，如果不整合，积累起来可能就是大问题。财务中心整合的目的就更明确了，发挥我们集团的规模优势、自身的整体实力，把原来一块钱一块钱分散地花，变成10块钱20块钱统一来花的时候，资金的效益就出来了。**财务成本和资金效益这两件事是天津日报今年应该研究的问题，特别是资金效益，企业形成一定规模后不能不考虑它的资金效益**。如果手里有资金，将来投资的话可以整体运作。**还有一个很重要的事就是防止出现问题**。广州日报的事给我们一个很重要的提醒，**财务不能分散，财务必须透明**。

作者与谭咏麟合影。

广告中心整合，“宏观调控、分块运作、堵塞漏洞”，三句话12个字，**把广告中心的定位定死。财务提出“一把茶壶倒水”，照排是“一台机器出报”，广告是“一张嘴巴对外”**。宏观调控，价格统一谈，统一招标，分块、独立运作是应该的，新报运作新报的，日报运作日报的，假日运作假日的；堵塞漏洞，各种活动、各种有偿新闻，在这个框架内全部解决，现在有关条例都出来了，以社委会的名义就要下发，发了就要坚决执行！广告要流失起来可了不得，每一个版面都是钱。**广告中心成立以后，我们要做另外一件事，就是这次中宣部全国宣传部长会议和全国总编辑会议提出来的，新闻和经营严格分开**。就是《文汇报》的经验，**经营就是经营，办报就是办报，两条线清清楚楚。整合是天津日报的一件大事，我总觉得历史的人要做历史的事，社委会把集团做起来，必须把整合的事完成，这非常重要。这里我特别感谢全集团的同志，特别是系列报的同志，大家全力支持这件事，有全局的观念，有大局的观念。一个单位有没有凝聚力，是不是奋发有为往前走，我们的干部、我们的中层和领导班子成员，我们每个同志，有没有大局观念全局观念，这一点非常重要。在整合的问题上，天津日报是上下合力，一条心**。

13.《每日新报》承办国际乒联职业巡回赛，“背着新报打大赛”。我们2002年做了许多活动，在品牌的问题上今年必须有重大活动。今年的销售我谈了两条：**对天津日报报业集团所有的报纸来讲，品牌销售和深度销售，提供个性化服务，就这两个观点**。

14.大手笔，我们做了一件别人无法超越的事，这个事做得很巧，仅仅投入了10万块钱，就是全国首架以企业和媒体名称命名的大型客机——“天津日报号”昂势起飞。我们的“天津日报号”安全飞行了3000多个小时、500多个航班、42个城市、13万乘客，而且做这件事的时候是静若处子，动若脱兔，一切都在非常保密的状态下。新闻出版总署的同志到广州参加《广州日报》50周年庆祝大会，一上来先敬酒："我们就是坐'天津日报号'来的。"**天津日报做事就要做出高水平、大手笔的，让人过目难忘，就要争一流，争第一！别做那些小事，做省钱的事还要做大事。这件事绝对体现了天津日报的水平，现在全国都在说我们这是品牌销售的一个经典案例**。我们选择3月31号晴空万里在北京首发，这飞机不是天津的是北京的，在北京首航在上海落地，也是为了造势。这件事我觉得显示了天津日报的智慧和勇争一流的勇气。

下面的我就点点题，简单说说。

15.在全国媒体中首次举办高层次的"5·31"讲话座谈会。请了张全景、李君如、石仲泉、王天玺这些国内一流的理论权威和重要的领导。做这件事什么意思？我觉得党委机关报每年这样的事不要多做，也得做一两件，在全国非常有影响。

16.《假日100天》"橙心橙意橙色节"非常火爆，非常有创意。

17.《文艺周刊》2000期系列活动成功举办。《文艺周刊》2000期的纪念活动也很不容易，它是天津日报的传统品牌。我后面讲品牌的时候会讲，我们怎么把传统品牌的优势和政治资源的优势挖掘出来，非常重要。文艺部搞的活动很好，在全国很有影响，2000期的活动还出了书《半个世纪的精彩：文艺周刊散文精选》。实际这些事早就该有人做，关键是想没有想到。

18.参与承办首届世界大学生滑水锦标赛。这个很有影响，影响就在于我们的广告位置非常好，就在跳台那个位置上，这个我们确实喧宾夺主，这个活动搞得也非常好。媒体和体育是两个向产业化方向发展最快的行业，要特别关注，认真研究。

19.主办建设"新世纪、新生活、新天津"大型主题新闻雕塑公园。我们这里面做的人物有陈省身、马三立、于根伟、朱学西……这个公园已经落成了，立昌同志也题了字，这是全市第一个新闻雕塑公园，就在我们入市的口上。我们也是一分钱没掏，是顺驰集团掏钱。我总强调，**我们一定要搞这种互动性的活动，群众广泛参与的活动，当然最好是不掏钱、少花钱的活动，这对扩大发行、扩大影响是非常重要的。**

20.我们所有的系列报都进行了一系列的促销活动，提高读者的忠诚度。我觉得这里面最成功的就是新报千期活动，"从早到晚，好新好报"，千期活动以媒体挂历为标志，以整个百万发行为炒作点。新报要把影响力做足，要把市场做大。日报的"名师家教"、青年报都搞了一些有影响力的活动。

21.深化改革，管理再上新水平。我们做了很多事，但刚刚起步。

22.掀起了两次大讨论，特别是找差距的讨论。大家意识到天津日报要谦虚谨慎、戒骄戒躁,时刻保持一种清醒、冷静的头脑。

23.加强党风行风建设。这方面我们做了一些责任制的工作,但也是刚起步,还远远不够。

24.特别值得可圈可点的是,天津日报大厦前厅前广场改造完工,孙犁同志塑像落成。立昌同志那天突然没打任何招呼,到这儿看前广场和前厅,非常满意。孙犁是我们的前辈,是全国的名家,大师级的人物,我们把他的塑像搁在前广场,让他注视着天津的发展变化,注视着南来北往的行人,注视着我们,是对老人、对大师的一种真诚的爱,立昌同志又亲自题字。我觉得咱们天津日报还是有点福气的。我们去年是奠定了一个平台,真正的好日子就不远了。我先说一下2002年我们几条简单的经验。

天津日报的人要自信,要敢打必胜、必攻不守。"自信人生两百年,会当水击三千里",人要自信,天津日报要有这种自信!刚才我说的二十几件大事,单拿出几件事来搁在以往可能根本做不成。**天津日报的人就是骨头硬,当然嘴也硬,就是有品质,就是50年风风雨雨,半个世纪过来的这么一支队伍,薪火传承的队伍,有活力、有朝气、有爆发力的队伍,关键时刻拉得出来,打得上去得队伍,无论是老同志还是年轻同志,都有这么一种十分可贵的品质!** 大家可以注意一下,我们系列报的同志进了《天津日报》,状态就不一样,包括新报、青年报、假日100天,一种很好的,政治品质、政治素质、工作的品质,对企业、对集团、对事业的忠诚度。**所以我觉得大家非常神勇,我们做了很多全国第一的事,天津日报目前在全国的位置,尽管经济的位置还没有在前面,但影响是很大的**。我们还不怎么宣传自己,与央视、《南方日报》、《文汇报》、《解放日报》相比差多了。当然,这也是我们应改进的弱点。但是别人不能不服气,为什么?**因为我们扎扎实实地在做事。我们思路正确、决策正确,加上我们这支队伍不错,所以大家放心,我不会对不起大家的,也不会不付出最大努力为大家去干,为我们的集团事业去干!** 我如果私心重一点的话,就不会每年还要这么去讲,我可以不讲。财务中心给我的账,我们分了那么多钱,我们账上表现出来的利润还很好,至少我们过的是一种平安富足的日子。当然一会儿我会说,我们要过紧日子,但我们至少摆脱了几年前的阴影,几年前我们跌进低谷,进入到一种难以自拔、极其困难的境地。事实证明,不是我们这支队伍不行,不是天津日报人不行,不是!火车跑得快,全凭车头带,关键在班子!关键在领导!班子要真正发挥作用。我一会儿要强调责任。

一年的经验我只简单点点题:

(一)要准确把握中央和市委的精神。这我不多说了,我们天津日报这些副总,我们社委会、编委会的同志,我们日报和系列报的中层同志,特别是日报的同志、夜班的同志、部主任，在这一点上毫不含糊，和中央和市委保持高度一致，这是我们取得成绩、取得市委支持的关键所在。我那天讲，这是党性要求，更是职业感要求，这是我们机关报的性质决定的。我们要坚定地和中央和市委保持一致，讲政治，讲大局，讲纪律。

作者与温兆伦在一起。

(二)决策要有超前意识，工作要有机遇意识，领导要有创新能力。大家可以看点资料，整个传媒业特别是平面媒体，已经完全进入了竞争的垄断时代，“春秋战国”时代即将结束，巨头垄断、规模效益开始显现。《深圳特区报》吃了《深圳商报》，这就是规模，垄断。如果在这个时候我们没有超前意识，不超前决策，比如说经报学院，比如《假日 100 天》，比如《每日新报》。当时决策新报时多难啊，当时有一种意见就是根本不用做，印 1 万份就行，大家想，现在没有新报行吗？不把《天津农民报》改成《假日 100 天》行吗？不成立每日新传媒公司行吗？决策要有超前意识，“高人一筹，领先一步”，必须首先思路领先。**第二，工作要有机遇意识，机遇一来就抓住不放**。报业集团那事儿，晚一步 8 月 21 日就成立不了啊。得有机遇意识，差一点差半步都不行。青年报也是，前年年底，段春华在定青年报的时候，我和他在茶馆“秘密接头”，像许云峰和李敬原接头一样，不许带车不许带人。第一次谈话两个小时，第二次谈话一个半小时，第三次谈话 20 分钟就结束了，就在春华到宁河县赴任之前的一天签订的协议，他走的第二天收编的队伍。这不就是机遇吗？“天津日报号”也是一个机遇啊，当时听到这个消息后，立即组织精干的班子谈判，到北京一轮一轮地谈，抢在 3 月 31 日，这就是机遇意识。**第三，领导要有创新能力。大家可以看，凡是这张报纸好，这个部门好，这个团队好，领导一定有创新能力。他一定是个善于创新的人，善于调动大家积极性的人，善于团结的人**。这个部门不好，总是出现问题，矛盾总是特别多，有一点不可否认，就是创新能力不够。我们取得的成绩哪些不是创新啊？媒体挂历、132 版，平面房交会、《假日 100 天》进超市……这些都是创新思路，创新招法。

(三)要善于充分利用党报的政治资源和其他资源优势，并能将这种资源

和市场完美地对接起来。天津日报这种资源非常多,开掘得还不够。我们这次收购《天津汽车报》,也是利用集团的政治资源,先拿下来再说。拿过来以后我们就不会把这种资源当做单独的政治资源,**今年的一件大事就是要把汽车报办好,要把这张报纸还原给市场。我觉得天津日报一定要开掘这种政治资源,并善于把这种资源和市场对接起来。谁对接得早,谁对接得好,谁对接得巧妙,谁就成功,谁就领先一步,谁就能先得到第一桶金。我们天津日报这三年做的事,之所以从严重亏损到扭亏为盈,到大幅度发展,到实现今年这样一种跨越发展的态势,就是因为我们善于利用自己的资源优势并能够和市场对接起来,我们从来没有墨守成规,从来没有抱残守缺,我们也从来没有躺在"天津日报"这个牌子上不动,所以才有了天津日报的今天。希望大家充分认识到这一点,尤其是关键的经营部门的同志,要把这点想明白了,想全了。**

(四)我们充分发挥了团队协作和集团整体优势。现在和我们合作的越来越多,有些大型的赛事正在谈,为什么要跟我们合作?女排为什么要到天津日报来?是我们的集团优势。另外我们上下配合,左右配合,协调得非常好。祁小龙获奖新报和青年报同时登出去,然后日报这边又策划。这种宣传规模是什么规模?**我们还要把这种团队的优势和集团的优势放大,什么时候把我们集团的优势完全放大了,我们的市场份额就大了,效益就上去了。**

(五)高标准、创造性地开展工作。标准问题至关重要,如果没有一个带动集团整体事业向前发展的高标准,我们的事业就不可能发展,我们的干部也不可能真正地成长起来,真正地长本事。就是定高的标准,比如说报业集团成立,还有132版,当时开会的时候,有些同志不同意,还不到一个月的时间,这怎么可能呢?同志们,我要不是把这事拍到各部门,下了生死状,就不可能完成132版。我跟广告处说你只要完成100版就行,结果132版900万进账。不在钱多钱少啊,同志们,在一种士气!这132版珍藏版出来之后,是一个什么感觉?破了全国纪录,赚了钱。没有高标准行吗?"天津日报号"是这样,其他事

津报集团读者节,北京作家石康、张驰、狗子在水上公园为读者签名售书。

也是这样。

天津日报经过这样一个发展应该解决的问题至少有六条：

(一)管理上还有很多漏洞,制度还极不健全。首先,财务制度不健全,有的是控制了,有的还没有控制,或者说根本没有控制。第二,工作制度不健全。今年的六个字要变,跟每个同志都有关系。天津日报现在一个突出的问题就是管理制度等种种制度不健全,管理当中的漏洞使我们这个班子,使我,使很多部门常常把很多时间耽误在寻找责任当中,事出了找不着责任,社委会也没有责任,编委会也没有责任,部主任也没有责任,到下面更没有责任了。今年我没别的,高举责任的旗帜,从我们在座的开始。

(二)活力不够,竞争力不足。我们现在有两个问题,刚才我说"责任"问题,比如说漏新闻,财务上的问题,关键还是竞争力不足,包括我们的新闻竞争力,还可以大大提高。天津日报有一个问题必须要解决了,大锅饭必须要打破。我刚才说历史的人要做历史的事,今年我就围绕"责任"这两个字打破大锅饭。真正使激励起到激励的作用,真正把激励和责任捆到一起,真正使能干的同志、付出的同志得到他该得到的。天天漏新闻,我那天说了,监控组成立不起来我就是监控组,我也豁出去了,关键是这样下去影响整个集团的士气、工作和竞争力,影响的是大家的利益!**我今天为什么把"责任"的旗帜高高举起来,就是让大家看到,只要你不负责任,你损失的是职工的利益,大家的利益,整体的利益!**

(三)人才资源极端缺乏,储备不足,特别是职业新闻人和职业经理人。现在是需要职业新闻人的时候了。还缺职业经理人,我们很多同志从编辑部过去以后很尽力,但是报业经营、媒体经营整个的市场运作确实需要一套功夫、一套思路和整体水平,不是闹着玩的,是真金白银。一个决策失误,广告上不去,发行上不去,很可能就会引起全局的问题。但是问题是我们缺乏人才。当然,天津日报也有人才有能人,比如夜班我就很放心,不仅是因为夜班我们有个"梁韬奋",关键是夜班整个编辑队伍水平高,守土有责。我们缺乏的是复合型人才,媒体经营人才,我们现在又办个学院,还缺乏教育人才。

(四)集团大了,战线长了,各种关系没有理顺。比如说新闻和经营的关系,大报和子报的关系,子报和子报的关系,虽然整合了,但关系还要理顺。理顺的标志是什么?在确保集团利益、确保团队精神的同时确保各系列报的利益,但前提是集团利益,整体利益,是不出问题和没有太大的不平衡。我为什么说将整合进行到底,将改革进行到底,主要是关系没有理顺,今年要进一步做这个工作。

(五)内部交流不够,干部考评不够,监控检查不够。内部交流,今年一定要有试点,要能上能下,长期在一个部门,长期在一块儿很容易形成问题。**但是**

我觉得这种交流要以发展为标准，以人尽其才为标准，以集团利益为标准。干部考评方面，干部做了什么？干得怎么样？得考评。一辈子在这儿当官，干得怎么样？监控检查，**一个是新闻监控，一个是责任监控**，这件事干失误了，社委会交给的任务没有完成，拖时了等等，没有监控就没有责任。

（六）由于种种原因，我们的发行还处于刚刚起步、比较滞后的阶段。今年必须要全力做好发行。

那么今年的工作怎么做？又做些什么呢？我用了一组数字简单地加以概括“4123567”。

“4”是四句话的总体方针“坚持正确导向，投身市场竞争，带出一流队伍，办出大报风格”。这几年的实践证明这个总体思路是正确的，是符合中央文件精神的。

“1”是一个中心，以办好报纸为中心。核心竞争力就是报纸，报纸办好了就有效益，就有影响。我们的主业就是报纸，我们的核心产品就是报纸。天津日报现在还是直线管理，比较进步的是树型管理，现在最时尚的管理是矩阵型管理。矩阵型是什么呢?纵横交错的方队，你不是对张建星负责，也不是对刘亚群负责，是对一个目标负责。秦始皇的兵马俑就是对一个目标负责，要打燕国、赵国，统一这个目标，既对上负责又对左右负责。既有纵向的，又有横向和竖向的交错，这就是矩阵型管理。我们这个矩阵型围绕的就是一个中心，一个目标，这就是扎扎实实地办好我们的报纸。

“2”是提倡两种精神：艰苦奋斗精神和团队精神。胡锦涛同志到西柏坡，向全党同志提出毛泽东同志当年强调的“两个务必”。这是一个大举动，“两个务必”很适合目前我们集团现实的形势。管理上有漏洞，有各种浪费现象和不合理的开支，特别是那种家大业大的感觉。最近立昌书记给我讲了一件事，就是成本问题，对我说你们一定要把成本账算清了。“两个务必”对天津日报格外重要，中心组要认真学习、反思，要在全集团强调“两个务必”，要在集团提倡一种艰苦奋斗的精神。

“3”是三个意识：竞争意识、成本意识和责任意识。竞争意识，就是在天津市场和其他兄弟媒体友谊竞争，要有这种意识。《天津日报》现在弱化了竞争意识，我担心的也是这种意识弱化，这点要向新报、青年报和假日学习，尤其是日报，确实存在着竞争意识不强的问题。成本意识，全集团的同志都要有一种成本意识，节约一分钱都是我们自己的钱。责任意识，责任是我们集团最薄弱的环节，从我这儿就定责任，将来有些部门要和年薪制联系起来。

“5”是五个工作着力点：制度、分配、发行、人才、品牌。要解决制度问题，建立财务管理制度和各种工作制度，**要定岗定编定责定薪**“四定”，人事和财

《每日新报》主办的哈林篮球赛以幽默、夸张的表演让近万名天津观众如痴如醉。

务要牵头做好这件事。怎么把品牌做大?我们的宣传还不够,到了宣传的时候了。分配、发行、人才问题都是我们必须紧抓的、真正抓好的工作。

"6"是办报的六个字:准确、生动、稳健。特别是日报,包括系列报,这在特别敏感的时候尤其重要。《天津日报》有一种稳健的风格,系列报现在越来越成熟。**准确,就是准确表达中央和市委的精神,不能过,过和不及都不叫准确。生动就是我们的表情要丰富,要有一张生动的脸,版面形式要好。稳健就是在大事上要冷静,在热点问题上要敏感、冷静,处理不过,不出问题。**

"7"是企业文化的要求。集团成立,要有一种文化的诉求,我早就讲过的七度:内容深度、经营宽度、管理制度、创新力度、事业高度、做事尺度、为人风度。不是讲团队精神吗?我看没有比强调为人风度更重要的了,凡是那些鸡吵鹅斗、互相不合、上面搞下面,下面搞上面的部门就是缺乏这种风度。凡是做事出现问题、漏洞多的就是缺乏做事尺度,天津日报应该有这种企业文化。

集团今年的工作就是本着这样一个总体思路、总体方针、总体着力点来做。要做21件事。

(一)做好《天津日报》全面改版。向高端读者、高品位新闻靠近,改版与改制并举,因事设人,编采合一,以新闻资源配置版面资源,以版面资源配置人力资源,改版后做到16个字"权威媒体、大报风格、高端读者、国计民生"。《天津日报》一定要改版,必须坚定不移地把日报办好,日报是集团所有报纸不能替代的。只有日报做好了,竞争力强了,定位准确了,新闻好看了,版式好看了,才能叫真正办出大报风格。

《天津日报》怎么做?改版是第一件事,第二是发行。要研究日报怎么发行,除了党委支持、市委支持,做好区县局的发行之外,**我们要解决三个问题:第一,熨平。**熨实熨平到底机关能订多少报?当然不能低于现在的数,坚决挤干净泡沫。**第二,零售。**零售数字更要真实、有效。**另外一个发行的大事就是外埠。**

《天津日报》的改版要突出政治,突出经济,突出人物,"三个突出";三个覆盖:覆盖社区,覆盖企业,覆盖机关;解决"内容、体制、活力"六个字。体制

张娜拉在《每日新报》创刊五周年“5 爱你”演唱会上倾情献唱。

是寻找责任，体制要变，将来漏了新闻能找到责任，版办不好能找到责任，要吸取系列报策划人、编采合一的有效机制；**内容是寻找新闻，而活力则是寻找未来**。大河流水，小河不干，日报干好了，其他都好办。新报和青年报还是按自己定位，新报是“主流媒体、大众新闻”，把大众新闻真正做到底，做实了；青年报是“深度新闻、全新概念、城市定位，青春阅读”；假日一定要打北京市场，尽快地能够再分拆出一份报纸来。

（二）集中精兵强将做好“三五八十”、“三步走”战略等重大宣传报道工作。必须发挥日报的优势，一定要做好。因为市委关注着这件事，而且这件事是今年整个宣传工作的主要任务。

（三）出版《大公报》天津版。定好时间，专人负责。要把这作为加强天津对外宣传，同时扩大天津日报对外影响的一扇窗口。《大公报》天津版今年一定要推出来，而且在近期。

（四）汽车报着手进行创刊准备，争取全新亮相。要认真研究市场定位、读者定位，认真考虑好报名、纸型、刊期，社委会、编委会要配好班子，配好人。把它做成一份真正好看的一流的汽车消费周报。

（五）《每日新报》和《假日 100 天》为抢滩外埠做好充分准备，要加大《每日新报》的对外宣传，召开一次全国性的高层次的新报发展研讨会。《假日 100 天》也要加大宣传力度，早日挺进北京市场。假日的同志一定要坚定信念，打北京非常重要，因为北京适合读假日的白领读者更多，而且现在这份报纸已经完全脱离了天津，除了一些具体的服务之外，是非常好看的一份报纸。要打，这里有广告衔接和发行衔接的问题，在这个衔接的问题上稍微考虑周全点就行，这件事要早下手。

还有新报。新报办得很好，但在全国影响不大，与《南方都市报》、《华商报》和《华西都市报》相比宣传不够，要加大宣传，让全国都知道天津有一份一流的、成功的、充满激情和活力的《每日新报》。还要加大外埠广告的招商力度。

(六)继续做好天津日报一号工程《天津青年报》的工作,力争年内有一个标志性的突破和发展。青年报有几点我要和大家讲明了:第一,我这个人和社委会是不达目的绝不罢休,青年报一定要成为全国最好或天津最好的一份报纸,现在已经开始往那条路上走了。它什么时候做好,什么时候"一号工程"这帽子摘了。在"一号工程"这个问题上,主要由于我的原因,强调不够,做得还不够,还要全力支持青年报,它少亏一点,早盈一点对我们集团的利益影响是很大的,而且大家要充分理解青年报的难度。**第二,青年报除了办好报纸外,今年要格外地提早动手,加快运作,果断决策融资问题。**青年报如果在办报的同时打造一个好的体制,做出个好的公司来,是一件大事。中央文件写得非常清楚,这是非常重要的一件事。**第三件事,青年报一定要把发行做实,把广告做起来。追求有效阅读,挤掉发行泡沫,由此带动广告市场和整体的影响力,广告必须上去。**

(七)建立健全新闻监督和策划机制。总编室要成立新闻监控室,同时并举的是,成立一个由确实有水平的人主持的新闻策划室,专门研究新闻的整体策划,研究国内媒体的动向。再有一个就是,依靠广告中心、总编室、办公室出人,先松散也行,搞大型活动,叫"市场开发部"也行,叫"市场策划活动部"也行,要加大力度。比如活动,要搞什么活动?哪些活动值得报业集团搞?比如阿杜的演唱会,阿杜是很火的,大家都爱听阿杜的歌,尤其他最近出的新碟都很爱听,可是爱听的都是年轻的人,天津日报报业集团跟滚石公司挂名做这事儿显然不合适,那么由新报、青年报、假日100天来搞就行。

(八)为贯彻落实十六大提出的奋斗目标和市委八届一、二、三次会议确定的发展思路及"三步走"战略,组织专门班子拟定集团从2003年到2005年的思路、工作重点和目标。我们到了该制定五年发展规划的时候了,我现在向大家交待的是一年,我希望今年能跟大家交待一次五年的中长期发展规划。**这既要依据市委制定的"三步走"战略,寻找我们的定位和机遇,同时要根据全国报业市场竞争的新格局、新态势来策划我们未来三至五年的走向和比较实的措施。**

(九)狠抓基础管理,完善财务制度,充分发挥集团财务中心宏观调控、资本运作和监督保障作用,提高科学管理水平和抵御市场风险的能力。经营实现跨越式增长,上半年着手集团家底的清产核算和无形资产的评估工作。近期做好年度预算和有经济指标部门的合同签订工作。成立小组专司此事,确保整个经营有一个跨越式发展。这里特别强调财务制度的建立,资本运作的作用,我们要特别关注现金流,关注成本和利润。要特别强调在做好报纸的同时,把经营宽度做实做大,这事关未来。**今年,财务制度、管理制度等相应的工作制度都要建立,要堵塞漏洞,防止出现"跑冒"和大的问题,向管理要效益,向制**

度要安全。任何事情都要经过前期论证,制度建设至关重要。

(十)大力提倡艰苦奋斗、厉行节约,提高成本意识,降低成本消耗,实施“节约一分钱”工程。先从印刷成本上下功夫,再进入到管理和我们的整个消费,力争在年内抓出成效。一分钱工程是先从印务开始,一个对开张节约一分钱,算下来一年能有八九百万到一千万元,我相信能压下一分钱来。然后我们再找管理要半分钱。根据中央的精神,锦涛同志讲话的精神、立昌同志讲话的精神,控制支出,什么消费、请客吃饭这些支出和其他的管理漏洞都要严控,都要抓出成效,真正在集团形成一种艰苦奋斗的精神。我跟财务在谈这个事,**省下来的钱就是我们挣的钱,就是大家的钱。在制度这个问题上,我们把它和责任看得一样重**。把不该有的费用坚决压下来。

(十一)在有经济指标的部门试行年薪制;完善合理的分配制度,全体员工收入按集团整体效益特别是广告效益上下浮动。这奖金不是总额翻番了嘛,大家不还是想涨奖金嘛,好办,浮动。我们的收益这个月高了,大家就高,高多少点涨多少点,低多少点降多少点,这样广告大家会支持,他拿年薪你们也会支持。**逐步实现收入能增能减,分配上拉开档次,体现奖优罚劣的新机制。按照“各尽所能、按劳分配,效率优先、兼顾公平”的原则,在总体不降低今年奖励和分配水平的基础上,坚决打破大锅饭。分配打破大锅饭要做这么几件事:第一,年薪制**。今年一定要做,这也防止出现问题,好多人犯错误是因为心理不平衡,年薪制就是防止漏洞,也是鼓励、激励。**第二,定岗定编定责定薪**。岗和岗不一样,钱也不一样,你觉得社长这岗位好,你就干,只要人家举手同意,社长的奖金给你。你觉得部主任你能当,你到这个岗位上。**第三,奖罚分明,要有责任追究制**。不光是奖励,要有扣分制度,这事儿你没做好,丢了一条新闻,经济上出了什么问题,要扣分。分是什么?分一乘就是钱。**第四,多岗多薪**。这件事社委会研究过多次了。现在人才少,有的同志一个人要干几个岗位的事,那好,多岗多薪。你要特别有能力,别人聘你去做,既做日报的事,还做新报的事、假日的事,可以。我赞成一个人多干几件事,多几份收入,这也是拉开距离的一种办法。

(十二)成立人力资源中心,深化劳动人事制度改革,强化岗位责任,严格业绩考核。统筹、规划、培养、引进人才,为集团进一步发展提供人才支持,实现人才资源的整体开发和合理配置,首先完成定岗定编定责定薪。这里面有两个问题,**第一要弄清家底,到底需要多少人,这个家底也是成本,人力成本是更大的成本**。如果我们是3000多万元的工资总额的话,我们就要付出1400万到1500万元的各种保险、各种费用,我们拿出一半的钱来,这受不了啊。第二,把人才管理纳入两个考虑,一是战略考虑。天津日报到底需要什么样的人才?我们缺少哪种人才?要把人事的管理真正转变为人力资源管理,纳入一种战略统筹、战略规划。希望我们人事部门的同志提高水平,转变观念。**二是把人力资源管理真正纳入成本管理**。人力资源是今年最主要的事,日报、新报、青年报所有系列报都要摸清家底,到底一个版需要多少人,一个部需要多少人,劳动力平均成本是多少,把岗、编、人、责、薪都定好。

(十三)加强干部队伍建设、领导班子建设和党风廉政建设。发挥集团优势,加大干部内部交流和竞聘上岗试点,调整加强集团关键部门。这种调整是出于全局的利益,集团整体的利益,当然也考虑干部自身的个性、特点和优势。

(十四)理顺、完善发行体制,做强做实发行,做好报亭经营,做出报亭概念。关于发行我强调这么几点:**第一,发行的方针确定了:品牌销售、深度销售。新报、青年报和假日的发行只能涨不能掉,只能实不能虚,只能大不能小。第二,报亭要做出概念来,要做出终端站、生活站、物流配送的概念。第三,完善法人治理结构,实行公司化管理,确定一个好的盈利模式**。为什么?跟我们合作的二家公司,上海复星资金45亿元,天津药业也将近20个亿,天士力18个亿或是17个亿,都是我们国家、我们股市上很好的上市公司,人家这三家上市公司不是和你闹着玩的,开始和张建星讲感情、面子,**现在要按市场的游戏规则做。今年发行是五个着力点里面很重要的一点,今年我要主抓发行,源头在这儿**。为什么国外报纸都要发行人?没有发行怎么打广告、怎么有事业发展?我们做的这个公司一定要对得起股东,而且原来想概念做好了要上市的,上市一个基本条件是三年盈利,所以2003年一定要盈利。我不是批评谁,不强调个人原因,今年发行相对滞后,但是整合做得比较成功。

(十五)加大集团及各报的宣传,继续打造集团品牌。最近《申江服务导报》、《南方都市报》出了好多书,《南方日报》也出了。**我觉得到了宣传的时候了,宣传就是效益,就是外埠广告,就是品牌形象**。要继续加大宣传,要专门成立一个班子,就是找刚才说的活动部,这件事非常重要。要宣传我们的名报、名版、名专栏,特别是天津日报的名编辑、名记者。靠我们的名编辑、名记者去打市场,要培养一批。今年我们得了一个韬奋奖,这是一件大事。特别能写的记者,我们要给他舞台,给他搭场。最近新报阿莱出了本书,我给写了序,这个序我准备在日报、新报都发。工作那么紧张我为一个新报聘用的记者写这个序,**我就是希望我们的人才一层层地出来,形成人才梯队,没有比形成人才梯队更重要的了。一个企业,一个团队能不能发展,看什么?看它的人才梯队和人力结构**。

言承旭在"5爱你"演唱会上高歌。

（十六）提高技术进步和技术管理水平，逐步更新设备，加强技术保障，实现设备资源的合理运用。今年无论如何要拿出钱来改造照排设备，一步到位可能性不大，但是这个事要做。

（十七）加快印务中心融资、规划和建设工作，上半年要有明显进展，年底前破土动工，7月份做好新到设备的安装、调试和运行工作，确保《天津日报》、《每日新报》、《天津青年报》和《假日100天》的合理分印。如果青年报还是要出午报的话，新报要早，青年报要晚，付印时间要晚。早出半个小时报和晚出半个小时报的概念太不一样了。原来看新报是每天早上7点半在家里能看到，现在有时中午还送不到，**从发行的源头到印刷的源头，要解决这个事。设备进了，不能只解决双面印的问题，关键要解决时间问题，时间就是生命，可以双面印，我跟其他报纸打的是时间仗，而不是彩印仗，这个你们还得想办法。**该投的还得投。

（十八）研究、探索办好经报进修学院的新举措，扩大经报进修学院知名度，努力提高学院教学水平和盈利水平，力争打造一流名校，形成集团新的效益增长点。教育是个大市场，而且是个最有潜力的市场。天津日报不办则已，办就办好了，这事非常成功，非常重要，是经营宽度的重要一步。

（十九）继续改善集团员工工作、生活环境。

（二十）筹划设立天津日报孙犁纪念馆(室)。搞好孙犁同志逝世一周年纪念活动。我们得好好地学习孙老，纪念孙老。孙老是天津日报的骄傲和一面旗帜。

（二十一）做好报业集团成立一周年的活动。我刚才说这等于成立两次报业集团，这事很重要，是打造品牌的很好机会。

天津日报已经进入了发展的快车道，大家从2002年、2001年、2000年，或者再早一点，从1999年开始，一起奋斗到今天，成果来之不易。大家要格外地珍惜我们的大好局面，格外地珍惜我们现在这种团队精神，格外地珍惜我们天津日报报业集团在全国特别是全市的良好形象和旺盛人气，大家都要维护我们这个集团，爱护我们这个团队，珍惜我们的发展，我们的事业就会如日中天、越来越好！我相信大家的生活也会随着天津日报的发展越来越好！

(2003年2月17日根据录音整理)

事业是怎样做大的

——炼曲 2004

本文为作者在 2004 年度津报集团总结动员大会上的讲话。原题为《效益导向、人才定位、量化管理、深化改革》。

不可否认，天津日报社这几年，特别是 1999 年、2000 年以来，发展很快，从一张日报，到现在办了《每日新报》、《城市快报》、《假日 100 天》，包括我们的经营、广告，这几年我们不但收回了市场，我还有一个明显的感觉，就是我们天津日报人也收回了应该属于我们天津日报人的尊严！在 1999 年以前，我们根本抬不起头，特别是在 2000 年我们严重亏损的时候，何去何从？不是一个选择的问题，而是一个生存问题。在那段时间里，大家都很没有面子，堂堂的党委机关报也很

津报集团成立两周年，全体中层干部合影。

没面子。但现在想一想,我们在天津的报业市场,甚至在全国的同行中,我们不但很有面子,而且很有权威,很有尊严。

比如说《城市快报》的创刊,现在看决策是对的。我可以保证,这是天津传媒史上、天津新闻史上、天津今年整个经济发展当中一件标志性的事件。一个是《每日新报》,一个是《城市快报》,是标志性的事情。**我们创造了一个高度,对历史来讲,我们无愧无悔,对未来来讲我们打造了一个平台,我们可以拥有自信**。

我们确实创造了辉煌,这是大家努力拼搏的结果。说心里话,从内心来讲,我有一种尊严感和自豪感。正是因为我们做了这些工作,至少在传媒界里,我们不用弯着腰走,我们不用绕着道走。天津日报的声音,就是权威的声音,天津日报报业集团的动作,就是我们天津新闻界的动作。从这三年的发展来看,我们从来没跟着别人走,而是别人跟着我们走。

在社委会开会时我讲过:**市场经济需要"三气":第一是霸气,天津日报有,搞市场经济,在竞争中没有霸气不行;第二是锐气,创新精神,不断创新,不断发展;再一个就是灵气,思维敏捷,行动快捷,打得赢打,打不赢就退,不是一条道走到黑**。这三种"气"天津日报基本上都具备,确实创造了辉煌,这是大家努力的结果。

我们可以沉浸一点,可以陶醉一点。但是,这种沉浸和陶醉是建筑在非常冷静的一种自醒的基础之上的。人可以陶醉,可以自豪,但不能有一时一刻的不清醒。见微知著,要能够对形势永远保持一种清醒的认识和判断,对发展永远保持一种冷静的观察和估价,这是做成一件事和做好一个企业的必备的素质或叫能力。如果我们沉浸在这种成绩当中,觉得我们是很不错了,惶惶然,昏昏然,飘飘然,那我们很可能就是倒霉的时候,吃败仗的时候,走弯路的时候,摔跟头的时候。一个企业是这样,一个人是这样,一个民族是这样,一个国家也是这样。

我今天看了《天津日报》,整个版面是不错的,有一条重要的新闻发在了国内新闻版的角上,就是生产资料价格上扬,凸显经济运行五大隐患,这是一条十分重要的新闻。我前两天听中央电视台一条新闻,国家发改委发通知,严禁种子价格上涨,要控制种子价格上涨。如果我没有记错的话,这是至少十年间,或是更长的时间没有这么做了。现在是原材料价格上涨,粮食紧张,电力紧张,特别是农业生产资料价格上涨,这不是一个小的信号。我们都经历了1988年的通货膨胀,1988年的通货膨胀就是从农产品原材料的价格,从上游产品的价格上涨,导致了整个下游产品上涨,最后形成了整个市场的通货膨胀。还有一个就是1988年计划经济和市场经济并轨的时候,官倒严重,紧接着是1989年春夏之交的政治风波。

今年有两件事非常重要,一个就是产品的价格在上涨,一个就是国务院有领导就要到美国去,专门谈汇率问题,要和美国人谈人民币汇率问题。因为我们和美国长期保持一种贸易顺差，这个顺差直接带来的不仅仅是贸易上的、收入上的影响，还对我们的就业以及各个方面都有很大的影响。现在汇率问题已经浮出水面。这种市场变化，这种种信号，不仅仅对我们，对房地产业，对很多方面，很可能都产生很大的影响。**大家一定要对形势有一个正确清醒的估计，对我们自己有一个清醒的认识，对成绩要有一个非常科学、准确、实事求是的一个判断。我们所取得的成绩，取得的优势，是在一个什么位置上？是不是可以高枕无忧？马放南山？刀枪入库？我们现在队伍的状况是不是完全适应了越来越激烈的市场竞争？是不是适应了从媒体经营到经营媒体的这种质的变化？是不是适应了这种既考虑内容又考虑经营的新的传媒的竞争？我看未必。**

社委会对队伍有一个基本的估价，第一是知识匮乏，我们有些同志包括年轻的同志适应不了现在的时代；第二是本领恐慌，包括我们的班子成员，包括我们的编委，包括我们的中层，本领不大，也适应不了现在的形势；再有就是竞争意识不强。我同意社委会的意见。我在这里总结一下就是：**新的知识匮乏，工作本领恐慌，竞争意识不强，平均主义严重，管理制度滞后**，这五条就是天津日报报业集团现在存在的问题。生于忧患，死于安乐。什么才是常胜不败的企业？什么才是一个常胜不败的企业家？他具备的一个最基本的品质应

作者与《北京青年报》社长张延平在北京大山子798工厂。

该是什么?**逆境中求发展,顺境中求变革!特别是基础不错的时候,发展不错的时候,要求变革。这是我今天要讲的如何在顺境中求变革。**

社委会今年确定的16件工作的整体思路是:十六个字,**第一、效益导向;第二、人才定位;第三、量化管理;第四、深化改革;第一句话是导向,第二句话是途径,第三句话是保障,最后的四个字是我们的核心。**

第一件事:做好日报。《天津日报》是我们的核心产品,是我们的旗舰,是我们的旗帜。我们天津日报的属性是市委机关报。这张报纸如果做不好,我们对上没法交待,对集团没法交待。**我们要讲命脉,讲生命线,无论是从政治上讲还是从经济上讲,无论是站在读者的角度讲,还是站在市委的角度讲,做好日报是我们第一件大事**。应该说我们日报这几年做得非常不错,从1999年到去年三次改版,无论是在思路上还是在操作上,我们是成功的。

我们这几年的改版,都是有理论支持并有清晰思路的。去年我们改版的定位是**"权威媒体、大报风格,高端互动、国计民生"**,还有几个"突出"和改版的着力点,显示了我们天津日报做为党委机关报的地位和权威优势以及我们孜孜追求的大报风格。**我始终有一种信念就是一定能办好大报。我们在任何时候都不会放弃这张主报**。所以我们现在这张报纸在加厚,一直在16版,有的时候在20版和24版,甚至30多版。我们与中央、市委保持高度一致,在政治上我们是坚定的。

办好天津日报现在有几个问题今年要解决。第一就是如何更主动地、创造性地为市委的中心工作或全党、全国的工作大局服务,怎么紧紧地抓住发展是第一要务,以经济建设为中心,弘扬"求真务实"的精神,体现最近中央提出的科学发展观,全面贯彻落实八届五次全会的精神,立昌同志重要讲话精神,真正打好主动仗。第二,天津日报现在面临的另外一个非常重要的问题就是活力问题。《天津日报》从去年改版,第一件事就是寻求活力,寻求一种竞争力,在这方面,我们今年要特别加强,要具体研究细化的方案。具体地说,至少要像《每日新报》、《城市快报》和《假日100天》,特别是像《每日新报》和《城市快报》那样,把竞争意识和活力做出来。不是说日报的同志不行,是我们机制有问题,责任不明确,边界不清晰,竞争力不足,竞争意识不强,包括新闻的表达方式和新闻的采写方式,都过于陈旧,其实日报每一版的采编投入远远高于新报和快报。第三,要学习《每日新报》和《城市快报》,要形成整体策划优势,充分发挥编委会的指挥功能。天津日报的记者也都很敬业,整体策划不够是日报表现突出的一个弱项。比如:白天和夜里的衔接、部与部之间的衔接、版与版的衔接都极不够,极不协调。每块版一定要有一个人或是一个主编,要有人来为这一版负责,然后是这一帮人为这一个人负责。办不好日报,市委是不会答应的。什么办学院、搞网站、办报亭、办《每日新报》、办《城市快报》等一概不行。《天津日报》是天津日报报业集团的大局,是天津日报的大事,是天津日报的生命线,大家要高度重视。特别是日报的同志,一定要有高度的政治责任感,一定要时时考虑到我们干得好坏直接关系集团的整体利益,职工的整体利益,今年一定要下力量,从体制和机制两个方面真正把日报抓好。对《天津日报》来讲,什么是《天津日报》的好新闻?什么是《天津日报》的内容优势?它的权威性和可读性怎么有机地结合起来?这些都是《天津日报》要解决的问题。

第二件事:做实发行。我们的发行经过几年的深度运作和铺垫,社委会举社发行,到后来的550个报亭的建设,到后来日报和新报两支发行队伍的资源整合,在社委会的领导下,发行平台打造出来了,550多个报亭,80多个分公司、发行站,3000多人的发行队伍,基础确实铺垫好了。去年有意识有目的地做了一些调整,干得不错,关键是能够在发行当中更有效地认识和调动市场资源,在队伍的建设上下了功夫,在队伍的作风建设上更是下了功夫,在前几年的基础上,去年形成了历史上的突破,有了一个飞跃,就是天津日报的发行结束了十年的亏损。发行真正大发展的时候到了,真正做实做强的时候到了,真正向全国第一发展的时候到了!为什么要讲做实呢?两句话:第一,我们现在的发行份额已经够大了,我们拥有的发行资源够大了,我们拥有的发行队伍够大了,我们拥有的550多个报亭够大了。**关键是怎么做实,关键是如何把客户的资源真正变成我们的效益资源,把客户的优势真正变成我们这种资源的优势。如何使我们这个股份制的发行公司在取得良好效益的同时,能够沿着公司化的道路,法人治理结构的道路,把公司做到真正上市。在整合好发行队伍的同时,能够真正地建成一支纪律强、作风硬,非常专业的、市场化程度非常高的、服务性非常强的一流的发行队伍**。服务方面和兄弟报社比,我们在这方面确有差距。所以今年发行狠抓服务是抓到点子上了。但我们的硬件优势比他们要强得多,我们有550个报亭,因此一定要做实发行,要从服务做起,做好做实。

今年发行有几件事要做:**第一,日报的发行如何市场化**。要求今年日报的发行一定要提早动手，有一种新的模式，有所创新，有所拓展，不能像过去。**第二，如何保证《每日新报》和《城市快报》齐头并进**。社委会已研究有两个概念：《每日新报》在稳定零售市场、稳中有增的同时，至少是"稳"，要在订阅上下功夫，要有实实在在的较大的增长！这既是战略，也是战术。**《城市快报》在既抓实订阅的同时，突出的是零售，讲市场的覆盖，讲市场的占有，讲市场的影响力，讲市场的强势推进。《城市快报》是快打市场，覆盖市场，快在零售。这一点既是战略，也是战术**。第三是550个报亭和3000个发行队伍的终端表现，要充分发挥它的终端优势，当然也包括管理好报亭。**这个时代是终端为王的时代，谁掌握终端，谁就掌握市场；谁掌握终端，谁就垄断市场**。第四件事是从数字入手，去年我们的"96260"做得不错，要深化，使整个报社进入数字年，在数字化发展上，天津日报报业集团必须先走一步，这是个战略问题，在此我们很可能就先发制人。

第三件事：做强集团。我们拥有十报两刊，这是我们的资源优势，结构优势。去年我们并入三份报但一分钱没花。市委八届五次全会，2004年市委工作要点，提出了要做大做强天津日报报业集团，立昌书记也在讲话当中提出了做大做强报业集团，这是市委的决策。这个决策实际就是三年多前市委文化发展战略的一个延续。戴相龙市长的工作报告也提出了做大做强报业集团。我们要乘势而上。第一，市委、市政府提出做大做强报业集团，我们要有一个好的报告，我们有哪些

国务院新闻办主任赵启正到津报集团讲学。

好的想法，政策上需要哪些支持，这是必须想清楚、写明白的。市委书记的讲话，市长的报告，计委的报告能把做大天津日报报业集团放在里面，这在以前是没有的。所以一定要牢牢抓住这个机遇做强集团，要做出个三五年的发展规划来，这件事要具体化，要成立一个班子。

第四件事：做稳新报。稳是什么？稳中有增，增在哪？增在订阅，稳做老大，怎么做？走向全国。刚才我说《每日新报》要在保证零售的同时还要保证订阅有较大增长，一个实实在在的数。我觉得每日新报是一个好队伍，新报为天津日报做出了突出贡献，新报三年走出了都市报需要很长时间才能走完的道路，他的创新、他的求变、他的团队精神、他的状态都是一流的，新报在天津报业市场确实是一面与时俱进的旗帜。

新报今年一定要在改版和内容上下功夫，在坚持我们定位的同时调版。如果有可能的话向周边地区和全国市场打，加大新报在全国的影响力，就是像《南方都市报》、《北京青年报》那样，要做全国有影响的新报，必须从今年做，不能再耽误。对外宣传这些事必须做，这是为未来可能的股份制改造打下基础。新报必须要成为一个全国的知名品牌，只有做到这个位置才能使新报成为这个地区的首选报纸。我最近研究了一下，有些报纸为什么永远坐在龙头老大这个位置上，因为它至少在品牌影响力上是全国的品牌。所以今年我想让企划部、新报、发行统一研究，加大宣传，扩大周边地区的发行，比如廊坊、保定等周边地区，还有我们在河北省能不能办《每日新报》？所以今年一定要把新报做稳了，只要做稳了，这张报就成了。**必须要有这种不可撼动的位置，必须要有这种霸气、锐气和灵气。**在新报的发展上，**今年成败与否关键在订阅的增加量，这个市场我们不能再让了。**发行部的同志都在了，这里我多说一句，就是红报箱运动，就是吃订阅，要把楼道里的报箱全部换成我们的报箱，这几年我们就这一仗没打，这仗打完了我估计发行市场的问题也就解决了，如果今年我们吃掉对手 10 万报箱或更多，集团的整体发展就有了后劲，而且是强劲的后劲！**一定要采取各种手段，一定要横扫这个市场。长期订阅好处很多，带来的是长款回报，刺激的是有效广告，占领的是主流市场。**

第五件事：做大快报。刚才我讲了，如果快报不出或晚出，等着别的报纸打进来，我们就会犯历史性的错误，就有可能丢失阵地，或是把阵地拱手让给对手，至少是把新报暴露在枪口之下。刚才我说了某些外地报想进来，如果我们没有新报、假日和快报，我们的日子绝不会是现在这个样子，我们的竞争优势就会大打折扣。**打市场是讲份额、讲垄断的，发展不能不讲规模。小富即安是绝对不行的。**所以更要尽全力尽快做大快报。怎么做大呢？我想有这么几条路：第一，要突出零售、突出影响力和覆盖性，这要有硬指标，就是零售在什么位置什么月份保到什

作者向赵启正主任赠送“天津日报号”飞机模型。

么份数，你的造势活动有多少，所有这些一定要细化，我要亲自看方案。这是非常重要的一点，新报打订阅，快报打零售，新报零售不降，快报零售强势推进，这个市场就好看了。第二点是要舍得投入，别怕花钱，只要能把这个报做起来，大家不发奖金都行。当然不会不发奖金，今天的天津日报已经不怕资金较量，充其量把我还的贷款要回来不就完了，我们有这么好的现金流，有公司化的体制，我们的确不怕。要舍得投入，要算大账，要看长远，这是立昌同志的观点，要着眼于快速发展。当然钱要花在刀刃上，要讲有效投入。第三，快报要高度重视自己的定位和内容的优势，要在独立的定位、独立的内容上下功夫，要研究好什么是快报的个性和语境，要研究快报的主打风格，要锻炼一支属于快报的独家新闻的队伍，在这方面要舍得奖励，在发行和市场模式上有别于新报，我的意思是说你实在创新不了，就学习兄弟报纸，走兄弟报纸的那条道，在这方面要舍得绕道。今年快报一定要做成，一定要做大，零售要优于订阅，发行要优于广告，要强调个性强调风格，要突出城市化定位，要量化指标，要数字说话。我相信快报一定能够成功，快报也应该是2004年天津经济工作中的一个亮点，一个标志性事件。现在报纸的前期运作和整体表现都不错，整体风格也出来了。快报是给进超市的读者看的，这是读者定位，集团全体职工一定要重视快报，支持快报。

第六件事：做响假日。现在假日发行量自我满足不行，要继续扩大发行，当然随之广告也要长。今年必须要限时进入北京市场，真正扩大假日的全国影响。**不能小富即安，要大踏步前进！要知道不进则退。报纸的物质化不够，时尚也不足，至少不是足金时尚！**要研究。关于假日的新闻，如果你做概念的话，你就按《新周刊》去做，选题要准要新。我觉得假日还是成功的，但不能就此打住。分拆也必须进入日程，现在是一周一刊，再分拆出一份新的报纸来。第四，要输出品牌，这点我已同意，已开始做方案。第五，就是在公司化和股份制上下功夫，叫响假日，在全国打响假日。

第七件事：以细分市场专业化和窄众定位，子报今年要做出新意。第一张报就是《球迷》报。随着2008年奥运会到来，随着2004年雅典奥运会的到来，随着世界杯和中超之战等赛事的到来,《球迷》报的发展空间越来越大。《球迷》是老的品牌,要在融资、发行、办报这方面做出新意,要真的做成市场,做出发展,做出效益。特别是日报剥离之后,轻装上阵,应该搞上去。集团已为《球迷》背走了很大一部分包袱,《球迷》应该做起来了。其次我们收进了《北方经济时报》,开发区投了3000万融资来做这份报,要真正做成一份有影响的主流财经媒体。为什么要做主流财经报呢?就是我们要把党的、政府的声音说透了,是主流财经时报,这一点和《21世纪经济报道》、《经济观察报》不同。

再一个就是《车天下》,要限定时间做好规划,提早出报,要做出新意,不能再慢了。要利用天津的资源优势,做一流的、专业的、服务性强、市场化高的汽车报。

《天津政法报》已经属于我们天津日报报业集团了,这是一张拥有非常好的新闻资源的报纸。要专门成立班子来做这事,做出新意。

《采风报》稳定发展了三年,怎么做大报纸和效益也应研究。大文摘和本儿报的概念已经讲了几年了。最近有一本《周末画报》打出了为中产阶层阅读的牌子,这一点值得研究。此外,《采风报》是最容易做出纯新闻杂志概念的一份报纸,要拓宽思路,要放开一点想,更要放开一点干。

第八件事:从发行入手,数字化建设先行一步,做出模式。第一,要真正地认识到我们已经进入了终端时代,谁在这方面先行一步,谁就有可能真正实现跨越式发展。第二,我们的网站或叫电子版,要纳入数字化发展的整体进程,现在有改进,但还是太落后。一个是我们以前没有把这个事摆在日程,另一个是做这个版的同志都很辛苦,都很敬业,但都很不专业。第三与这两件事同时做的是集团的数字化,首先是管理的数字化和量化,包括财务管理和考核。我们先从发行入手,实际就是先从客户入手,从我们的最优资源入手。

第九件事:以强化成本、量化责任、向人才倾斜为着力点,管理水平和制度建设做出实效。我们其实已经把制度、效益、责任确定为2003年工作重点,但天津日报发展到今天,无论从历史和现状来看,软肋还是管理水平和制度建设,管理还是跟不上发展的步伐。看起来人的自觉性是有限的,人对企业的忠诚度也是有限的,人的责任心也是有限的。**定岗定编以量化为标志,管理水平做出实效**,今年要动真的,比如总编室、办公室、技术处到底需要多少人,系列报的每个岗位到底需要多少人,一层层来,一个个来,不怕麻烦。**管理制度以成本为标志**,比如说财务管理,人力管理,我们现在一般的人力管理是在一种无序的状态之下,包括新报和系列报同志关注的三险一金的问题,这都不是我一句话的事,要算账,要算成本账,人力成本账,于你于我都合适才行。

包括这次我收到一位同志的一封长信,社委会的同志也都传阅了。这是一个有心人的长信,看了我很感动,也很警醒。比如信中提的车辆管理问题,用部门版

城市快报
METRO EXPRESS

美英提前向伊交权

临时政府宣誓就职 本周内移交萨达姆

本市废止8件地方性法规

停止执行58项行政许可事项

昨日用电量创今夏最高值 居民报修电话突破8千通

本市已分批拉闸限电

五大豪门死因分析

西班牙 关节脱臼

意大利 内讧闹心

英格兰 点球死穴

德 国 战车熄火

法 国 死于黑马

消费券引发口角 4食客被乱棍打伤

小肥羊殴客

河东昨日又现仨炮弹

沪指击穿1400点

龚如心再度败诉

脑神宝丸是假药？

雷雨匆匆湿热依旧

防止意外发生 安全度过暑假

快报每天教你一招

学生溺水怎样急救

大直沽商务办公现房

升级手机再开大奖

头的钱买的车，应该是公车，用着公家的油，所有保险是公家上的，养路费是公家上的，这个车应该全部门用吧，可用车的这个人有可能是这个部门的主任或是个人，他自己开这个车，别人就用不了。我们天津日报现在车太多了，公车太多，这个问题怎么管？我当社长我管的车只有18辆。上有政策，下有对策，现在各部门、各系列报都有车，都喝的是我们大家的油，是不是应该这样做，是不是公平，这件事要做出个规矩来，要有个办法，有个制度，要复杂问题简单化。有的部门这个车确实是公家的钱，版头是你拿来的，赞助是你拿来的，可你要不是天津日报的记者，如果没有日报，没有新报，没有快报，哪有版头呢？还不是报社的广告资源吗？这种资源是不是也是一种流失。我希望我们每个职工都有车，那是我们效益提高了，但是这是两回事，在制度上更是另一回事。在这些问题上，道理十分简单，我觉得应该先让集体合适，先让团队合适，这就要有制度保证。**管理和制度必须做出实效，实效就是真压下了成本，真起到了作用，真的显示了公平。**

第十件事：从学习入手，从交流入手，从分配入手，从培养名编名记名经营管理人才入手，人才培养和人才奖励做出机制。这几句话都很重要。学习年，人才年，先从学习入手，大家都要重视学习。从交流入手，集团要形成一个好的交流机制，别老在一个岗位上，要互相交流。凤凰台为什么做得好？因为他的整体模式对，特别是人才模式更对，凤凰是以人才为着力点的，是以人才打影响力的，比如陈鲁豫，比如阮次山。所以我们今年定的是“学习年”、“人才年”。胡锦涛同志指出：“国以才立，政以才治，业以才兴。”这是我们党与时俱进，开始重视研究执政规律。企业的发展要关心人，要以人为本，企业的发展还要使用人，也是以人为本。没有人才行吗？我们确实太需要人才了，有许多事就是没人干。那么怎么办？凤凰模式，拔出尖来。

比如说天津媒体当中甚至全国媒体当中，邓效峰就是一个人才，他真做成了，也做大了我们的广告。我们还有一些名记者名编辑，老梁、林楠在一版的处理上是把好手，我们得把他们推出来。当然凤凰模式还要有马太效应，就是能干的就要多得，越好越好，锦上添花，不能干的各就各位，老有所得，但是你真是不好好干，那就必须淘汰，必须走人。我们必须高度重视人才，高度重视人才的培养、人才的爱护，使报社永远后继有人，人才辈出。我们今年要评就评“十佳”，别评“双十佳”，一定要尖子。所以我要讲三个高度重视：**高度重视人才的培养；高度重视人才梯队的**

形成；高度重视年轻人。我最近接到一封信，就是说你这个部主任或主编当了这么长时间，一个人没提起来，一个年轻人没发现，一个人没培养起来，你算称职吗？一批年轻人跟你干，不但心情很郁闷，干了五、六年还没形成自己的名气，这能说你称职吗？我觉得这点非常重要，**要做出机制，凤凰模式，马太效应，倾斜政策**。大家别有意见，这个岗位钱多，这个岗位年薪制，谁有本事谁去，而且这个本事还不能是吹的，而是真金白银，不是闹着玩的，差一点都不行。不但社委会要看好，而且集团大多数同志要看好。因为这是集团的利益，是大家的利益。

第十一件事：从定岗定编定责入手，突出贡献，突出效率，量化考核，绩效挂钩，深化分配改革，做出公平。现在公平吗？我们的分配公平吗？比如说同样是副处长，岗位和岗位差得太远，贡献差得太远，但钱一样，上下差不了一千元。你天天在那打游戏机也拿这么多，人家在那天天拼到晚也拿这么多，这能说公平吗？有的同志上班来，下班走，甚至三天打渔两天晒网，有的同志夜以继日也拿一样多，这能说公平吗？

贫穷的平均主义可以形成一种惰性，但富有的平均主义在产生惰性的同时还可以形成恶性和不善性。有人不但学懒了，而且学坏了。**一个企业的发展没有公平可言，没有公平支撑，没有制度支撑，一定走不远也做不大，更推不出人才**。怎么办？所以定岗定编定责定薪，今年一定要做。比如说总编室主任这个岗位是多少钱，《天津日报》一版主编这个位置多少钱，都不能一样，因为别的部门根本没法比。有的人是天津日报生命线，有的人有他没他都一样，这奖金怎能一样发呢？有的人给报社一挣就是几千万，甚至上亿，跟你拿一样的合适吗？今年年薪制还要做，但关键是**以责定奖、定薪**，平均主义一定要打破。比如《天津日报》16个版，这一个版应该怎么样？那一个版应该怎么样？合多少个印张？发行量多大？质量怎么评？要算清楚，分明白，一定要体现出竞争来，体现出活力来。结合今年的人事制度改革，把这件事做成做好。

第十二件事：强化资金效益、资本效益，以股份制改造为目的，以资源优势为重点，资本运作做出深度。要高度重视资本运作，高度重视现金流，高度重视资金使用效率。我们的每日新传媒公司，我们的假日 100 天，我们的快报，都由于资本运作比较成功，实现了实实在在的良性发展。天津日报资本运作的特点是套现的能力强，变现的能力差。现在已经进入了一个资本时代，我们已经成立了津报集团投资公司，注册了 5000 万，让钱增值，要让资金发挥最大的效应，**资本运作要真做出深度**。这是大事。在这件事上要想透了，**资金的增值和盘活资源都非常重要**。把资本放大，把资金放大，把资金的现金流的优势做出来，财务、广告和发行，都要高度重视现金流。**在利润和现金流之间，我认为现金流的作用远远高于利润**。

第十三件事：按照市委的要求，以高度的政治责任感，以加快媒体改革的胸怀，

2004年初，杨澜加盟《城市快报》，签约主笔“名人专栏”。

积极推进两报印刷厂合并，组建大型股份制印刷中心，为天津日报加快发展做出空间。我们20多万份《天津日报》今天晚上就到《今晚报》去印刷了，这是强强联合。我们有资源优势，有这么多报可以印，但印力不足，晚报有这么多印刷设备，那好，我们用时间换空间，做出两报的空间，这就为快报和新报，为我们整体发展，为天津媒体的深化改革做出了空间。在这件事上，必须讲政治，讲大局，要有一种改革的勇气和胸怀。我是主和派。这件事为将来的发展，为加快发展做出了空间。

第十四件事：按照市场规律，成本对接，人才培养相结合的原则，继续盘活集团的现有资源，提升人力管理水平、物业管理水平，所有的资产能够盘活的都盘活，不断地释放资源和资产的优势，做出增值。我们天津日报好多资源都可做出增值，这里我要特别强调物业，怎么做出增值是一个重要问题。我刚才讲了，我们这几年套现的能力强，变现的能力差，关键在盘活资源上做得不够。

第十五件事：继续加强集团对外形象宣传，塑造品牌，内部加快企业文化建设，从打造形象入手，从会展经济入手，做出盈利。我们企划部要做出一个公司来，去年姚明比赛和“8·21”大型文艺晚会都盈利了，今年这个世界杯外围赛的预算也有较好的盈利。我们积累了经验，一定从会展经济入手，从打造形象入手，把这个做出盈利，包括出书，包括大型活动策划，包括我们二楼展厅，一定要做起来。其实**这是内容产业的一个下延，是读者市场的一个细分，是产业链的一个完整行程，这一环非常重要**。企划部今年要订利润指标，你要给我交多少钱，有指标就是有目标，有目标就是有希望。去年我们搞了不少活动，越折腾越热闹，对手不知道怎么回事，蒙了。关键是我们看到的是利润空间，发展空间，形象提升的空间。一定要做出盈利。

第十六件事：加强班子建设。以高效、廉洁、勤政、廉政为要求，以能力、活力、实力为形象，以团结、开明、结果为标准，领导班子做出榜样。市场经济的发展，整个市场的发展都要求建立高水平、高素质、有事业心和责任心的领导班子，包括

我们中层。这应是最坚强有力的一层，是真有本事的一层，是市场经济、媒体运作的真正的精英层。高效、廉洁、勤政、廉政、能力、活力、实力、团结、开明、结果，这20个字就是要做出榜样。大家对我们这些人，要品头论足，真不适合的真得挪挪，真得换换。全体干部要自觉接受集团职工的监督，要真有本事，真卖力气，真有责任感，真有事业心！

效益导向，人才定位，量化管理，深化改革，这16个字是总体思路。做好日报，做实发行，做强集团，做稳新报，做大快报，做响假日，子报做出新意，发行做出模式，管理做出实效，分配、人才培养做出机制，定岗定编定责定薪做出公平，资本运作做出深度，两厂合并做出空间，盘活资源做出增值，会展经济做出盈利，班子建设做出榜样。我们集团发展到今天有了一个很好的平台，我们也赢得了这样好的一个市场空间，我们的余地比以前大了，我们的队伍大大成熟了，市场意识也增强了，我们的整体实力、抗风险能力比以前大了，但是**我们务必要保持一种清醒的头脑，务必要保持一种戒骄戒躁的状态，务必要保持一种很强的竞争意识。凡事预则立，凡事做则成**。所以，16件大事我都强调了一个"做"字，只要做了，做实，就一定能做好。我也相信有集团全体职工的支持，有我们这支经历了风雨的队伍，有这几年发展奠定的坚实基础，我们今年的16件事和我们做大做强报业集团的目标一定能够实现，一定能够做成！

（2004年3月29日根据录音整理）

作者与津报集团"三八"健康杯健身操比赛的选手合影。

上图：津报集团主办的“2003 中国·天津国际市民马拉松赛”，万人长龙，蔚为壮观。

下图：天津日报报业集团成立不久即成功承办首届世界大学生滑水锦标赛。2005 年，津报集团又取得“2005 世界滑水锦标赛”的协办权。

发展是怎样做实的

——炼曲 2005

本文为作者在2005年度津报集团总结动员大会上的讲话。原题为《弘扬团队精神,增强创新能力》。

2004年确实是天津日报历史上形成历史性突破、发生历史性变化的一年,是再创辉煌的一年。尽管工作中肯定还有不尽人意的地方,有许多需要解决的问题,但是,有一个不争的事实是,2004年确实是我们天津日报报业集团**一个尖锋时刻,一个登顶之年**。我们经过从1999年探索年,2000年的整顿年,2001年的发展年,以及到后来的整合年、升华年的一个腾飞之年。我们为过去这一年的辉煌感到自豪和骄傲!

今天这个会非常重要。不仅仅是对过去的一年有一个总结和回顾、有个盘点、有个交待,关键是要部署我们今年的工作,今天也可能是我们2005年工作的

2004年11月22日,津报集团"党报报刊亭进高校助学行动"启动,由津报统一制作的标准党报报刊亭进入南开大学等高校校园。津报承担了每个报亭3万元的制作费用,同时将所有经营收入用于支持贫困大学生的生活及学习。

中央电视台到津报集团采访，作者与工作人员合影。

一个良好的开篇，也是我们沟通的一个开始，一个全集团讨论的开始。就是我们怎么在一个尖锋时刻，在走到一个高水平的基础上，在市委的正确领导下实现再腾飞、再跨越、再发展，使我们的集团有一个更大的发展，使我们的职工有更好的收入，使我们的事业有个更好的明天。我觉得大家应该认真地思考这些问题。现在大家可能有一个体会，我自己也有这个体会，这就是集团的事业发展和我们每个人的利益、我们每个人的发展越来越密切相关了。今天我先向大家讲一个感觉，2000年我们亏损9000多万的时候，年底给大家分1000多元的时候，我没有今年这么大压力，事业大了，发展快了，钱发得多了，我的压力反而越来越大。财务处给我的统计，到2004年，仅就年终奖金，不含新报的，不含有些系列报的，人均是2000年年终奖金平均的14.27倍。就是2000年的时候我没有现在这么大的压力，现在我反而有了很大的压力。这可能是一个过程，这个过程肯定会逼着我们去研究一些问题，真正地下功夫去解决一些问题。今年我给自己定了一个题目，主标题是**"弘扬团队精神、增强创新能力"，这可能是我们未来很长一段时间工作的一个总的基调，一个总的精神，一个总的把握和遵循。我们经过这五年拼搏奋斗，天津日报确实形成了这么一种核心理念、核心价值取向，形成了这样一种被称为企业文化的全体职工的行为默契**。那么这五年或六年能够走过这一系列坎坷，能够从严重亏损发展到今天，从全国排名很后发展到今天排名很前，我们事业能有现在这么一个大发展的好局面，一个非常重要的原因就是，我们有了这种行为默契和共识，有了这种核心理念和价值取向。大家可以体会，我们每一件事的成功，都和这八个字离不开，离不开我们这种团队精神，这种士气，离不开我们不断增强的创新能力。那么我想，从亏到盈，从小到大，从弱到强，从最后到第一，从职工的收入很低到今天的较高收入，我总结起来，大概有以下三条经验，是大家应该认真思考的。

一、快速发展的三条基本经验

第一条经验就是发展事业一定要有一个好决策。好的决策特别是重大的决策，首先要稳健。作为一个一把手，作为社委会，要敢于决策，但这个决策必须要稳健，必须要有科学性和远见，不允许有任何大的失误。回想起来，从1999年我们提出四句话的总体思路到今天，小的失误、小的毛病肯定有，但重要的失误或是较大的失误，或者大的失误绝对没有，这是我们取得成功的关键。我们可以想一想，1999年和2000年打造《天津日报》的权威性，按照立昌书记的指示精神提出“坚持正确导向、投身市场竞争、带出一流队伍、办出大报风格”这个总体思路；比如我们2000年创办《每日新报》，这之后紧接着创办《假日100天》；比如我们去年下决心将《天津青年报》更名为《城市快报》，很多社委的同志知道这个压力，我们现在看这个决策是对的。没有《每日新报》，没有《假日100天》，我们这个

党报进高校，受到广大师生的欢迎。

天津日报
12 文娱新闻
风展红旗 文学接力
第二届梁斌文学奖颁奖晚会昨举行
何中华演绎“抗日英雄”
“梅花”扬州绽放
石晓亮喜捧奖盘
华夏未来残儿艺术节昨开幕
苦心修炼 终成正果
又见孙悟空
南大国际商学院文化节昨晚开幕
你的宝贝能来吗？

14.27 倍也实现不了；如果《天津青年报》不更名为《城市快报》，哪有去年这么好的一个发展和市场占有率？大家可以看看财务给我的报告，《城市快报》去年的广告收入是 2003 年的 655%，今年肯定会有更大的突破和发展，这就是一个决策，这个决策有很大的压力。当初确定这个思路和决策的时候，除了我认为一定要实事求是以外，还有一个很简单的理论上的推理，就是：中国城市化的步伐会越来越快，中国城市化的趋势会越来越明显。那么，就是因为看了一个很简单的数字，就是我们改革开放 20 年，对于农业的依赖，GDP 从 55%历史性地降低到 15%，这就是数字化了的城市化步伐，那么我觉得天津在《每日新报》之后，一定还要有一份城市化的报纸，这首先是一个判断，然后是决策。再比如，当时非常痛苦、非常艰难、也非常不容易的整合资源。我们整合资源的时候，中宣部刚刚提出集团发展不能只是物理反应，要实现“化学变化”。现在我们走在了全国的前面。现在我们再回头看整合资源，不但中宣部肯定，市委肯定，不仅仅是如此，这个决策带来了什么好处了呢？你比如说整合财务中心，我们叫一把茶壶倒水，大家知道，我们资本运作两方面：一是我们股份制公司，刚才讲的像《北方经济时报》那种非常成功的运作之外，还有通过资金的统一调度和运用的这种非常成功的资本运作。如果不整合财务中心，这个财务是分散的，怎么集中起来调动资金？怎么集中起来运营这个资金？怎么来降低我们的财务成本、降低我们的财务费用、降低我们的财务风险？怎么才能成功地进行资本运作？去年，我们在前年实践的基础上，利用我们良好的现金流优势，通过银行委放这一理财工具，和几家大集团公司一起进行资本运作，取得了历史性的好收益，是非常了不起的，非常有水平的。我们财务中心的作用提升了，水平也提高了。这是第一个整合。第二，我们整合广告中心。整合广告中心，我们讲一张嘴巴对外，一口价，统一调配，统一调动，至少两份主报是这样，日报和新报，去年广告增长了 30%多，创造了历史上这么高的一个水平，不整合行吗？我们整体效益大概在 5~6 倍之间的增长还不是精确计算。我觉得我们第一条的经验就是：决策一定要有远见，一定要有科学性，班子和一把手要敢于做出重大的决策，要保证这些决策不失误。

第二条经验就是做任何工作都要有一种清醒的思路，都要对形势有一种准确的判断和清醒的认识。在这个基础之上，一定要形成一个清晰的具有操作性的好思路。你比如我们成立发行公司，我们做财务中心的资本运作。去年，一位市领导来报社调研时，他问我天津日报的利润是多少，当时的纯利润是6000多万，就是2003年，现在可以解密这个数字。那么当时怎么认识到要做这个每日新物流发行配送公司？为什么要做发行公司这个资本运作？为什么要整合财务中心呢？我做媒体做到2001年忽然明白，在我们这个媒体里有三大优势：第一个优势政治优势。第二个优势非常重要的，就是我们有足够的现金流优势，虽然这个钱不都是我们的利润，但是这个钱它从我们手里过。第三个优势就是，我们有忠诚的，比保险公司还要多的这种客户优势。我们号称150万份期发量，我们至少有40到50万长年的忠诚订户。这个订户是保险公司都没有的，如果这个网络终端在我们手里控制着，如果我们有一个很好的物流队伍，我们把这个网络两头搭建好了，这就是一个非常现代的、非常人性化的物流网络呵！这是我们的三个优势，政治优势、客户优势和现金优势。包括每一年我们对大的形势变化很好的判断，比如去年，在中央做出宏观调控之前，我就在这做报告，我说很可能要进行宏观调控，银根很可能要抽紧，房地产很可能要受影响，结果去年房地产广告全国受影响40%左右。在这种情况下，我们的广告上来了，非常不容易。然后我觉得，一定要有一个清醒的思路。你比如这几年，我们“坚持正确导向、投身市场竞争、带出一流队伍、办出大报风格”这个思路现在看起来是非常正确的，导向没有不行，你有了导向，报纸不投身市场，这碗饭还是没有，你要想争市场这碗饭，没有一流的队伍行吗？！那么你有了一流的队伍，你给报纸的定位是什么？那就是立昌书记讲的：大报风格。大报不能小报化，主报不能边缘化。那么，这个思路确定完了，我们又确定新闻操作思路。1999年我们提出来“以图片带版面、以版面带新闻、以新闻带记者、以记者带队伍”，我们突出了图文并用，突出了图片在版面中的调动和激活形象的作用，这是一条思路。我们在电子媒体，特别是网站，像搜狐、新浪等这些网站出现的时候，我们提出了“新闻深度、经营宽度、品牌亮度”，对《天津日报》的新闻进行改革，对我们集团的整个经营结构进行调整，对品牌进行全面的加强和打造，比如我们的“天津日报号”。去年的16个字，效益导向，去年挣钱了，如果前四个字不是效益导向，不把效益压在这些主要的经营部门和办报部门的头上，如果前两个字不是效益，是别的，去年怎么样一个结果很难说。人才定位，我们大胆地继续推广薪金制，鼓励创新，奖励贡献，培养人才。量化管理，这条没做好。今年要深化改革，我知道这肯定会涉及一些同志、一些部门的利益，但大家相信，我是出于公心，集团不改革就不会有大的发展。**而且，我坚信一切问题都是发展中的问题，发展中的问题只有用改革和发展才能解决。改革是解决矛盾的金钥匙**。我想了这么几句话，第一句话是：**全力办好报纸**；第二句话：**全面加强管理**；第三句话：**全速提升效益**，这三句之后是**“理顺内外关系、继续深化改革、构建和谐报社”**。

作者在“党报报刊亭进高校助学行动”研讨会上发言。

第三条经验非常重要，就是必须要有团队精神，必须要有创新能力。如果以上三条经验都非常重要的话，那么，我觉得更核心的东西、更需要弘扬和张扬的东西，就是团队精神和创新能力。那么这团队精神和创新能力，我大概总结了三句话：第一，**这已经成为我们集团的形象**，晚报的同志，广电的同志，其他全国新闻单位的同志，包括我们市委领导，都充分肯定天津日报最重要的是一种朝气蓬勃的活力和拚搏精神，一种创新的精神。**我们这些年，给外界最大的气势、最重要的影响是形象，是高昂的气势**。在党的十六大的时候，江泽民同志讲过，形象就是旗帜，形象就是未来，这是第一。**第二，团队精神、创新能力已经成为我们集团的，至少是大多数同志的价值取向、核心理念和行为默契**。现在，在集团内部，无论是任何一份报纸、任何一个部门，只要是对集团有利，举社行动，互相支持，互相配合，已经成为风气。这几年，我们干的具有创新精神的事情越来越多，比如我们的“天津日报号”是一流的、是成功的品牌打造，我们去年的“中马大战”，包括我们的工作室制，我们日报的特别报道、专题解读，我们新报的516版，我们的橙色报纸，我们快报的600年报道，不都是创新的成果吗？自从1998年我们按照立昌同志的倡导，**开展了创新大讨论，创新精神就成为我们日报人的一种追求。你承认这种价值取向，你认同这种核心理念，你能够做到这种行为默契，你就可以融入我们这个团队，融入我们这个事业，融入我们这个发展的潮流之中**。**第三，我们集团有了今天这样一种发展速度，这样一种发展**

规模,这样一种发展成果,特别是这样一种发展士气和气势,关键就是在于我们有了这种团队精神和创新能力。我们的新报,五年创造了奇迹,我们的快报一年突破了市场,我们的《假日100天》我们搞的一系列活动,我们的发行公司的运作,我们的经报学院,《人民日报》发行的增量,我们的“党报报亭进校园”活动,都是这种企业文化的最好体现和充分发挥。《人民日报》的发行中央定了三个市的试点,惟一成功的就在天津。这个事不是小事,这等于确定了天津日报发行公司老大的地位,我把中央机关报在天津的发行权拿到了,我不但拿到而且做成了,这对我们发行公司将来的发展,这种品牌的效益,这种将来扩张的影响力都是巨大的。大家想想,我们考虑问题不要只看眼前。我在1999年就讲,好的围棋高手不是看两步,要看到九步之后,那才能入段。我们所有的事情成功,这五年创造的辉煌都是因为这种团队精神的张扬,这种创新能力的体现,这是只属于我们天津日报的企业文化!这五年的三条经验是:**第一:决策;第二:思路;第三:团队精神,创新能力**。决策的时候要有远见,要有科学性,要敢于决策,重大决策不能失误。要有一个清醒的思路,必须对形势有一个清醒的认识,在判断的基础上形成我们正确和清晰的思路,**好的思路是可操作的思路,不好的思路是抓不到的**。我这人做事的特点是,想对的事一定要定下来,定下来的事要抓到底,要大家可以抓到,要可以操作。第三个就是团队精神的创新能力,这属于我们这个团队的企业文化。

二、保持清醒的头脑,认识存在不足

今年开局不错。在我们取得很好的成绩下,我觉得我们第二条非常重要,就是**保持清醒的头脑,认识存在的不足**。立昌同志在市委八届七次全会上确定了一个全会的基调,就是保持清醒头脑。我们搞了几篇言论,主要是围绕保持清醒头脑的,市委非常满意,立昌同志非常满意。提出要保持清醒的头脑,一个很重要的原因,就是形势已经发生了非常大的变化。必须认识到,现在的形势变化,比以往任何时候都来得深刻,都来得快,不可预期的东西,不可预见的东西越来越多,环境越来越复杂,挑战越来越严峻。我不是套市委的话,我觉得天津日报报业集团也应该保持一个清醒的头脑,也应该认清我们存在的不足、矛盾和问题。

清醒的前提是要有足够的自信。我们要看到自己有利的因素是什么,遇到问题之前还是要先看到有利的因素,你比如我们现在集团实力,是1999年、2000年不可比的,是过去的多少年不可比的,整体效益比2000年增长了至少5倍多。我现在可以说天津日报报业集团在天津的位置是第一的,至少从利润而言,确实是名副其实的龙头老大,我们集团的确有了加快发展的实力。第二,我们对结构进行了非常合理的、非常适合发展的调整,有了一个发展规模,为未来搭建了一个很好的平台。第三,我们很多新的经济增长点已经显示出来,比如快报、假日,比如我们发行公司,比如我们的经报学院。第四,我们的资本运作已经进入了佳境。我们去年利用现金流的优势,拿出近四个亿的资金,通过各种理财工具实现资本运作,纯收益非常大。大家想想,别说我们挣了很多,退回几年,我哪里有这个钱来做资本运作、做短期投资?!第五,这五年我们最为重要的是培养了一批又一批有全局观念、有奉献精神,特别是有创新能力、忠于事业、忠于集团、诚实诚恳、为人正派的创新人才,一批出色的职业报人,一批能够适应新的形势、新的变化的新传媒人。我认为这应该是我们五个有利因素,而我认为最后一条有利因素非常重要,它是无价的,它是不可能用金钱来衡量的。

那不利因素是什么呢?很多事情的变化大家要特别注意,这个变化非常大。你比如最近发生在经济界、企业界、网络界的一件大事,盛大公司"恶意"收购新浪,在纳斯达克,在美国,《华尔街日报》当天的社论是,这个事件是一个里程碑式的事件。是什么意思?比如我们新浪、搜狐等很多网站,都在美国纳斯达克上市,有的是在新加坡上市。如果外资要收购的话,那么这个网站的属性从政治上讲它是一个问题,从经济上讲,我们过去的收购完全都是政府干预或者说是准政府干预,那么这次没有,我相信这件事是历史性的事件。我举这个例子就是说**形势变化比以往越来越深刻,不可预想的东西和不可预期的东西越来越多**,那么,比如宏观政策的调整,比如稳健的财政政策和稳健的货币政策,从积极的财政政策变成稳健财政政策,这个变化是非常重要的变化,这个变化将要给我们带来什么?大的方面还有资源紧张、能源冲突。区域性矛盾越来越突出,国企改革几乎很难推进,"三农"问题有所解决,但路还很长,加上我们大家都很注意台海形势。由于时间关系,我只讲跟我们有关的不利形势,比如:

第一,资源紧张。去年国内新闻纸价格已经两次调价了,去年每吨增加了500元,我们要用3万多吨纸。今年在这个基础上每吨又再加200元。这是一个严峻的形势,我们挣的钱至少有一部分得打进这里边。这是我们意想不到大的成本支出,我们最重要的成本是制造成本、采编成本和人力成本。我们主要就这三块成本,那么这块成本肯定有700元要加进去,这3万多吨纸还不包括快报还要有较大发展,不包括假日要发展。

第二,宏观调控对我们主要的广告有影响。比如房地产,现在所有的银行不但对房地产、开发商限制,是非常严厉的限制,对贷款买房的老百姓,也加大了限制层次,肯定不松动,温总理在回答记者提问的时候说,看起来宏观调控要永远进行下去。由此带来的第三个问题,煤肯定涨价。煤涨价,水和电肯定涨价。这都是不利形势。天津日报报业集团的人力成本不断地增长,好在有几个报公司化了,我觉得这是个英明决策,要不保险都上不起,保险知道上多少吗?三险一金4000多万，工资、补贴、养老，各种保险，各种补贴，还要增加工资，这种人力成本的压力，也是集团发展面临的一个很大挑战。

第三，1995年我们搬进大楼，到现在已经十年，你就是不换也得修了，老化了。日报编辑部很多同志跟我说，我们大楼的管子都跟桃酥一样，拿过来给我看，吓我一跳，所有的管子都这样。这些都要增加投入，现在我们物业管理还不能自收自支，修这个楼、改造这楼得多少钱啊？这是我们面临形势中不利的。

作者接受央视采访。

三、集团存在的主要问题

第一，由于我们这几年快速发展，规模效应，结构调整，事业确实发展得非常快，超乎寻常的快，形成了多种体制、多种机制，各种利益群体和身份的集团，这个集团太大了。我们天津日报解决就业肯定是贡献较大的，各种体制、各种机制，各种身份都有，奖励机制也完全不一样。比如《假日100天》完全都是自己挣、自己花，就是今年奖给他20万块钱。**由于不同体制、不同关系、不同利益的群体，肯定会出现一些新的问题、新的情况和新的矛盾，所以到了理顺关系的时候了**。或者反过来说，关系有不顺的地方，去年形成的一些意见，形成的一些不和谐的声音，主要是由于这个原因。那么怎么办？我觉得今年要解决这个问题。有几个想法：第一，就是我在《新闻的创意时代》里写的东西那样，把定位操作到位，就是改革要到位，因为我们去年喊了半天改革，实际上雷声大，雨点小，这不能怨有关部门，是我下不了手，腾不出时间来，集中不了精力，静不下心。第二，要解决公平和效率问题。小平同志讲"效率优先、兼顾公平"这话有道理，没有效率、没有挣来钱、没有发展，哪有什么是真正的公平？年底我收到了很多同志给我写的信、写的意见，包括最近有一个广告中心的同志，我觉得这个同志非常好，提了几条建议，其中两条：一条是利用午间的时间播集团的新闻；另外，关心老干部，怎么样给老干部创造更好的环境。比如成立老年合唱团、模特队，把老同志对报社的那种感情调动起来，关心他们的生活。这种建议很好啊！关系要理顺，而且到该理顺的时候了，或者逐渐理顺，这是第一个问题。

第二，我们面临着非常紧张的竞争，有非常重要的报道任务，压力太大，所以关注关心大报的同志不够。**大报的改革，大报一些必须推进的工作，有些拖后了**。

人民日报社社长王晨、天津市委副书记刘胜玉等莅临津报集团视察指导。

关注不够是我的事，但主要的还是在机制，机制不活，组织形式老化，活力明显不足。大报的同志非常有经验，兢兢业业，是我们核心竞争力的核心，特别是大报的老同志，不仅仅是为天津日报的历史做出了贡献，现在还在奉献着。我讲一个最简单的道理，大报如果出一点问题，什么都别干了。就凭这一条，就凭政治上的把握，我觉得大报的同志就是做出了贡献。每天 16 版大家在这盯着，至少把市委交给我们的任务做好了，把我们天津的这些东西做好了，没有出问题，而且招之即来，来之能干，确实能打硬仗。但是确实感到活力不够，还不是年龄上的问题，我们很多日报的同志岁数不小了，到了假日、到了快报、到了新报、到了公司不也是充满活力吗？**不仅是个年龄问题，是组织形式老化，机制不活，活力不足，最后是整个流程老化**。

第三个问题，**系列报的管理已经刻不容缓地提到了日程，到了必须加强管理的时候了**。加强对系列报的管理，大的背景，中宣部今年要紧紧地盯住子报子刊，小的原因是我们这几年的发展，系列报发展快，队伍发展也快，但出现的问题也多了起来，去年已经开始有苗头了。市委也要求加强对系列报的管理。你比如说，怎么保证我们系列报不出问题，特别是政治问题，保证我们系列报首先有一个正确的导向。新报、快报都是我们的将来，快报将来肯定也是大户，新报是三四个亿的广告，今年还要多，如果因为一个政治上的问题或因为报上出了问题，这个报号要撤消了，你想这是谁的损失？是我们大家的损失，整个砸了一个金饭碗。《假日100天》也是，辛辛苦苦打造的一个好的品牌，如果出了问题怎么办？这么讲，似乎有些功利，但现实的情况就是这样，所以首先要加强系列报政治上的管理。第二，**相对兄弟报社，相对形势发展的要求，相对队伍的不断扩大、年轻人的增多，我们组织建设明显滞后，班子不齐**。我讲过，20年前办一张四版的《天津日报》，是十几个人的编委会，现在呢？发行量、版数、广告额、队伍都很大的一张报纸就两三个负责人，而且大多数都不是编委会成员。第三，**系列报管理还有许多生活问题没有解决**。比如保险。那天我参加新报的总结动员会，我让每一个中层说一句话，所有的话都是祝福的话，充满感情的话，希望干好的话，但保险问题没有一个同志提，我特别感动。

第四，**分配形式老化，我们这种分配形式延续了五年，激励效果缺失，边际效果没有了**，拿多少钱也就这么回事了，都是该得的。没问题，是天津日报职工就该得那份，我也承诺只要在天津日报干，对得起天津日报，不吃里扒外，不搞有偿新闻，不损害报社利益，你该拿的拿，大家有就有你的。但是我们现在的分配制度太老化了，这五年就这样分的，今年涨了20%，激励的效果也没有出来。

第五，**最重要的就是这条。发展高速度，管理低水平。我们的管理，就是制度建设和管理都欠了许多课，差了很多，许多东西都是推着走。管理今年要全面加强**。

以上是我讲的面临的不利形势，我们一定要清醒认识形势和我们的不足。

四、今年的思路和工作

今年是我们天津日报报业集团成立三周年，这是个抓手，是个契机。以什么样的效益和状态来迎接我们集团成立三周年？从集团来讲这是一个大背景。那么刚才确定了六句话，第一句话**全力办好报纸**，包括各种报纸；第二句话**全面加强管理**；第三**全速提升效益**；第四**理顺内外关系**，包括跟兄弟单位的关系；第五**继续深化改革**；结论是第六句话**构建和谐报社**。

（一）全力办好报纸

第一，重中之重，最重要的事是全力办好日报。办好日报还是春节前务虚会的三句话：**第一办好日报；第二带好队伍；第三焕发活力**。最近要成立由各方面同志，人事、财务、日报编辑部的主任、部分编辑、记者参加的日报改革小组，**从定位、从资源、从人力、从流程、从分配来研究日报怎么办、队伍怎么带、活力怎么出**。那么我想，有这么几点要特别注意，办好党报做大党报是我们的神圣职责，是我们的第一责任，我们社委会、编委会这批人，第一项的任务，重中之重的任务是办好日报，它是我们神圣职责，日报办不好，就不配做天津日报报业集团的社长、总编辑，就不配在社委会这个班子做，那么我们要认识到，特别是系列报的同志要认识到，全报的同志们要形成这么一种共识。第一句里分两层意思就是：**办好日报是我们的神圣职责，第二句话，日报是我们的核心优势，权威竞争力，要珍惜**。

要围绕做大做强做好日报，围绕带好队伍，围绕出好新闻，**合理配置人力资源，充分利用新闻资源。要研究一个从资源配置入手的好的模式，这个模式可以打破流程**。

要特别研究定岗定编，以及和分配相关的一些问题。日报要首先把这件事做成。就是在分配这个问题上，在定岗定编上先把日报做成了。做成一个模式，做成了也利于发展，也能够调动活力。**但有一句要讲清楚，肯定不是大锅饭**。

在三深入、三贴近的基础之上，要敢于突破旧有的组织形式和模式。借鉴以前工作室的经验，**让资源说话，让活力焕发，让人才涌现。要研究流程，要研究变革流程**。我昨天晚上翻了一本书《时代周刊七十年》，其实现在80年了，时代周刊创造了一个庞大的媒体帝国，形成一个最优的传媒企业，**靠什么，不断地变，不断创新，不断地小变，不断地中变，不断地大变，就是不停步，不断地根据竞争需要，根据资源需求，调整和改变流程，包括组织形式的流程**，然后影响政治，影响经济，影响世界，影响潮流，它创造潮流，也追随潮流。

《天津日报》的组织形式，包括我们有些报纸的组织形式，包括我们的系列报，我们要考虑资源怎么配置，新闻资源，人力资源，怎么有利怎么来。必须如此吗？**必须几十年、十几年、几年一贯制吗？这里要讲流程，要在改变和调整流程上下功夫，是不是这个流程是有利的？是不是必须这个流程50年不变？没有不变的道理，世界都变了**。要敢于突破这些旧的组织形式和组织模式，如果还是这样，那不叫变，也不可能有活力，再增加几百万，甚至一千万也没有意义。不是钱的事，是活力，是要有事干，是要能实现自己的价值。关于日报的部分，还要细讲，还要关上门再讲，还要成立小组，大家七嘴八舌讨论，封闭式，拿出一套方案，要首先把这件事做好，我已跟人事、财务、编委会的同志们都打招呼了。我们这帮人还确确实实能干一些大事，能干成一些大事，我得让他们得到该得到的，让我们这张报纸真正办好，让市委放心，让读者满意，让我们日报的编辑记者也满意。

第二，**加强系列报的管理**。新报、快报、假日这些报纸，首先是这三份报，今年要上台阶。这里分几个层次讲。一，首先要加强系列报的管理，这是中宣部的要求，市委的要求，市委领导的要求，**我们要确保政治不出问题确保市场不失疆土，一个政治，一个市场，都要牢牢抓住，两个都硬。砸饭碗的事首先不能干**，

捧着金饭碗要饭的事更不能干。办好系列报里边的最重要的是政治不出问题，然后是牢牢掌控市场，这两条是基本的底线。二，全力办好新报。新报在五年之内取得辉煌成绩的基础上，**今年要超越，超越自我，超越过去，超越五年**。**守是守不住的，打全国品牌，造全国影响，把天津市场牢控制在手中，再造发行的优势**。广告中心每个月给我一个新报广告简报，我先给大家读读，就得有这种状态："报纸的总版数 2003 年 1 月 1268 版，2004 年是 1282 版，今年 1 月份是 1620 版。广告版数 2003 年 400 多个版，今年 1 月份 787 个版。今年 1 月份广告额比去年同期长幅达到 35.61%，广告版面增长达到 32.71%，报纸总版量比去年同期多了 194 个版。可见，今年的整个趋势是合理的，广告是持续上升的。地产广告新报牢牢控制第一，比去年同期 1 月份增长了 41.1%，足以证明新报在房地产广告伦比的超强号召力。164.73 版的房地产广告占了新报广告总量的 20.93%。"新报的领先优势，一开始就显现出非常明显，新报的总版数比其他报多出的不多，但广告 1 月份多出了 102 个版，它说明新报广告进步更大。从广告占报纸总版数的比例看，新报是 48.58%，高于其他媒体 42.77%，这也证明了新报效益优于其他报。新报本月专栏广告版数比其他报多出了四个版，同时占广告总量的比例是 29.61%，低于其他媒体 33.33%，这是新报广告含金量高的另一个表现。我一直在讲，我 2000 年当社长时说，竞争不研究对手不行，自己闷头干，不行，如果我们每个经营部门都这样的话，我们怎么能打赢？**所以，今年的系列报要更加关注市场，研究市场，始终把握竞争的主动权**。第二，**快报的要求就三个字，快打平**。去年广告比 2003 年增长 655%，今年基本能打平了，应该没有问题，越早打平，越早收益，**重要的是能真正地拿下市场的份额**。**快报创造的奇迹，快报创造的速度是天津日报的速度，是天津日报的奇迹！**没有想到，我去年给他定的发行数量和广告额完全突破了，工资、奖金、制造成本完全自己处理，不用集团一分钱，所以要求快报要快打平，保持自己的优势，城市化，全新闻，高品质。这说明我们决策对，现在的关键是把定

王晨和作者出席每日新传媒发展有限公司三周年庆典。

王晨等视察天津海河综合开发改造工程。

位操作到位，尤其是要围绕“城市化”把城市报的风格做出来，不给外来者留下一寸市场。**我跟大家说，快报成功之日，就是天津日报真正飞跃之时。从战略布局来讲，快报这个布局不亚于当年新报的布局。假日今年一定要在发行上有个突破性的增长，在广告量上有突破性的增长，然后寻求全国市场**。我给假日定的战略是，**以城市包围城市**，打北京，打广东、上海、石家庄，以大城市包围小城市，形成假日真的有所突破的周报链。

关于其他的报纸。《球迷》定了指标。今年《采风报》要加把劲。《车天下》今年一定要有个大的发展。**办报我有个经验和体会，以快制慢，以快致胜，《车天下》要尽快进入快车道。第一，组建一个好的公司，第二，办出一份高档的报纸，第三，打开一个好的市场**。《新广角》今年已经开始自负盈亏了，也寄予厚望。今年有三份报纸要盘活，第一份是《北方经济时报》，已经成立了很好的股份制公司，而且在融资和资本运作上，在全国有创新。缺干部，要派人，研究怎么办一份好的报纸。《天津政法报》、《新财讯报》也非常重要，今年都要摆到日程上。我跟大家多讲一点，无论做什么报纸，一定要记住，必须追求新闻的丰富性，要看看《北京青年报》是怎么办的，一个版的新闻是多大的信息量。快报为什么受欢迎？就是新闻有一定的丰富性。**丰富性，它需要独家新闻，需要独到的编辑眼光，但关键还是信息量**。看看《南方周末》，一期有多少东西？**对于文字记者来说，他一定是能写好故事的人，不是搞八股文的人，是有编辑眼光的记者。第二，我希望我们的编辑是阅读引导师，有市场的眼光，有读者的眼光**。要认真研究新闻，研究新闻的写法，新闻的变化，我建议大家看三份东西，一份是《北京青年报》，一份是《南方周末》，再看看《三联生活周刊》。一定要追求新闻的丰富性，在这个基础上追求个性化风格。

(二)全面加强管理

第一，加快制度建设步伐。第二，继续加大整合资源力度。第三，加强战略执

行力，这是关键。往往重大的战略、重大的决策失败是因为执行力不够，许多企业都是这样，除了决策失败，就是执行力不够。今年一定要讲执行力，加大监督、监控的力度，不能让我们重要的决策、好的决策流失在执行上，要健全督察室，制度建设的重点之一是执行力。包括好稿评定、新闻监控，现在不能说做的都是虚的，但做得不实。还要解决三个问题，**干劲不足的解决干劲问题，招数不多的解决招数问题，关系不顺的解决不顺的问题**。执行力非常重要。今年要继续抓好“三项教育”，去年抓得可以，今年还要抓。**特别要在采编与经营的分离上做到底，做干净**。越是这样，对集团的事业发展越好，越是这样，越能使我们这个队伍纯洁。第二，**要严格报纸政治把关制度，采编把关制度**。第三，重点加强人力资源管理。今年一定要成立集团的人力资源中心。这是事业发展到一个水平必然的要求，这件事是我们2004年就应该做的，因为时间紧，没做，今年一定要做出来。总的想法是：第一，**建立集团统一的人才系统，为集团的事业发展做充分的、优质的人才储备**。第二，这个系统包括集团各个公司、各个系列报，**我现在有一个想法，我们不能把系列报的中层不当中层，级别可以不一样，但待遇和管理应该一样。今年要把系列报的中层、纳入整个人才系统，纳入整个考核系统，做为一支能够支撑集团发展的主要力量来建设**。要特别注重市场，注重业绩和创新能力。第二，**统一集团内对各级各类干部的考核，不要有内外，不要有游离，不要有大小，上帝面前人人平等，发展面前人人平等，创新面前人人平等，事业面前人人平等。这样可以给更多的人才涌现提供一个平台**。为社委会、为我们集团提供更多人才储备。第三，**形成交流、竞聘、轮岗**。给年轻的同志带句话，希望大家热爱我们这个集团，热爱我们这个事业，把自己的才华发挥出来，凭本事吃饭。**轮岗，纪检提出一个建议，重要的部门总得轮岗，一辈子在那干不行，有些部门规定期限。比如说，会计，外派会计，派到系列报会计、各公司的会计，一年轮一次，重要的采编部门轮岗，一年轮一次或一年半轮一次，形成制度**。第四，降低人力成本，发挥集团的优势、系列报的优势，整个优势互补，这是抓管理的第三件事，成立人力资源中心。第四，**狠抓廉政**。最近要听纪检一次详细的汇报。**我自己想了三件事：加强审计，包括内审和外审，实行纪检、财务全方位监控，确保不出问题。第二，重要部门和会计轮岗。第三，在100人以上的系列报设立党总支和纪检联络员**。

认真研究好的分配机制。只要是集团的职工，人的能力大小不一样，体力不一样，但是，**公平待遇得有，天津日报如果有，保证你有一份。同时一定要打破大锅饭，要打破平均主义。不仅仅是坚持年薪制，岗和岗不一样，位置和位置不一样，特别是贡献和贡献不一样，分配也要不一样**。当然，我们还是要让集团的全体职工，让我们的老同志都感受到集团事业发展的成果。

（三）全速提升效益

现在整个经济形式确实是很紧张,立昌同志讲,四大紧张,四个趋势。**市场的竞争越来越激烈,报业的竞争越来越激烈,资源越来越紧张**。天津日报发展的后劲已经摆在眼前,怎么保持住这个发展后劲?三个原则:**第一个原则,各主要经营部门今年必须有个高指标,有个高标准,要比去年高一块;第二个原则,必须用业绩说话,用实打实的、老老实实的数字说话,要有严格的责任书,责任书签得更清楚,条条款款,横平竖直,不留死角,不留活话,不留商量的余地**;第三个原则,**奖励先进,鼓励创新,重奖重罚,我们要鼓励那些善于干事,善于成事,忠诚于事业,忠诚于企业,有奉献精神,并对集团做出巨大贡献的同志。要爱护这样的人才,要给他们以关心,给他们以掌声,给他们以鲜花,给他们以笑脸,在过程中给他们以宽容,在结果上多较较真儿。我们很多的事为什么在那搁着?就是无法干,或者干不成,为什么不起动?就是因为没人干,缺乏人才。一个团队的环境好不好,一个团队是不是具有活力,一个团队是不是有很强的发展前景,在于它的包容性,在于它对人才的爱护和珍惜。今年集团的利益,确保增长百分之15%,力争超过20%**。如果实现了15%,奖金不会低于今年,如果突破了20%,奖金还可以增加20%。**这个数是铁杠杠,给经营部门的是铁杠杠,是最低分数线**。不容易啊,就三个原则:第一,各经营部门必须有个高标准,有个高指标;第二,必须用业绩说话,必须有增长幅度;第三,鼓励先进,鼓励创新,重奖重罚。**广告确保现金收入,并有大幅度增长。发行是我们天津日报报业集团整体生命线,在去年的基础上,要有一个较大增长**。第三,**资本运作都定指标,资本运作不定指标,但奖励比例不变,16个字:量力而行,尽力而为,规避风险,争取收益。我不能给资本运作去加码,要量力而行,要不见兔子不撒鹰,首先要按规矩办,要从程序到结果都合规合法,要和大集团合作,要确保资金收益,要保证资金安全,保证运作安全**。资本运作的另一方面,体制的资本运作今年要加大力度,发挥集团优势,在产业化发展上、盘活资源上、经营宽度上下功夫。我们要在市委的领导下,按照市委工作要点,积极推进两厂合并。两厂合并,对两厂都有利,资源整合,节省投入,我们要全力配合。还要加大技术改造力度,采编设备是一方面,重要的是继续建好日报网站。要继续搞好品牌营销,在宣传集团整体品牌和系列报的基础上,增加效益,适时组建展览活动公司。

一定要把成本做干净,一定要把预算做精确。全速提升效益的结果是什么呢?我跟大家讲,本着集团积累用于集团发展的原则,在这个基础上实现利润再分配,增加职工收入。用我们全速提升效益的结果,增加改革的成本。比如定岗、定编,我们必须用事业留人,用感情留人,还有待遇留人,用更好的激励留住能人、高人,用更好的福利来安抚好人、老实人。而且,通过我们的激励要解决常效的激励机制,解决长远的发展后劲,解决我们的优质人才储备。

(四)理顺内外关系,继续深化改革,构建和谐报社

11 天天健康

天津日报

专家支招 长假健康游

渗出性中耳炎

小儿常见致聋原因

美容也可治病

幼儿吮指 怎么办?

中国知青终结

中央为什么要从科学发展观到以人为本，提出和谐社会呢?**这是非常非常重要的一个概念**。一个重要的原因，就是我们改革开放20年，也出现了各种利益群体和不同阶层的矛盾。我觉得中央还是非常英明的。那么，天津日报也要这么做，我讲两句话：中央大背景，报社小环境。小环境是什么呢？就是理顺内外关系，构建和谐报社，继续深化改革。**关于和谐，我提了三个目标：横向和谐。就是集团各部门之间、各系列报和大报之间、各系列报和系列报之间、各公司和公司之间，横向和谐，这是第一个目标；第二目标是纵向和谐，上下级之间和谐，领导干部，一把手，主要负责人要做和谐的表率，要做团结的模范，要宽以待人，要厚道待人，特别是对职工和部下；第三是内外和谐，就是跟兄弟单位，这也非常重要，跟我们宣传系统和兄弟单位以及外单位形成一个和谐的氛围，这样更有利于天津日报报业集团的发展**。

在构建和谐报社里边，有几点提示：**第一，一定要在天津日报弘扬正气，要讲正气。一个集团，一个团队，一个企业，一个事业，能不能发展，有没有向心力和凝聚力，非常关键的一点，就是有没有正气。一个人能不能最终立住，能不能永远立于不败之地，非常关键的一步，也在于有没有正气**。哪个单位，哪个部门，正气多，它就发展好，就和谐，就顺畅。**我觉得时代不同了，人心思进，人心思富，人心思变。现在不仅仅是一个知识经济时代，是一个整个文化的时代，是一个大文化的、全球化文化背景的时代，时代变了，变得越来越顺畅了，越来越平和了，还靠邪气行事肯定不行。立业之本，立命之本，安身立命之本就是正气。一点浩然气，千里快哉风。第二，要关心每一个职工，特别是领导干部要关心职工生活**，关心老同志老干部，在人尽其才、物尽其用的基础上，要关心那些能力稍差一点儿、年龄稍大一点儿、对报社有感情的那些同志，要多倾听他们的意见，要多关心他们的生活。第三，**要大兴学习之风，说到底，学习力就是竞争力**。我们要提高自己的水平和能力，提高自己的新闻能力，**新新闻能力**，提高自己市场竞争的能力，提高自己经营水平。**我们现在不仅仅是缺少经营人才，确实也缺高水平的编辑人才和新闻人才**。中新社常务副社长刘北宪来津时专门给我写了个条，是《荀子》里议兵篇的第十五，孝成王就问：好，怎么才能做好？孙卿子说：知莫大乎弃疑，行莫大乎无过，事莫大乎无悔。关键在最后一句话，他劝说，**事至无悔而止矣，成不可必也**。就是说，事，你做到问心无愧就可以了，不要追求至高完美。而且，市里的领导也是那么劝我的。但是我张建星，我今天跟大家说句心里话，**我是一个乐于迎接挑战的人，我确实是一个乐于追求完美的人，而我确确实实说不清楚这种感情，我非常地热爱我们报社，非常地热爱我们的集团，非常地热爱我们这个团队，也非常地热爱大家。我只有贡献出我的一切！**

（2005 年 2 月 28 日根据录音整理）

后　记

据出版社和圈里朋友的反映，我去年那本《新闻的创意时代》卖得不错，据说在同类书中是畅销的。读者、同行，特别是新闻界的一些前辈的鼓励，显然使我有了勇气，同意再出版这本《传媒的运营时代》。我个人认为，这本比前一本更好。

所以叫运营时代，是因为我一直认为中国的传媒业经过这20年，特别是这十几年的高速发展，已经历史性地从媒体经营质变到经营媒体。这是中国传媒业一个不断地与市场对接并整体推进的过程。而且我坚信对于中国的传媒业，对于中国的传媒人来讲，我们的确恰逢一个伟大的时代。历史已向我们绽放出无比灿烂的笑容，时尚的表达是，跟进的机会到了。因此我们不能有半点的犹豫，我们必须拿出足够的智慧和勇气，再加上我们从未褪色的激情，去创造，去征服，在战胜自己的同时赢得这个伟大的时代。这就是这本《传媒的运营时代》深藏的那种最真挚的信念。

这本运营时代，收辑的大多是我这六年间的一些讲话，除了少数几篇，比如世界报业论坛、上海高峰论坛、东盟传媒高层会议的演讲是提前撰写的以外，其余全部是直话直说的即兴演讲，没有稿子，甚至没有提纲。一些朋友先睹之后，据说十分感动并有点激动。作为出版社为这本书请的编审，与我素不相识的上海《文汇报》老副总编辑张煦棠先生读后写下了这样的评价："作者忠诚党的新闻事业，字里行间洋溢着对新闻深沉的挚爱，执着的追求，真可谓激情澎湃、活力充沛，对新闻改革有那么一种不达目的誓不罢休的人格魅力。作为本书的第一位读者（主观臆测）——一个在新闻岗位上干了55年的老人，向作者致以最热诚的敬意和由衷的感谢。感谢作者实实在在地为改革开放年代的中国新闻事业增添了一束灿烂的鲜花！”真诚地感谢前辈报人的鼓励，其实我只是作为他们事业的继承者和后来人，稍微执着一点罢了。我真的很用心。还可以向读者保证的是，言为心声，这本书里绝没有套话，更没有假话，有的只是一个新闻人对加快发展传媒业的那种坚定和执着，当然也一定有一些被朋友和同行算为智慧的小聪明。毕竟，我和我的团队将一个严重亏损的报社，做成一个利润表现好、上升空间大、发展后劲足的报业集团。总之，我们做得还行。

我很认同和喜欢《新周刊》那篇文章对我的评价。所以我把《新周刊》的文章作为我自认为很重要的这本集子的序。就性格而言，我的确是个自己和自己交锋、自己和自己较劲的人。至少，面对任何挑战，我从来没有畏惧过。我的母亲没有文化，但她的点拨曾让我不断地雨过天晴，超越自我：该井里死的河里死不了。于是我的性格中便总有一种顺其自然的快乐、果敢和坚韧。对于我，这很重要。感谢舒立、延平、国明、何力、北宪、佩钰几位朋友的捧场。感谢我的同事宫璐璐为编辑此书付出的精力和智慧。感谢摄影部、激光照排、资料中心、校对组的同志们给我的支持和帮助。我要庆幸我所拥有的天津日报报业集团这个团队，我对传媒业所有的力量和想像其实都源自他们。一个好汉三个帮，我的傻人缘让我每到关键时刻都能获得一种总有贵人相助的幸福。

张建星

2005 年 4 月 13 日

图书在版编目(CIP)数据

传媒的运营时代/张建星著.
上海:文汇出版社 2005.5
ISBN 7-80676-812-2

I 传... II.张... III.传播媒介-研究
IV.G206.2

中国版本图书馆 CIP 数据核字(2005)第 029599 号

传媒的运营时代

——从媒体经营到经营媒体30讲

张建星/著

责任编辑/萧关鸿 竺振榕 特约编辑/宫璐璐 封面装帧/周进

出版发行/文匯出版社(上海市威海路 755 号 邮编 200041)
经销/全国新华书店 印刷/上海长阳印刷厂
版次/2005 年 5 月第 1 版 印次/2005 年 5 月第 1 次印刷

开本/787×960 1/16 字数/462 千
印张/25.75(48 面彩页) 印数/1-8000

ISBN7-80676-812-2/G·423 定价:58.00 元